DAS PUMP-GENIE

Richard Wagner und das Geld

Nach gedruckten
und ungedruckten Quellen
bearbeitet von
Hanjo Kesting

EICHBORN VERLAG

Die Deutsche Bibliothek – CIP-Einheitsaufnahme

Das **Pump-Genie** : Richard Wagner und das Geld / nach gedr.
und ungedr. Quellen bearb. von Hanjo Kesting. – Frankfurt am
Main : Eichborn, 1993
ISBN 3-8218-0509-9
NE: Kesting, Hanjo [Bearb.]

© Vito von Eichborn GmbH & Co. Verlag KG, Frankfurt am Main,
Juli 1993
Umschlaggestaltung: Rüdiger Morgenweck
Gesamtproduktion: Fuldaer Verlagsanstalt GmbH, Fulda
ISBN: 3-8218-0509-9
Verlagsverzeichnis schickt gern:
Eichborn Verlag, Kaiserstraße 66, D-60329 Frankfurt am Main

Mein Franz, wenn Du den 2. Act von Tristan sehen wirst, so wirst Du zugeben, daß ich viel Geld brauche. Ich bin ein großer Verschwender; aber wahrlich, es kommt etwas dabei heraus.

Richard Wagner an Franz Liszt, 31. Dezember 1858

INHALTSVERZEICHNIS

VORWORT

Sein Leben lang schrie er nach Geld. Es gibt kein Thema, das in Wagners Briefen und Lebensdokumenten, in seinen persönlichen Beziehungen zu Freunden und Verehrern so regelmäßig und hartnäckig wiederkehrt wie dieses. Schon der sechzehnjährige Kompositionsschüler der *Logier'schen Methode* hatte im Jahr 1829 kein Geld, um die Gebühr für das aus der musikalischen Leihanstalt geborgte Lehrbuch zu bezahlen. Noch der weltberühmte Kunstmagier des *Parsifal* bat im Januar 1880 um eine Sonderzuwendung des bayerischen Königs für die Miete der fürstlichen Villa d'Angri bei Neapel. Es gab Augenblicke in Wagners Biographie, wo es ihm an Geld für das nackte Leben fehlte; aber auch wenn ihm Einnahmen zuflossen, reichten sie niemals aus, den aufwendigen Lebensstil zu finanzieren. Wo immer er sich aufhielt, machte er Schulden: in Magdeburg und Königsberg, in Riga und Paris, in Dresden und Zürich, später in Wien und sogar noch in München, als die königliche Schatulle für ihn bereits geöffnet stand. Oft war er auf der Flucht vor Gläubigern und drohendem Schuldgefängnis. Hier liegt einer der Hauptgründe für Wagners unstetes Leben, seine rastlose Reisetätigkeit.

Geld: Das Motiv zieht sich durch alle Abschnitte und Perioden dieses Lebens – ein wirkliches Leitmotiv im Wagnerschen Verständnis. In einfacher Gestalt wird es vorgestellt, vielfältig abgewandelt, reich instrumentiert, durch alle Tonlagen geführt, in immer neue Zusammenhänge gestellt bis hin zu vollständiger Umdeutung. Die Skala reicht von schierer Geldnot über luxuriöse Verschwendung bis zur hochmoralischen Verwerfung des Geldes.

»Die macht, die aber gegenwärtig das Leben beherrscht«, schrieb Wagner am 4. Dezember 1849 an den Dresdner Freund Ferdinand Heine, »die all unser sinnen, trachten, wollen, sorgen und streben einnimmt, die wir täglich und stündlich als die mächtigste, entscheidendste und alles durchdringendste fühlen und erkennen, – diese macht – überlege es Dir genau! – ist nichts anderes als: – *das Geld*, – d.i. der abstrahirte und idealisirte *eigennutz*.« – Der

Verfasser dieser Sätze hat zwei Wochen zuvor an denselben Ferdinand Heine den raffiniertesten Bettelbrief seines Lebens geschrieben – auch auf diesem Feld ein Meister der enharmonischen Umdeutung.

War Wagner unaufrichtig? Ein Heuchler gar? Wohl kaum. In beiden Fällen sprach er mit geradezu verzweifeltem Ernst. Nur gelang es ihm nicht, die Widersprüche seiner radikalen Geldphilosophie aufzulösen, vor allem den Widerspruch von Theorie und Praxis. Dieser Widerspruch hat sein ganzes Leben bestimmt, und er ist auch für das Werk konstitutiv geworden. Als Wagner seinen Brief an Heine schrieb, arbeitete er bereits am *Ring des Nibelungen*. Das vierteilige Werk, im Revolutionsjahr 1848 konzipiert, beginnt mit dem Raub des Rheingolds. Nachdem Alberich die Liebe verflucht hat, schmiedet er aus dem Gold den allmächtigen Ring, Symbol der Weltherrschaft. Damit nimmt das Verhängnis seinen Lauf. Aber das Gold ist bei Wagner nicht bloß, wie bei den älteren Romantikern, das magische, von dämonischen Kräften umsponnene Metall, für das man die Liebe preisgibt und seine Seele verkauft. Es wird in der Tetralogie auch ganz unmittelbar als *Geldwert* aufgefaßt. Vor allem in dieser Bedeutung ist es in eine Handlung eingewoben, die nicht zufällig dem Modell der Kriminalgeschichte folgt. Das Gold erscheint im *Ring* in vielerlei Gestalt: als Tauschmittel, das von Hand zu Hand wandert; als großes Kapital, das sich von selbst vermehrt und seinen Besitzer unsichtbar macht (Shaw erkannte in Alberichs Tarnkappe den Zylinderhut des Bourgeois); als Inbegriff aller begehrenswerten Güter, des Luxus und der Sinnenlust; schließlich als das Eigentum, *la propriété*, das bekanntlich Diebstahl ist und die Quelle aller Übel. Wagner hat die berühmte Schrift Proudhons, die 1840 erschien, im selben Jahr noch in Paris gelesen, damals ein junger, völlig mitteloser Komponist und Autor, der als Notenschreiber und für Zeilengeld arbeitete. Die brutalen Seiten des Frühkapitalismus, die Proletarisierung des Künstlers, lernte er am eigenen Leib kennen. Er ist diese Erfahrung niemals losgeworden. Noch in den letzten Tagen seines Lebens, im Februar 1883 in Venedig, zitierte er angesichts der vielen unbewohnten Paläste der Lagunenstadt Proudhon, nannte das Eigentum den »Grund alles Verderbens«.

Nicht anders im *Ring*. Man kann ihn geradezu als Kampfansage an die moderne Geldzivilisation verstehen, die am Schluß der *Götterdämmerung* im Weltenbrand zugrunde geht. Gegen das Geld wird die Liebe gestellt. Brünnhildes Schlußgesang endet mit den Worten: »Selig in Lust und Leid läßt – die Liebe nur sein.« Aber auch hier bleibt der Widerspruch zwischen der schöpferischen Konzeption und der Erfahrung des eigenen Lebens. Am 15. Januar 1854 – Wagner hat gerade das *Rheingold* komponiert und befindet sich auf dem Höhepunkt seiner Züricher Schuldenkrise – seufzt er in einem Brief an Franz Liszt wie ein zweiter Alberich: »Ach, wie auch mich die Not des Goldes umspann!« Und weiter: »Sorge denn für Dein Geschöpf: ich rufe Dir das wie eine Pflicht zu, die Du hast. – Sieh, es handelt sich ja nur um *Geld*: das sollte doch möglich sein. Die *Liebe* laß' ich ja fahren – und die *Kunst*??« – Hier, im ersten Brief nach Vollendung des *Rheingold*, spricht Wagner den Entsagungsfluch auf die Liebe nach, denselben Fluch, mit dem im Vorspiel des Nibelungen-Rings, um schnöden Goldes willen, alles Unheil der Welt beginnt. Und auch diesmal war es ihm blutiger Ernst. Blitzartig erhellt das die gesellschaftliche Situation des Künstlers: seine Doppelrolle als Rebell und Parasit, als revolutionärer Veränderer der Verhältnisse und als ihr dienstbarer Knecht. Wagner hat diese Doppelrolle zeitlebens nicht auflösen können. Aber dank seiner Persönlichkeit und seiner enormen künstlerischen Produktivkraft hat er sie faszinierender gespielt und ausgefüllt, zugleich aber auch schmerzlicher durchlitten als irgendein anderer Künstler seiner Zeit, bis hin zu all den Wirrnissen und tollen Kapriolen seines Lebens. Das macht seinen Fall schon individuell besonders interessant. Aufschlußreich ist aber auch der Sozialcharakter, der sich in ihm ausprägt. Als solcher ist Wagner, gerade in seiner Radikalität und Widersprüchlichkeit, exemplarisch für den Künstler in der bürgerlichen Gesellschaft.

Das sind die Gründe, aus denen es mir reizvoll erschien, Wagners Leben, das schon so oft erzählt worden ist, einmal unter dem Gesichtspunkt des Geldes zu erzählen. Das Geld ist, neben der Liebe und der Kunst, eines der drei großen Lebensthemen Wagners, und wie schon sein englischer Biograph Ernest Newman meinte, vielleicht das interessanteste von allen. Es durchdringt

Wagners Leben bis in die kleinste biographische Verästelung und ist von seinem Werk überhaupt nicht abzutrennen. Deswegen, und angesichts der Ergiebigkeit der Dokumente, mag es verwundern, daß ein ähnlicher Versuch nicht schon früher unternommen worden ist. Wahrscheinlich liegt das an der alten, bis heute virulenten Scheu, Kunst und Geld in einem Atemzug zu nennen, gerade bei einem Künstler wie Wagner, der als Prophet der »Kunstreligion« gilt. Er selber kann uns eines Besseren belehren.

Ich habe es, bei der Nacherzählung von Wagners Leben, für richtig gehalten, die originalen Dokumente für sich sprechen zu lassen, ohne ein Wort hinzuzufügen, ohne eines wegzunehmen. Gleichsam von selbst ergibt sich daraus so etwas wie ein »biographischer Roman«. Das Genre mag fragwürdig sein, ist aber den romanhaften Verhunzungen und spekulativen Interpretationen dieses Lebens allemal vorzuziehen. Georg Simmel zählte das Geld, in seiner »Philosophie des Geldes«, zu den großen historischen Potenzen, die jenseits aller Subjektivität bestehen. Er schrieb: »Sie gleichen weiten Seen, aus denen man von jeder Seite her und alles das schöpfen kann, was das mitgebrachte Gefäß nach Form und Umfang gestattet.« Wagner zählt in jeder Hinsicht, gerade auch in der des Geldes, zu den nach Form und Umfang ungewöhnlichen Gefäßen. Die vorliegende Sammlung von Dokumenten – eine Auswahl, die fast beliebig vermehrt werden kann – ist ein Versuch, dieses Gefäß abzubilden. Aus dem Inhalt ist viel zu lernen: über den Künstler Wagner und über den Künstler »an sich«, über den Künstler im Frühkapitalismus und in der bürgerlichen Gesellschaft, über das »Genie«, das sich hier einmal von einer unvertrauten Seite, als »Pumpgenie«, zu erkennen gibt.

***

Wagner selber hat im autobiographischen Rückblick von den »finanziellen Wirren« gesprochen, »die mir mein Leben zu jeder Zeit so sehr störten«. Das ist eine ziemlich verharmlosende Darstellung der endlosen und peinigenden Verstrickungen, die ihn lebenslang gefangenhielten. Und er selber war dabei zweifellos mehr Täter als Opfer. Manches in seiner Geldbiographie erscheint grausam und furchterregend, wie die lebensgefährliche Flucht aus Riga 1839, anderes grotesk-komisch, wie die Flucht aus Wien in Frauenkleidern 1864, wieder anderes geradezu dämonisch, etwa die Beschreibung der Jugenderfahrung am Spieltisch. Als Student in Leipzig verspielte Wagner das Pensionsgeld seiner Mutter bis auf den allerletzten Taler, setzte dann nach kurzem Zögern auch diesen noch ein – und gewann damit den gesamten Einsatz zurück. Für den, der kein Geld hat, liegt es nahe, das Dämonische solcher Erfahrung unmittelbar auf das Geld selber zu projizieren. Die Autoren der Romantik von Tieck bis E.T.A. Hoffmann haben das ausgiebig getan. Der junge Wagner war ihr gelehriger Schüler. Nach eigener Darstellung sah er in diesem Augenblick Gott selber oder seinen Engel neben sich stehen, der ihn aus den »dämonischen Schlingen des Spiels« rettete. Wagner fährt fort: »Wirklich hatte auch hiermit jede Versuchung für immer ihre Macht über mich verloren.«

Vor der Versuchung des Geldes bewahrte Gottes Engel Wagner nicht. Vielmehr wurde auch für ihn das Geld zum »Band aller Bande«, gemäß der berühmten Definition von Marx. Und er verstrickte sich mit solcher Heftigkeit in dieses Band, daß er sich schon deswegen immerzu nach Erlösung vom Geldprinzip sehnte. Erst dadurch gewann das Geld in ihm die volle Macht einer Obsession. Diese Obsession verfolgte ihn zeitlebens: von den »Spitzbubengedanken« der frühen Pariser Jahre bis zu den Angstträumen der späten Zeit, von denen die Tagebücher Cosima Wagners berichten. Bis zuletzt gab es bei Wagner die Angst vor dem Bankrott, dem bürgerlichen Ruin. Dabei war er, wenn er die Mittel dazu besaß, aber auch, wenn er sie nicht besaß, durchaus hemmungslos im Geldausgeben, gemäß der Einsicht, daß der »Gott der Waren« außer dem Krösus nur dem Schuldenmacher zu Diensten steht. »Vor allem muß ich auch *Geld* haben«, schrieb Wagner im Januar 1854 an Liszt. Und im Dezember 1858 an den selben Adressaten: »Mein Franz, wenn Du den 2. Act von Tristan sehen wirst, so wirst Du zugeben, daß ich viel Geld brauche. Ich bin ein großer Verschwender; aber wahrlich, es kommt etwas dabei heraus.« Der Unbescheidenheit von Wagners Forderung entsprach sein nicht eben geringes Wertbewußtsein. Er besaß kein ererbtes

Vermögen, das einzige – nach seiner Überzeugung unerschöpfliche – Vermögen ausgenommen, das in seiner Begabung und seinem Werk akkumuliert war. Er wußte, daß die Nachwelt aus diesem Vermögen reichlich Zinsen ziehen würde. Da fand er es nur legitim, unterdessen bei der Mitwelt Schulden zu machen.

Er war ein virtuoser, ja begnadeter Schuldenmacher. Gäbe es daran noch Zweifel, so ließen sie sich durch die in diesem Buch gesammelten Dokumente leicht widerlegen; sie bilden eine nahezu lückenlose Indizienkette. Wagner erscheint hier als Parasit großen Stils. Thomas Mann, sein Bewunderer und hellsichtiger Kritiker, hat ihn mit einem milderen Ausdruck »das Pumpgenie« genannt. Der Sachverhalt des Schuldenmachens selber ist schwerlich anziehend, bei Wagner aber nicht ohne Faszination. Faszinierend ist die Kunst, mit der er immer von neuem seine Geldgeber umgarnt, mit höchstem Bewußtsein und doch mit einem Einschlag von Selbstsuggestion. Den ersten großen Bettelbrief seines Lebens schrieb Wagner, zweiundzwanzigjährig, an den Jugendfreund Theodor Apel: ein gefühlvoll inszeniertes Schuldbekenntnis, worin Tränenstürze und Freundschaftsbeteuerungen der eigentlichen Geldforderung vorangehen. Fünf Jahre später – die Verbindung mit Apel ist seit langem unterbrochen, der Freund nach einem Unfall erblindet – bittet Wagner ihn aus Paris erneut um Hilfe. Diesmal wählt er den direkten Weg und beginnt mit den Worten: »– *ich bin im äußersten Unglück, u. Du sollst mir helfen!*« – und danach erst folgt die tränenreiche Beschreibung seiner hoffnungslosen Lage. Der schon erwähnte Brief an Ferdinand Heine, geschrieben im November 1849 nach sechs Monaten Exil, verzichtet auf solche Beschönigungen durch ein falsches oder übertriebenes Gefühl, er ist eine nüchterne, wenn auch nicht zweckfreie Analyse von Wagners Situation, zwingend in seiner Logik, meisterhaft in seiner Dramaturgie, und man müßte ihn eigentlich nacherzählen, um an diesem selbst unter Wagners vielen Bettelbriefen einzigartigen Dokument zu demonstrieren, wie der Verfasser den Freund in Dresden auf Umwegen zu dem gewünschten Ziel hinleitet, nämlich einen Kreis von Freunden und Bewunderern Wagners ausfindig zu machen, die bereit sein könnten, dem Züricher Exilanten und steckbrieflich gesuchten Revolutionär eine

12

ausreichende Rente auszusetzen. Wagner rät zur Gründung eines Komitees, zum Verfassen eines »discreten Circulars«. Zum Schluß muß er Heine klarmachen, daß er, Wagner, keinesfalls als der heimliche Inspirator der Idee in Erscheinung treten dürfe: »Schon dem Nächsten, dem Du Dich mittheilst, wirst Du gewiß das Unternehmen als von Dir ausgegangen eröffnen, und in Wahrheit glaube ich auch, daß nur die Schwatzhaftigkeit dieses Briefes Dir eine andere Rolle zuertheilt, denn ich weiß, daß ich Dir nur den ersten Theil – nämlich die genaue Darstellung meiner Lage – an Dich zu richten gehabt hätte, so würdest Du Dir den zweiten Theil aus Deinem theilnehmenden und fürsorgenden Herzen ganz von selbst allein haben schreiben können. Verzeihe mir deshalb!« – Ein toller Satz! Aber so wußte Wagner Briefe zu schreiben: so dreist in der Höflichkeit, so schamlos in der Diskretion, so dialektisch klug auf seinen Eigennutz bedacht. Und fast noch toller muß es erscheinen, daß er damit fast immer Erfolg hatte, nicht nur bei Heine, sondern früher schon bei Apel und Pusinelli und später bei den vielen Geldgebern zwischen Wesendonk und König Ludwig. Entweder fand er Geldgeber, die seine Kunst liebten, oder solche, die der magnetischen Kraft seiner Forderung nicht widerstanden – oder beides zusammen. Und dieses Magnetische bewährt sich auch in der tiefsten Krise seines Lebens, im Frühjahr 1864, als er, von Gläubigern bedrängt, eine immense, in wenigen Monaten aufgehäufte Schuldenlast auf dem Rücken, aus Wien flüchten muß. In Mariafeld bei Zürich findet er für kurze Zeit einen Unterschlupf. Von dort schreibt er an Peter Cornelius: »*Ein Licht* muß sich jetzt zeigen: *ein Mensch* muß mir erstehen, der *jetzt* energisch hilft...« Und in einem anderen Brief: »Die Nacht träumte ich (im fieber), Friedrich der Große hätte mich zu Voltaire an seinen Hof berufen.« Wenige Tage später erreicht ihn die Berufung durch König Ludwig nach München.

Doch kehren wir noch einmal in die erste Zeit des Züricher Exils zurück, als es Ferdinand Heine in der Tat gelang, ein paar Mäzene ausfindig zu machen, voran die wohlhabende Kaufmannswitwe Julie Ritter, die Wagner fast zehn Jahre lang eine bedeutende Rente zahlte, und eine Familie Laussot in Bordeaux, die Wagner im März 1850 voll Dankbarkeit aufsuchte – um sich sogleich in eine der heftigsten und leidenschaftlichsten Liebesaffären seines Lebens zu verwickeln, an deren Ende eine Duellforderung und die polizeiliche Ausweisung standen. Die erhoffte finanzielle Hilfe war damit verspielt. Liszt, der Freund, der schon so oft geholfen hatte, sollte einspringen. Ihn, wie keinen anderen, hat Wagner mit seinen Geldforderungen unablässig gepeinigt und ihm dabei viel zugemutet. Liszt ertrug Wagners kolossales Parasitentum ohne ein einziges Wort des Vorwurfs, der Kritik. Er hatte den verhängnisvollen Fehler, Wagners Größe, sein »schädelspaltendes Genie«, aufrichtig zu bewundern. Das machte ihn wehrlos. Die ganze umfangreiche Korrespondenz zwischen Wagner und Liszt hat im Grunde nur ein Thema: Geld. Noch vor Beginn der eigentlichen Freundschaft, im Juni 1848, wendete Wagner sich aus Dresden an den gerade in Weimar seßhaft Gewordenen und – fiel keck mit der Tür ins Haus: »Sie sagten mir kürzlich, daß Sie für einige Zeit Ihr Piano zugeschlossen hätten: ich nehme nun an, daß Sie für's nächste Bankier geworden sind. Mir geht es schlecht, und wie ein Blitz kommt mir der Gedanke, daß Sie mir helfen könnten.« Das klingt ziemlich unverfroren. Danach liest man mit Verblüffung den Satz: »Ich würde wieder ein *Mensch* werden, ein Mensch, dem die Existenz möglich geworden ist, – ein Künstler, der nie in seinem Leben wieder nach einem Groschen Geld fragen, und nur froh und freudig arbeiten würde.« Wer ganz ähnliche Wendungen aus früheren Briefen kennt, aber auch die zahlreichen Bettelbriefe an Liszt, die noch folgen sollten, dem muß Wagners Versprechen geradezu dreist erscheinen. Es ist aber nur eine von vielen Variationen seiner Bettelkunst: gewissermaßen das Entree des armen Sünders. Andere Variationen werden folgen: sentimentale, übermütige, unverschämte oder desperate. Als Leser weiß man nicht recht, worüber man mehr staunen soll: über die Schrankenlosigkeit von Wagners Geldforderungen oder die Grenzenlosigkeit von Liszts Geduld und Hilfsbereitschaft. Er verschafft Wagner auch Aufträge, vermittelt Kontakte zu anderen Geldgebern, ja er informiert Wagner, von dessen Forderungen bedrängt, peinlich genau über die eigenen, keineswegs üppigen Einkünfte – um am Ende doch zu erkennen, daß dieser Schlund sich nicht schließen will. Bald schon heißt es: »...was helfen mir Hunderte, wenn Tausende nötig sind.«

In der Tat stiegen Wagners Ausgaben im Lauf der Jahre und Jahrzehnte steil, gleichsam exponentiell, an, trotz wachsender Einnahmen und immer neuer Darlehen, die er nur teilweise zurückzahlte. In Magdeburg 1835 ging es um eine Schuldensumme von mehreren hundert Talern, in Dresden zehn Jahre später bereits um einige tausend; weitere zehn Jahre später mußte Wesendonk in Zürich Schulden von fast zehntausend Francs auslösen, und trotz der Vorschüsse des Verlegers Schott, trotz der nie zurückgezahlten »Darlehen« Wesendonks von vierundzwanzigtausend Francs für den *Ring des Nibelungen*, machte Wagner in dem einzigen Wiener Jahr 1863/64 Schulden in einer Höhe, die ein Vielfaches früherer Jahresausgaben umfaßten. Natürlich waren solche Schulden nur zu bezahlen, weil auch die Zahlungsfähigkeit von Wagners wichtigsten Geldgebern stieg: vom Jugendfreund Apel über den Dresdner Arzt Pusinelli und die Kaufmannswitwe Julie Ritter bis zu dem reichen Handelsherrn und Millionär Otto Wesendonk. Aber auch Wesendonk konnte und wollte Wagners Bedürfnisse nicht allein bestreiten, weil sie in eine Schraube ohne Ende zu führen schienen. Der Musikverleger Schott, Wagners aufrichtiger Bewunderer, aber auch ein nüchtern kalkulierender Kaufmann, schrieb an Wagner: *»Ihre Bedürfnisse bestreiten … kann nur ein enorm reicher Bankier oder ein Fürst, der über Millionen zu verfügen hat.«* Auch dieser Fürst sollte sich schließlich für Wagner finden.

***

Hemmungslosigkeit im Betteln und Schuldenmachen könnte auf besondere Unabhängigkeit von bürgerlichen Normen schließen lassen. Eben dies, meinte Adorno, treffe auf Wagner nicht zu. In ihm sei die Macht der Ordnung bereits so groß gewesen, daß es nicht einmal »zu Widerständen gegen das Ganze« gekommen sei. Eine anfechtbare These, nicht nur wenn man an Wagners Teilnahme an der Dresdner Revolution von 1849 denkt. Sie paßt auch nicht zu Adornos anderer Feststellung, Wagner habe bürgerliche Ziele zu erreichen versucht »durch Preisgabe der eigenen bürgerlichen Würde«. Das einzige Ziel, an dem Wagner wirklich gelegen war, war seine Kunstproduktion; alles andere, auch die »Würde«, wurde dem untergeordnet. Was unter solcher Würde zu verstehen sei, davon hatte Wagner im übrigen ganz andere Vorstellungen als Adorno. Wirkliche Scham seiner Bettelbriefe und Bittgänge wegen scheint er kaum einmal empfunden zu haben, am meisten noch gegenüber Liszt. Die Reue- und Schuldbekenntnisse, Selbstbezichtigungen und Tränenstürze seiner Briefe sind wohlkalkulierte Manöver, genau abgestimmt auf die Person des jeweiligen Empfängers. Nicht weniger kalkuliert sind die – bei wiederholten Geldforderungen ohnehin unvermeidlichen – direkteren, unverhohleneren Formen der Anrede: die immer wieder eingestreuten »Sieh zu!«, das überfallartige »Jetzt wird mir's aber zu arg! Liebster, *ist es Dir möglich* mir sogleich 500 Frcs. zu schicken?« (an Liszt) oder das entwaffnende »Bester! Einzigster! heute spreche ich zu Ihnen als Räuberhauptmann...« (an Wesendonk). Das alles ist virtuos, aber durchaus gewissenlos. In Wagners großem Bettelbrief an Heine heißt es: »Meine Frau würde nur dem Gefühle einer Scham nachgeben, die *ich* hierbei nicht empfinden kann.« So wird es wohl gewesen sein. Wagner scheute sich auch nicht, in Paris 1840 eine Schuldhaft vorzutäuschen und selber die Bittbriefe an Apel zu entwerfen, die Minna Wagner dann nur noch abzuschreiben hatte. Er scheute sich nicht, den Nibelungen-Ring gleich dreimal (an Wesendonk, Schott und den König) zu verkaufen und die Originalpartituren des *Rheingolds* und der *Walküre*, die er Wesendonk überlassen hatte, von diesem für den König von Bayern zurückzufordern. Ganz abgesehen davon, daß er dem reichen Gönner, als er bei ihm »Asyl« auf dem grünen Hügel in Zürich genoß, die Frau auszuspannen versuchte, wie anderen Freunden und Geldgebern vorher und nachher. Frauen gehörten, im materiellen wie immateriellen Sinn, stets zu Wagners wichtigsten Förderinnen. Er selber erklärte das mit den Worten: »... daß bei aller herrschenden gemeinheit es den frauen doch immer noch am schwierigsten fällt ihre seelen so gründlich verledern zu lassen, als dieß unsrer statsbürgerlichen männerwelt zu so voller genüge gelungen ist.« Selbst der Herzensfreund Liszt bekam einmal den Zuruf zu hören: »Gott, was seid ihr alle für wohlbestallte Menschen.« Hier zeigt sich eine Schroffheit, ja rücksichtslose Kälte, die den Begriff Ausbeutung nahelegt. Aber Wagner hat dies kaum als scham-

und würdelos empfunden. Er meinte, trotz oder wegen vieler empfangener Wohltaten, daß grundsätzliche Ungerechtigkeit gegen den Wohltäter zum »großen Stil« gehörte. Das war ein Teil jener spätbürgerlichen Künstlerideologie, die so entscheidend von Wagner mitgeprägt worden ist. Kein Zufall, daß ein d'Annunzio beim Trauerkonduk auf dem Canal grande die Fackel trug. Wagner wußte, daß in den Nischen der bürgerlichen Gesellschaft die Kunstheroen den alten Platz der Säulenheiligen einnahmen und daß die bürgerliche Moral vor dem Immoralismus des Genies zu kapitulieren bereit war. Dieses Wissen hat er benutzt. Emma Herwegh nannte ihn schlichtweg einen »Folianten von Eitelkeit, Herzlosigkeit und Egoismus«.

Aber er war auch – was Emma Herwegh nicht zu sehen vermochte – ein hochbedeutender Künstler, der größte, den Deutschland in der Epoche nach Goethe hervorgebracht hat, unser einziges »europäisches Ereignis« (neben Heinrich Heine). Dies Ereignis kam in fragwürdiger Gestalt, doch gilt die Binsenwahrheit, daß ein Künstler von Wagners Rang, daß vor allem sein Werk durch Hinweise auf die Biographie und sogenannte moralische Defekte, etwa sein Schnorrertum, nicht »widerlegt« werden kann. Deshalb wird dem geneigten Leser der vorliegenden Dokumente spätestens an dieser Stelle der Rat gegeben, sich nicht moralisch zu mokieren und den gestrengen Zeigefinger zu heben. Nichts wäre zwar leichter, als über Wagner, das »Pumpgenie«, die Nase zu rümpfen – wer das Buch vor allem in dieser Absicht liest, wird dazu reichlich Gelegenheit haben –; nichts aber könnte die Intention des Herausgebers dieser Sammlung stärker verkennen. Hier sollen, hundertzehn Jahre nach Wagners Tod, nicht alte Rechnungen beglichen oder ihm gar moralisch der Prozeß gemacht werden. Über seine Schulden und Verschwendungssucht haben sich schon die Zeitgenossen zur Genüge entrüstet und, seltener, belustigt. Wagners »ungebührlicher Luxus«, auf Pump finanziert, war Stadtgespräch im Dresden der 1840er Jahre, wo er als königlich-sächsischer Kapellmeister amtierte, ebenso wie im folgenden Jahrzehnt in Zürich, wohin er nach der Dresdner Revolution geflüchtet war. Als Wagner 1864, berufen von Ludwig dem Zweiten, nach München kam und wiederholt tief in die königliche

Kabinettskasse griff, wuchs die öffentliche Empörung darüber sogar zu einer Staatskrise an. Grillparzer rief die Bayern auf, handgreiflich zu werden: »Werft ihn, ein zürnender Landsturm,/ Nicht in die Isar, doch in den Schuldturm.« Kein Karikaturist dieser Vorgänge verzichtete auf die naheliegenden Symbole: Geldschein und Goldschatulle und den gleißenden Hort des Nibelungenschatzes. Und als der Wiener Feuilletonist Daniel Spitzer 1877, noch zu Wagners Lebzeiten, dessen *Briefe an eine Putzmacherin* publizierte, geschah natürlich auch das in der Absicht, den zum reichsdeutschen Kunstheros aufgestiegenen Bayreuther Meister von seiner menschlich-allzumenschlichen Seite zu zeigen: als Meister der Verschwendung. Doch war es ein eher subalterner Versuch der Entlarvung, der vor allem dem spießerhaften Ressentiment gegen Wagner, den Künstler in Samt und Seide, Nahrung geben sollte.

Katalaunische Schlachten schon damals. Ersetzt man die (überwiegend) sinnlosen moralischen Wertungen dieser Dinge durch psychologische und sozialpsychologische, dann erkennt man, in welchem Maß Wagner, auch als Person, mit seiner Biographie, in all seinen Widersprüchen und Tollheiten, seine Epoche repräsentiert. Und das betrifft auch sein Verhältnis zum Geld: Gerade im Wahnsinn erkennt man die Methode. Wie in einem Brennspiegel versammeln sich in Wagner die ungelösten, und wohl auch unauflösbaren, Widersprüche seiner Zeit, der frühkapitalistischen Industriegesellschaft. Auch in dieser Hinsicht sprengt er den deutschen Rahmen, und sucht man Vergleichbares, wird man es eher im Rußland Dostojewskis, Turgenjews und Tolstois oder im Frankreich Victor Hugos, Flauberts und Baudelaires finden. Der Autor der *Künstlichen Paradiese* war ein großer Bewunderer Wagners; im Komponisten der Venusberg-Musik erkannte er seinen musikalischen Doppelgänger. Baudelaire und Wagner begegneten einander anläßlich der Pariser *Tannhäuser*-Aufführung von 1861. Sie war der entschiedenste Versuch Wagners, sich als Theater-Komponist durch eine reale Bühnenaufführung mit seiner Zeitgenossenschaft zu verständigen. Man weiß, wie es endete: Die Jockeys pfiffen, der *Tannhäuser* ging im Tumult unter. Was war der Grund? Wagner hatte sich geweigert, das in Paris obligatorische Ballett in den zweiten Akt seiner Oper zu verlegen, zum Leidwesen seiner Frau. Sie machte »Richards Eigensinn« für das Desaster verantwortlich und meinte, die Oper hätte »eine wahre Ruhm- und Geldquelle« werden können.

Für Wagner war der Skandal eine neuerliche Bestätigung seiner Auffassung von der Verderbtheit der Kunstzustände und von der Tendenz der Geldzivilisation, auch die Kunst, ohne jeden Rest, in eine Ware zu verwandeln. Es wiederholte sich die Erfahrung, die er selber zwanzig Jahre zuvor in Paris gemacht hatte, als er durch die große Stadt hechelte, seine Textbücher feilbot, um Kompositionsaufträge kämpfte, zur ungläubigen Verwunderung Heinrich Heines, der wußte, daß in Paris alles erkauft werden muß, vor allem der Ruhm und der Erfolg. Wagners Brotgeber in Paris war damals der Musikverleger Schlesinger, der ihm buchstäblich die Existenz rettete, aber wohl in einer sehr demütigenden Weise. An der Großen Oper, die zu erobern Wagner eigentlich nach Paris gekommen war, glänzte der Stern Giacomo Meyerbeers, des deutschen Landsmanns aus Berlin. Meyerbeer half Wagner nach Kräften, ohne doch seine Neigung zu gewinnen. Damals bildete sich in Wagner jener antisemitische Komplex, den er niemals korrigierte, sozusagen als wahnhafter, ressentimentbestimmter Seitentrieb seiner Geldphilosophie. Er ist auf Pariser Boden gewachsen, im Paris des *juste milieu* unter dem Bürgerkönig Louis Philippe, wo unverblümt die Maxime ausgegeben wurde: *Enrichissez-vous (Bereichert euch)*, im Paris der Industriemagnaten und Spekulanten, Jockeys und Grisetten, revolutionär gesinnten Künstler und Journalisten, so wie Flaubert es im Roman von der *Education sentimentale* beschrieben hat. Nur nebenbei sei angemerkt, daß Madame Arnoux, die weibliche Hauptfigur des Buches, in Elisa Schlesinger, der Frau des Musikverlegers, ihr reales Vorbild hat. Dieses Paris hatte Wagner vor Augen, als er 1850 aus dem Züricher Exil an seinen Freund Theodor Uhlig in Dresden schrieb, er glaube an keine andere Revolution mehr als an die, »die mit dem Niederbrande von Paris beginnt«. Das führt wieder zum Schluß der *Götterdämmerung*. Das Walhall, das hier verbrennt, ist die frühkapitalistische Gesellschaft, wie Wagner sie erfahren hatte, es ist das Paris seiner vierziger Jahre, das Babylon des modernen Kunstbetriebs.

Dem stellte Wagner, ein »deutscher Musiker in Paris«, seinen kunstmoralischen Anspruch entgegen, das Erbteil eines damals, unter dem Bürgerkönigtum, wenn nicht obsolet, so doch anachronistisch gewordenen Idealismus. Wenigstens das eigene Werk sollte rein erhalten werden von der Promiskuität des Geldes. Und wirklich war Wagner, der skandalöse Schuldenmacher, hinsichtlich seiner Werke nur selten zu Konzessionen bereit, schon gar nicht um schnöden Geldes willen. Er wollte sein Werk um keinen Preis vermarkten. Das ist ihm im großen und ganzen gelungen. Geld war, wie Oskar Fehrenbach schrieb, »nie das Motiv seiner Produktion, sondern immer nur das Mittel zu ihrer Ermöglichung«. Aber damit verstrickte er sich in unlösbare Widersprüche. Man vergesse auch nicht, daß Wagners spätere Werke seit dem *Rheingold* lange Jahre unaufgeführt und anfangs auch ungedruckt in den Schubladen lagen; daß der *Tristan* als unaufführbar galt. Man vergesse nicht, daß die Opernkomponisten der Wagner-Zeit meist arme Schlucker waren, die ihr Brot, wie Louis Spohr in Kassel, wie Marschner in Hannover, wie Wagner selber lange Zeit in Dresden, als Kapellmeister zu verdienen hatten; sie besaßen nicht mehr die alte höfische Sekurität und noch nicht den bürgerlichen Rechtsschutz in Form geregelter Tantiemen. Die Einnahmen, die Wagner aus seinen frühen Opern bis zum *Lohengrin* zog, waren unregelmäßig und wenig verläßlich. Trotzdem beharrte er darauf, etwa anläßlich der Uraufführung des *Lohengrin* in Weimar durch Franz Liszt, daß das Werk ungekürzt und ungeschmälert gegeben werde. »Das heißt *nicht siegen*, wenn ich mit dem Feinde kapituliere«, schrieb er. Oder war das am Ende so ernst nicht gemeint? In Wagners schon zitiertem Brief an Liszt vom Januar 1854 heißt es: »Höre, mein Franz! Du mußt jetzt helfen! Es steht schlecht – *sehr* schlecht mit mir. Soll ich die Fähigkeit gewinnen, *auszuhalten* (ich verstehe *viel* unter diesem Worte!), so muß auf dem nun einmal jetzt betretenen Wege der Prostitution meiner Kunst etwas *Ordentliches* geschehen – sonst ist's aus.«

Da haben wir den kompromißlosen Künstler als schamlosen Bettler! – Wobei der eine nicht gegen den anderen ausgespielt werden sollte. Wagners Widerspruch war, wenigstens zu großen Teilen, der Widerspruch der Verhältnisse, die ihm aufgezwungen waren. Von der Gesellschaft, deren Gegenbild er in seiner Kunst entwarf, forderte er in barer Münze zurück, was sie ihm durch die Herrschaft des Geldprinzips an Erfüllung verweigerte. Wagner selber hat es ausgesprochen in seinem großen *Rheingold*-Brief an Liszt, wo es heißt: »Doch eigentlich nur mit wahrer Verzweiflung nehme ich immer wieder die Kunst auf: geschieht dies, und muß ich wieder der Wirklichkeit entsagen – muß ich mich wieder in die Wellen der künstlerischen Phantasie stürzen, um mich in einer eingebildeten Welt zu befriedigen, so muß wenigstens meiner Phantasie auch geholfen, meine Einbildungskraft muß unterstützt werden. Ich kann dann nicht wie ein Hund leben, ich kann mich nicht auf Stroh betten und mich in Fusel erquicken: meine stark gereizte, feine, ungeheuer begehrliche, aber ungemein zarte und zärtliche Sinnlichkeit muß irgendwie sich geschmeichelt fühlen, wenn meinem Geiste das blutig schwere Werk der Bildung einer unvorhandenen Welt gelingen soll.« Niemals ist die Situation des Künstlers mit ihrer Dialektik von Rebellen- und Parasitentum klarer, radikaler und aufrichtiger ausgedrückt worden als in diesen Sätzen. Aber Wagner vermochte die Dialektik nicht aufzulösen. Er forderte Geld und Luxus als Gegengabe für die Werke, die er schuf und durch die – nach seinem hochentwickelten kunstmoralischen Anspruch – eine verderbte, nur an Gewinn und Genuß interessierte Gesellschaft sich von sich selbst erlösen sollte. Wir wissen, daß er mit diesem Anspruch scheiterte, daß er schon gescheitert war, als das Festspielhaus stand und die ersten Festspiele eröffnet wurden. Und wir wissen auch, bis zu welcher verschwenderischen Üppigkeit, bis zu welchem sinnlichen Raffinement und gründerzeitlichen Prunk er gegen Ende seines Lebens sein Luxusbedürfnis steigerte und verfeinerte. Auf der Bühne des Festspielhauses verbrannte die Pariser Geldzivilisation, aber gleichzeitig zog sie ein in die Villa Wahnfried. Insofern war es Selbstbetrug, was Wagner 1870 an seinen alten Freund Anton Pusinelli schrieb: »Ich bin überzeugt, daß ein auch nur mäßiger Vermögensbesitz mich für das Aeußere meines Lebens durchaus stabil gemacht und jede Unruhe von mir fern gehalten hätte. Das vollkommene Gegentheil machte auch mich jedoch gegen den Werth des Geldes gleichgiltig, gleichsam als hätte ich gewußt, daß ich doch eigentlich nie ›Geld‹ mir verdienen könnte.« Aus wenigen Zeilen tritt uns hier Wagner in seiner wahren Gestalt und Dreieinigkeit entgegen: als verhinderter Bourgeois, unfreiwilliger Anarchist und romantischer Künstler.

EDITORISCHE NOTIZ

Das Leben Richard Wagners ist in fast allen seinen Abschnitten so gründlich dokumentiert wie das Leben kaum eines anderen Künstlers im neunzehnten Jahrhundert. Von Wagners eigener Hand besitzen wir die monumentale Autobiographie *Mein Leben* sowie ein Briefoeuvre von erdrückendem Umfang. Daneben existiert aber auch eine kaum überschaubare Zahl von Dokumenten *über* Wagner: von Freunden, Weggefährten und Zeitgenossen. Das vorliegende Buch versammelt Zeugnisse zum Thema »Richard Wagner und das Geld«. Doch selbst hier ist das in Frage kommende Material so umfangreich, daß die Notwendigkeit bestand, eine Auswahl zu treffen. Jedes Streben nach Vollständigkeit hätte die Dimension des Buches sprengen müssen und zugleich seine Lesbarkeit beeinträchtigt. Ohnehin sind bei dem Thema des Buches die Gefahren der Monotonie und der tautologischen Wiederholung nicht völlig auszuschließen. Diese Gefahren zu vermeiden war eines der wichtigsten Kriterien der Auswahl. Die Reihenfolge der Dokumente folgt mit einiger Strenge der Chronologie der Geschehnisse. Nur in wenigen Fällen wurde aus dramaturgischen Gründen von dieser Regel abgewichen, etwa wenn Geschehnisse im zeitlichen Rückblick erzählt oder kommentiert werden. Die Auswahl der Texte und ihre chronologische Anordnung lassen es zu, ja legen es nahe, dieses Buch auch als dokumentarischen Roman, vielleicht sogar als Geschichte einer lebenslangen Obsession zu lesen.

Eine Dokumentation wie die hier vorliegende kann naturgemäß nicht besser sein als die Quellen, aus denen sie schöpft. Diese Quellen sind zahlreich und von unterschiedlicher Qualität. Manche der zitierten Quellen sind vorzüglich, andere höchst unzuverlässig ediert worden. Das betrifft nicht zuletzt Wagners eigene Texte, die den größeren Teil des Bandes ausfüllen. Obwohl die Wagner-Literatur ins Uferlose angewachsen ist, befindet sich die eigentliche Wagner-Philologie in einem unbefriedigenden Zustand. So liegen beispielsweise Wagners Briefe nur bis zum Jahr 1856 in einer Ausgabe vor, die strengen textkritischen Ansprüchen stand-hält (keineswegs aber, trotz des Titels *Sämtliche Briefe*, dem Anspruch auf Vollständigkeit). Daneben läßt sich nur der Ausgabe des Briefwechsels zwischen Wagner und König Ludwig II. sowie den von Werner Otto und Hans Rudolf Jung besorgten Auswahl-ausgaben von Briefen Wagners und Liszts unbedingte Texttreue attestieren.

Alle übrigen Quellen, seien es Wagner-Texte oder Texte anderer Autoren, gehorchen mehr oder weniger den editorischen Prinzi-pien, die die jeweiligen Herausgeber und ihre Zeit für richtig und zulässig erachteten. Davon sind durchweg Orthographie und Zei-chensetzung betroffen, zuweilen aber auch die Texte selbst, ohne daß sich das Ausmaß der editorischen Eingriffe genau angeben ließe. Nur in wenigen Fällen, bei offensichtlichen Ungereimthei-ten und Lücken, war es mir möglich, die Handschriften heranzu-ziehen. Unter diesen Umständen war eine vollständige Texttreue ebensowenig erreichbar wie eine einheitliche Textgestalt. So erklärt es sich, daß die Orthographie schwankt. Statt sie willkür-lich zu vereinheitlichen, hat der Herausgeber die Schreibweise der jeweiligen Vorlage respektiert.

Die einzelnen Dokumente werden im Hinblick auf die Geldthe-matik betrachtet. In vielen Fällen werden sie also nicht vollständig abgedruckt. Auslassungen innerhalb der Texte sind durch Pünkt-chen bezeichnet. Hinzufügungen des Herausgebers sind durch eckige Klammern kenntlich gemacht. Einzelne offensichtliche Schreibfehler wurden stillschweigend verbessert, die Kopfzeilen vereinheitlicht, falsche Daten korrigiert und fehlende Daten hin-zugefügt. Um eine möglichst gute Lesbarkeit zu erreichen, wurde auf Fußnoten im Textteil fast vollständig verzichtet. Die zum Ver-ständnis der Briefe erforderlichen Informationen sind der Zeittafel und dem Personenregister des Anhangs zu entnehmen.

Hannover, im Januar 1993   H.K.

DOKUMENTE

Richard Wagner, *Mein Leben* (1865-1880)
(Bericht über das Jahr 1829)

Wie es zu ermöglichen sei, schnell das nötige Komponieren mir anzueignen, sollte mich *Logiers* »Methode des Generalbasses« lehren, welche man mir in einer musikalischen Leihanstalt als zweckmäßiges Lehrbuch zur schnellen Erlernung des Komponierens anempfohlen hatte. Ich entsinne mich, daß die finanziellen Wirren, die mir mein Leben zu jeder Zeit so sehr störten, von hier ihren Ausgang nahmen: ich entlieh Logiers Methode gegen ein wöchentliches Leihgeld in der angenehmen Hoffnung, mit einigen Wochen Leihgebühr, welche ich allenfalls von gesammeltem Taschengelde erübrigt hätte, davonzukommen. Die Wochen dehnten sich aber zu Monaten aus, und immer konnte ich noch nicht komponieren, wie ich wollte. Herr Friedrich *Wieck*, der spätere Schwiegervater Rob. *Schumanns* und damalige Besitzer jener Leihanstalt, ließ mir bedenkliche Mahnungen zukommen, und als die Rechnung fast zu gleicher Höhe mit dem Preise des Logierschen Buches angeschwollen war, sah ich mich genötigt meiner Familie mich zu entdecken, welche nun mit meiner Finanz-Kalamität zugleich meine neue Verirrung auf das Gebiet der Musik erfuhr. [...] Die häusliche Not war groß: Mutter, Schwester und Schwager berieten sich mit sorgenvoller Miene, in welcher Weise künftighin meine Studien zu überwachen sein dürften, um mich von steten Abwegen zurückzuhalten. [...] Ähnlich wie ich das Komponieren, durch *Logiers* Methode, auf das schleunigste zu erlernen verhofft [...], erging es mir nun mit diesem Plane der eiligen Bereicherung meiner finanziellen Situation durch das Spiel: mit dem Gewinnst ging es nicht so schnell, und gegen drei Monate blieb ich der Spielwut dermaßen verfallen, daß dagegen alle andre Leidenschaften als gänzlich machtlos über mein Gemüth zurücktraten. Nicht der Fechtboden, nicht die Kneipe, nicht der Duellplatz bekamen mich mehr zu sehen; den Tag über zerwühlte ich meine klägliche Lage, um mir auf jede erdenkliche Weise das nötige Geld zu verschaffen, um den Abend und die Nacht hindurch es zu verspielen [...] Ich war der Meinung, daß nur mit reichlicheren Einsatzsummen Gewinn zu erlangen sei, und bestimmte daher eine mir anvertraute, verhältnismäßig nicht unbedeutende Geldsumme, den Betrag der durch mich erhobenen Pension meiner Mutter, zu diesem Versuche. In jener Nacht verlor ich alles Mitgebrachte bis auf den letzten Taler: die Aufregung mit welcher ich auch *diesen* endlich ebenfalls auf eine Karte setzte, war meinem jungen Leben, nach allen sonstigen Erfahrungen, doch vollständig neu: ohne das Mindeste genossen zu haben, mußte ich mich wiederholt vom Spieltisch entfernen, um mich zu erbrechen. Mit diesem letzten Taler spielte ich mein Leben aus: denn an eine Heimkehr zu meiner Familie war nicht zu denken; ich sah mich bereits beim Morgengrauen über die Felder und durch die Wälder, als verlornen Sohn, in das Ziellose dahinfliehen. Die hierin sich bekundende verzweiflungsvolle Stimmung hielt so energisch an, daß, als meine Karte zugeschlagen hatte, ich den Gewinn mit dem Einsatz sofort von neuem darangab, und dieses Verfahren mehrere Mal wiederholte, bis wirklich der Gewinn einigermaßen beträchtlich herausstellte. Fortwährend gewann ich nun. Ich ward so zuverlässig, daß ich das kühnste Spiel wagte: denn plötzlich leuchtete es hell in mir auf, daß ich heute zum letzten Mal spielte. Mein Glück ward so auffällig, daß die Bankhalter zu schließen für gut befanden. Wirklich hatte ich nicht nur alles in dieser Nacht zuvor verlorene Geld wiedergewonnen, sondern dazu auch noch den Betrag aller meiner Schulden. Die Wärme, die während dieses Vorganges mich wachsend erfüllte, war durchaus heiliger Art. Mit dem Zuschlag meines Glückes fühlte ich deutlich Gott oder seinen Engel neben mir stehend, seine Warnung und Tröstung mir zuflüsternd [...] Wirklich hatte auch hiermit jede Versuchung für immer ihre Macht über mich verloren.

Richard Wagner an *Theodor Apel*
Magdeburg, 7. Dezember 1834

Du hast etwas Herrliches geliefert, mein Theodor, – ich bin erstaunt über Dein Werk, – Du hast all' meine Erwartungen übertroffen! [...] Ich erblicke in Deinem Columbus etwas ganz bewunderungswürdiges [...] Dir fehlte nichts, als ein so sprechender Beweis Deines Talentes, um Dich in allen Deinen Beziehungen zu Deinen Umgebungen sicher u. fest zu stellen, – ist Dir nun das auch gelungen, wer ist nun beneidenswerther als Du? – Betrachte ich nun meine armseelige Existenz, die kleine Stellung, die ich jetzt errungen, u. nun gar noch die traurige Nothwendigkeit, mit einem gewissen Stolz diese Existenz für glorreich ausgeben zu müssen, wenigstens gegen die Meinigen? – Ich werde nicht eher wieder zu einer behaglichen Ruhe kommen, bis ich mich aus Albernheiten aller Art werde herausgezogen haben; – daß daran eine bedeutende Schuldenmasse mit Schuld ist, u. zwar Hauptsächlich Schuld ist, muß ich allerdings gestehen. Ich habe meine Lage zu wenig beurtheilen können, ich habe mich durch Leichtsinn aller Art in eine solche Schulden-Schmiere gebracht, daß mir die Haare davor zu Berge stehen. Erstlich die frühere Nachlässigkeit in der Zahlung der Gagen, brachte mich ungeheuer zurück, – anstatt mich nun da an die Meinigen zu wenden, hielt mich die natürliche Eitelkeit davon zurück, den Stolz meiner selbstständigen Existenz zu behaupten. Ausschweifungen mancher Art brachten mich noch tiefer hinein. Ich nahm das letzte mal hundert u. achtzig Thaler aus Leipzig mit herüber, u. es reichte grade so weit, um erst mein ganzes Malheur so recht zu übersehen. Denke Dir, unter 200 Thal: kann ich mich nicht ganz u. gar herausreißen. Ich muß wol zugestehen, daß mein Leichtsinn viel mit daran schuld ist, allein getäuschte Hoffnungen für mein Schicksal haben auch ihren Antheil daran – [...] – Lies' mir eine Strafpredigt, ich verdiene sie, u. lasse sie mir von Dir jetzt gern gefallen. Sage mir, wäre Dir's möglich, mich jetzt wieder zu einem Menschen zu machen, u. mich aus all' meinem Jammer u. Elend herauszureißen. Ich gestehe es, ehe ich jetzt an Brockhaus gehe, – denn der *könnte* mir nur helfen, gab mir ein Gott mich erst noch einmal an dich zu wenden. Ich bitte Dich, nimm ein kleines Kapital von 200 Thl:, lege es bei mir auf ein Jahr an, Du büßest höchstens nur die Geldzinsen ein, die ich Dir doch unmöglich anbieten könnte, – meine frohe, heitre kräftige Laune aber, die noch so viel Schönes schaffen soll, biete ich Dir ganz dafür an, wenn Du sie mir wieder ausgelöst haben wirst; – vor dem berühmten Frühjahr 1836 aber bin ich gewiß auch jeder Geldschuld gegen Dich ledig, – sei das versichert! – Mich schmerzt es, u. ich schäme mich tief Dir in diesem Briefe, der so begann, noch solch' einen anderen Theil mit einflechten zu müssen; – Sei übrigens unbesorgt, u. lass' Dich nicht etwa abhalten, mich in der bestimmten Zeit zu besuchen, in der Furcht, mich in meinem Jammer zu finden; – bis dahin muß es sich auf diese oder eine andere Art gelöst haben. Nur laß mich jetzt nicht lange in Ungewißheit darüber. –

Ach, – ich athme wieder auf, es ist jetzt eine schwere Last von meinem Herzen. Sieh, in einer solchen Lage traf mich Dein Columbus.

3.   Richard Wagner an *Theodor Apel*
        Magdeburg, 13. Dezember 1834

Ach, wie lange hätte ich schon an meine Schwester geschrieben, – und sie zu Deinem Columbus hingerissen; – ich mußte aber nur nothwendig erst immer noch einen Brief von Dir haben, da mich meine pekuniären Verlegenheiten gegenwärtig so bedrängen, daß wenn ich die Zusage von Dir nicht bekomme, ich mich ohne Verzug anderswo hätte umsehen müssen. – Dienstag ist der fatale 16te, wohin ich nun bis spätestens alles vertröstet; – denk' allein, dem armen Kerl, – dem Schmitt (Rüpel) bin ich noch von Rudolstadt her gegen 30 Thal: schuldig, – Weinrechnungen, – Schneiderrechnungen (denn unsereines hat ja hier gar keinen Kredit), das verfluchte Judengeschmeiß – u. noch andere baare Schulden, – Anhängsel meiner etwas verwöhnten Lebensart, alles drängt sich zusammen, so daß ich Dich bitten muß, Dein so bereitwilliges Anerbieten, mir die Summe sogleich zu schicken, schnell auszuführen. Es ist mir lieb, daß Du es nicht aus Deiner Kasse nimmst; zwar verstehe ich die Verhältnisse weniger, – wäre es aber nicht möglich, daß Du gleichsam für mich bei der Anleihe (auf ein Jahr) nur Deinen Namen verpfändest, den ich dann ehrlich auslöse? – Das verstehst Du aber besser als ich. Ich danke Dir innigst, mein guter Junge!

Richard Wagner an *Theodor Apel*   4.
Magdeburg, 24. Dezember 1834

Nun, mein Goldjunge, noch ein Paar Worte an Dich, aber auch nur ein Paar Worte; – bald mehr! – Dank! Dank! Viel tausendmal Dank! und nichts weiter! – Ich athme auf, ich lebe wieder auf, – und hab' Dir versprochen, meine erste frohe Laune Dir zu schenken! –

Richard Wagner an *Theodor Apel*
Leipzig, 19. Mai 1835

Meine Geldaffairen, Du Rettungsengel, sind noch nicht ganz in Ordnung; – das weiß der liebe Gott! Hätt' ich mich nur damals auf dem wahnsinnigsten Standpunkte meiner verzweifelten Lage noch genauer gegen Dich ausgesprochen! Will ich vollkommen rein sein, und zugleich für meine nächste ungewisse Zukunft etwas gedeckt, so sind mir noch 200 Thaler nöthig! – Erschrick' nicht! Aber es ist so! – [...] Du kannst mir nun zwar Vorwürfe über diese Masse machen, im Grund der Sache kann Dir es aber wol auf diese Vergrößerung der Schuld nicht ankommen, – zumal ich Dir jetzt die freudige Versicherung geben kann, daß Du hinsichtlich der Bezahlung dieser Schuld vollkommen in Ruhe sein kannst! [...] – Ich bitte Dich nun inständigst, gewähre mir noch diese letzte Bitte in diesen niederträchtigen Angelegenheiten, und schließ' diese Rechnung für mein irdisches Wohlsein ab, – ach Du mein Gott, es bedarf nur noch ein paar Zeilen von Dir, – o wer so glücklich ist, mit so wenigem so viel nützen zu können! Aber schnell muß es sein, – denn wenn ich nicht den 1ten Juni zahlbar dastehe, so verliert die Sache ihren Werth! Ich will Dir einmal später-hin noch Alles genau detailliren – Du wirst vieles Unbegreifliche hinsichtlich meiner Schulden noch genau begreifen lernen, – nur so viel jetzt: – ich bin noch lange nicht aufrichtig genug gegen Dich gewesen! –

Richard Wagner an *Theodor Apel*
Frankfurt, 21. August 1835

Zwar stehe ich selbst im Begriff nach Leipzig zu kommen, u. Dich zu sehen u. zu sprechen, doch weiß ich für heute nicht anders den unaufhörlich sich drängenden Schmerzens- u. Angst-Gefühlen zu wehren, – ich muß Dir heute, – jetzt in dieser Stunde schreiben. Die Thränen stürzen mir aus den Augen, wie damals in meiner Knabenzeit, wenn ich gegen Jemand, den ich liebte, gesündigt hatte, u. ihn um Vergebung bitten sollte. – Mein Theodor, wohin bin ich gekommen? Wohin ist jener freie schöne Lebensmuth, in dem wir uns gegenseitig anfeuerten? Wohin ist jene Zukunft, auf die wir stolz im Gefühle des Sieges hinstrebten? – Vielleicht hast Du Dir Alles erhalten, – ja wohl nur noch schöner ausgebildet; – ich weiß es nicht, – weil wir überhaupt ein halbes Jahr nichts mehr von uns wissen, – aber, ich vermuthe – ich hoffe – ich wünsche es; – Du hast einen bessern Freund gefunden, – einen Freund, den Du mehr achten, – mehr schätzen kannst, – der Dir mehr sein muß, als Dein alter Richard! – O, ich kann vor Thränen nicht weiter schreiben; – warum denn noch diese Weichheit? – – [...]

Theodor, Theodor, – wie hat mich das Glück verlassen, seitdem Du mich verließest! O, nur ein einziger Wink, daß mich das Glück noch liebt, u. ich will suchen, das Leben wieder lieb zu gewinnen. Es ist Alles, Alles von mir geschwunden, – alle Poesie flieht vor mir, und eine nichtswürdig nackte Wahrheit breitet sich endlos vor mir aus! – Mein Gott, es ist mir, als ob alle Jugendblüthe von mir verschwinde, als ob sich jenes kalte Leben wie ein Frost um meine Schläfe lege, um aller Wärme u. Liebe zu wehren! – O, sollte ich schon Alles genossen haben, was mir zu genießen bestimmt? War das mein Leben? – – Ja, ja, – ich habe gesündigt; – u. doch nicht! Sündigt man, wenn man wahnsinnig ist? – Mit meiner Familie bin ich zerfallen, u. unser Verhältniß muß ich als aufgelöst betrachten; – ich selbst brachte es soweit! Leipzig kenne ich nicht mehr; ich werde es nie wieder auf längere Zeit betreten!

Eine Mutter, die mich herzlich liebt, ist Alles, was ich noch habe, – nichts weiter! – Theodor, – habe ich noch einen Freund? Besitze ich noch Deine Liebe, Dein Vertrauen? – O sag' mir, sag' mir, – wie denkst Du über mich? Ein so edles, herrliches Gemüth wie das Deine verloren zu haben, heißt viel, – für mich Alles verloren zu haben! Wenn auch Du mich verkennen könntest, – u. bei Gott, Theodor, es wäre nichts Unmögliches; – es gehört eine unendliche Festigkeit von Deiner Seite dazu, von Deinem Standpunkte aus an mir nicht irr zu werden! – Ach, und das muß ich fühlen, u. doch nur auf Dich zurückgewiesen sein! – Nimmst *Du* von mir Abschied, dann leb' wohl Du liebe Welt! – –

Ah, welche Wohlthat, – ich habe mich tüchtig ausgeweint; ich habe es lange nicht gekonnt; – wie ein herrlicher, erquickender Gewitter-Regen nach langer, anhaltender Dürre u. Hitze strömten mir die Thränen über. Ich bin etwas ruhiger, u. will auch jetzt ruhiger an Dich schreiben. – Mein Leben habe ich bis jetzt sehr verfahren; – Liebster, ich war nicht schlecht, – ich war wahnsinnig; es ist der einzige Ausdruck, den ich für meine Handlungsweise habe, – es war ein konventioneller Wahnsinn! Ich sehe jetzt nur zu gut, daß das Geld keine Chimäre, keine verächtliche werthlose Nebensache sei; – ich bin jetzt zu der Ueberzeugung gekommen, daß das Geld jetzt so gut Fleisch u. Blut bekommen hat, wie die Gesellschaft, unter die der Mensch gestellt ist. Ich war im Wahnsinn sage ich, denn ich begriff mich u. meine Stellung zur Welt nicht; – ich wußte, daß ich nicht den mindesten begründeten Anhalt u. Rückhalt hatte, u. handelte doch wie ein Toller, überschritt meine Verhältnisse in jeder Beziehung, u. noch dazu mit der Unwissenheit u. Unerfahrenheit eines Menschen, der eben nie begründete Ansprüche auf Geld hat; jeder andere, u. zumal ein Reicher verschwendet nicht so, wie eben ich. Die Folge nun war eben ein komplizirter Strudel von Wirrsalen u. MISÈRE, deren Verwickelungen ich nicht anders als mit Grausen betrachten kann. Mir die Einzelheiten nachzurechnen vermag ich selber nicht, – es ist unerhört u. unerklärlich, in welchen Abgrund ich gerathen. Deine enormen u. anhaltenden Anstrengungen mich aus ihm zu retten, machten mich nur noch kühner, u. ließen mich auf ein blindes Etwas vertrauen, wovon ich mir zwar keine Rechenschaft zu geben wußte, das mir aber meine Augen immer mehr mit Blindheit schlug. Mein Leben in Leipzig, meine erbärmliche Stellung, die ich dort einnahm, war mir unerträglich zur Last; es drängte mich nach sogenannten unabhängigen Kraftäußerungen; ich machte Ausflüge u. Ausschweifungen, deren Ergebniß im Verein mit den noch nachwärenden Folgen meiner früheren Thorheiten mich vollends mit meiner Familie entzweiten, u. endlich den Bruch mit allen meinen Verhältnissen nach sich gezogen haben. Was mein besseres Inneres, mein Kunstgenius dabei litten, ist unaussprechlich! Dieß ist mein Standpunkt; ich erkenne ihn klar. Ich könnte mich jetzt mit dieser neuerworbenen Einsicht begnügen, u. mich eines Bessern befleißen. – Stände ich jetzt von allen Folgen meiner fortgesetzten Thorheiten frei, so könnte ich jetzt ruhig meinem Schicksal entgegensehen; – ich habe mir jetzt für die nächste Zukunft einen sichern u. guten Erwerb verschafft, u. mit meinen neuen Erfahrungen, u. mit der dabei gewonnenen Ueberzeugung, daß ich fortan nur auf mich selbst u. meine Kraft angewiesen bin, um Alles wieder gut zu machen, kann ich jetzt wohl hoffen, eine neue Bahn zu betreten. Ich kann aber Magdeburg nicht eher wieder betreten, bis ich eine Schuldenlast von 400 Thalern von mir gewälzt habe. So stehe ich, – bin verlassen u. getrennt von Allem, von Allem, worauf ich sonst zählte, nur noch begleitet von den ängstlichen, bangen Sorgen meiner Mutter; – sie kann mir nichts geben. *Du* bist der Einzige, auf den ich noch hingewiesen bin, u. ich habe den Muth dieß noch auszusprechen, ohne zu fürchten, Dich zu erzürnen u. von mir abzuwenden; – aller andere Rückhalt, jede andere Hoffnung hat mich getäuscht, u. eben diese Enttäuschung, der ich mir jetzt klar bewußt bin, treibt mich zu dem äußersten Muthe, jetzt noch einmal so vor Dich hinzutreten. Vielleicht bin ich nun an dem Punkt angekommen, an dem ich endlich gänzlich scheitere; – vielleicht wendest Du Dich voll Schmerz über eine Täuschung in meiner Freundschaft zu Dir kalt von mir; es kann sein, daß ich Dein Vertrauen auf meine Redlichkeit auf das Aeußerste gespannt habe, daß Deine Langmuth erschöpft ist; – wird dieß der Fall sein, dann würde mich auch mein Elend soweit treiben, Deiner nicht mehr werth zu sein. – Aber vorher rufe ich Dir nur noch dieses zu: – halte unseren gegenwärtigen Standpunkt nicht für eine Zufälligkeit dieses Lebens; siehe es als ein *Ereigniß* von größter Wichtigkeit Deines u. meines Lebens an, – u. in der That, das ist es, – es ist meine Wieder-Geburt. Glaube, – sollte sich mein Geist noch einmal reich u. schön entfalten, – woran ich jetzt verzweifele, – so wird es der Welt nicht verborgen bleiben, wer ihn rettete. Ueberlege, mein Theodor, wovon es sich handelt! Ich dränge Dich im Uebrigen nicht wider Deine Ueberzeugung; – ein schnelles Ende ist besser als ein langsames. – Das wäre das Ergebniß dieses Jahres! –

Ich fing diesen Brief unter den heftigsten Gemüthswallungen an, – u. mehr Thränen entflossen meinen Augen als Worte meiner Feder; – es war wohlthätig: – ich bin jetzt zu einer heiligen Ruhe gekommen; – ich habe gebeichtet, die Absolution steht bei Dir. –

7. Richard Wagner an *Theodor Apel*
    Magdeburg, 26. Oktober 1835

Ich habe eine nette, freundliche Stube 3 Treppen hoch auf dem Breiten Weg, dem Baldini grade gegenüber, – einen tüchtigen Flügel habe ich wohlfeil bekommen, u. somit wär' Alles gut, wenn ich nicht wirklich in einer gräßlichen Beschränkung leben müßte; – ich murre grade nicht darüber, – aber wenn ich bedenken sollte, daß Alles dieß nicht im Stande sein sollte, meine letzte Vergangenheit zu sühnen, – so möchte ich wüthen. Du kannst denken, wie sparsam ich lebe, wenn ich jetzt monatlich 30 Thaler abzahle; das ist nicht bitter; – u. höre einmal, da Du mir einmal eine Berechnung auf Heller u. Pfennig gemacht hast, so lass' mich nur ja auch nicht diesen *ersten* sitzen; – ich rechne stark darauf, so bin ich bankerott; – u. höre einmal, wenn es noch ein wenig mehr wird, so werde ich Dir deshalb gewiß nicht gram, – kannst mir's glauben!

Richard Wagner an *Theodor Apel* 8.
Magdeburg, 5. November 1835

Du hast mir auch das Geld nicht geschickt, – warum bringst Du
mich in so gemeine Verlegenheit, Dich darum zu mahnen, was Du
mir nicht schuldig bist? – Du versprachst mir so etwas zum ersten
November, u. ich machte meine Rechnung darnach. Ist es Dir
nicht möglich?

Richard Wagner an *Theodor Apel* 9.
Magdeburg, 25. November 1835

Herzlichen Dank, lieber Theodor, – u. dies weniger für die Sache
selbst, als für die Art, mit der Du kurz u. zart solche Dinge
abmachst, u. dann übergehst.

Richard Wagner an *Theodor Apel* 10.
Magdeburg, 21. Januar 1836

Ende Februar ist die Aufführung meiner Oper, – ich bekomme
die zweite Einnahme als Honorar! Komm' herüber, u. höre, was
ich zu erwarten habe; – was Du bis jetzt kennst, ist das Schwäch-

ste! – Bis dahin aber komm' ich um; – ich habe es nun 5 Monate durchgeführt, aber nun ist es nicht mehr möglich; – ich gehe dabei zu Schanden! Meine Gläubiger wollen sich nicht auf meine Oper vertrösten lassen! – Ich muß Geld haben, wenn ich nicht wahnsinnig werden soll, u. wenn mir nicht die paar Thaler, die mir *jedesmal* noch von meiner Gage übrig bleiben mit Beschlag belegt werden sollen! – Ach, wie kann ich Dir denn so etwas schildern? Du kennst ja dies Elend nur von Hören-Sagen! – Du sollst mir auch nichts schenken, aber kauf' mir die Einnahme meiner Oper ab! Wenn Du Vertrauen hast, bist Du gerade derjenige, der nichts dabei zu fürchten hat; – ich schätze sie auf 100 Thal: giebst Du mir so viel darum? Der Kauf ist ehrlich, u. ich wende mich nur deswegen an Dich, weil ich Dir das meiste Vertrauen zum guten Erfolg zu suchen mich berechtigt fühle. Wenn ich das Geld nicht in diesem Monat noch habe, kann ich mich nicht mehr hier blicken lassen. Es ist zu toll, u. mehr als ich zu tragen fähig bin. Wenn Ihr mich prüfen wolltet; – nun gut, – 5 Monate habe ich gethan u. gelitten, was menschlich ist; – aber mehr ist nicht möglich! –

11.   Richard Wagner an *Theodor Apel*
Magdeburg, 20. April 1836

Deine versprochene Ankunft hier müßte bald geschehen, weil es sich ereignen könnte, daß ich hier bald zum Sitzen käme, u. ich würde Dir dann nicht viel Gesellschaft leisten können. Also bald! Verstehst Du?

Richard Wagner an *Theodor Apel* 12.
Magdeburg, 6. Mai 1836

Mein Horizont umwölkt sich immer mehr. Ich nehme Dein Anerbieten einer Zuflucht in Ermlitz an; – gieb Auftrag, daß man mich wenn ich ankomme, aufnimmt u. mir ein Zimmer anweist.

Richard Wagner an seine Mutter 13.
Johanne Rosine Geyer
Berlin, 31. Mai 1836

Der *König*, mein guter Freund, hat mir *Spontini's* Stelle angetragen, was soll ich aber damit? So eben wollen mir sechs Schriftsteller ihre Aufwartung machen; – man reißt sich um mich, – ich halte das nicht lange mehr aus, – besonders da ich *keinen Groschen* Geld in der Tasche habe. – – Mein guter Freund, – *Theodor Apel* hat mir auch nach Magdeburg einen sehr hübschen *unfrankirten* Brief geschickt, worin er mir schrieb, daß in Ermlitz gebaut würde u. daher kein rechter Platz für mich da wäre, – ich behaupte das war wieder ein neuer Witz aus seinem neuesten Lustspiel.

14.   Richard Wagner, *Autobiographische Skizze*
(1843)
(über das Jahr 1836 in Magdeburg)

Während dem hatte sich denn auch der Ernst des Lebens bei mir gemeldet; meine schnell ergriffene äußere Selbstständigkeit hatte mich zu Thorheiten aller Art verleitet, Geldnoth und Schulden quälten mich auf allen Seiten. Es kam mir bei, irgend etwas Besonderes zu wagen, um nicht in das gewöhnliche Geleis der Noth zu gerathen. Ich ging ohne alle Aussichten nach Berlin, und bot dem Direktor des Königstädtischen Theaters mein »Liebesverbot« zur Aufführung an. Anfänglich mit den besten Versprechungen aufgenommen, mußte ich nach langem Hinhalten erfahren, daß keines von ihnen redlich gemeint war. In der schlimmsten Lage verließ ich Berlin, um mich in Königsberg in Preußen um die Musikdirektorstelle am dortigen Theater zu bewerben, die ich späterhin auch erhielt. Dort heirathete ich noch im Herbste 1836, und zwar unter den mißlichsten äußeren Verhältnissen.

15.   Richard Wagner an das *Stadtgericht Königsberg*
Königsberg, Mitte März 1837

In der Sache des Musikus BRENNER in Magdeburg wieder mich wurde mir am 9ten dieses Monates durch ein Schreiben eines hochlöblichen Stadtgerichtes allhier vom 2ten März d. J. bekannt gemacht, daß die unter Siegel gesetzten Möbel sofort wegen Abpfändung [ereptorisch] von mir abgeholt werden sollten. Da ich jedoch in Erfahrung gebracht habe, daß die zunächst bevorstehende Generalauction erst in 5 bis 6 Wochen stattfinden würde, u. ich mit Bestimmtheit versprechen kann, daß der Kläger binnen hier u. 3 Wochen auf gewöhnlichem Wege durch Bezahlung der ihm schuldigen Summe von mir befriedigt worden sein soll, so ersuche ich ein hochlöbliches Stadtgericht ganz gehorsamst, mir gefälligst noch einen Termin bis zum 5ten April d. J. gestatten möge, an welchem ich entweder PER Postschein die Bezahlung des Kläger's nachzuweisen, oder die sofortige Abpfändung der unter Siegel gesetzten Moeble zu erleiden habe.

Heinrich Dorn, *Ergebnisse aus Erlebnissen* (1877)   16.
(über die Jahre in Riga 1837-39)

Leider war sein Aufenthalt in Riga, gleich von allem Anfang an, gestört durch Reclame, nemlich durch die aus Königsberg reclamirenden Gläubiger, welche ihn nie zum vollen Genuss seines ohnehin spärlichen Gehalts von 1000 Rubeln kommen liessen. Lavinenartig vergrösserte sich jetzt die Schuldenlast, zum Theil auch durch die lebenslustige Gattin, welche er ihrem eigentlichen Beruf der Bühne entzogen hatte; und das machte ihm manche trübe Stunde. Ein im Schwarzhäupterhaus gegebenes Benefizkonzert brachte kaum die Kosten ein.

17. Richard Wagner an *Louis Schindelmeißer*
Riga, 17. September 1837

Du wirst schöne Gesichter schneiden, da Du jetzt erst einen Brief von mir erhältst; Du wirst manchmal nicht gewußt haben, woran Du mit mir bist, – nun, sei nur wieder gut, – PRO PRIMO – Geld – Geld habe ich hier schrecklich viel gebraucht, – glaube mir offen u. ehrlich, u. erlaß mir alle Umschreibung – ich *konnte* es Dir nicht eher schicken. – Abgemacht! –

18. Richard Wagner an *Minna Wagner*
Riga, um den 20. September 1837

Hab' nur keine Angst für meine Schulden, ich einige mich mit ihnen auf das Anständigste, – wie, das sollst Du erfahren!

19. Richard Wagner an *Johann Hoffmann*
Riga, Februar 1839

…biete ich Ihnen hier Alles an, was in meinen Kräften steht und will gern Tag und Nacht für das Theater arbeiten, ich will jede Verpflichtung übernehmen, der ich nur irgend nachkommen kann, ich will ganze Partituren instrumentiren und was nur sonst verlangt werden kann; aber ich will mir auch dafür aufgeholfen wissen, das bin ich mir und meiner Lage schuldig. [...]

Also nochmals kurz und bündig, mein verehrtester Herr, ich erbitte mir hiermit von Ihnen einen vollständigen Erlaß meines Vorschusses (versteht sich ausgenommen der 30 Rubel, die ich zuletzt von Ihnen erhielt und die mir zu 5 Rubel jeden Gagetag abzuziehen sind) und erbiete mich dagegen, Alles zu übernehmen, was Sie nur irgend auf meine Schultern wälzen wollen, nur mit Ausnahme des Stiefelwichsens und Wassertragens, welches letztere meine Brust jetzt nicht ertragen können würde; aber selbst Noten würde ich copiren, wenn ich nicht von dieser melancholischen Beschäftigung zu sehr für eine Verdüsterung meines Temperaments fürchten müßte.

Heinrich Dorn, *Ergebnisse aus Erlebnissen* (1877)   20.
(über Wagners Flucht aus Riga 1839)

Inzwischen war Holtei [...] der Theaterführung überdrüssig geworden und übergab das Regiment dem Tenoristen Hoffmann aus Petersburg, welcher eben in Riga gastirte. Von diesem erhielt ich Anfangs März 1839 die dringende Aufforderung zum Musikdirectorat an der Bühne, nachdem des bisherigen Kapellmeisters pecuniäre Lage, in Folge eingelaufener Wechselklagen, jetzt solcher Art geworden sei, dass er nicht länger ungefährdet in der Stadt bleiben könne. Und zwar wende er (Hoffmann) sich mit Vorwissen des Theatercomités grade an mich, als einem dem Bedrohten nahe Stehenden, weil man wünsche, dem von aller Baarschaft Entblössten durch Zahlung zweimonatlicher Gage Gelegenheit zur Flucht und demnächst einige Subsistenzmittel zu verschaffen.

43

[...] Bei einem mir, aber auch Wagnern, befreundeten Mitgliede des Comités (Hr. Schwederski) wurde ich von der Wahrheit der mir so geschilderten Zustände überzeugt und erfuhr zugleich, dass bereits ein Königsberger Kunstfreund, der in der nordischen Theaterwelt wohlbekannte Abraham Möller, Schritte gethan habe, um W.'s Flucht zu bewerkstelligen. Darauf nahm ich den Antrag an und setzte W. davon schriftlich in Kenntniss, »dass nicht meine, sondern seine Verhältnisse diese Aenderung nothwendig gemacht hätten«.

21. Richard Wagner, *Mein Leben* (1865-1880)
(Bericht über die Flucht aus Riga (1839)

Somit schien mir alles recht verständig für meine Unternehmung geordnet, und es blieb nur übrig, mir die Geldmittel zur Ausführung derselben zu verschaffen. Hiermit stand es nun übel: der Verkauf unserer bescheidenen häuslichen Einrichtung, der Ertrag eines Benefiz-Konzertes und einige sonstige kleine Ersparnisse reichten gerade eben nur aus, die von Magdeburg und Königsberg gegen mich in Riga klaghaft gewordenen Gläubiger zu befriedigen. War ich genötigt, hierfür mein Geld zu verwenden, so verblieb mir nicht ein Heller. Hier mußte nun Rat geschafft werden, und unser alter Königsberger Freund *Abraham Möller* fand sich ein, um in der ihm geläufigen, nicht allseitig leicht zu beurteilenden Weise diesen Rat zu schaffen. In dieser kritischen Zeit stattete er uns einen zweiten Besuch in *Riga* ab; ich klagte ihm meine schwierige Lage und die Hindernisse, welche der Ausführung meines Entschlusses, nach Paris zu gehen, entgegenstünden. Er riet mir nun kurz und bündig, alle meine Ersparnisse für unsre Reise zu verwenden und mit meinen Gläubigern erst dann mich abzufinden,

wenn meine Pariser Erfolge mir dazu die Mittel an die Hand gegeben haben würden. Um dies zu ermöglichen, bot er uns an, in seinem Reisewagen mit Extrapost uns über die russische Grenze bis
in einen ostpreußischen Hafen zu bringen; die Überschreitung dieser Grenze mußte von unsrer Seite ohne Pässe bewerkstelligt werden, da auf diese von seiten der auswärtigen Gläubiger Beschlag
gelegt war. Er schilderte uns die Ausführung dieses höchst bedenklichen Vorhabens als sehr leicht, da er auf einem der Grenze
benachbarten preußischen Gute einen Freund habe, der ihm
hierzu die erfolgreichste Hilfe leisten werde. Die Begierde, um
jeden Preis meiner bisherigen Lage mich zu entziehen und
schnellstmöglich auf das große Feld zu gelangen, auf welchem ich
mir rasche Befriedigung meiner ehrgeizigen Wünsche erwartete,
verblendete mich gegen alle Widerwärtigkeiten, welche die Ausführung des nun beschlossenen Vorhabens begleiten mußten.
Direktor *Hoffmann*, der sich mir nach Kräften verpflichtet hielt,
erleichterte meinen Fortgang dadurch, daß er mir ihn um einige
Monate vor meiner kontraktlich abgelaufenen Dienstzeit ermöglichte.

Heinrich Laube   22.
(undatiert, zitiert nach Avenarius)

[Er war] mit einer Frau, mit anderthalb Opern, mit kleiner Börse
und einem furchtbar großen, furchtbar viel fressenden neufund-
ländischen Hunde durch Meer und Sturm von der Düna stracks
bis an die Seine gefahren, um in Paris berühmt zu werden. In Paris,
wo halb Europa um den lärmenden Ruhm konkurrierte, wo alles
erkauft, wenigstens bezahlt werden mußte, auch das Verdienstvoll-
ste, wenn es auf den Markt und dadurch zur Geltung kommen
wollte.

23. Richard Wagner an *Eduard Avenarius*
Boulogne-sur-Mer, 13. September 1839

...den 16ten dieses Monats reise ich von hier mit der Diligence ab, und treffe somit Dienstag sehr früh in Paris ein. Um nun sogleich zu einem der Hauptpunkte zu kommen, so nehme ich nun Ihre nicht genug anzuerkennende Güte in Anspruch, und ersuche Sie mir vorläufig ein Zimmer, genügend geräumig für mich und meine Frau, in einem HÔTEL GARNI nach Ihrem eigenen Vorschlage, und zwar vorläufig *wochenweise*, zu miethen. Sie haben vollkommen recht mit dem, was Sie mir über den Plan eines Logis für eigene MENAGE sagen, und es ist dieß ein Punkt, über den Sie mir erlauben werden, mich mündlich mit Ihnen zu besprechen, um darüber in's Klare zu gelangen. Sie schrieben mir, man könne in einem HÔTEL GARNI schon ein ganz artiges Zimmer für monatlich 30 Francs bekommen, und ich muß gestehen, daß ich mir es nicht so wohlfeil vermuthet hätte; ich bitte Sie demnach, wenn Sie mir ein solches miethen, sich nicht zu ängstigen, wenn die Miethe sich auch auf 40 bis 50 Francs belaufen sollte; soviel hatte ich mir überhaupt nämlich im Voraus bestimmt zu diesem Zwecke. Jedoch, natürlicherweise, – je wohlfeiler, desto besser.

Richard Wagner, *Mein Leben* (1865-1880)
(über die Ankunft in Paris 1839)

Trotzdem wir sogleich nach unsrer Ankunft in Paris uns auf das wohlfeilste eingerichtet hatten, z.B. unser Diner bei einem kleinen Restaurant zu einem Franken einnahmen, war es doch unmöglich gewesen zu verhüten, daß der Rest unsrer Dukaten bald gänzlich aufging. Freund *Möller* hatte uns bedeutet, sobald wir in Not kämen, uns an ihn zu wenden, da er den Ertrag des ersten ihm vorkommenden guten Geschäftes für uns zurücklegen würde. Es ging nicht anders, als daß ich mich schon jetzt an ihn wendete; einstweilen versetzten wir, was wir irgend an wertvollen Kleinigkeiten besaßen. Da ich Scheu trug, mich nach einem Leihhause zu erkundigen, suchte ich im Dictionnaire nach der französischen Bezeichnung einer solchen Anstalt, um diese dann auf einem der Straßenschilder gelegentlich aufzusuchen: in meinem kleinen Handdictionnaire war für die gesuchte Anstalt kein andres Wort als »*Lombard*« verzeichnet; auf dem Plan von Paris fand ich in einer unentwirrbaren Gegend eine kleine Gasse mit dem Namen »*rue des Lombards*« genannt. Dort irrte ich nun auf Abenteuer lange umher, ohne irgendeine mir günstige Auskunft erhalten zu können. Dagegen hatte mich an transparenten Laternen häufig die Aufschrift »*Mont de piété*« neugierig nach der Bedeutung hiervon gemacht, und ich ward, als ich mein häusliches Ratskollegium darum befragte, was dieser »Berg der Frömmigkeit« zu bedeuten habe, zu meiner freudigen Überraschung darüber belehrt, daß ich eben dort mein Heil zu suchen habe. Nun wanderte zunächst, was wir von Silberzeug besaßen, namentlich unsre Hochzeitsgeschenke, zum Commissaire des *Mont de Piété*. Dann folgten die kleinen Schmucksachen meiner Frau, Rest ihrer ehemaligen Theatergarderobe, worunter ein schöner mit Silber gestickter blauer Schlepprock, welcher einst der Herzogin von Dessau gehört hatte. Freund *Möller* ließ immer noch nichts von sich hören; es galt Tag um Tag zu fristen, um die ersehnte Sendung aus Königsberg erwarten zu können, und so mußten eines Tages selbst unsre beiden

Trauringe auf den *Mont de Piété* wandern. Als immer keine Hilfe kam, erfuhr ich, daß ich an den Versatzscheinen selbst noch letzte Hilfsquellen besaß, indem diese zugleich mit dem Besitz des verpfändeten Gegenstandes zu verkaufen waren. Auch hierzu mußte endlich gegriffen werden, und namentlich der Dessauer Schlepprock ging bei dieser Gelegenheit gänzlich verloren. – *Möller* ließ in der Tat nie wieder etwas von sich hören.

25.   Richard Wagner an *Eduard Avenarius*
Paris, 4. Januar 1840

Mein werther Freund und Gönner,

Antworten Sie mir doch ganz einfach Ja oder Nein, ob es in Ihrer Macht steht – (wollte Gott, es stünde nur bei Ihrem Willen) – die bewußte Summe meiner Schuld noch um fünfzig Franken zu meinen Gunsten zu vergrößern, die Summe selbst würde auch dann gerade rund, oder doch viereckig werden. Ich fühle im Uebrigen wohl, daß diese meine Anfrage, wie die Sache hinsichtlich der Schuld gerade jetzt steht, etwas an Unverschämtheit gränzt; – indessen – Noth lehrt nicht nur beten, sondern auch einen gewissen Grad von Unverschämtheit, die jedoch *Sie* vielleicht eher als jeder Andere zu entschuldigen wissen werden. Um nämlich meine diesmalige Miethe ETC: zu bezahlen, habe ich denn nun gestern mit dem letzten Entbehrlichen das Leihhaus besucht, ohne jedoch genug bekommen zu können; da es sich nun grade um nicht mehr als netto fünfzig Franken handelt, so nehme ich also nochmals meine (dießmal *letzte*) Zuflucht zu Ihnen. – Können Sie eine bejahende Antwort zugleich mit dem eigentlichen NERVUS RERUM begleiten, so können Sie sich wohl denken, daß mir's lieb sein wird [...]

Es war mir gestern unmöglich, diese Anfrage mündlich über meine Lippen zu bringen.

Eduard Avenarius an *Richard Wagner*
Paris, 4. Januar 1840 (Entwurf)

Ich schicke Ihnen, lieber Freund, die gewünschten 50 fr. – nun im Ganzen 400 fr. – und werde sehen, zu was ich Ihre Frau Schwester geneigt finde. Weiter kann ich aber bei dem *besten* Willen *nicht* gehen, was ich zur Beseitigung von sonst möglichen Missverständnissen Ihnen nicht verhehlen darf.

Richard Wagner, *Mein Leben* (1865-1880)
(Bericht über das Jahr 1840)

Nun fand es sich denn, daß um diese Zeit ich in ein so hoffnungsvolles Einvernehmen mit der Direktion des Theaters *de la Renaissance* trat; hiermit schien ein Boden gewonnen zu sein, und ich glaubte erklären zu dürfen, daß, wenn mir die Deckung meiner Bedürfnisse für ein halbes Jahr versichert würde, ich in dieser Zeit es zu etwas bringen müßte. *Laube* versprach hierfür zu sorgen und hielt Wort. Er bestimmte in Leipzig einen seiner vermögenden Freunde und infolge dieses Beispiels auch den vermögenden Teil meiner Familie, mir für ein halbes Jahr eine durch *Avenarius* in monatlichen Raten mir auszuzahlende Sustentation zu erwirken.

Demzufolge bestimmten wir uns, wie erwähnt, das *Hotel garni* zu verlassen und eine selbständige Wohnung in der *rue du Helder* zu beziehen. Meine Frau, deren vorsichtiges und solides Wesen durch die Nötigung zur Teilnahme an meiner sorglosen Behandlung der bürgerlichen Lebensfragen bereits in Schwanken und Unsicherheit gebracht worden war, ließ sich hierbei namentlich durch die Annahme bestimmen, daß sie es verstehen werde, einen eigenen Haushalt weniger kostspielig einzurichten, als das Hotel-garni- und Restaurant-Leben für uns war. Der Erfolg erwies diese Annahme auch als sehr richtig; das Bedenkliche lag nur darin, daß diese eigne Haushaltung eben ohne jeden Besitz erst zu gründen war, somit alles, was eine häusliche Wirtschaft ermöglicht, ohne Mittel dazu erst angeschafft werden mußte. Hierfür wußte nun eben *Lehrs*, welcher bereits genügend in den eigentümlichen Zug der Pariser Lebensverhältnisse eingeweiht war, Rat. Nach seiner Auffassung war mein ganzes bis hierher gediehenes Pariser Unter-nehmen nur durch einen meinem Wagnis entsprechenden Erfolg zu rechtfertigen; da ich außerdem gar keine Mittel besaß, mich in Paris geduldig längere Jahre über der Erwartung hinzugeben, so mußte ich auf eine außerordentliche Begünstigung der Umstände rechnen oder sofort gänzlich abstehen. Der erwartete Erfolg mußte im Laufe eines Jahres eintreten, oder ich war unter allen Umständen gescheitert; so hieß es denn wagen, da ich nun einmal »Wagner« hieße, und er nicht geneigt sei, in betreff meiner diesen Namen von »Fuhrwerk« abzuleiten. Meine für 1200 Fr. gemietete Wohnung hatte ich erst in vierteljährlichen Raten zu bezahlen; für das Ameublement und die Ausstattung der Wohnung wies er mir durch Vermittlung der Wirtin seines Hotels einen »Menuisier« zu, welcher mir alles Nötige gegen spätere bequem dünkende Abzah-lungen lieferte. *Lehrs* blieb dabei: wenn ich nicht auch nach außen hin Selbstvertrauen zeigte, würde ich in Paris zu nichts kommen. Meine Audition stand bevor; das Theater *de la Renaissance* war mir gewiß; *Dumersan* begehrte eifrig, mein »Liebesverbot« vollends ganz in französische Verse zu bringen. So ward es denn gewagt. Am 15. April zogen wir, zur Verwunderung des Concierge des Hauses der *rue du Helder*, mit außerordentlich wenigem Gepäck in die ziemlich behagliche neue Wohnung ein. –

Richard Wagner an *Eduard Avenarius* 28.
Paris, 29. April 1840

… ich schicke Ihnen hierbei einen Brief an Fr: *Dr: Laube*, die ich ersuche im Verständniß mit meiner Schwester Luise Ihnen sobald als möglich die nöthige Vollmacht, oder was noch dazu gehört, zukommen zu lassen, um mir 200 Franken zu avanciren. Ich bitte Sie für's Erste diesen Brief mit der heutigen Correspondenz gefälligst zu befördern.

Ein kürzerer und bei weitem weniger umständlicher Weg, zu demselben Resultat zu gelangen, wäre allerdings, mein liebster Avenarius, wenn Sie es möglich machen könnten, diese 200 Frs:, die ich jetzt nun einmal *mehr* gebrauchen mußte, mir auf einen Monat vorzuschießen, und sich dafür mit dem Gelde, was ich am 1sten Juni zu erhalten habe, bezahlt machen wollten. Denn ich erkläre Ihnen hiermit, daß es sich lediglich nur noch um 200 Frs: handelt, die ich jetzt gleich haben muß, um für das Nächste meine nöthigen Ausgaben zu bestreiten; denn, da ich recht wohl ermessen mußte, daß ich auf diese Art nicht lange mehr mein Leben erhalten können würde, so habe ich mich nun in *der* Art vorgesehen, daß ich, außer diesen augenblicklich eben noch nöthigen 200 Frs:, nichts mehr von dieser Seite in Anspruch zu nehmen brauchen werde. Ich bitte Sie, dieß nicht für Prahlerei zu halten; sondern, seien Sie versichert, daß, wenn ich Ihnen jetzt nicht sogleich *angebe*, von wo mir diese außerordentliche Unterstützung kommt, – ich mich dazu verpflichtet fühle. Ich wiederhole nur, daß Sie jetzt in Bezug auf meine Zukunft völlig beruhigt sein können, und ich bis dahin, wo ich einnehmen werde, mit Allem Nöthigen versorgt bin […]

Noch einmal also die letzte Bitte dieser Art: – ist es Ihnen *möglich*, so haben Sie die Güte mir 200 Frs: vorzuschießen, wofür ich Ihnen hiermit förmlich abtrete, was Sie mir im Auftrage der Fr: DR: LAUBE und Luisen's am 1. Juny d. J. zahlen würden. Für diesen Fall würde ich bitten, den inliegenden Brief an die Laube nicht abzuschicken, sondern zurückzubehalten, weil er dann nur eine unnöthige Confusion anrichten würde. – Wollen Sie dieß nicht, – oder können Sie dieß nicht, so haben Sie die Güte, und schicken Sie diesen Brief heute ab. Da aber eine Antwort nicht so schnell eintreffen kann, als ich das Geld für meinen Unterhalt nöthig habe, so würde ich Sie bitten, im Vertrauen, daß nächstens die Sie zu diesem Schritt bevollmächtigende Antwort eintreffen werde, mir im Voraus die 200 Frs: verschaffen zu suchen. Sollte dieß Alles nicht gehen, – so wäre dieß wirklich doch der erste Fall, daß Jemand – dem noch etwas angewiesen ist, – der außerdem in ein Paar Wochen in Stand gesetzt sein wird, sich für seine Zukunft versorgt zu sehen – in diesen Paar Wochen hungern müßte!

Wie sehr, und wie aufrichtig ich Sie beklage, lieber Avenarius, – daß Sie bis jetzt in Ihrer Bekanntschaft mit mir nur noch Beunruhigungen dieser Art zu finden hatten, – seien Sie überzeugt! – Denn ich weiß, daß diese Art von Beunruhigungen für das regelhafte Leben eines Geschäftsmannes grade die unerfreulichsten sind. – Mit wirklicher Betrübniß habe ich denn auch schon bereits gesehen, wie störend und entfremdend sie auf zwei Paare einwirkten, die ohnedem vielleicht in dem offensten und gemüthlichsten Verkehre stehen würden.

29.   Richard Wagner an *Giacomo Meyerbeer*
Paris, 3. Mai 1840

Welche Aussichten, welche Hoffnungen! Und was mich dabei so innig erfreut, ist die Ueberzeugung, daß auch *diese* Wendung der Dinge eigentlich einzig u. allein *nur* von Ihnen geleitet worden ist: Ihr Geist schwebte darüber. Mir Herrn *Monnaie* zu gewinnen, hatte *ein* Name hingereicht: – *Meyerbeer*; als ich mich Hrn. *Scribe* vorstellte u. auf meine frühere mystische Correspondenz anspielte, unterbrach er mich: – ich solle nur annehmen, daß ich ihm bereits auf das Vortheilhafteste bekannt sei, – Herr *Meyerbeer* habe ihm von mir gesprochen. Als Dem. Nau noch vor der Audition nach London reisen mußte, u. ich mich zu ihrem Ersatze an Mad. Dorus-Gras wandte, so war es der Brief, den mir Herr Meyerbeer gelassen hatte, welcher sie sogleich günstig für mich disponirte. Sie sehen, es ist *Meyerbeer* u. nur *Meyerbeer*, u. werden wohl begreifen, daß ich mich der gerührtesten Thränen nicht enthalten kann, wenn ich des Mannes gedenke, der mir *Alles, Alles* ist.

Eine große Kluft ist also übersprungen, – schon bin ich auf dem Scribe'schen Terrain angekommen, – aber – hier verlassen mich meine Kräfte; weiter kann ich nicht, wenn Gott mir nicht eine außerordentliche Hülfe bereitet. Mit welchen, – ach! mit *welchen* Opfern mir es möglich ward, mich bis hieher zu erhalten, wird nur *der* errathen können, der die Anstrengungen eines Menschen kennt, der von aller Hülfe verlassen ist. Die wunderbare Exaltation, in die mich stets Ihr Andenken versetzt, macht mich auch in *diesem* Augenblicke das vielleicht Unschickliche meiner Eröffnungen vergessen, wenn ich hinzufüge, daß sich grade jetzt die letzte Aussicht zu meiner Weiter-Erhaltung gänzlich verschlossen hat, – jetzt, wo ich im Vertrauen auf diese Aussicht meinem hiesigen Aufenthalte etwas mehr Bequemlichkeit zu geben im Begriffe war. Von Verdienst ist nun keine Rede; Hr. Schlesinger kann mir auch nicht das Mindeste zuweisen. Ich bin auf dem Punkte, mich an Jemand verkaufen zu müssen, um Hülfe im substantiellsten Sinne zu erhalten. Mein Kopf u. mein Herz gehören aber schon nicht mehr mir, – das ist Ihr Eigen, mein Meister; – mir bleiben höchstens nur noch meine Hände übrig, – wollen Sie sie brauchen? – Ich sehe ein, ich muß Ihr Sclave mit Kopf und Leib werden, um Nahrung u. Kraft zu der Arbeit zu erhalten, die Ihnen einst von meinem Danke sagen soll. Ich werde ein treuer, redlicher Sclave sein, – denn ich gestehe offen, daß ich Sclaven-Natur in mir habe; mir ist unendlich wohl, wenn ich mich unbedingt hingeben kann, rücksichtslos, mit blindem Vertrauen. Zu wissen, daß ich *nur* für Sie arbeite und strebe, macht mir Arbeit u. Streben bei weitem lieber u. werthvoller. Kaufen Sie mich darum, mein Herr, Sie

machen keinen ganz unwerthen Kauf! – Frei, wie ich noch bin,
verkomme ich u. mein Weib mit dazu; u. ist das nicht vielleicht
Schade? Sollte man nicht zu etwas Besserem dasein? Dieser Sommer, aus dem Sie vielleicht schon recht gesunde Einkünfte von mir
ziehen könnten, wird mich zu Grunde richten, denn ich habe
nicht mehr, um das Ende des schönen Mai's sehen zu können.
Bringen Sie mich wieder in den schönen Winter hinein, vielleicht
zahle ich da schon Zinsen! Nüchtern heraus: – mir kann kein
Wucherer mehr helfen, mir kann selbst ein gewöhnlicher braver
Mann nicht mehr helfen; denn der kann nicht erkennen, wie ich
ihm wiederzahlen soll; – dieß kann also nur Jemand, dessen klares
Auge u. volles Herz ersieht u. fühlt, daß ich einen guten Baum
abgeben kann, der, wenn ihm nicht der Regen fehlt, auch Früchte
tragen kann. Göthe ist todt; – er war auch kein Musiker; mir
bleibt Niemand als Sie. Ein fünf u. zwanzig hundert Franken werden mir in dem nächsten Winter helfen; – wollen Sie mir sie leihen? –

Und vor diesem Winter soll ich Sie denn nun auch nicht wiedersehen? Es steht so zu vermuthen u. zu befürchten; keiner will glauben, daß Sie eher erscheinen würden. Nur Eines, was mich tröstet,
ist, daß ich nun durchaus glaube, daß Sie nicht anders, als sehr
gesund hier eintreffen werden; u. mit Gott ist ja wohl zu hoffen,
daß es eben so mit Ihrer verehrten Frau Gemahlin der Fall sein
werde. Ich bilde mir ein, daß ein Deutscher wirklich dann u. wann
einmal wieder deutsche Luft einathmen muß, um sich zu stärken.
Sie sind jetzt etwas gereist, wie ich höre, u. ich habe schon aus diesem Umstande geschlossen, daß Ihr Leiden, welches mich in
Ihrem letzten Briefe so erschütterte, gewichen sein müsse. Wie
sehne ich mich, darüber völlig beruhigt zu werden! Seien Sie versichert, daß für Ihre Gesundheit u. Ihr Wohlsein gute, treue Herzen
beten; ich bin zu dringend verpflichtet Ihnen dieß von Seiten meiner Mutter u. meines Weibes zu versichern, als daß ich es umgehen
könnte, Ihnen diesen redlichen Dankes-Erguß mitzutheilen. Meine
gute Mutter, der ich im Uebermaße der Freude Ihren Brief nach
Leipzig schickte – (Verzeihung, mein theurer Meister, es geschah
zu ihrer Erquickung!) – so wie mein armes Weib, sind zu tief von
der rührenden Ueberzeugung durchdrungen, daß mir Gott in

Ihnen meinen mächtigsten Schutzengel zugesandt habe, als daß sie Ihnen nicht als solchem ihr stilles Opfer darbringen sollten. – Ist die übrige Welt Ihres Ruhmes voll, warum sollten diese Frauen nicht für Sie beten? – Mit mir ist's ein Anderes, ich muß für Sie arbeiten, d.h.: mich würdig machen, Ihnen danken zu können. – Hier bin ich; hier ist der Kopf, das Herz u. hier die Hände Ihres Eigenthumes:

Richard Wagner

Richard Wagner an *Ernst Benedikt Kietz*   30.
Paris, 3. Juni 1840

Falls wir uns heute nicht sehen sollten, guter Kietz, zwei Worte schriftlich! – Ich habe heute Nachricht erhalten, u. bin nun sicher, daß ich vor 14 Tagen - 3 Wochen kein Geld erhalte, warum? werde ich Ihnen sagen. Nun bitte ich Sie, schlagen Sie einem bedrängten Freunde seine Bitte nicht ab, u. – wenn Sie Ihr Geld haben – lassen Sie um's Himmels Willen Ihren Schneider noch diese 14 Tage oder 3 Wochen warten, u. helfen Sie mir bis dahin damit aus; um diese Zeit haben Sie's wieder.

Gott befohlen!

Richard Wagner an *Giacomo Meyerbeer*
Paris, 4. Juni 1840

… wenn Sie nur einiges Gutes von mir und meiner Gesittung halten, so darf ich es Ihnen füglich selbst überlassen, sich vorzustellen, mit welcher Beklemmung ich hier vor Sie trete; – Sie werden erkennen, daß es Beschämtheit u. bittrer Selbstvorwurf darüber ist, daß in einer Stunde, in welcher alles Peinliche u. Kummerbringende meines jetzigen Lebensabschnittes sich durch meinen Kopf drängte, ich mich zu einem Grad von Exaltation verleitet sah, der mich nicht merken ließ, wie vollkommen ich die Gränze des Zartgefühls u. der Bescheidenheit überschritt. Möchten Sie versichert sein, mein theurer Meister, daß ich damit wenigstens keinen vorsätzlichen Fehler beging; mögen Sie, wie gesagt, nur das Exaltirte meines Wesens u. zumal meiner jetzigen Stimmung anklagen; denn, wer mich sonst kannte, wird bezeugen, daß ich nur in einer momentanen heftigen Aufregung fähig bin, Ausschweifungen zu begehen, wie ich sie mir gegen Sie u. Ihr Zartgefühl zu Schulden kommen ließ; wer mich kannte, wird mir auch vollkommen Glauben beimessen, wenn ich versichere, daß mit dem Moment, wo ich jenen Brief der Post übergab, ich schnell u. heftig fühlte, daß ich mich vergangen hatte. Auch nur von diesem Gefühle übermannt, keinesweges aber noch benachrichtigt, in welchem Grade meine Unbescheidenheit misfiel, wage ich es, Sie um Verzeihung zu ersuchen. Sie werden mir gezürnt haben, – zürnen Sie mir nach dieser Bitte nicht mehr; lassen Sie mich durch das mir inwohnende, überzeugende u. beschämende Bewußtsein der von mir begangenen Verletzung der Zartheit u. Bescheidenheit bestraft sein, entziehen Sie mir aber deshalb um des Himmels Willen den Grad von Vertrauen nicht, mit dem Sie mich Gebrechlichen bis dahin beglückten. Urtheilen Sie gütig über mich, u. finden Sie meine Unbesonnenheit verzeihlich, so geben Sie mir Gelegenheit, mein Vergehen wieder gut zu machen, was mir aber nur gelingen kann, wenn Sie Ihre Hoffnung in mich nicht aufgeben u. mir Ihren großmüthigen Schutz noch ferner angedeihen lassen; denn ohne diesen bin ich nicht im Stande, das mindeste Anerkennungswerthe zu leisten.

Giacomo Meyerbeer an *Louis Gouin* 32.
Bad Ems, 15. Juli 1840 (im Original französisch)

Lieber Freund: Ich füge einen Brief des Herrn Wagner bei und bitte Sie, es wohlwollend für ihn einzurichten, daß er das Bestmögliche erreicht. Dieser junge Mann interessiert mich, er hat Talent & Eifer, aber das Glück lächelt ihm nicht: er hat mir einen langen sehr rührenden Brief geschrieben, & es ist auf Grund dessen, daß ich Sie bitte ihm die Hilfe zukommen zu lassen, die meinem Briefe beigefügt ist.

Richard Wagner an *Franz Liszt* 33.
Zürich, 18. April 1851
(im Rückblick auf die Pariser Jahre)

Du fragst mich wegen des »Judenthumes«.[1] Gewiß weißt Du, daß der artikel von mir ist: was fragst Du mich erst? Nicht aus furcht, sondern um zu vermeiden, daß von den Juden die frage in das nackte Persönliche verschleppt würde, erschien ich pseudonym. Ich hegte einen lang verhaltenen groll gegen diese Judenwirthschaft, und dieser Groll ist meiner natur so nothwendig, wie galle dem blute [...] Mit Meyerbeer hat es nun bei mir eine eigene bewandnis: ich hasse ihn nicht, aber er ist mir gränzenlos zuwider. Dieser ewig liebenswürdige, gefällige mensch erinnert mich, da er sich noch den anschein gab mich zu protegiren, an die unklarste, fast möchte ich sagen lasterhafteste periode meines lebens; das war

---

1 Wagners Aufsatz »Das Judentum in der Musik« erschien unter dem Pseudonym R. Freigedank 1850 in der *Neuen Zeitschrift für Musik*.

die periode der konnexionen und hintertreppen, in der wir von den protektoren zum narren gehalten werden, denen wir innerlich durchaus unzugethan sind. Das ist ein Verhältnis der vollkommensten unehrlichkeit: keiner meint es aufrichtig mit dem Andern; der eine wie der andere giebt sich den anschein der zugethanheit, und beide benützen sich nur so lange als es ihnen vortheil bringt. Aus der absichtlichen ohnmacht seiner gefälligkeit gegen mich mache ich Meierbeer nicht den mindesten vorwurf, – im gegentheil bin ich froh nicht so tief sein schuldner zu sein als z.b. Berlioz. Aber Zeit war es, daß ich mich vollkommen aus dem unredlichen verhältnisse zu ihm losmachte [...] ich kann als Künstler vor mir und meinen freunden nicht existiren, nicht denken und fühlen, ohne meinen vollkommenen Gegensatz in Meyerbeer zu empfinden und laut zu bekennen [...] Es ist dieß ein nothwendiger Akt der vollen geburt meines gereiften Wesens, – und – so Gott will – gedenke ich Manchem damit zu dienen, daß ich diesen Akt mit solchem Eifer vollziehe.

34. Eduard Hanslick, *G. Meyerbeer.*
Zur hundertsten Wiederkehr seines Geburtstages
5. September 1891

Am tiefsten kränkte ihn die verächtlich wegwerfende Kritik Richard Wagners, den er doch in schwersten Tagen thatkräftig unterstützt und gefördert hatte [...] ich glaube, daß das Bewußtsein genossener Wohltaten jedem nicht ganz verhärteten Gemüth von selbst einige Zurückhaltung in Maß und Ausdruck eines öffentlichen Tadels auferlegen müßte. Obendrein, wo es sich nicht um eine Abwehr, sondern um einen durch keine Nöthigung motivirten Angriff handelt [...] »Ohne Meyerbeer hätte ich in Paris mit meiner Frau verhungern können«, sagte mir wörtlich R. Wagner im August 1846 in Marienbad. Aber gleich auf dieses unbefangene Geständniß folgte eine Fluth von Schmähungen gegen Meyerbeers Musik, die nur »eine widerwärtige Fratze« sei. Meyerbeer, dem meine jugendliche Neugier damals gern ein Wort über Wagner entlockt hätte, sagte nichts weiter als: »Seine Opern gefallen sehr« und wendete sofort das Gespräch.

Richard Wagner, *Mein Leben* (1865-1880)   35.
Bericht über den Sommer 1840

Mit dem Musikhändler *Schlesinger* hatte ich es bisher zu nichts bringen können. Es war mir unmöglich, ihn zur Herausgabe meiner kleinen französischen Gesangskompositionen zu bewegen. Um auf diesem Wege aber doch auch etwas für mein Bekanntwerden zu tun, entschloß ich mich, auf meine Kosten die »Deux grénadiers« bei ihm stechen zu lassen. *Kietz* mußte ein großartiges Titelblatt dazu auf Stein zeichnen. Schließlich berechnete mir *Schlesinger* fünfzig Franken für die Kosten. Das Schicksal dieser Publikation ist immerhin merkwürdig: das Werk trug *Schlesingers* Verlags-Firma, und der Ertrag des Verkaufes sollte, da alle Kosten mir zur Last fielen, natürlicherweise zu meinem Vorteil berechnet werden. Daß gar kein Exemplar davon abgesetzt wurde, mußte ich den späteren Versicherungen des Verlegers glauben [...]

Für jetzt handelte es sich darum, *Schlesinger* für die berechneten fünfzig Franken zu entschädigen; er schlug mir dazu Arbeiten für die von ihm herausgegebene »*Gazette musicale*« vor; da ich in keiner Weise der französischen Sprache für schriftstellerische Arbeiten mächtig genug war, mußten meine Artikel übersetzt und die Hälfte des Honorars für den Übersetzer bezahlt werden. Immerhin tröstete er mich, daß ich für den Druckbogen gelieferter Arbeit doch noch sechzig Franken bekommen würde; was ein solcher Druckbogen hieß, sollte ich bald erfahren, als ich um meiner Bezahlung willen bei dem hierzu stets höchst verdrossenen Verleger mich zu melden hatte, dieser ein widerwärtiges eisernes Instrument, auf welchem die Zeilen der Spalten mit Zahlen abgemessen waren, an den zu taxierenden Artikel angelegt und nach sorgfältiger Abrechnung des Raumes für Titel und Unterschrift die Addition der Zeilen ausführte, wobei es sich herausstellte, daß, was ich für einen Bogen gehalten hatte, eigentlich nur ein halber Bogen war.

36.   Richard Wagner, *Tagebuch*
Paris, 23. Juni 1840

In dieser trüben, bangen Zeit fühlte ich endlich recht lebhaft das Bedürfnis, mir ein ausführlicheres Tagebuch zu halten; ich hoffe von der Aufzeichnung der mich am meisten bewältigenden Gemütszustände und der darin entstehenden Reflexionen dieselbe Labung für mein Wesen, wie Tränen dem gepreßten Herzen es sind. Unwillkürlich waren mir eben wieder Tränen gekommen; ist man feig oder ist man unglücklich, wenn man sich gern den Tränen hingibt? – Ein kranker, deutscher Handwerksbursche war da; – ich bestellte ihn zum Frühstück wieder; Minna erinnerte mich bei dieser Gelegenheit, daß sie eben für Brot das letzte Geld würde wegschicken müssen. Du Ärmste! Wohl hast du recht – es steht schlimm mit uns, denn wenn ich alles recht überlege, so kann ich mit *Sicherheit* eigentlich die größterdenkliche Misere für meine Lage voraussehen; alles bessere kann nur mit glücklichen Zufällen zusammenhängen; denn unter diese muß ich beinahe mitrechnen, wenn Menschen, auf die ich baue, aus freien Stücken und ohne

Interesse etwas für mich tun; – diese einzige Hoffnung wäre schmählich, wenn ich überzeugt sein müßte, daß ich gerade nur auf Almosen rechne; glücklicherweise muß ich aber annehmen, daß Leute wie Meyerbeer, Laube – nichts für mich tun würden, wenn sie nicht glaubten, daß ich es *verdiene*. Aber mächtig kann dabei immer noch Schwäche, Laune, Zufall einwirken und mir dennoch diese Leute entfremden. Das ist ein furchtbarer Gedanke, und dieser Zweifel und vielmehr die noch nicht erfolgte Bestätigung ihres Willens ist peinlich und macht meine Seele krank!

Richard Wagner, *Tagebuch* 37.
Paris, 29. Juni 1840

Wie das künftigen Monat werden soll, weiß ich nicht; habe ich bisher Angst gehabt, so faßt mich nun bald Verzweiflung. Habe jetzt zwar Aussicht, mir durch Artikel und Aufsätze in der ›Gazette musicale‹ etwas zu verdienen; will auch Artikel an Lewald nach Stuttgart für die ›Europa‹ schicken, um zu sehen, ob ich etwas damit verdiene. Aber selbst im glücklichsten Falle ist das unmittelbar Bevorstehende doch immer zu mächtig, als daß es mich nicht niederziehen sollte. 25 Franken habe ich nur noch. Davon soll ich am ersten einen Wechsel von 150 Franks, am fünfzehnten aber auch noch die Vierteljahresmiete zahlen. Alle Quellen sind erschöpft; meiner armen Frau halte ich immer noch geheim, daß es schon so schlimm steht; – ich hoffte immer, Laube sollte mir bis dahin schicken; ich hätte ihr dann erst entdeckt, wie wir ohne den auf nichts zu rechnen gehabt hätten und ich's ihr verheimlicht habe, um ihr von Sorgen schon ganz zerrüttetes Wesen nicht noch mehr zu ängstigen. Damit wird es aber wohl nun nichts werden. Den ersten kann ich es nicht mehr verheimlichen. Hilf Gott, das wird ein schrecklicher Tag werden, wenn nicht Hilfe kommt!

38. Richard Wagner, *Tagebuch*
Paris, 30. Juni 1840 (abends)

Habe heut' meiner Frau auf dem Spaziergange erklärt, wie wir mit unseren Geldangelegenheiten stehen; ich bedauere die Arme im Grunde der Seele! Es ist ein trauriger Akkord! – Will arbeiten!

39. Richard Wagner an *August Lewald*
Paris, Juli 1840

Meine Verbindungen sind jetzt mit der OPÉRA COMIQUE angeknüpft, und wenn sie nur Meyerbeer nicht gar zu lange in Deutschland zurückhalten, so denke ich, wird mir diesen Winter schon etwas passiren.

Das vornehmste Uebel ist aber, daß ich arm bin. Bekannt ist's auch, daß man in Paris nicht einen Sou als Künstler verdienen kann, wenn man nicht eben schon Renommee hat. Dieß will ich mir nun aber erst hier holen, habe aber kein Geld dazu.

Ich höre nun, daß Beiträge zur Europa gar nicht übel bezahlt werden – 50 Francs für den Bogen. Somit übersende ich Ihnen hierbei einen Artikel, mit der Bitte, ihn in die Europa aufzunehmen und mir sobald wie möglich zukommen zu lassen, ob Sie geneigt sind, öfter Artikel dieser Art von mir aufzunehmen. [...]

Da ich hiermit also freimüthig genug gewesen bin, zu bekennen, daß es sich bei mir vorzüglich um etwas Geld handle, so wird es Sie gewiß auch nicht befremden, verehrter Herr, wenn ich Sie recht inständig bitte, falls Sie Willens sind, sich mit mir einzulassen, mir immer so schnell wie möglich das Honorar zukommen zu lassen. So können Sie z.B. gar nicht glauben, wie sehr mein Glaube an eine weise Fügung der irdischen und göttlichen Dinge gestärkt werden würde, wenn Sie mir schon dießmal recht bald das Honorar für den beiliegenden Aufsatz zukommen ließen; denn ich bin eine schwache Seele, und bedarf dann und wann der Offenbarungen.

Richard Wagner, *Mein Leben* (1865-1880)   40.
(Bericht über das Jahr 1840)

Zuvor hatte ich nicht versäumt, die genaue Angabe der Tempi meiner Oper mit Hilfe des Metronomen anzugeben; da ich kein solches Instrument besaß, hatte ich mir dieses ausleihen müssen und machte mich nun eines Morgens auf, um den Metronomen, unter meinem dünnen Mäntelchen verborgen, dem Eigentümer zurückzustellen. – Der Tag, an welchem dies geschah, war einer der merkwürdigsten meines Lebens, weil an ihm sich das ganze Mißgeschick meiner damaligen Lage in wirklich grauenvoller Weise zusammendrängte. Außerdem daß ich von Tag zu Tag nicht wußte, woher die wenigen Franken zu nehmen seien, um von *Minna* unsre dürftige Wirtschaft bestreiten zu lassen, waren nun einige Wechsel fällig geworden, welche ich nach Pariser Gewohnheit für die Einrichtung meiner Wohnung seinerzeit ausgestellt hatte. Irgendeine Rettung erwartend, mußte ich zunächst versuchen, die Inhaber der Wechselbilletts zur Stundung zu überreden; da solche Wechsel als Kommerz-Papiere durch vielerlei Hände gehen, hatte ich in den verschiedensten Quartieren die Betreffenden aufzusuchen; an dem genannten Tage galt es, einen Käsehändler in einem fünften Stock der *Cité* zu beschwichtigen. Zugleich aber hatte ich vor, den Bruder meiner beiden Schwäger *Brockhaus,*

Heinrich, welcher um diese Zeit nach Paris gekommen war, um seine Hilfe anzugehen; bei *Schlesinger* wollte ich mir soviel Geld verschaffen, um meine heute abzusendende Partitur auf der Messagerie frankieren zu können. Während ich nun zu gleicher Zeit auch den ausgeliehenen Metronomen fortzutragen hatte, verließ ich nach bangem Abschied am frühen Morgen *Minna*, welche aus Erfahrung wußte, daß sie, wenn ich um Geld aufzutreiben ausging, mich vor spätem Abend nicht wiederzusehen bekäme. Die Straßen bedeckte ein dicker Nebel, und als ich zum Hause heraustrat, war der erste Gegenstand, den ich erkannte, mein vor einem Jahre mir entführter Hund *Robber*. Ich glaubte zuerst ein Gespenst zu sehen, rief ihn aber hastig mit schriller Stimme an; das Tier erkannte mich augenscheinlich und kam ziemlich nahe an mich heran; da ich aber hastig mit ausgestrecktem Arm auf ihn zuschritt, schien bei dem ebenfalls überraschten Tiere sofort die Furcht vor einer Züchtigung, wie ich sie ihm in der letzten Zeit unseres Zusammenlebens in törichter Weise einige Male zugefügt hatte, jede andere Erinnerung zu bemeistern; er wich scheu von mir zurück, und da ich ihm hastig nachlief, jagte er immer eiliger vor mir davon. Daß er mich erkannt, ward mir immer deutlicher, als ich ihn an den Straßenecken sich ängstlich nach mir umwenden sah und, da er mich wie einen Rasenden ihm nachjagend bemerkte, er von neuem zu verstärkter Flucht sich anließ. So verfolgte ich ihn durch ein im dicken Nebel kaum erkennbares Straßengewirr, bis ich schweißtriefend und atemlos, mit meinem Metronomen belastet, ihn bei der Kirche St. Roch endlich auf Nimmerwiedersehen aus den Augen verlor. – Eine Zeitlang stand ich wie erstarrt da und stierte in den Nebel hinein. Ich frug mich, was diese gespenstische Wiedererscheinung des Gefährten meiner Reise-Abenteuer an diesem schrecklichen Tage zu bedeuten habe. Daß er mit der Scheu eines wilden Tieres vor seinem alten Herrn davonfloh, dünkte mich, wie es mein Herz mit einer seltsamen Bitterkeit erfüllte, als ein grauenvolles Anzeichen. Tief erschüttert machte ich mit wankenden Knien mich zu meinen traurigen Geschäften weiter auf. – *Heinrich Brockhaus*, nachdem er mir versichert hatte, daß er mir unmöglich helfen könnte, verließ ich mit Beschämung und unter der Bemühung, ihm das Schmerzliche dieser Beschämung zu verbergen. Meine übrigen Verrichtungen fielen so hoffnungslos aus, daß ich, nachdem ich schließlich in *Schlesingers* Büro stundenlang das absichtlich verzögerte fadeste Geschwätz der Besucher meines Brotherrn hatte ertragen müssen, ohne die mindeste Hilfe bei eingebrochener Nacht mich wieder unter den Fenstern meines Hauses zeigte, an welchen ich *Minna*, mit hochgestiegener Beklemmung nach mir ausspähend, gewahrte. Sie hatte unterdessen, mein Mißgeschick ahnend, unsren Mietgenossen und Kostgänger, den um seiner Gutmütigkeit willen mühsam doch geduldig ertragenen Flötenbläser *Brix*, in guter Manier um einen kleinen Vorschuß angegangen und konnte mir wenigstens eine stärkende Mahlzeit bieten.

Richard Wagner, *Eine Pilgerfahrt zu Beethoven*   41.
(Herbst 1840)

Not und Sorge, du Schutzgöttin des deutschen Musikers, falls er nicht etwa Kapellmeister eines Hoftheaters geworden ist, – Not und Sorge, deiner sei auch bei dieser Erinnerung aus meinem Leben sogleich die erste rühmendste Erwähnung getan! Laß dich besingen, du standhafte Gefährtin meines Lebens! Du hieltest treu zu mir und hast mich nie verlassen, lächelnde Glückswechsel hast du stets mit starker Hand von mir abgewehrt, hast mich stets gegen Fortunens lästige Sonnenblicke beschützt! Mit schwarzem Schatten hast du mir stets die eitlen Güter dieser Erde verhüllt: habe Dank für deine unermüdliche Anhänglichkeit! Aber kann es sein, so suche dir mit der Zeit einmal einen andern Schützling, denn bloß der Neugierde wegen möchte ich gern einmal erfahren, wie es sich auch ohne *dich leben ließe. Zum wenigsten bitte ich dich, ganz besonders unsere politischen Schwärmer zu plagen, die Wahnsinnigen, die Deutschland mit aller Gewalt unter* ein *Zepter vereinigen wollen: – es würde ja dann nur ein einziges Hoftheater, somit nur eine einzige Kapellmeisterstelle geben! Was sollte dann aus meinen Aussichten, aus meinen einzigen Hoffnungen werden, die schon jetzt nur bleich und matt vor mir schweben, jetzt – wo es doch der deutschen Hoftheater so viele gibt? – Jedoch – ich sehe, ich werde frevelhaft. Verzeih, o Schutzgöttin, den soeben ausgesprochenen, vermessenen Wunsch! Du kennst aber mein Herz und weißt, wie ich dir ergeben bin und ergeben bleiben werde, selbst wenn es in Deutschland tausend Hoftheater geben würde! Amen!*

– Vor diesem meinen täglichen Gebete beginne ich nichts, also auch nicht die Aufzeichnung meiner Pilgerfahrt zu Beethoven.

42.   Richard Wagner an *Heinrich Schletter*
Paris, 15. September 1840

Sehr geehrter Herr,

in jeder anderen Lage, als grade der meinigen, möchte es wohl mit Recht mehr als auffallend erscheinen, wenn sich ein Ihnen persönlich ganz fremder Mensch so durchaus unvorbereitet mit einem wirklich nicht unbedeutenden Anliegen an Sie wendet. Weniger in der Absicht, Sie dadurch mehr für mich zu interessiren, als vielmehr um mich Ihnen nur einiger Maßen bekannt zu machen, melde ich mich Ihnen als Mitglied der Wagner'schen Familie in Leipzig an, die Sie, soviel ich weiß, hinlänglich kennen. Ich selbst bin Componist, u. habe vor einem Jahre meine seit 6 Jahren angetretene Carrière als Musikdirector, zuletzt in *Riga*, aufgegeben, um meinen sehnlichsten Wunsch auszuführen, mich, wenn es möglich, in Paris als Componist auszuzeichnen. Völlig unbemittelt, wie ich bin, mußte ich sehr bald einsehen, daß ich ein Riesen-Unternehmen vor mir hatte; denn wenn es zwar wahr ist, daß man sich heut zu Tage nur in Paris einen besondren Ruf machen kann, so ist doch auch nichts *mehr* anzuerkennen, als daß man nirgends auf größere Schwierigkeiten stößt, als eben in Paris. Diese Schwierigkeiten sind aber nur durch die Zeit zu überwinden, u. dieß ist eben der tödtliche Punkt für den, dem keine weiteren Hülfsquellen zu Gebote stehen. – Es ist nun ein Jahr, daß ich in Paris bin; – da ich bald erkannte, welche unendlichen Schwierigkeiten sich mir entgegenstellten, würde ich es jedenfalls aber schon in den ersten Monaten wieder verlassen haben, hätte ich nicht in Herrn MEYERBEER einen so außerordentlichen Freund u. Beschützer gefunden, daß ich nothwendig annehmen mußte, durch ihn früher, als es sonst möglich sein würde, zum Ziele geführt werden zu können. In der That, wenn ich hoffe, bald zu reüssiren, so ist dieß nur im Vertrauen auf Meyerbeer's unerschütterliche Theilnahme. – Unglücklicher Weise war dieser aber gezwungen, mit weniger Ausnahme, diese ganze Zeit über im Auslande zu verweilen, was nicht fehlen konnte, auf meine Unternehmungen den lähmendsten Einfluß zu äußern, da in diesen Fällen nur *persönliches* Einwirken in Paris Früchte bringen kann. Dazu kam, daß das THÉATRE DE LA RENNAISSANCE banquerut machte, an welchem ich durch Meyerbeer's Hülfe bereits eine Oper zur Annahme gebracht hatte. Bei seinem letzten kurzen Aufenthalte in Paris hat Herr Meyerbeer jedoch meinen Angelegenheiten wieder soweit aufgeholfen, daß ich gegenwärtig in den ernsthaftesten Verbindungen mit der ADMINISTRATION der großen Oper stehe, die, wie ich diesmal hoffe, mit der Zeit wirklich an das Ziel führen werden.

Nur durch Wunder habe ich mich aber, von jeder Unterstützung entblöst, bis jetzt erhalten können. Ich stehe jetzt auf dem äußersten Punkte; selbst wenn ich alle meine Hoffnungen aufgeben wollte, so könnte ich jetzt nicht einmal mehr Paris verlassen. Nur durch eine außerordentliche Hülfe kann ich gewissermaßen gerettet werden.

In jeder andren Lage des Lebens würde ich – als verheiratheter Mann, mich schämen, auf eine Unterstützung dringen zu müssen; – denn Unterstützung muß ich es nennen, da ich jetzt noch nicht mit voller Gewißheit die baldige Wiederbezahlung einer Schuld versprechen kann. – Meine gegenwärtige Lage, glaube ich jedoch annehmen zu dürfen, trägt den Character des Außergewöhnlichen an sich; und in dieser Ueberzeugung erröthe ich nicht, um Hülfe zu bitten, ohne die ich u. mein Lebensziel jetzt verloren sein würde.

Ich kann mich rühmen, einige treue, brave Freunde zu besitzen; meist sind sie aber nicht viel glücklicher gestellt, als ich selbst; keiner ist in der Lage, mir eine durchgreifende Hülfe bieten zu können.

Mögen Sie, geehrtester Herr, es somit dieser meiner Stellung zu Gute halten, wenn ich mich an Jemand wenden muß, der mir bis jetzt noch völlig fremd war. Ich muß annehmen, daß Sie mehr, als mancher Andere, in der glücklichen Lage sind, eine Summe gegen eine allerdings noch nicht ganz sichere Hypothek auszuleihen. Daß Sie im Uebrigen vollherzig genug dazu sind, habe ich durch manchen schönen Zug erfahren, den man mir von Ihnen erzählte. Ich erröthe daher nicht, gerade *Sie* zu ersuchen, einen armen Künstler in seinem wichtigsten u. entscheidensten Unternehmen mit einer Summe von Fünfzehnhundert Franken zu unterstützen. Wohl weiß ich, daß diese Summe selbst für einen vermögenden Mann nicht gering ist; allein sie ist das mindeste, dessen ich bedarf, um nur mit einigem Muthe auf meiner Bahn weiter vorwärts schreiten zu können; – dann aber auch müßte es mir vergönnt sein, sie nur als ein Anleihen ansehen zu dürfen, dessen Wieder Erstattung von den ersten Früchten meiner Unternehmungen mir die dringendste u. erhebendste Pflicht sein würde.

Meine große Bitte ist somit ausgesprochen. Ich füge zu ihrer Entschuldigung nichts weiter hinzu, als den Wunsch, daß, falls Sie mich eines solchen Opfer's werth halten, Sie sich bemühen möchten, bei Herrn Meyerbeer, der sich jetzt im Bade von *Schwalheim* befindet, als beim Herrn DR: LAUBE, die beide damit vollkommen einverstanden sind, Erkundigungen über die Wahrhaftigkeit derselben einzuholen.

Richard Wagner an *Theodor Apel*
Paris, 20. September 1840

Mein Theodor,

in einer Lage, von der Dir selbst vielleicht der Begriff fehlt, – u. in der ich mich gleichsam als am äußersten Ende der unglücklichsten Möglichkeiten angelangt betrachte, ist es der Freund meiner – leider hingeschwundenen Jugend, an den ich mich wieder wende, an ihn, der selbst durch die härtesten Schickungen geprüft wurde. Um allen Schein von Heuchelei zu vermeiden, schicke ich, was als der egoistischste Theil füglich zuletzt erwähnt werden sollte, sogleich an die Spitze dieses meines Briefes, nach Jahren wieder des *ersten*: das ist: – *ich bin im äußersten Unglück, u. Du sollst mir helfen!* – Dich wird eine trübe Bitterkeit anwandeln. Warum aber, oh mein Gott, – geht es mir so, daß ich selbst dieser Bitterkeit zu trotzen im Stande bin? – Was sollte ich nicht, wenn ich sagen muß: – seit einem Jahre lebe ich mit meiner Frau ohne einen Groschen verdienen zu können, ohne einen Pfennig mein nennen zu dürfen? Ueberdenke, was in diesem Bekenntnisse liegt, u. Du wirst begreifen, was mich vermag, den ersten Brief seit Jahren an Dich so zu eröffnen, wie es hier geschieht. –

Es ist über 4 Jahre, daß wir uns nicht sahen: – *Du* bist während dem *blind* geworden, u. *ich* muß meinen ersten Brief an Dich *so* beginnen; – da hast Du ein Stück Schicksal, genug für uns Beide! –

Kaum hatten wir begonnen zu fühlen, daß wir in der Jugend unsres Lebens lebten, so sollten wir auch schon erfahren, daß sie zertreten werden könne; Dein Aufschwung sollte mit Blindheit, der meinige durch ewigen Mangel gelähmt werden. Als wir uns damals trennten, u. ich dem Norden zuwanderte, – weißt Du, was mich damals für eine trübe Ahnung durchzuckte? – Es war die Ahnung, daß sich zweie die Hände drückten, die sich *so* nie wieder sehen sollten. Mein leichtsinniger Muth war längst angefressen durch das Misere, das sich meiner natürlichen sanguinischen

Schwungkraft anhängte. Mein Kampf war schwer und bittrer Folgen voll, denn ich sollte *entsagen* lernen, ich sollte meine ganze Natur bekämpfen. In keiner meiner Unternehmungen, mein höheres Künstler-Ziel zu erreichen, war ich glücklich; ich war so weit, daß man meine Oper in Berlin angenommen hatte; es bedurfte weiter nichts, als daß ich ein halbes Jahr dort mich aufhalten konnte, um den schwachen und wankelmüthigen Direktor, auf den ich jedoch persönlichen Einfluß hatte, immer unter Augen u. Händen zu haben; – doch war ich arm, keiner wollte mich unterstützen. Ich gab es auf, wie ich seitdem so vieles aufgegeben habe, u. ging nach *Königsberg*, wo mir eine Stelle zugesichert war. Dort heirathete ich; aber Mangel u. Noth verfolgte mich. Zu der mir versprochenen Stelle konnte ich nicht gelangen, ich mußte mich so durchhelfen. – Damals erhielt ich endlich die erste Nachricht über Dich von Jemand, der Dich eben in Leipzig gesehen hatte. Von der Stunde an wußte ich, was meine Ahnung zu bedeuten gehabt hatte, aber nimmer hatte ich geglaubt, daß sie eine so grausame Erfüllung erhalten solle. – Wenn wir uns einmal wiedersehen, so frage mein Weib, wer ich von dieser Stunde an wurde! Die Aermste hat sehr darunter gelitten! Aller Frohsinn, alle Freiheit, alle Offenheit wich von mir; ich kann Dir meinen Zustand nicht besser schildern, als wenn ich Dir sage, daß dieses das Jahr meines Lebens war, in dem ich fast keine Note komponirt habe, nichts entworfen, nichts erfaßt. Ich war sehr unglücklich! – Nach diesem Leidensjahr verbesserte sich meine Lage wenigstens im Aeußeren; ich erhielt eine gute u. ehrenvolle Musikdirektor-Stelle in Riga. Dort habe ich zwei ziemlich ruhige Jahre verlebt; ich würde sagen können, daß ich dort anfing, mich wieder zu erholen, wenn ich nicht immer mehr hätte einsehen müssen, daß ich zu dieser Art, mein Brod zu verdienen, nicht gemacht bin. In der fast leidenschaftlichsten Thätigkeit suchte ich Betäubung; mein Körper war aber nicht dazu gemacht, dem das nördliche Klima überhaupt ungünstig war. Ich verfiel in eine schwere Krankheit, ein Nervenfieber drohete mich für immer darnieder zu werfen. Kaum hatte ich mich ein wenig erholt, so traf mich die Nachricht, daß mich während meiner Krankheit mein scheinbarer Freund *Dorn* auf die perfideste Weise um meine Stelle gebracht hatte! – Es war fürchterlich; in meiner Exaltation suchte ich mir aber Gottes Willen so zu deuten, als ob dieß Ereigniß mir ein Wink sein sollte, noch nicht still zu stehen, und meinem höheren Lebensziel wieder nach zu streben. Ich raffte ein paar hundert Rubel zusammen, u. erklärte meiner Frau, daß es nach Paris gehen sollte. Sie, die niemals leidenschaftliche Hoffnungen hegt, u. voraussah, welchem Jammer wir entgegen gingen, stimmte aus Liebe zu mir ein. Wir bestiegen ein Segelschiff u. langten nach einer furchtbaren Seereise von 4 Wochen, nachdem wir dreimal durch Sturm an den Rand des Todes gebracht worden waren, in London an, von wo wir zunächst nach BOULOGNE SUR MER gingen. Schon war unsre Baarschaft so geschmolzen, daß ich fast für unmöglich hielt, uns nur ein paar Wochen in Paris halten zu können. Da führt mir mein wunderliches Schicksal in BOULOGNE *Meyerbeer* entgegen; ich mache ihn mit mir u. meinen Compositionen bekannt, er wird mein Freund u. Protector. Nun wußte ich, daß nur durch eine Protection, wie die *Meyerbeer's*, meine Angelegenheiten in Paris beschleunigt werden könnten; ich faßte Muth u. beschloß es zu wagen. Was mir nun hier in Paris begegnet ist, oh, welch' ein Gemisch von Hoffnungen u. Niederschlagungen ist dieß! Meyerbeer ist unermüdlich meinem Interesse treu geblieben, – leider aber haben ihn Familien-Verhältnisse gezwungen, die meiste Zeit im Auslande zuzubringen; u. da hier nur *persönlicher* Einfluß nützen kann, so konnte dieser Umstand nicht verfehlen, den lähmendsten Einfluß auf meine Angelegenheiten hervorzubringen. – Was mich aufrecht erhält, sind immer nur neue Hoffnung, im übrigen kann sich jeder wohl leicht denken, daß meine Lage mit einer Frau u. ohne einen Heller Verdienst – die fürchterlichste von der Welt sein muß. Mehr als einmal habe ich mir den Tod gewünscht; wenigstens bin ich gänzlich gleichgültig gegen ihn geworden. –

Mein Gedanke an Dich, mein Theodor, war stets nur dumpfe Wehmuth. Ausführliche Nachrichten über Dich erhielt ich nie, u. was mir gemeldet worden war, – war entsetzlich! – Ist es wahr, daß Du Deine Freunde nicht mehr erkanntest?! – Mir war jedes Mittel benommen, Dich selbst nur zu trösten; und was konnte *ich*, *ich* Aermster! Du warst mir ein Freund, den ich betrauerte, der mir aber nicht mehr gehörte! – – Da, ganz vor Kurzen, erhalte ich umständliche Nachrichten über Dich durch eine Dame aus Leipzig, die Paris besuchte. Was ich da hörte, wie hat es mich tief erschüttert u. gerührt, aber wie hat es mich auch erquickt u. mit Hoffnung erfüllt! Ich erfuhr, daß Dein Uebel nur noch körperlich sei, u. daß man selbst die gegründetste Hoffnung hege, auch davon Dich genesen zu sehen. Oh, wisse, daß dieß die einzige Nachricht war, die mich mit einem Ruck aus dem Abgrunde meiner Lage zu reißen im Stande war! Zur Bestätigung aller Aussagen, fügte man mir sogar hinzu, daß Du einen Band Gedichte herausgegeben habest. Du bist noch Dichter! Armer, armer Freund, – jetzt kannst Du singen, – sieh', Du hast das tiefste Leiden gelitten! Lass' mich auf einen Augenblick mich aus meinem Pfuhl herausreißen u. Dir erklären; daß ich auch noch Dichter bin, oder vielleicht sind wir Beide jetzt erst es geworden. – Gott, wird mir doch in diesem Augenblicke als ob wir eben wieder vor einer schönen Aussicht zusammen dasäßen, u. Du könntest sie wieder sehen! – – Und siehst Du, wie ich *in Dir*, ganz Eins *mit Dir* gelebt habe; – mein eben fertig gewordenes Werk heißt: *Rienzi*, der letzte der Tribunen! Wer hatte die erste Idee davon? – Ich glaube auch, wir haben die Arbeit zusammengemacht! Wenigstens ist sie meine beste. – Lass' Dir sagen, (– Sieh', ich fange schon an zu plaudern, als ob eben gar nichts vorgefallen sei! –) – unser *Rienzi* ist eine Oper in fünf Akten geworden. Ich hatte sie zur Hälfte fertig mit nach Paris gebracht; in der Anlage bestimmte ich sie wohl für hier. Bald aber lernte ich einsehen, daß ich wohl 2 bis 3 Jahre noch warten könne, ehe ich hier ein so *großes* Werk zur Aufführung bekäme, denn dazu muß ich mir hier erst durch kleinere Opern Ruf gemacht haben; ich entschloß mich also, um meine liebste Arbeit nicht umkommen zu lassen, die Oper im Deutschen fertig zu machen, u. sie für ein deutsches Theater zu bestimmen. Ich habe Dresden gewählt; es ist gewissermaßen meine Vaterstadt u. ich habe bereits allerhand vorbereitet, um zumal mit *Meyerbeer's* Hülfe, die Oper dort zur sicheren Annahme zu bringen. Dazu erhält Dresden jetzt ein großes, würdiges Theaterhaus, – Tichatschek, u. die Devrient sind geeignet für meine Parthien; somit will ich hoffen, dort zu reüssiren. In einem Monat schicke ich meine

Partitur ab; Anfang künftigen Jahres kann sie vielleicht schon ausgeführt werden, u. ich würde dazu selbst hinreisen. – – Sieh', da
sind wir wieder die Alten; Du hättest das Alles nicht gehört, wenn
Du nicht einen Band Gedichte herausgegeben hättest! –

Sieh, mein Theodor, das sind so Blitze, wie sie manchmal aus
meiner Nacht aufsteigen; sie erhellen mir aber dieses Düster noch
nicht, denn, oh mein Gott, – welche Hoffnungen sind mir nicht
alle schon zu Grunde gegangen! Fast würde ich einen gewissen Tod
vorziehen; aber hier scheint man nicht so bald sterben zu können.
Paris ist zu reich, zu reich an Aussichten u. zu verschiedenartig, als
daß es nicht immer wieder Hoffnungen darbieten sollte. So stehe
ich gegenwärtig wieder in ziemlich günstigen Relationen mit der
großen Oper wegen einer 2 oder 3 actigen Oper, – »der fliegende
Holländer« – von welcher mein eingereichter Entwurf des Sujet's
den größten Beifall erhalten hat. – Was ist da nicht wieder alles zu
hoffen? –

Für jetzt hätte ich aber gern meinem armen Weibe *Medicin*
gekauft! Wird sie diesen Jammer überleben, u. werde ich den ihrigen ertragen? – Herr Gott, stehe mir bei! Ich weiß mir nicht mehr
zu helfen! – Alles, Alles, – alle letzten Quellen eines Hungernden
habe ich erschöpft; ich Unglücklicher hatte bis jetzt die Menschen
leider noch nicht gekannt, Geld – ist das Fluchwort, was alles
Edle vernichtet; mancher dienstwillige Freund erkaltet bei diesem
Worte; Verwandte sind schon starr, ehe man es ausspricht; – u.
doch, mein Himmel, was ist oft alle Hülfe, ohne dieser wirklich-
sten vor Allen. Wer wahre Noth kennt, fühlt, daß sie nur *damit*
gelöst werden kann. Damals, als Du mir ein Opfer nach dem
andern brachtest, glaubte ich wirklich schon Noth zu empfinden.
Oh, ich Blödsinniger, der ich Verlegenheiten für Noth hielt, jetzt
habe ich sie kennen lernen. Den letzten kleinen Schmuck, das
letzte nothwendige Geräth seiner Frau zu Brod gemacht haben zu
müssen, u. sie dann krank, leidend ohne Hülfe lassen zu müssen,
weil der Erlös der Trauringe nicht zureiche Brod *und* Arznei
anzuschaffen, – wie soll ich dieß nennen, wenn ich früher schon
von Noth sprach! – Mit einem Wort – Gott verzeihe mir's – ich
habe dem Leben geflucht; – was kann ich Aergeres thun! Mein
erstes Wort an den kaum wiedergefundenen Freund ist: – sende

mir schleunige Hülfe; mein Leben ist verpfändet, löse es ein! Somit: – ich gehe Dich um *dreihundert Thaler* an, u. sei versichert, daß wenn Du sie mir schickest, ich bereits über 8 Monate davon gelebt habe, denn seit dieser Zeit habe ich außer Brod nichts mehr bezahlen können. Drehe auch Du mir den Rücken, – dann kenne ich mein Schicksal!

Sieh, das ist mein Ruf aus dem Elend! – Wird es weichen? Soll ich noch das Glück sehen? – Ich habe für diese Fragen nichts als einen bittren Seufzer! – Und doch giebt es Stunden, in denen ich mit einem Blick auf die Erbärmlichkeit so Vieler, die mir jetzt begegneten, stolz auf meine Lage sein könnte, wenn ich nicht mein gutes, armes Weib sehen müßte; – sie hat mir ihre Jugend geopfert, u. ich kann nichts für sie thun, als – Dir diesen Brief schreiben. Ich thue dieß hinter ihrem Rücken, denn ich weiß, sie würde mir abrathen, weil sie *keine* Hoffnung mehr kennt. – Ich thue es dennoch, – schreiben *mußte* ich Dir jetzt, – mein Herz war zu voll, Dir dem Genesenden nach 4 Jahren voll Unheil – Glück zu wünschen; – und konnte ich Dir schreiben, ohne *so* zu schreiben, wie es eben geschieht? Nein, – dann hätte ich Dir nicht als Freund geschrieben, – dann wäre mein Brief eine Visitenkarte geworden. Die wirst Du schon genug erhalten haben; – nimm dafür hier ein altes Theil Deiner selbst hin; ein neuaufgefundenes Stück mit dem alten Inhalt.

Willst Du mir wieder einmal einen glücklichen Tag machen, schreibe mir umgehend; bis dahin will ich mich freuen u. hoffen, daß wir [uns] *wiedersehen* mögen! Ach! Wiedersehen! Wiedersehen! Im Glücke? – Mein Theodor, hoffen wir! Jedenfalls werden wir dann unendlich mehr werth sein! Mögen wir es auch *uns* sein!

Gott befohlen, mein Freund!

Theodor Apel an *Heinrich Laube* 44.
Dresden, 22. Oktober 1840

Sie erhalten beiliegend einen Brief unsres unglücklichen Freundes in Paris, worin derselbe mich von der Erhöhung der schuldigen Summe benachrichtigt. Da ich weiß, wie Sie sich für Wagners Schicksal interessiren, so theile ich Ihnen diese Nachricht mit, u. bedaure nur, für jetzt nicht mehr für ihn thun zu können, als daß ich im Fall es noch Zeit sein sollte, meinen neulichen Beitrag um etwas erhöhe. Haben Sie die Güte, mich davon zu benachrichtigen, ob ich diesen neuen Beitrag ebenfalls in Ihre Hände niederlegen darf, u. ob Ihre Bemühungen für unsern armen Freund überhaupt glücklich ausgefallen sind. Wie gerne würde ich ihm helfen, wenn ich noch so unbeschränkt handeln könnte, wie vor wenigen Jahren!

Minna Wagner an *Theodor Apel* 45.
(nach Richard Wagners Konzept)
Paris, 25. Oktober 1840

Möge es Sie nicht verwundern, wenn Sie von mir einen Brief erhalten, und zwar einen Brief *dieses* Inhaltes. Gott sei mein Zeuge, daß ich lieber gewünscht hätte, Ihnen in Ihrem Unglücke einmal tröstend nahen zu können, als so durch eine Bitte um Theilnahme Sie beunruhigen zu müssen. Leider aber kann ich nicht Herrin meines Schicksals werden, und mich jetzt an Sie wenden, um mich vor Verzweiflung zu schützen. – Wenige Worte werden hinreichen, Sie über den Anlaß meines Briefes aufzuklären; – heute früh hat mich Richard verlassen müssen, um das Schuldgefängniß zu beziehen[2]; noch bin ich fürchterlich aufgeregt, daß mir Alles vor den Sinnen schwirrt; das einzige, was mich *eben* wieder in den Stand setzt, meine Gedanken etwas *kalter* zu sammeln, ist ein Brief des Herrn Laube, der so eben ankommt, und den ich in Richard's Abwesenheit erbrochen habe. Er nimmt mir auf der einen Seite alle Hoffnungen, unserm Unglück aufgeholfen zu sehen, auf der andern Seite giebt er mir aber den Muth, einen letzten – ich gestehe es – einen Verzweiflungs-Schritt zu wagen. – In diesem Brief schreibt Herr Laube, daß es Ihnen unmöglich sei, die von Richard erbetene Summe von Ihren Einkünften entbehren zu können, zugleich aber erzählt Herr Laube, daß Sie freundlich und theilnehmend sich geäußert hätten; wenn Sie wüßten, werther Herr Apel, wie sehr wir an die Unfreundlichkeit und Theilnahms-losigkeit derjenigen gewöhnt sind, die wir genöthigt waren um Hülfe ansprechen zu müssen, so würden Sie sich erklären können, daß diese Nachricht meine Hoffnung einigermaßen wieder belebt. Was bliebe mir Aermsten auch übrig, wenn ich nicht einmal auf eine geäußerte Theilnahme Hoffnung gründen dürfte. Suchen Sie also vor allen Dingen *darin* was mir den Muth giebt, mich an Sie zu wenden. – [...] hätte ich selbst die Mittel, mich von Paris zu begeben, so würde ich doch nun und nimmermehr Richard in dieser Lage verlassen, denn ich weiß, er ist nicht durch Leichtsinn in dieselbe geraten, sondern das edelste und natürlichste Streben eines Künstlers hat ihn so weit gebracht, wie ohne besondere Hülfe leider wohl jeder kommen mußte. Ich hatte nur nach großem Wiederstreben in seinen Plan gewilligt, nach Paris zu gehen; je vertrauter ich jedoch nun mit seinem hiesigen Vorhaben geworden bin, jemehr sehe ich ein, daß es nur an Mangel einer hinreichenden Unterstützung liegen wird, wenn er hier zu Grunde geht, und sein Ziel nicht erreicht, was ihm sonst wohl beschieden sein könnte. Er hat sich jetzt wirklich schon so weit gebracht, daß er bald auf die Früchte seiner Bemühungen Ansprüche machen kann, und es sind nur die Opfer, die es bis hieher gekostet hat, die sich ihm jetzt in

---

2 Viele Indizien sprechen dafür, daß Wagners in diesem Brief und auch im folgenden Brief vom 17. November 1840 erwähnte Schuldhaft nur vorgetäuscht worden ist. Minna Wagners Briefe wurden nach größtenteils erhalten gebliebenen Konzepten ihres Mannes geschrieben.

den Weg stellen, er hatte Arbeit, und nahm fast schon genug ein, als ich brauche um ihn seine kleine Wirthschaft mit Sparsamkeit zu führen; das heutige Ereigniß macht aber alles Nicht. Endlich z.B. hat er es so weit gebracht, daß in einem großen Conzert etwas von ihm aufgeführt werden soll, in 14 Tagen sollte die Ouvertüre zu seinem Rienzi, die er eben fertig gemacht hat, und der Alle großen Erfolg versprechen, aufgeführt werden; ohne seine persönliche Anwesenheit bei der Probe ist dies aber nicht möglich. Soll man darüber nicht in Verzweiflung fallen? – Was kann ich anfangen, mit meinem Weinen richte ich Arme, Verlassene nichts aus; sollte es wirklich so mit uns enden? Sollten Sie, der Sie seit so lange meinem Richard ein freundschaftliches Herz erhalten haben, ihn *uns* untergehen lassen, weil es sich hier um ein außergewöhnliches Opfer handelt? – Verzeihe mir Gott, – ich kann mir nicht denken, daß es so mit uns enden sollte. – Messen Sie meiner unbeschreiblichen Lage es zu, wenn ich in diesem Augenblicke vielleicht die Gränzen des Anstandes überschreite, indem ich Ihnen eine Zumuthung stelle, wie sie eben die Verzweiflung eingiebt. Zu meinem Schrecken habe ich früher einmal erfahren, wieviel Ihnen Richard schon schuldet; Sie haben ihn damals durch Ihren Credit Geld verschafft; – was war aber seine damalige Lage gegen unsere jetzige? Sollte nicht ein solches Opfer jetzt ungleich besser angewendet sein, weil jetzt auch die Aussicht vorhanden ist, eine ähnliche Schuld im Laufe eines, höchstens zweier Jahre gewiß wieder bezahlen zu können? Glauben Sie mir, daß ich für gewöhnlich Richards exaltirte Hoffnungen nicht theile; jetzt aber weiß ich aus seinen eigenen Bekannten Munde, daß er nur noch einen Schritt vorwärts zu thun hat, um an sein Ziel zu kommen. – Mein Gott, was soll ich hier Alles noch sagen? Mir fehlt die Ruhe, um mich klar gegen Sie aussprechen zu können; ich werde nachholen, was ich hier versäume. Das Einzige was ich heraus bringe ist: Hülfe, Hülfe! Bringen Sie Richard ein großes Opfer, suchen Sie es schleunig möglich zu machen, und Gott wird es Ihnen lohnen, wenn Richard's dankbare[s] Herz und mein Gebet zu schwach dazu sein sollten. – Ich kann nichts mehr hinzufügen; gebe der Himmel, das meine Bitte erhört werde, und unser Dank wird keine Grenzen kennen.

Minna Wagner an *Theodor Apel*
(nach Richard Wagners Konzept)
Paris, 17. November 1840

Zunächst fühle ich, habe ich Sie um Verzeihung zu bitten, wegen der Art und dem Ungestüm, mit welchem ich letzthin Ihnen schrieb; es wird mir klar, daß meine heftige Aufregung wenig geeignet sein konnte, Ihre Theilnahme für unser Schicksal zu steigern, dafür, daß ich richtig urtheile, spricht Ihr Schweigen. Haben Sie aber die Güte, diese meine Aufregung, die Sie wahrscheinlich unangenehm berührt, wenn nicht gar verletzt hat, auf Rechnung meines großen Elendes und des betäubenden Schlages zu setzen, der mich an jenem Tage traf.

Seitdem bin ich ruhiger geworden; so viel mehr. Ich war bei Richard, und habe ihm Ihren werthen Brief übergeben, er dank[t] Ihnen herzlich dafür; ich habe ihm zugleich getröstet mit dem Vertrauen auf Sie, und ihn die Hoffnung erweckt, daß Sie sich in Betracht so außerordentlicher Umstände zu einem außerordentlichen Opfer entschließen würden. Ich gestehe Ihnen, daß ich täglich auf eine Erfüllung meiner verzweiflungsvollen Bitte geharrt habe. Richard ist krank, um ihn zu pflegen, möchte ich gern zu ihm ziehen; da dieß jedoch unbezahlbare Kosten verursachen würde, so muß ich ihn in dieser Hinsicht Gottes Schutz überlassen, um auf der andern Seite zu versuchen, was in meinen Kräften steht, um die Schuld zu tilgen, die uns in diese Lage bringt.

Richard's Gläubiger schickte gestern zu mir, und hatte die Unverschämtheit, mir zuzumuthen, daß ich an Richard's Schwager, Hr. Brockhaus schreiben möchte, um bei ihm die Bezahlung der Schuld auszuwirken. Er kennt also diese Verwandschaft und es wurde mir nun klar, auf welche Aussicht hin er so hart gegen meinen Mann verfährt. Richard aber so als ich, wir würden lieber Jahre lang eine solche Lage ertragen, als unsern Schwur brechen, seinen Verwandten je mehr zur Last fallen. Jedoch hat mich dieser Auftritt bewogen, mich noch einmal an Sie zu wenden, auf die Gefahr hin, als zudringlich von Ihnen abgewiesen zu werden. Ich als Vermittlerin bin vielleicht fähiger, als Richard es ist, Sie um ein Opfer anzugehen, den[n] ich spreche für einen Andern, weniger für mich. Ich kann mich mit Ihnen gleich stellen, denn auch ich habe ihm Opfer gebracht, ich habe mein ruhiges selbständiges Loos aufgegeben, um mich an das seinige zu fesseln, de[m] es bestimmt zu sein scheint, *erst* durch die heftigsten Stürme und Prüfungen an sein Ziel zu gelangen. Ich erfülle daher jetzt eine heilige Pflicht, ja vielleicht bringe ich selbst ein Opfer, indem ich Ihnen noch einmal schreibe. – Sie entgegnen in Ihrem Briefe an Richard, daß es Ihnen unmöglich sei, mehr für ihn zu thun, als Sie zugleich thaten. Daß Sie selbst dieß thaten, giebt Ihren guten, edlen Willen zu erkennen; daß Sie, ohne den gewöhnlichen Etat Ihrer Ausgaben zu überschreiten, ihm kein größeres Opfer bringen können, muß ich ebenfalls glauben, da Sie es versichern. Lassen Sie mich aber, ohne mich weiter damit brüsten zu wollen, erzählen, was ich als Mädchen für meinen Bruder that, der mir in gewissen Beziehungen vielleicht ferner stand, als Ihnen Richard. Jener sollte in Leipzig studiren, meine Aeltern aber konnten ihn nicht unterstützen, ich übernahm es, in Zeiten, wo es mir bei dem schlimmen Cassen-Bestand der Theater-Direction oft an 4 Groschen fehlte, um Mittag-Essen holen zu lassen; ich versetzte denn meine Ohrringe und d.gl., die mir für das Theater oft unentbehrlich waren, schickte das Geld meinem Bruder, der dafür etwas lernen sollte, und behielt mir nur drei Pfennige zurück, um mir dafür ein Brödchen zu kaufen, das ich auf einen Spatziergange um die Stadt als Mittags-Mal verzehrte, während ich bei meinen Wirthsleuten vorgegeben hatte, daß ich irgend wo zu Tische ausgebeten sei. – Sollte denn nur der Arme und Dürftige das Gefühl haben, Opfer dieser Art zu bringen? Sollte der Vermögende den es verhältnißmäßig so unendlich viel leichter werden könnte, über all sein Vermögen nicht die Mittel finden, auf ähnliche Art zu helfen? – Man kann mir einwenden, das war für einen Bruder; – für einen Bruder wäre es aber auch nicht zu viel, wenn man die Hälfte seines Vermögens opferte, sollte der Freund denn aber nicht wenigstens ein Hundert-Theil werth sein. Und Richard war und ist Ihr Freund im eigentlichen Sinne; ich kann es bezeugen, denn ich kenne den Eindruck, den die erste Nachricht von Ihrem traurigen

Schicksal auf ihn machte und bin Zeugin und Theilnehmerin der tiefsten Rührung gewesen, mit der er stets Ihrer gedachte, als er Jahre lang von Ihnen getrennt war. Noch mehr, – es kommt mir zwar nicht zu mich darüber auszulassen, – in Richard ist ein schönes Talent zu retten, das seinem Untergange nahe gebracht wird, denn schon ist er so weit, allen Muth aufzugeben, ohne dem ist seine höhere Bestimmung verloren. Es ruht vielleicht eine schwere Verantwortung auf denen, die sich jetzt Achselzuckend von ihm wenden. *Ich* kann ihn nicht aufgeben; deswegen bin auch ich vielleicht die Einzige, die am lebhaftesten fühlt, wie schmachvoll es ist ihn verkommen zu lassen. – Ich bitte für meinen Mann, für Ihren Freund, wollen Sie *unsern* Richard aufgeben, weil es sich darum handelt, durch Ihren Credit ihm *schnell* eine Summe zukommen zu lassen? Wahrlich das werden Sie nicht wollen, – denn die Sache *so kleine* angesehen, hängt es von Ihrem *Willen* ab; und dessen dürfen wir gewiß sein, – Ihr werther Brief spricht dafür, und die edle Gesinnung die Sie von jeher zeigten.

Ich habe das Meinige gethan, deß kann ich mich rühmen, Sie werden es nicht fehlen lassen, und Gott wird Ihnen durch Ihre baldige Genesung vergelten, sowie dadurch einen Freundschaftsbund auf's Neue unter uns errichten, der *nie* untergehen wird. [...]

P.S. Wenn Sie sich entschließen, so bedarf es wohl nicht erst der Erwähnung, daß die größte Eile eine wichtige Bedingung ist, in jeder Hinsicht muß ich Sie bitten, die Sache wenigstens nicht mit *Stillschweigen* zu übergehen, da Ungewißheit das *schrecklichste* ist.

Heinrich Laube an *Theodor Apel*

47.

Leipzig, 21. November 1840

Über Wagner, dessen Brief ich Ihnen wieder beilege, bin ich trostloser als je; ich habe Ihre Gabe erst in einen Wechsel auf Paris verwandeln lassen, aber noch nicht abgeschickt, weil ich immer noch anderswoher auf einen Succurs hoffte. Umsonst. Können und wollen Sie Ihre Gabe noch vergrößern, so werd ichs Ihnen sehr danken und deshalb bis morgen mit der Absendung zögern.

Richard Wagner an *Heinrich Laube*

48.

Paris, 3. Dezember 1840

Die Partitur meiner Oper ist unterwegs; sie ist mit gräßlichen Geburtsschmerzen in die Welt gegangen; fürchterlichere Tage kann niemand erleben, als für mich der erste und zweite dieses unglückseligen Monates waren, soweit es möglich war, haben mir die letzten Pfennige meiner armen hiesigen Freunde geholfen, den gedrohten Schlag bis nächsten 15. zu verschieben; dieser Schlag heißt unwiderruflich augenblickliche Auspfändung und Verlust meiner persönlichen Freiheit: Ich habe es nicht geglaubt, – aber es war mit zwei Haaren daran; denn ich als Ausländer habe alle gewöhnlichen Protestmittel nicht zu meiner Disposition. Ich suche nun bis dahin von allen Ecken und Enden die nöthige Summe zusammenzutreiben; können Sie etwas dazu beitragen, – *es sei, was es sei*, so schicken Sie unverzüglich!

Gott lohne Ihnen für Ihre Güte und Liebe!

49. Heinrich Laube, *Erinnerungen* (1882)
(über das Jahr 1840)

Erst sieben Jahre später begegnete ich ihm wieder und zwar in Paris. Er hatte eine junge, sehr hübsche Schauspielerin geheiratet, und sie darbten miteinander redlich, fast vergnügt. Ein Hering mußte bisweilen zureichen fürs Diner. Meyerbeer war um jene Zeit sein Vorbild, und »Rienzi« erwuchs.

Nach Leipzig zurückkehrend, sammelte ich Geld für den darbenden jungen Künstler und fand unter anderm auch einen Beitrag bei dem Juden Axenfeld, welcher in meinen Reise-Novellen als Starost sporenklirrend umhergeht. Als nun später Wagner seinen Bann ausgesprochen gegen die Juden, da faßte mich der Starost beim Rockknopfe und rief: »Darum also Räuber und Mörder? Darum hat dir der Jude aus Brody einen Beitrag in die Hand gedrückt für den hoffnungsvollen Künstler, um nun vom älteren Wahnfried geächtet zu werden?!«

50. Richard Wagner, *Mein Leben* (1865-1880)
(Bericht über das Jahr 1840)

Weitere Hilfe sollte von nun an für einige Zeit, wenn auch unter schweren Opfern für mich, aus dem Erfolg einer *Donizettischen* Oper erwachsen.

Ein höchst schwächliches Werk des italienischen Maëstro, »*La Favorite*«, welches aber von dem bereits tiefgesunkenen Pariser Publikum zweier Kabaletten wegen mit großem Beifall aufgenommen worden, hatte *Schlesinger*, welcher an den letzten *Halévyschen*

Opern sehr zu Schaden gekommen war, angekauft, und, meine ihm bekannte hilflose Lage benutzend, stürmte er eines Morgens mit groteskem Freudestrahlen in meine Wohnung, verlangte Feder und Papier, um eine Berechnung der enormen Einnahmen, welche er mir zuzuwenden sich entschlossen hatte, mir vor die Augen zu stellen. Er schrieb nieder: »*La Favorite*, vollständiger Klavierauszug, Klavierauszug ohne Worte zu zwei Händen, dito zu 4 Händen, vollständiges Arrangement für Quatuor, ebenso für zwei Violinen, dito für Cornet à piston. Für diese Arbeiten 1100 Franken. Sofort Vorschuß von 500 Franken.« Mit einem Blick übersah ich, welches Elend ich mit dieser Bestellung übernahm, schwankte jedoch keinen Augenblick, sie anzunehmen.

Richard Wagner an *Maurice Schlesinger* 51.
Paris, Dezember 1840

... seit Sonnabend früh 8 Uhr sitze ich bis diesen Augenblick, mit Ausnahme weniger Stunden Schlafes, über die Correction der Partitur.

Mit dem *angestrengtesten* Fleiße habe ich es in diesem Momente bis zur 42sten Planche gebracht; es hat viele Seiten gegeben, über die ich eine Stunde zugebracht habe; manches Mal, ich kann es Ihnen versichern, war ich im Begriffe aus der Haut zu fahren, und das Weinen war mir näher als das Lachen, als ich Seiten vor mir sah, die jeder andre wahrscheinlich sogleich [regraviert] hätte, wo ich jedoch immer noch suchte auf dem Wege der Correction die Sache in Ordnung zu bringen. – Ich bin ein armer Teufel, und muß zufrieden sein mit allem, was ich verdiene; oft aber wurde ich doch zu der verzweiflungsvollen Frage getrieben: – Was zahlt mir Herr Schlesinger für diese Arbeit! [...]

Nur noch soviel: – durch eine flüchtige Correctur kann die *ganze Partitur* untauglich gemacht werden; deswegen nehme ich es genau, und suche Ihnen Kosten zu ersparen, indem ich da *corrigire*, wo andere vielleicht die ganze Platte regraviren ließen.

52.   Richard Wagner
Eine Mitteilung an meine Freunde (1851)

Das Gefühl der Notwendigkeit meiner Empörung machte mich zunächst zum Schriftsteller. Der Verleger der *Gazette musicale* gab mir, neben den Arrangements von Melodien, um mir Geld zu verschaffen, auch auf, Artikel für sein Blatt zu schreiben. Ihm galt beides vollkommen gleich: mir nicht. Wie ich in *jener Arbeit* meine tiefste Demütigung empfand, ergriff ich *diese*, um mich für die Demütigung zu rächen. Nach einigen allgemeineren musikalischen Artikeln schrieb ich eine Art von Kunstnovelle: »Eine Pilgerfahrt zu Beethoven«, mit welcher im Zusammenhange ich eine zweite folgen ließ: »Das Ende eines Musikers in Paris«. Hierin stellte ich, in erdichteten Zügen und mit ziemlichem Humor, meine eigenen Schicksale, namentlich in Paris, bis zum wirklichen Hungertode, dem ich glücklicherweise allerdings entgangen war, dar. Was ich schrieb, war in jedem Zuge ein Schrei der Empörung gegen unsere modernen Kunstzustände: es ist mir versichert worden, daß dies vielfach amüsiert habe.

Richard Wagner
Ein Ende in Paris. Novelle
(1841)

»Jetzt«, so fuhr der Sterbende nach einer Unterbrechung, die durch seine immer zunehmende Schwäche hervorgebracht wurde, fort, »jetzt ein letztes Wort über meinen Glauben! – Ich glaube an Gott, Mozart und Beethoven, ingleichem an ihre Jünger und Apostel; – ich glaube an den Heiligen Geist und an die Wahrheit der einen, unteilbaren Kunst; – ich glaube, daß diese Kunst von Gott ausgeht und in den Herzen aller erleuchteten Menschen lebt; – ich glaube, daß, wer nur einmal in den erhabenen Genüssen dieser hohen Kunst schwelgte, für ewig ihr ergeben sein muß und sie nie verleugnen kann; – ich glaube, daß alle durch diese Kunst selig werden, und daß es daher jedem erlaubt sei, für sie Hungers zu sterben; – ich glaube, daß ich durch den Tod hochbeglückt sein werde; – ich glaube, daß ich auf Erden ein dissonierender Akkord war, der sogleich durch den Tod herrlich und rein aufgelöset werden wird. Ich glaube an ein Jüngstes Gericht, das alle diejenigen furchtbar verdammen wird, die es wagten, in dieser Welt Wucher mit der hohen keuschen Kunst zu treiben, die sie schändeten und entehrten aus Schlechtigkeit des Herzens und schnöder Gier nach Sinnenlust; – ich glaube, daß diese verurteilt sein werden, in Ewigkeit ihre eigene Musik zu hören. Ich glaube, daß dagegen die treuen Jünger der hohen Kunst in einem himmlischen Gewebe von sonnendurchstrahlten, duftenden Wohlklängen verklärt und mit dem göttlichen Quell aller Harmonie in Ewigkeit vereint sein werden. – Möge mir ein gnädig Los beschieden sein! – Amen!«

Richard Wagner an *Maurice Schlesinger*
Paris, 14. Januar 1841

(In sehr guter Laune zu lesen!!)

Sie haben mir in diesen Tagen Geld versprochen; das ist schön u. herrlich. Wissen [Sie] aber auch wie viel ich jetzt brauche? – Ich mag es gar nicht nennen und gebe es Ihnen daher lieber zu errathen, indem ich Ihnen meine Ausgaben vorzähle; diese sind: – dreihundert Franken À COMPTÉ auf meinen traurigen Wechsel, am 15ten zahlbar, sonst wird das Verfahren fortgesetzt.

Zweihundert Frs. bin ich einem Freunde schuldig, der, weil ich ihm diese Summe am 8ten dieses M. nicht zurückzahlen konnte, genöthigt war, einen Wechsel zu protestiren, u. daher jetzt täglich die Zahlung von mir erwartet.

Ferner ein Wechsel von Hundert u. fünfzig Fr., den ich vor langer Zeit meinem Schneider ausgestellt habe, u. der diesen 15ten fällig ist. Zu alledem kommt die Hausmiethe u. für's Leben. – Mit Recht können Sie nun fragen, wie ich es bei diesen Ausgaben hätte anfangen wollen, wenn *Sie* gar nicht existirt hätten? Darauf kann ich eben nur antworten, daß allerdings *ohne Sie* hier mein Ende gewesen wäre, u. jetzt wahrscheinlich schon – Gott weiß was – aus mir geworden wäre, denn ich bin von Allen im Stich gelassen worden, auf die ich in meiner Noth rechnen zu können glaubte. Ich verhehle es jetzt nicht, u. werde es späterhin *nie* verhehlen, daß Sie mir gewissermaßen das Leben gerettet haben.

Ich bekomme jetzt wieder Vertrauen zu meiner Zukunft u. das dank' ich Ihnen.

Deshalb halte ich mich nun aber natürlich auch fest an Sie geklammert, wenn es sich darum handelt, des Weiteren als ehrlicher Mann zu bestehen.

Sie haben bereits angefangen mich aus dem Misere zu reißen; helfen Sie mir nun auch weiter fort, u. Sie werden einen Menschen an mir finden, dessen Gefühl der Dankbarkeit keine Gränzen kennt.

Um zur Sache zurückzukommen, werthester Gönner, so gilt es jetzt einmal noch einen recht tiefen Griff zu thun, und – mit Respect zu sagen, – ein Tausend-Franken-Billet heraus zu holen. Ich sehe, daß Sie erschrocken sind, – hören Sie aber: – Sie wissen, daß ich, zumal nach Ihrem gütigen Versprechen in Bezug auf die neue Halevi'sche Oper – so ziemlich bis Ostern in Ihrem Pacht bin.

Erfüllen Sie nun meine heutige Bitte, so können Sie versichert sein, daß ich Ihnen dann in den nächsten 3 Monaten mit nichts weiter zur Last fallen werde als was ich gerade zum nackten Leben bedarf, u. das ist wenig, wie Sie sich wohl denken werden können. Es ist mir, bei Gott, aber auch darum zu thun, da ich nun einmal Arbeit habe, mit freiem Kopfe dabei sein zu können; Sie haben keinen Begriff, wie mich diese abscheulichen Geld-Situationen angreifen u. meinen Kopf gefangen nehmen.

Sie sollen sehen, daß, befreien Sie mich definitiv von diesen Miseren, mir die Arbeit nur so von den Händen fliegt.

Wenn Sie selbst jetzt mehr Geld eingenommen hätten, bin ich fest überzeugt, daß bei Ihrer bekannten Genereusität Sie unbedingt meine Bitte erfüllen würden; wird es Ihnen aber auch schwer, nun, so sehen Sie es als ein *recht großes Opfer* an, das Sie mir bringen, u. das ich einmal aus allen Kräften zu erwiedern streben werde. – Ich baue auf Ihre Güte!!

Richard Wagner an *Eduard Avenarius*
Paris, 22. Februar 1841

Wissen Sie, daß Sie mir einen recht großen Gefallen thun könnten, nämlich, wenn es der Stand Ihrer Dinge zuließe, mir bis Ostern fünfhundert Franken vorzuschießen? Schlesinger, für den ich im Ganzen für dreitausend Fr: Arbeit übernommen habe, nämlich sämmtliche Arrangements von zwei Opern, der FAVORITE und des GUITARRERO, hat mir die Hälfte, fünfhundert FR: schon baar ausgezahlt; da ich jetzt eben erst darüber komme, die zweite Oper anzufangen, so fürchte ich aber, und zwar aus triftigen Gründen, daß ich jetzt nicht so bald wieder eine ordentliche Zahlung erhalten kann, und hätte aus einigen Privat-Gründen es sehr gern gesehen, wenn ich jetzt nicht nöthig hätte, ihn eher wieder um Geld anzugehen, als ich mit allem fertig bin und das Ganze zu fordern habe. Anfang April werde ich auch mit dem GUITAR-RERO fertig, und kann also im Laufe des genannten Monates über eine größere Summe dergestalt disponiren, daß ich schon mit Sicherheit die Wiederbezahlung der heute erbetenen Summe zu Ostern versprechen kann [...] – Nochmals, wenn dieß einiger Maaßen ohne Opfer von Ihrer Seite geschehen könnte, so würden Sie mir durch die Gewährung meiner Bitte einen recht großen Freundschaftsdienst erweisen, den ich einmal recht begierig sein würde, Ihnen erwidern zu können; – denn, soweit ich mich nun auch schon aus meiner gränzenlos zerrütteten Lage herausgerissen habe, so ist doch einiges zurückgeblieben, was sich mir immer noch mit drohender Gebehrde zeigt. Lassen Sie mich das augenblickliche entfernen, und – wo möglich ohne dießmal Schlesinger um Vorschuß angehen zu müssen, – wozu ich tausenderlei Gründe habe, es jetzt nicht zu thun, – ich führe davon unter anderen nur diesen an: daß ich heute erst erfahren habe, daß Schlesinger gewöhnlich für einige Arrangements, die ich ebenfalls zu machen habe, fast die Hälfte mehr gezahlt hat; – ich möchte diese Notiz benützen, um mit Schlesinger ein ernstes Wort über eine Honorar-Erhöhung zu sprechen, was ich aber unmöglich kann, wenn ich komme, um ihn um einen bedeutenden Vorschuß zu bitten.

Eduard Avenarius an *Richard Wagner* 56.
Paris, 22. Februar 1841

Glauben Sie mir, lieber Wagner, dass vielleicht keiner Ihrer Verwandten bereitwilliger sein würde Ihnen durch einen Vorschuss nützlich zu sein, wenn es anginge, als ich. Aber ich habe keine Gelder disponibel, – was mir die Handlung abwirft, gebrauche ich für mein doch so bescheidenes häusliches Leben in regelmässigen Raten, welche ich von derselben beziehe, und die Fonds der Hdlg. stehen nicht zu meiner persönlichen Verfügung.

Ich mache Sie auf eine Combination aufmerksam, welche vielleicht ausführbar ist. Lassen Sie sich von Schlesinger ein Billet à 6. mai, oder noch besser à Juny als eine Abschlagszahlung auf den Guitarrero geben. Dadurch ersparen Sie ihm für den Augenblick eine Zahlung baarer Gelder, die er stets gern vermeidet, und ich werde sehen Ihnen behülflich zu sein, das Billet ohne grossen Verlust zu escomptiren.

Richard Wagner
Bericht für die Dresdner Abendzeitung
6. April 1841

Bankiers! – Ein wichtiges Kapitel – und da es mir gerade so in den Wurf kommt, kann ich nicht umhin, ihm im Vorbeigehen eine ehrfurchtsvolle Aufmerksamkeit zu widmen. Also: – *Liszt* hat letzthin ein Konzert gegeben. Er spielte allein darin – niemand spielte oder sang sonst; das Billett kostete 20 Frank; er hatte keine Kosten, nahm 10 000 Frank ein und gibt nächstens ein zweites Konzert. Welche Sicherheit! Welche Unfehlbarkeit! – ich meine in der Spekulation; denn sein Spiel ist so sicher und unfehlbar, daß es gar nicht der Mühe verlohnt, darüber zu sprechen...

Richard Wagner an *Maurice Schlesinger*
Paris, 27. April 1841

Mein allerverehrtester Herr und Gönner,

ich kann mich unmöglich schlafen legen, ohne Sie auf die Wichtigkeit des Gegenstandes vorbereitet zu haben, der die nächste Veranlassung des Besuches sein wird, den ich Ihnen morgen früh abzustatten gedenke: – nämlich, die Regulirung unsrer Rechnung und – 100 Franken Vorschuß. Die Sache ist der Vorbereitung würdig, u. mir muß daran gelegen sein, Sie so gut als möglich disponirt zu machen; – denn ich soll Donnerstag früh ausziehen u. habe keinen Sous. [...]

Hundert Franken, theuerster Herr Schlesinger, müssen Sie mir aber nothwendig von Neuem vorschießen, sonst wüßte ich gar nicht, wie Sie dereinst vor dem Richterstuhle der Nachwelt bestehen sollten, wenn es jemals heißen sollte: Moritz Schlesinger, der so wohlthätige u. umsichtige Moritz Schlesinger hat dem künftig jedenfalls so sehr berühmten Richard Wagner hundert FRCS: Vorschuß abgeschlagen, u. zwar zu einer Zeit, wo er im Begriffe stand nach Rußland zu reisen u. seine glorreichen Handels-Verbindungen unter dem wohlthuenden Schutze der FAVORITE u. des GUITARRERO bis in das Innerste von Asien auszubreiten! – Gewiß schaudert Ihre Einbildungskraft, wenn Sie sich dieß so ganz vor die Augen stellen, u. das beglückende Resultat dieses Schauder's wird sein, daß Sie mir ungesäumt den erbetenen Vorschuß auszahlen lassen. Ich rechne mit einer wunderbaren Sicherheit darauf! – Bedenken Sie, schon im nächsten Monat, im herrlichen May, kann ich die herrlichsten Sachen liefern; – die begeistertsten Aphorismen, die gediegensten Novellen sind der GAZETTE zugeschworen u. werden nicht wenig dazu beitragen, Ihr Blatt auf einen Gipfel des Ruhmes zu erheben, so daß man noch einst in fernen Zeiten – –

Ich kann nicht mehr, – ich erschöpfe mich zu sehr in poetischen Ergüssen – u. Alles dieß um 100 FR:, damit ich ausziehen kann! Sie werden mein Angstgefühl zu würdigen wissen; – in dieser Überzeugung erlaube ich mir Einhalt zu thun u. mit Ergebung zu erwarten, was Sie über mich verhängen werden!

Richard Wagner, *Mein Leben* (1865-1880)
(Bericht über das Jahr 1841)

Ein harter Schlag traf mich im Beginn dieses Jahres infolge einer aus Unkenntnis der Pariser Regeln begangenen Versäumnis. Es war natürlich, daß wir nur den schicklichen Termin abgewartet hatten, um unsre Wohnung zu kündigen. Ich verfügte mich deshalb selbst in die Wohnung der Hauseigentümerin, einer jungen, sehr reichen Witwe, einem ihrer Hotels im »Marais«. Die Dame empfing mich verlegen, sagte mir, sie würde mit ihrem Intendanten über meine Kündigung sprechen, und wies mich an diesen. Schriftlich ward mir angezeigt, daß meine Kündigung nur annehmbar gewesen sein würde, wenn sie bis am Abend zuvor erfolgt wäre, und infolge dieser Versäumnis ich mich genötigt sehen würde, laut unsrer kontraktlichen Stipulationen die Miete der Wohnung auch für ein zweites Jahr zu entrichten. [...]

Dieses gänzlich unvorausgesehene Mißgeschick zerstörte alle Aussicht, die wir auf die Erlösung aus unsrer unhaltbaren Lage zu gewinnen uns bemüht hatten. Eine Zeitlang tröstete uns die Hoffnung, einen neuen Mieter zu finden. Sie erfüllte sich nicht; wir sahen mit Ostern das neue Mietjahr eintreten, ohne Rat zu finden. Endlich empfahl uns der Concierge eine fremde Familie, welche gesonnen sei, die ganze Wohnung mit Möbeln auf einige Monate uns abzumieten. Mit Freuden griffen wir zu diesem Mittel, um uns auf diesem Wege wenigstens die Erschwingung der nächsten Miettermine zu versichern, und hofften, wären wir nur einmal aus dieser Unglückswohnung fort, so würde sich auch der Weg zur gänzlichen Entledigung von derselben finden. So machten wir uns auf, in der Umgebung von Paris eine möglichst wohlfeile Sommerwohnung für uns aufzusuchen. Wir waren hierfür nach *Meudon* gewiesen und entschieden uns dort für ein Logis in der Avenue, welche Meudon mit dem nahegelegenen *Bellevue* verbindet. Rue du Helder wurde dem Concierge, welchen ich für alles bevollmächtigte, zur Aftervermietung übergeben [...] Am 29. April fand sonach diese notdürftige Übersiedelung statt, welche in Wahrheit nur eine Flucht aus dem Unmöglichen in das Unbegreifliche war; denn wovon wir diesen Sommer leben sollten, davon hatten wir keine Ahnung, da *Schlesinger* versiegt war und nach keiner Seite irgendein neuer Quell sich eröffnete...

Die Monate Mai und Juni hatten wir unter beständig sich steigernden Nöten zugebracht. [...] Diese steigerten sich eines Tages in allerbitterster Weise. Da wir gänzlich ohne Geld waren, machte ich mich mit Tagesanbruch zu Fuß – denn ein Platz auf der Eisenbahn war nicht zu bezahlen – nach Paris auf, um dort den ganzen Tag über, von Straße zu Straße mich schleppend, der Möglichkeit, fünf Franken aufzutreiben, nachzujagen, bis ich am späten Nachmittage, ohne auch nur den mindesten Erfolg erzielt zu haben, wiederum auf die qualvolle Fußreise nach Meudon zurück mich zu begeben genötigt war. [...] Immerhin blieb uns nun noch die Hoffnung, daß mein Untermieter *Brix*, welcher durch sonderbare Schicksale jetzt zu unsrem Unglücksgenossen geworden, von seinem gleichfalls am Morgen unternommenen Streifzug nach Paris mit jedenfalls einigem Erfolg doch zurückkehren müßte. Endlich kam auch dieser schweißtriefend und erschöpft zurück, von dem Bedürfnisse einer Mahlzeit getrieben, welche er sich in der Stadt nicht hatte verschaffen können, da er nicht einen der von ihm aufgesuchten Bekannten angetroffen hatte; flehentlich bat er nur um ein Stück Brot. Die so gesteigerte Situation begeisterte endlich meine Frau; sie hielt sich berufen, wenigstens gegen den Hunger der Männer rettend anzukämpfen. Zum ersten Male auf französischem Boden ward der Bäcker, der Fleischer und Weinhändler unter plausiblen Vorwänden ohne sofortige bare Bezahlung für das Nötige in Beschlag genommen, und *Minnas* Auge strahlte, als sie nach einer Stunde ein von ihr zubereitetes treffliches Mahl uns vorsetzen konnte.

60.
Richard Wagner
Orchesterskizze des Fliegenden Holländers
(handschriftliche Notiz am Schluß des 2. Aktes)
Meudon, 13. August 1841

Morgen geht die Geldnot wieder los!

61.
Richard Wagner an *Ernst Benedikt Kietz*
Meudon, 13. Oktober 1841

Noch einmal greif' an das bewährte Schwert u. haue den Knoten meines Misgeschickes durch! – Die einliegenden Briefe sind für mich von großer Wichtigkeit, – Du kannst Dir's leicht denken: – sie müssen mit der nächsten Post fort, – das Porto kann ich aber in diesen Tagen noch nicht erschwingen: – greif' in den Wundersäckel u. –leg' es aus, - thue mir noch diesen Gefallen! – Ende des Monates kommt Erlösung u. auch Geld für Dich, – Du weißt's – habe keine Sorgen! – Du wirst meine Bitte erfüllen, ich zähle auf Dich! –

Des Weiteren: –

Ein Gang für mich: –

Ich habe mich jetzt in meinem Landhause eingemauert, um den »Holländer« fertig zu machen, – die Stadt sieht mich nicht eher wieder, als bis *er fliegt*. Dennoch hätte ich ein dringendes Geschäft: – Sieh diesen Leihhaus-Zettel: – am 15ten vorigen Monates wäre der Termin zur Auslösung oder Erneuerung eigentlich schon um gewesen; als ich jedoch darum anging, hat man mir ohne alle Beschwerde noch 4 Wochen, die ich verlangte bewilligt: – bis diesen 15ten ist das Pfand also sicher; – nun weiß ich aber, daß man mir gewiß auch noch einen Verzug bis Ende dieses oder Anfang künftigen Monates bewilligen wird, – ich weiß dieß vom vorigen Male, – man muß nur mit den Leuten sprechen. Da Du nun eine wahre Passion besitzest, Dich in französischer Beredtsamkeit zu ergießen, so thue mir den Gefallen, gehe dahin, wohin die Adresse des Zettel's verlautet, RUE ST. HONORÉ, u. sprich mit den Leuten, oder frage vielmehr, welches der äußerste Termin sei, den man mir aussetzen könnte? – Verstehst Du?

Richard Wagner, *Mein Leben* (1865-1880)   62.
(Bericht über die Jahre 1841/42)

Was schließlich die so sehr ersehnte und nun durch gute Aussichten gerechtfertigte Rückkehr nach Deutschland mir ermöglichte, war die endlich wach gewordene Teilnahme der vermögenderen Glieder meiner Familie für meine Lage. Hatte Herr *Didot* seine Gründe gehabt, den Minister *Villemain* zur Unterstützung für *Lehrs* anzugehen, so fand auch mein Pariser Schwager *Avenarius* vom Innewerden des Charakters meines Kampfes gegen die Not sich bestimmt, durch Intervention bei meiner Schwester *Luise* mich eines Tages mit einer sehr unerwarteten Hilfe zu überraschen. Am 26. Dezember des ablaufenden Jahres 1841 war ich es, der diesmal mit einer Gans zu *Minna* nach Hause kam, und diese Gans trug ein 500-Franks-Billett im Schnabel, welches durch Vermittelung meiner Schwester *Luise* seitens eines ihr befreundeten sehr reichen Kaufmanns *Schletter* mir eben von *Avenarius* zugestellt war. Die angenehme Belebung unseres ungemein dürftigen Hausstandes würde jetzt vielleicht nicht allein mehr im Stand gewesen sein, mich herzlich froh zu stimmen, wenn ich nicht zugleich die Aussicht, gänzlich meiner Pariser Lage mich zu ent-

95

winden, auf diese Weise mir immer deutlicher eröffnet gesehen hätte. Da ich nun wirklich Zusagen für die Aufführung zweier meiner Werke von bedeutenden deutschen Theatern erhalten hatte, glaubte ich jetzt im Ernst auch meinen Schwager *Friedrich Brockhaus*, welcher im vergangenen Jahre, als ich in höchster Not mich an ihn gewandt, mich wegen »Unübereinstimmung mit meiner Lebensrichtung« zurückgewiesen hatte, mit besserem Erfolg für die Vermittelung meiner Rückkehr angehen zu können. Ich täuschte mich nicht; und als die Zeit herannahte, ward ich von dieser Seite auch mit dem nötigen Reisegeld versehen.

63. Marie Schmole, *Erinnerungen* (1895/96)
(über Richard Wagners Dresdner Jahre)

Obgleich ein zehnjähriges Kind damals, erinnere ich mich deutlich an Wagner's und seiner Gattin Minna ersten Besuch bei meinen Eltern. Es war im Sommer 1842. Ich kehrte aus der Schule heim, suchte die Eltern im Garten auf und fand einen Herrn mit feinem Gesicht und, was mir imponierte, mit *hellen Glacéhandschuhen* bei ihnen vor. Später merkte ich allerdings, daß sie schon recht oft gewaschen und innen abgetragen waren. Obgleich in recht knappen Verhältnissen, hielt er doch stets auf eine elegante, saubere Erscheinung. Noth und Entbehrungen aller Art hatte das Ehepaar Wagner schon vorher, während des Pariser Aufenthaltes in vollem Maaße kennen gelernt. Oft war Richard dort gegen Abend mit einer Notenrolle fortgeschlichen und hatte das vielleicht nur flüchtig Geschaffene zu verwerthen gesucht.

Als Beide in Meudon wohnten, waren sie in der Dämmerung zuweilen an Gärten entlang gegangen und hatten von den über den Mauern hängenden Nußbäumen Nüsse heruntergeschlagen, weil – sie hungerten.

Richard Wagner an *Ernst Benedikt Kietz* 64.
Dresden, 6. September 1842

Nun etwas über meine äußeren Verhältnisse! Sie sind nicht zum Besten bestellt. Wir haben das hiesige Leben für viel wohlfeiler gehalten, als es ist. Seitdem ich von Teplitz zurück bin, habe ich eine bessere Wohnung als die frühere beziehen müssen, weil ich es nicht mehr umgehen konnte, Besuche von Leuten zu empfangen, denen meine wahren, bettelhaften Verhältnisse verborgen bleiben müssen; endlich habe ich auch einen Flügel miethen müssen, den ich bereits 4 Monate entbehrt. Logis u. Flügel nehmen mir nun monatlich 16 Thaler hinweg. 30 Thr. beziehe ich, – somit habe ich 14 Thr. zum Leben, Schuhwerk usw. Schließe daraus, wie bei der jetzigen Theuerung unser Auskommen beschaffen ist, u. in welche gränzenlosen Verlegenheiten ich daher mitunter an einem Orte gerathe, wo von Borgen unter keiner Bedingung die Rede sein kann. Meine *drei* Hemden fallen mir buchstäblich »vom Leibe«. Das Schlimmste bei dem Hinausschub meiner Oper ist nun die Unmöglichkeit, mich in der gesetzlichen Frist meiner Verbindlichkeiten gegen LOIZEAU zu entledigen. Ich muß den armen Menschen jedenfalls bitten, die Wechsel entweder bis Ende OCTOBER prolongiren zu lassen, oder ihren Betrag auf einen Monat für mich auszulegen; – es ist schlechterdings nichts anderes zu thun. – Meine Leihhausscheine verfallen jetzt noch nicht; der eine ist erst den 8 NOVEMBER, der andere d. 9 JANUAR um. *Ich danke Dir für Deine Besorglichkeit, kannst Du, löse sie ein!*

Richard Wagner an die *Pariser Freunde*
Dresden, 6. November 1842

Kinder, es ist wahr meine Oper hat hier einen beispiellosen Erfolg gehabt, u. es ist dies um so mehr zu bewundern, da es das Dresdener Publikum war, was diesen Erfolg aussprach. [...] Über den Erfolg der ersten Vorstellung seid Ihr unterrichtet – also nichts mehr darüber, er hat Epoche gemacht in den Annalen deutscher Opernaufführungen. Seitdem ist nun die Oper zum vierten Male gegeben worden, u. zwar – ein unerhörter Fall – immer bei erhöhten Preisen u. überfülltem Hause; u. ich glaube noch nicht, daß die Preise so bald erniedrigt werden, da der Andrang immer noch derselbe ist: nie sind von einer Vorstellung zur andern Billets zu bekommen. [...]

– Nach alledem war ich denn nun wirklich auf mein Honorar gespannt: alle Welt fabelte das Unerhörteste zusammen: bald sollten die drei ersten Einnahmen mir gehören, – bald sollte ich 2000 Thaler bekommen ETC. Statt alledem erhielt ich endlich nach der dritten Vorstellung einen Brief von seiner Excellenz, worin er mir in den schmeichelhaftesten Ausdrücken meldete, daß er mir »für mein so vortreffliches und schönes Werk« ein Honorar von 300 Thalern aussetze, »obgleich das gewöhnliche Honorar für eine Oper nur in 20 Louisd'or bestände; er könne sich aber nicht enthalten, gegen mich eine Ausnahme zu machen, um auch auf diese Weise mir seinen Dank zu bezeugen.« Ihr seht also, wie man hier daran ist, so lange man dergleichen Dinge der Großmuth eines Intendanten überlassen muß; mein einziger Trost ist, daß ich weiß, das Blatt werde sich nun bei mir wenden, u. *ich* werde bei ähnlichen Gelegenheiten ein ander Mal *fordern* können. Mit dieser meiner ersten Einnahme, liebe Kinder, kann ich also noch Niemand viel helfen: denn erstlich habe ich davon sogleich Schulden an Brockhausens zu zahlen, zweitens drohen mir meine alten Magdeburger Schuldner mit Verklagung – u. ich werde sie so gut wie möglich beschwichtigen müssen; dann ist unsere körperliche Ausstattung – Hemden, Wäsche ETC. jetzt in einem Zustande, der

unbeschreiblich ist, u. auf das dringendste eine Restauration verlangt usw. – *Aber*: nach einem so fabelhaften Erfolge ist es ja wohl
undenkbar, daß es bei *dieser* Einnahme länger stehen bleiben
sollte: hoffentlich werde ich bald wenigstens an einige andere Orte
die Partitur verkaufen, u. auch ein guter Verleger, der mich ordentlich bezahlt, kann nicht lange ausbleiben. In dieser Voraussicht,
die gewiß nicht frivol ist, vertröste ich Euch u. meine Pariser Gläubiger nur noch auf eine kurze Zeit u. verspreche, – meine erste
nächste Einnahme ausschließlich für sie zu bestimmen. Es ist
undenkbar, daß diese lange ausbleiben könnte. *Tröstet mit gutem
Gewissen, wen Ihr nach mir schmachten seht!!! –*

Richard Wagner an den 66.
Magdeburger Kontrabassisten Morath
Dresden, 4. Januar 1843

Mein bester Herr Morath,
ich habe Sie lange warten lassen, u. ich muß gestehen, daß es mir
stets im innersten Herzen wehe gethan, so oft ich Ihrer gedachte,
u. mich immer doch in der entschiedenen Unmöglichkeit sah, Sie
bezahlen zu können. Meine jetzigen besseren Aussichten habe ich
mir nur mit den größten Opfern von der Welt erringen *können*,
ich habe Noth und Entsagungen aller Art ertragen müßen, um
nicht gänzlich zu unterliegen. Selbst jetzt bin ich, was meine äußeren Verhältnisse betrifft, noch keineswegs am Ziele: meine Einnahmen sind noch so gering, daß sie kaum in Betracht zu stellen sind.
Indeß, Gott wird weiter helfen, und mit Ihnen will ich den
Anfang machen, da Sie mich redlich bedient u. stets mit möglich-
ster Schonung behandelt haben: zudem ist von allen meinen Gläubigern gewiß keiner des Geldes bedürftiger als Sie. Empfangen Sie

somit die von Ihnen in Ihrem letzten Briefe geforderten 35 Thaler.
Wenn ich Ihnen einmal dienlich sein kann, soll dies mit dem
besten Willen geschehen.

67. Richard Wagner an *Cäcilie Avenarius*
Dresden, 5. Januar 1843

Durch *Rastrelli's* Tod ist, wie Ihr wohl schon wissen werdet, hier
die Musikdirector-Stelle leer geworden. Alles blickte auf mich, u.
sagte, daß ich mich nur darum zu bewerben habe, um die Stelle
sogleich zu bekommen [...] Lüttichau hat mir nun auch ganz
neuerdingst die Eröffnung gemacht, daß er im Sinne hat, mich
zum Kapellmeister mit 1800 Thalern Gehalt zu ernennen, nur soll
ich erst zur Probe ein Jahr als Musikdirektor, mit 1200 Thlr.
Gehalt dienen. Darauf habe ich ihm nun eben erst heute Nachmittag geschrieben, daß ich dieß *nicht* eingehen könnte u. wollte. Was
er nun darauf beschließt, weiß ich nicht: gewiß bleibt aber, daß ich
nur um eine ganz bedeutende Stelle meine Freiheit aufgebe. Ich
weiß zwar, daß ich mich für jetzt dadurch immer noch großer
Noth u. Sorge aussetze: Jemand wie ich darf aber nichts scheuen.
Geht es mit der Verbreitung meiner Opern auch langsam – wie ja
in Deutschland Alles langsam geht – so wird doch endlich ihre
Verbreitung über ganz Deutschland nicht ausbleiben, denn der
hiesige Erfolg hat zu viel Sensation gemacht. [...] In Erwartung
besserer Dinge ist es mir daher von außerordentlicher Wichtigkeit
gewesen, daß ich endlich – u. zwar ganz ohne zu suchen – den
Menschen gefunden habe, der mir 1000 Thaler baares Geld auf
mein ehrliches Gesicht u. das Versprechen hin, sobald ich einmal
in guten Umständen sein werde, die Schuld wiederzuzahlen,
borgt. Diese Person ist Niemand anders als – die *Devrient* : sie

lernte meine Verhältnisse, meine Verpflichtungen, meine Schulden kennen, u. bot mir ganz von selbst zu widerholten Malen 1000 Thr. an, bis ich endlich sie annahm. Es ist außerordentlich, u. ich gestehe, selbst wenn dieß nicht so wäre, so achte u. verehre ich die Devrient gränzenlos. Sie ist eine wahrhaft edle, hochherzige Frau. Auch Minna hat sie sehr in ihr Herz geschlossen: zu Weihnachten bescheerte sie uns: Minna ist wirklich luxuriös von ihr beschenkt worden: Alles, was sie sich nur wünschen konnte, erhielt sie. Ziemlich die Hälfte der mir von der Devrient geliehenen Summe bestimme ich für Paris: an Eduard schreibe ich ausführlicher deshalb. Mit der anderen Hälfte will ich suchen meine alten Magdeburger Schulden loszuwerden: es wird schwer halten, denn die Leute knöchen mich bis auf's Blut u. drohen alle Augenblicke mich in meiner jetzigen ehrenvollen Stellung zu compromittiren. Wollte ich ihnen *Alles* bezahlen, was sie fordern, mit Kosten u. Zinsen, so hätten sie 657 Thaler zu fordern. Von den 1000 Thlr. verwende ich keinen Groschen an mich.

Richard Wagner an *Eduard Avenarius*   68.
Dresden, 5. Januar 1843

Die Devrient hat mir 1000 Thaler geborgt, um davon so viel wie möglich Schulden zu bezahlen: meine Magdeburger Gläubiger spielen dabei eine Hauptrolle. Aber auch Paris soll bedacht werden. Ich übermache Dir daher hier einen Wechsel auf 1500 Francs. Sei so gut u. bezahle davon sogleich meinen armen, braven Schneider, MR. LOIZEAU; – ich kann mir die Freude nicht versagen, ihn durch beiliegendes Briefchen einzuladen, zu Dir zu kommen, u. sich das Geld: 400 FRS. zu holen.

Sodann sei so gütig, meine unglücklichen Pfänder einlösen zu lassen: das Silberzeug steht mit 250 fr. – die Uhr mit 100 fr. fest. Wie ist es denn mit dem Erneuern des Versatzes gewesen? Warst Du so gut, die Kosten für mich auszulegen? – Hast Du dies gethan, so wirst Du mit freudigem Herzen auch die neuen Kosten wieder für mich auslegen: es wird Dich hoffentlich nicht geniren, u. da wir uns ja so bald in Sachsen sehen werden, so hast Du ja denn eine prächtige Gelegenheit, mir Alles haarklein zu berechnen u. sogleich die Auslagen von mir in Empfang zu nehmen; denn bei Geld werde ich hoffentlich sein, wenn wir uns sehen. – Auch meine alte Schuld an Dich bringe ich jetzt nicht in Anschlag, – hoffentlich ist es Dir möglich, damit zu warten, bis Du hieher kommst, u. dann sei sicher von mir zurückzuerhalten, womit Du mir einst oft aus der Noth geholfen hast. –

600 FRS. sind für Kietz bestimmt: so viel bin ich ihm ungefähr schuldig, wenn es nicht mehr ist. Gott gebe, daß ihm die baare Wiederbezahlung dieser Schuld von Nutzen, von *wahrem* Nutzen sei! Ist Kietz ein vernünftiger Mensch, so weiß er was er thut: ich habe nun einmal die Ansicht, daß in Paris *nichts* aus ihm wird. Besprich Dich doch recht ernstlich mit ihm: allerdings weiß er, daß ich ihm, weil ich ihm dies Geld schicke, keine *Vorschriften* zu machen habe, denn er hat mir keine gemacht, als er mir das Geld borgte. Hoffentlich aber ist er für guten Rath noch nicht taub geworden. Nun, an ihn schreibe ich selbst ein paar Zeilen. –

100 FR. gehören Kietzen's Onkel, MR. Fechner: Kietz wird so gut sein, sie an ihn zu bezahlen. *40* FR. gehören meinem Schuster, die Kietz ebenfalls zu entrichten übernehmen wird. –

Richard Wagner an *Ernst Benedikt Kietz*   69.
Dresden, 26. Februar 1843

Du wirst wissen, daß ich Kapellmeister geworden bin, vorläufig mit 1500 Thr. – in den nächsten Jahren muß ich mehr bekommen. Ich zahle jetzt immer Schulden u. Schulden: wenn ich erst in die Ehren-Schulden komme, hat's gar kein Ende.

Richard Wagner an *Heinrich Schletter*   70.
Dresden, 17. Mai 1843

In der kurzen Zeit, seitdem meine äußere Lage begonnen hat, sich endlich zu meinem Vortheil zu gestalten, haben sich so viel alte Verpflichtungen gegen mich geltend gemacht, daß ich gestehen muß, wie ich jetzt für den Augenblick durch die Beseitigung des Wichtigsten und Unumgänglichsten völlig erschöpft bin. Wenn Sie daher die ausgezeichnete Güte haben würden, den auf mich bei Ihnen eingelaufenen Wechsel des Herrn Hafferberg aus Riga vorläufig einzulösen, und die somit verausgabte Summe zu derjenigen zu schlagen, für deren Empfang ich Ihnen von Paris her noch so sehr verpflichtet bin, so würden Sie mir dadurch für den Augenblick wirklich eine nicht unbedeutende Erleichterung verschaffen und Ihre Ansprüche auf meine Dankbarkeit in einem nicht geringen Grade mehren. Künftigen Herbst sehe ich mit Sicherheit Einnahmen entgegen, die es mir gewiß erlauben werden, Ihrer freundlichen Großmuth auch dadurch meinen Dank auszusprechen, daß ich Ihnen alle für mich gemachte Ausgaben mit wahrer Freude zurückerstatte.

71.

Heinrich Brockhaus, *Tagebuch*
Dresden, 20. Mai 1843

… mit Richard Wagner auf der Brühl'schen Terrasse gegessen, einen angenehmen Spaziergang nach dem Waldschlößchen gemacht und später lange bei Wagners. Da gab es viele Erinnerungen an Paris, an die Noth und Sorge, die Wagner erdulden mußte, wogegen die jetzige Ruhe und Behaglichkeit sehr angenehm absticht. Mich freut das Glück und die Zufriedenheit der Leute und ich sprach es gern gegen die Frau aus, daß sie sich in dem treuen Mitdulden, ohne doch eigentlich zu wissen, ob Richard jemals etwas Bedeutendes leisten werde, wahrhaft ehrenwert gezeigt habe. Das Entsagen in Paris mag bisweilen einen hohen Grad erreicht haben.

72.

Richard Wagner an *Breitkopf & Härtel*
Teplitz, 27. Juli 1843

Ihr Werthes vom 25 d.M. läßt mich ersehen, daß Sie meine Oper »der fliegende Holländer« wohl der – wie ich recht wohl weiß – bedeutenden Kosten der Herausgabe, nicht aber eines Honorares, wie Sie es für Opern schon oft gezahlt haben, für werth halten. So sehr mich dieß wundert, weil ich nicht begreifen kann, wie man ein größeres Kapital für eine Sache wagen kann, von der man noch nicht überzeugt ist, ob sie des Ankaufes werth sei, so vollkommen bestätigt es doch meine bisher gehegte traurige Meinung, daß eine, unter noch so günstigen Auspicien in's Leben getretene, deutsche Original-Oper einem deutschen Verleger doch kein so sicheres

Geschäft erscheint, als eine französische, sei sie auch – wie Charles VI von Halévy – unter den zweideutigsten Anzeigen zu Tage gekommen. Da ich bei Ihnen, den Eigenthümern der ehrenwerthesten u. reichsten Musikhandlung Deutschland's, diese meine Befürchtung bestätigt sehe, nehme ich dies für ein Zeichen, daß es für mich gerathener sein wird, mit anderweitigen Anbietungen meiner Oper für jetzt noch zurückzuhalten, u. ich nehme mir die Freiheit Ihnen somit anzuzeigen, daß ich dieselbe nirgends weiter zum Verlag anbieten werde, sondern ruhig abwarten will, bis ein weiterer Erfolg derselben auf den Theatern Ihnen eine günstigere Meinung von ihrem Werthe für den Verlag erweckt haben wird. Jedenfalls aber bin ich gesonnen, diese Oper entweder nie, oder nur gegen ein gutes Honorar einem Verleger zu überlassen, da mir – abgesehen von allem Uebrigen – der Gedanke widerwärtig sein müßte, einem Verleger die bedeutenden Kosten der Herausgabe zu verursachen, ohne daß er den Glauben habe, ein gutes u. ehrenvolles Geschäft zu machen, was er nur dadurch beweisen kann, daß er auch den Autor nach Kräften honorirt.

Richard Wagner an *Anton Pusinelli*   73.
Schönau bei Teplitz, 1. August 1843

Breitkopf u. Härtel haben mir für's Nächste gemeldet, daß, so erfreut sie auf meine Verlags-Anerbieten des flieg. Holländers eingegangen wären, sie nach Kenntnißnahme meiner Bedingungen – ich habe 1000 Thaler (INCLUSIVE den Flügel) gefordert, vorläufig darauf verzichteten. Ich habe ihnen erwidert, daß es mir unbegreiflich erscheine, wie man bereit sein könne, ein nicht unbedeutendes Kapital für eine Unternehmung zu wagen, für welche man den hergebrachten u. von Br. u. Härtel oft schon gezahlten Kaufpreis scheue; – bis ihnen daher dieser – oder später vielleicht ein noch höhrer Preis genehm erscheinen würde, sollte ihnen mein Anerbieten nicht erneuert werden. Und so ist es auch mein fester Beschluß, in dessen Festhaltung ich glücklicher Weise durch meine sichre Stellung unterstützt werde, da ich vermöge eines kleinen Opfers mich in Stand setzen kann, ruhig u. ohne mir etwas zu versagen, abzuwarten, bis ich meine Opern nicht mehr zu verschleudern nöthig habe.

74. Marie Schmole, *Erinnerungen* (1895/96)
(über Richard Wagners Dresdner Jahre)

Pusinelli hatte Richard die Mittel gegeben, die Wohnung in der Ostra-Allee seiner Stellung entsprechend einzurichten. Auch später war [er] sein großmüthiger Retter aus manchen der zahlreichen Drangsale, unter denen Richard's Leben leider so oft gelitten. P. war ein durchaus edler, feinsinniger Mann, der Wagner bis zum letzten Athemzuge ein treuer Freund blieb und seine Familie selbst wol nie klar sehen ließ *wie viel* er dieser Freundschaft geopfert hatte. Spricht so viel Opfermuth und Treue nicht auch unleugbar für den Mann, dem sie gewidmet wurden?

Richard Wagner, *Mein Leben* (1865-1880)
(Bericht über die Dresdner Jahre)

Hier ging es nun an die Niederlassung, an die Herrichtung und Einrichtung einer geräumigen, hübsch gelegenen Wohnung an der *Ostra-Allee* mit der Aussicht auf den *Zwinger*. Alles wurde gründlich und gut angeschafft, wie es sich gehörte, wenn ein dreißigjähriger Mensch sich für sein ganzes Leben endlich dauernd ansiedelt. Da ich von keiner Seite her irgendwelche Entschädigung hierfür erhielt, hatte ich natürlich die nötigen Fonds nur gegen Zinsen aufzunehmen; noch stand ja eigentlich die wahre Ausbeute meines Dresdener Opernerfolges in Aussicht: was war natürlicher, als daß ich alles bald reichlich einbringen würde? Drei Hauptstücke machten mir meine schmucke Kapellmeisterwohnung vor allem wert: ein *Breitkopf-* und *Härtel*scher Konzertflügel, den ich mit Stolz mir als Eigentum zu gewinnen verstand; dann über einem stattlichen Schreibpult, welches jetzt im Besitz des Kammermusikers *Otto Kummer* ist, das *Cornelius*sche Titelblatt zu den Nibelungen in einem schönen gotischen Rahmen – das einzige Stück, welches sich bis auf den heutigen Tag treu mir erhalten hat; vor allem aber ward mein Haus mir innig heimisch durch eine Bibliothek, welche ich sofort, nach dem Plane der mir vorgesetzten Studien durchaus systematisch verfahrend, auf einmal mir anschaffte. Diese Bibliothek ging bei dem Zusammensturz meiner Dresdener Existenz auf sonderbare Weise in den Besitz des Herrn *Heinrich Brockhaus* über, welchem ich um jene Zeit 500 Taler schuldete und der sie für diese Forderung, von welcher meine Frau keine Ahnung hatte, ohne ihr Wissen pfändete, und nie wurde es mir möglich, diese charakteristische Sammlung von ihm zurückzugewinnen.

76. Richard Wagner an *Gottfried Engelbert Anders*
Dresden, 30. August 1843

Allein mit der Geld-Einnahme geht es langsam vorwärts. Glücklicher Weise erlaubt es mir nun meine sichere u. gute Anstellung ruhig abwarten zu können, bis der günstigste Zeitpunkt erscheint, um meine Opern so theuer wie möglich an einen Verleger zu verkaufen; viele Anerbietungen habe ich deshalb schon zurückgewiesen, weil mir immer noch kein gutes Honorar geboten wurde. Da ich mich nun aber doch hier häuslich einrichten muß, so habe ich mir jetzt Geld aufgenommen, u. durch diesen Schritt wird es mir auch jetzt zuerst möglich, etwas für Dich – mein armer Freund – zu erübrigen! Mögest Du daraus wenigstens den guten Willen erkennen u. versichert sein, daß ich auf diese Weise stets fortfahren werde, Dir ab u. zu etwas Erübrigtes zukommen zu lassen. Nehme ich erst mit der Zeit mehr ein, so wird es auch mehr für Dich werden.

77. Richard Wagner an *Ernst Benedikt Kietz*
Dresden, 18. Dezember 1844

... verzeihe mir, daß ich Dir erst so spät Dein Geld schicke! Ich habe Dir den Vorwurf zu machen, daß Du mir nicht sogleich damals, als ich Dir die 600 fr. schickte, eine Abrechnung zukommen ließest. Ich hatte mir nie etwas aufgeschrieben u. wußte in der That nicht, wie viel ich Dir eigentlich schuldete: Du hättest mich schnell darüber in Gewißheit setzen sollen. Als Du es jetzt gethan, muß ich offen gestehen, daß ich nicht sogleich im Stande war, Dir das Geld schicken zu können: ich bin im Ganzen jetzt nur auf meinen Gehalt beschränkt, was meine finanziellen Zustände um so empfindlicher berührt, als ich mir bei meinem bisherigen Ausgabe-Etat allerdings – und wie es mir erlaubt schien anzunehmen – nicht ungerechte Erwartungen auf schnellere u. größere Extra-Einnahmen gemacht hatte. [...] Nun kommt dazu, daß ich meine Opern an den Verleger auf eine Weise verkauft habe, die, wenn sie mir für die Zukunft einen unverhältnißmäßig größeren Gewinn, als bei dem gewöhnlichen Verkaufsverfahren bietet, mir für den Augenblick doch gar nichts einbringt. Ich kann daraus erst von 1846 an – allerdings aber von jeder *Ostermesse* auf bedeutenden Gewinn rechnen.

Richard Wagner, *Mein Leben* (1865-1880)   78.
(Bericht über die Dresdner Jahre)

Diese Vorkehrungen für eine schnelle Verbreitung des »Tannhäuser« zielten auf einen Erfolg, der durch die Nötigungen meiner Lage mir immer erstrebenswerter erscheinen mußte. Im Verlauf eines Jahres seit dem Beginn des Unternehmens der Selbstherausgabe meiner Opern war hierfür bereits viel geschehen; den vollständigen Klavierauszug des »Rienzi« hatte ich schon im September des verflossenen Jahres 1844 in einem kostbar ausgestatteten Widmungs-Exemplar dem Könige von Sachsen überreicht; auch der »Fliegende Holländer« war fertig geworden; zweihändige und vierhändige Klavierauszüge von »Rienzi« sowie die einzelnen Gesangsnummern aus beiden Opern waren ebenfalls erschienen oder in der Veröffentlichung begriffen; hierzu hatte ich nun noch die Partituren dieser beiden Opern durch sogenannten autographischen Umdruck (jedoch nach der Handschrift eines Kopisten) in je

25 Exemplaren vervielfältigen lassen. Vermehrte diese neue starke Ausgabe meine Kosten auch in sehr bedeutendem Maße, so schien mir doch der Versuch, durch Zusendung meiner Partituren die Theater zur Aufführung meiner Opern anzuregen, jetzt unerläßlich, da die kostbare Herausgabe der Klavierauszüge sich nur rentieren konnte, wenn endlich die gewünschte Verbreitung auf den Theatern durchgesetzt würde. Ich versandte nun an die bedeutendsten Theater zunächst die Partitur des »Rienzi«: von einem jeden erhielt ich sie zurückgeschickt, von dem Münchener Hoftheater sogar unausgepackt. Ich wußte genug und ersparte mir nun die Kosten des Versuchs mit einer Versendung des »Holländers«. Geschäftlich spekulativ betrachtet stand die Sache demnach so, daß der verhoffte Erfolg des »Tannhäuser« auch jene früheren Opern mit nach sich ziehen sollte; auch der würdige Hofmusikalienhändler *Meser*, mein wunderlicher, bereits ziemlich bedenklich gewordener Kommissionär, mußte notgedrungen auf diese Ansicht verfallen. Die Herausgabe des Klavierauszuges des »Tannhäusers«, den ich diesmal selbst verfertigte, während mir *Röckel* den des »Fliegenden Holländers«, ein gewisser *Klink* den des »Rienzi« verfaßt hatte, ward demnach sofort in Angriff genommen.

79.   Richard Wagner an *Gottfried Engelbert Anders*
Dresden, 15. Dezember 1845

Mein alter, guter, treuer Anders,
es ist mir recht peinlich, Dir von vornherein aufrichtig versichern zu müssen, daß ich Dir heute nur auf eine äußere Veranlassung hin schreibe. Glaube deshalb aber ja nicht, daß ich Dich nur irgendwie vergessen hätte! Im Gegentheile ist mir Dein Andenken immer – leider aber fast immer nur schmerzlich gegenwärtig! Schmerzlich

– weil mir das Glück immer noch versagt, Dir wie überhaupt meinen entfernten Freunden nützen zu können. Daß ich diesen Punkt sogleich mit größter Aufrichtigkeit berühre, so sage ich Dir – ich bin immer noch ohne Geld, u. kämpfe täglich noch mit Sorgen der peinlichsten Art, u. zwar jetzt mehr als vor einigen Jahren, weil ich in dieser Zeit zu der traurigen Ueberzeugung habe gelangen müssen, wie nachhaltlos Erfolge in Deutschland sind, u. wie unmöglich es ist, in Deutschland etwas mit Sturm zu erobern. Meine Richtung für die deutsche Oper ist zu neu, der großen Masse zu unerwartet, als daß sie schnell sich überall hin Bahn brechen könnte. Bei meinem ersten Auftreten mit dem »Rienzi« jubelte mir Alles zu, – aber das Wesentlichste, was ich erlangte, glaube mir, war meine Anstellung, denn ohne sie wäre ich jetzt schlimmer daran als selbst in Paris. Im ersten Jahre nahm ich 1200 Thaler mit meinen Opern ein, in den zwei darauf folgenden fast keinen Groschen. Je mehr ich nun aber meine selbstständige, immer mehr von dem gemeinen Trott abrückende Richtung verfolge: um so mehr staunt mich die Masse an, versteht u. liebt mich schwärmerisch der einzelne Gute u. Edle, verlästert u. verketzert mich der triviale oder böswillige, Anstellung-neidische Rezensenten-Haufe, – umsomehr aber endlich scheint es auch unsren stupiden Theater-Directoren bedenklich, sich mit meinen schwierigen Arbeiten einzulassen. Kurz, ohne dies in anmaßenden Sinne auszusprechen, ich gehe ganz den Weg u. meine Werke u. ihr Verständnis nehmen ganz den Gang, den jeder eigenthümliche Dichter u. Künstler in Deutschland genommen hat: den der *langsamen allgemeinen* Anerkennung. Ich bin in der letzten Zeit ganz auf meinen Gehalt reduzirt, was bei den vielen u. bedeutenden Auslagen für meine Werke, bei den immer noch nicht gänzlich getilgten Schulden aus meiner Vergangenheit mich leider immer noch in die Nothwendigkeit, zu borgen u. neue Schulden zu machen, versetzt. Mein einziger Trost für die Zukunft ist nun, daß ich mir den mit der Zeit zu erwartenden Gewinn aus dem Verlag meiner Werke durch einen Contract mit meinem Verleger gesichert habe, auf welche Weise ich allerdings für *jetzt* noch gar nichts davon habe. Aus dieser Darlegung erhelle Dir, wie es mich bisher immer geschmerzt haben muß, in meinen kleinen Unterstützungen gegen

Dich nicht haben fortfahren zu können! – *Kietz* hat mir vor einiger Zeit um Geld geschrieben, ich nehme, um ihn zu befriedigen, Geld auf, u. werde ihm davon schicken, sobald ich es habe.

80. Richard Wagner, *Mein Leben* (1865-1880)
(Bericht über die Dresdner Jahre)

Mein Kommissionär, der Schein-Verleger meiner nun veröffentlichten drei Opern »Rienzi«, »Fliegender Holländer« und »Tannhäuser«, der sehr sonderbare Hofmusikalienhändler *C.F. Meser*, lud mich eines Tages zur Besprechung unserer Comptoir-Angelegenheiten in die Weinstube von »Verderber«; mit großer Bangigkeit besprachen wir die Möglichkeiten eines erträglichen oder auch ganz schlechten Ausfalls der bevorstehenden Ostermesse. Ich machte ihm Mut und verlangte eine Flasche des besten Haut-Sauterne; ein ehrwürdiger Flakon erschien, ich schenkte die Gläser voll, wir stießen auf den guten Ausfall der Messe an, tranken und – schrien plötzlich wie wahnsinnig auf, indem wir den stärksten Estragon-Essig, den man uns aus Versehen serviert, mit Entsetzen von uns zu sprudeln suchten. »Herr Gott!« rief *Meser*, »das konnte nicht schlimmer kommen.« – »Allerdings«, sagte ich, »ich glaube, es wird uns manches zu Essig werden.« Mein guter Humor zeigte mir nun mit Blitzesschnelle an, daß ich auf anderm Wege als dem der Meßgeschäfte mich zu retten versuchen müßte.

Nicht nur die mit stets sich anhäufenden Opfern herbeigeschafften Kapitalien für die kostbare Herausgabe meiner Opern mußten endlich wiedererstattet werden, sondern das Gerücht von meiner Verschuldung hatte sich, weil ich genötigt war, endlich zur Hilfe von Wucherern zu greifen, so stark verbreitet, daß selbst Befreundete, die mir schon bei meiner Dresdener Niederlassung behilflich gewesen waren, von großer Ängstlichkeit in meinem Bezug ergriffen wurden.

Du forderst mich auf, gegen das Stadtgerede, das sich jetzt mit so
unerhörter Geschäftigkeit meiner annimmt, etwas zu thun. Jean
Paul traf einmal mit Goethe zusammen, und Beide unterhielten
sich von den unverschämten und schadensüchtigen Gerüchten, die
sich zu verschiedenen Zeiten über sie verbreitet hätten; Jean Paul
äußerte, er werde nichts gegen derlei Redereien thun, oder mindestens erst abwarten, bis man behaupte, er habe silberne Löffel
gestohlen; Goethe sagte, er würde auch dann noch nichts thun.
Wenn ich nun einem Manne wie Goethe leider in nichts gleichen
kann, so laß mich es ihm doch darin gleich thun, daß ich einem
ekelhaften Stadtgerede, das, je alberner und höher es sich steigert,
in seiner Haltlosigkeit desto eher auch wieder zurücksinken muß,
nur die gründlichste Verachtung entgegensetze. Nach dem, was Du
mir gestern mittheiltest, scheint in Wahrheit nun kein Aeußerstes
mehr zu erfinden übrig, und nehmen wir an, daß, wenn sich nun
die Leute nicht doch weismachen wollen, ich habe mich erschos-
sen oder in's Wasser gestürzt, dieser Stadtklatsch jetzt bald sein
Ende erreicht haben müsse. Schon jetzt bin ich durch die Erfahrung der unermüdlichen Theilnahme gerührt, die meiner geringen
Person gezollt wird, zumal wenn es sich um die Erfindung, Uebertreibung und Verbreitung von Gerüchten handelt, die mir unter
Umständen wohl zum Schaden gereichen dürften. Glaubst Du,
daß es mir unnachtheilig sein könnte, wenn diese Gesinnung meinen Freunden bekannt würde, so kannst Du nach Deinem Belieben diese Zeilen im »Anzeiger« abdrucken lassen.

Richard Wagner, *Mein Leben* (1865-1880)
(Bericht über das Jahr 1846)

Eine wirklich traurige Erfahrung machte ich jetzt an Frau *Schröder-Devrient*, welche durch ihr unbegreiflich rücksichtsloses Benehmen die Katastrophe über mich herbeiführte. Wie ich erwähnt, hatte sie im ersten Beginn meiner Dresdener Ansiedelung zur Erledigung meiner früheren Schulden, namentlich auch zur Versorgung meines alten Freundes *Kietz* in Paris, mir 1000 Taler geliehen. Die Eifersucht auf meine Nichte *Johanna*, der Argwohn, ich hätte diese nach Dresden gezogen, um der Generaldirektion die Entlassung der großen Künstlerin zu erleichtern, hatte diese sonst so großherzige Frau in die ganz gewöhnliche feindselige Stimmung gegen mich versetzt, welche man beim Theater so oft erfährt. Sie hatte jetzt ihr Engagement verlassen, erklärte offen, ich hätte sie daraus mit vertreiben helfen, und alle freundschaftlichen Rücksichten gegen mich, dem sie in jeder Hinsicht das vollständigste Unrecht tat, beiseite setzend, hinterließ sie den von mir ihr zugestellten Schuldschein einem energischen Advokaten, welcher ohne weiteres die Forderung gegen mich einklagte. Somit war ich nun genötigt, mich Herrn *von Lüttichau* zu entdecken und seine Vermittelung eines königlichen Vorschusses zur Bereinigung meiner kompromittierten Lage anzugehen.

Mein Chef erklärte sich bereit, eine von mir in dieser Angelegenheit an den König gerichtete Eingabe zu unterstützen. Ich hatte deshalb den Betrag meiner Verpflichtungen aufzuzeichnen; da mir sogleich eröffnet wurde, daß die mir nötige Summe nur als ein Darlehen aus dem Theaterpensionsfonds gegen Verzinsung mit fünf Prozent mir zugewiesen werden könne und ich außerdem den Pensionsfonds für sein Kapital durch eine Lebensversicherungs-Police, welche ebenfalls jährlich drei Prozent des aufgenommenen Kapitals mich zu kosten hatte, sicherzustellen haben würde, ward ich durch sehr natürliche Rücksichten verführt, diejenigen meiner Schulden, welche keinen feindseligen Charakter hatten und für deren Tilgung ich demnach auf die endlich doch zu erwartenden

Einnahmen von meinem Verlagsunternehmen rechnen zu dürfen glaubte, in meiner Eingabe unerwähnt zu lassen. Dennoch stiegen die Opfer, mit welchen ich die mir dargebotene Hilfeleistung zu bezahlen hatte, so hoch, daß dadurch mein an und für sich geringes Kapellmeistergehalt dauernd in sehr empfindlicher Weise geschmälert wurde.

Richard Wagner, *Annalen* (Februar 1868)   83.
(*Über das Jahr 1846*)

Ostern. – Eingabe an d. König v. S. – Lüttichau befürwortet. Vorschuss aus dem Theaterpensionsfond (mit 5000 Thr.) zu 4 procent, gegen Lebensversicherung. Letztere mit grosser Noth zu verschaffen. Meine Gesundheit bezweifelt. Pusinelli's Attest. Deshalb nach Leipzig. Sehr gequält. Abschluss: habe jährlich 300 Thr. nur für Zinsen u. Versicherung zu zahlen, welche stets sogleich vom Gehalt zurückgehalten werden: beziehe demnach nur noch 1200 Thr., und bleibe die 5000 Thr. schuldig. – [...]

August zurück nach Dresden. Trübsal: nicht vollständig gelöste Schuldenfrage; Opernverlag fordert immer noch Opfer: muss mir von Neuem zu helfen suchen.

84.
Richard Wagner an *Alwine Frommann*
Dresden, 9. Oktober 1846

Will mir *Meyerbeer* nutzen, so soll er machen daß er Operndirec-
tor von Berlin wird; außerdem könnte er mir auch Tausend Thaler
borgen, für die ich ihm gern 4-5 procent Zinsen zahle.

85.
Giacomo Meyerbeer, *Tagebuch*
26. November 1846

An [. . .] Richard Wagner (das Darlehen von 1200 Talern, welches
er verlangte, abgeschlagen) [. . .] geschrieben.

86.
August von Lüttichau
Stellungnahme zu Wagners Gesuch an den
König von Sachsen um eine Gehaltserhöhung
Dresden, 8. Februar 1848

Wagner hat sich leider durch seinen früheren Aufenthalt in Paris
eine so leichte Ansicht der Lebensverhältnisse angeeignet, daß er
wohl nur durch so ernste Erfahrungen, wie er sie jetzt in seiner
bedrängten Lage macht, davon geheilt werden kann, wenn er über-

haupt noch aus derselben sich zu retten vermag. Das Glück, welches ihm hier durch die Anstellung als Kapellmeister mit 1500 Taler Gehalt zuteil wurde, verstand er nicht zu würdigen, und die von vielen Seiten ihm gewordenen, zum Teil übertriebenen Lobpreisungen über sein Talent und Kompositionen bestärkten ihn nur noch mehr in seinen überspannten Ideen, so daß er sich eben so große Erfolge und Gewinne von seinen Opern vorspiegelt, wie dem Meyerbeer und andern Komponisten in Paris und London allerdings zuteil ward, was aber auf die Verhältnisse in Deutschland nicht anzuwenden ist. Durch eine kostspieligere Einrichtung, als er sie wohl nötig gehabt, geriet er gleich anfangs hier in Schulden, und der Wahn, den Gewinn bei dem Verlegen seiner Kompositionen nicht dem Buchhändler zu überlassen, sondern sich selbst zuzuwenden, verleitete ihn, deren Verlag auf eigene Gefahr und Kosten zu unternehmen, wodurch er, da der Absatz nicht vonstatten ging und die Anlagen bar bestritten werden mußten, schon damals in die größte Verlegenheit geriet. Noch hoffte er großen Gewinn von der Aufführung seines *Rienzi* vorigen Herbst in *Berlin*; seitdem dies auch mißglückte, sieht er sich in der bedrängtesten Lage, die ihm den Mut gegeben, sich unmittelbar an E.K. Majestät zu wenden und um eine Gehaltserhöhung von 500 Tlr. zu bitten.

Auf die Frage nun, ob seine Erhaltung hier von so großem Wert, ihm so außerordentlichen Zuschuß zufließen zu lassen, muß ich allerdings gestehen, daß dies mit dem, was er bisher im allgemeinen geleistet hat, wohl nicht im Verhältnis zu stehen scheint... E.K. Majestät allerhöchster Gnade allein kann es daher nun anheimgestellt werden, ob und inwiefern sein alleruntertänigstes Gesuch ihm gewährt werden können, in welchem Falle ich es wage, allerunvorgreiflichst in Antrag zu bringen, dem Kapellmeister Wagner zu Erfüllung der von ihm erbetenen Summe 300 Tlr., jedoch *nicht* als Gehaltszulage, die ihn außerdem dem Kapellmeister Reißiger, der viel längere Zeit dient, im Gehalt gleichstellen würde, sondern nur als Gratifikation zu Regulierung seiner Schulden [zu gewähren] [...] ihm überhaupt aber sofortige gänzliche Entlassung anzudrohen sein dürfte, wenn er sich dann von neuem in Geldverlegenheiten stürzt oder die jetzigen nicht zu regulieren sein sollten, in welchem schlimmsten Falle allerdings nichts übrig bleiben würde, als seine Stelle einzuziehen.

87. Richard Wagner an *Franz Liszt*
Dresden, 23. Juni 1848

Vortrefflichster Freund!
Sie sagten mir kürzlich, daß Sie für einige Zeit Ihr Piano zugeschlossen hätten: ich nehme nun an, daß Sie für's nächste Bankier geworden sind. Mir geht es schlecht, und wie ein Blitz kommt mir der Gedanke, daß Sie mir helfen könnten. – Die Herausgabe meiner drei Opern ist von mir selbst übernommen worden: das Kapital dazu habe ich mir einzeln zusammengeborgt: jetzt ist mir alles gekündigt, ich kann keine Woche mehr bestehen, denn jeder Versuch, das mir eigentümliche Geschäft, selbst für die baren Ausgaben bloß, zu verkaufen, ist in der gegenwärtigen schwierigen Zeit ohne Erfolg geblieben. Aus mehreren hinzutretenden Motiven wird mir die Sache sehr gefährlich: ich frage mich heimlich, was aus mir werden soll. Die Summe, um die es sich handelt, ist Fünftausend Taler: nach Abzug des bereits daraus Gewonnenen und mit Verzicht auf Honorar ist dies das in den Verlag meiner Opern verwendete Geld. – Können Sie das Geld schaffen? Haben Sie es, oder hat es jemand, der es Ihnen zu Liebe hergebe? Wäre es nicht sehr interessant, wenn Sie der Verlags-Eigentümer meiner Opern würden? Freund *Meser* würde das Geschäft auf Ihre Rechnung so redlich fortführen wie auf die meinige: Ein Advokat würde die Sache in Ordnung bringen. Und wissen Sie, was daraus erfolgen würde? Ich würde wieder ein *Mensch* werden, ein Mensch, dem die Existenz möglich geworden ist, – ein Künstler, der nie in seinem Leben wieder nach einem Groschen Geld fragen, und nur froh

und freudig arbeiten würde. Lieber Liszt, mit diesem Gelde kaufen Sie mich von der Sklaverei los! Dünke ich als Leibeigener Ihnen so viel wert?

Franz Liszt an *Richard Wagner*   88.
Weimar, 4. Juli 1848

Gestern abend schrieb ich an Herrn von Villen, um ihn zu bitten, er möchte sich mit Ihnen, Ihren Advocaten und Herrn Meser über die Sachlage des Partiturengeschäfts [zu] besprechen und verständigen – und dann mir eine positive precise Antwort mit[zu]teilen.

Nach Dresden ist es mir jetzt nicht möglich zu kommen; Gott gebe aber, daß sich der Standpunkt Ihrer Verhältnisse derartig herausstellt, daß es mir gewährt sei, Ihnen meine geringen, sehr geschwächten Dienste anzubieten ...

Eduard Devrient, *Tagebuch*   89.
Dresden, 23. Juli 1848

Besuch von Kapellmeister Wagner. Er zeigte mir seine trostlose Geldverwicklung; ich sehe nur den Ausweg einer offenen Insolvenzerklärung.

Richard Wagner an *Anton Pusinelli*
Dresden, 29. Juli 1848

Bester Freund, ich stehe jetzt da, wo ich meine Lage auf eine ent-
scheidende Weise ändern muß: schlimm ist es, daß dieser äußerste
Zeitpunkt gerade jetzt eintreten mußte, wo alle äußeren Verhält-
nisse sich zur höchsten Ungunst vereinigen. Durch beständiges
Ausborgen u. Hinhalten gerathe ich nur tiefer in Verschuldung, u.
Zeit ist es daher jetzt eine Anordnung zu trefen, wo ich noch die
Möglichkeit vor mir sehe, durch Entsagung u. äußerste Beschrän-
kung die Schuld u. den Irrthum meiner letztvergangenen 15
Lebensjahre zu sühnen.

Bei jeder projektirten Uebereinkunft mit meinen Gläubigern
hatte ich mir stillschweigend das mir gehörige Verlagsgeschäft meiner 3 Opern zu Deiner einstigen befriedigung vorbehalten, that
dessen auch keine Erwähnung als ich daran ging die befriedigung
meiner übrigen Gläubiger durch Gehaltsabtretungen veranstalten
zu lassen. Mein Anwalt, der Steuerprokurator Fleck fand eine
anständige Auseinandersetzung mit meinen Gläubigern nicht
möglich, sobald nicht ein Capital aufgetrieben würde welches dazu
hinreiche, die einzelnen wenigen hoch sich belaufenden, dabei
aber drängenderen Schuldposten sogleich zu tilgen. Die Zeitum-
stände machten es unmöglich, solch ein Capital zu finden: die
Möglichkeit einen Käufer für mein Geschäft zu finden, welcher
die Kaufsumme baar stelle, erschien nun als das wünschenswertheste. Ueber den Kaufpreis selbst soll nach Billigkeit u. Umständen
entschieden werden: von Honorar natürlich ist nicht die Rede;
demnach wäre mir dadurch gründlich u. für alle Zeiten geholfen,
weil dann ein Arrangement mit meinen Gläubigern möglich
würde, welches anständig wäre u. mir zugleich die Mittel des Fort-
bestehens gestattete. Je mehr ich es mir überlege, überzeuge ich
mich, daß nur Du, bester Freund, dieser Käufer sein kannst u.
darfst. In dem Verlagseigenthum meiner Werke beruhen meine
einzigen wahrhaft begründeten Hoffnungen für die Zukunft: in
ihm liegt der Quell einstiger Einkünfte, u. diesen kann ich bei mei-

ner großen verpflichtung gegen Dich keinem Fremden überlassen, denn in ihm beruht ja auch zugleich meine einzige Aussicht, Dich befriedigen zu können.

Hier (– auch Fleck ist vollkommen der Meinung –) begegnen sich unsere beiderseitigen Interessen: erwirbst Du Dir mein Geschäft, so sicherst Du Dir somit auch die einzige gültige Gewährleistung für allmälige Wiedererlangung des mir Geliehenen. Schlössest Du den Kauf in der Art mit mir an, daß wir von der gestellten Kaufsumme sogleich 2000 rh. abzögen, welche Du mir zu dem Geschäft vorgeschossen, so käme es nur darauf an, daß Du mit der Zeit an diesem Geschäfte diejenige Summe verdientest, die ich Dir außerdem noch schulde, und hierzu gehört ein gutes Vertrauen zu dem Werthe meiner Arbeiten, das ich allerdings bei irgend einem gleichgültigen Kaufmanne nicht beanspruchen kann, wohl aber von einem Freunde, dessen innere Stimme, dessen Glauben an eine bessere meinen Werken bestimmte Zukunft ich in Anschlag bringen darf. Dein Gewissen, Deine Sympathien für meine Geistesschöpfungen kann hier allein entscheiden: vielleicht entscheidet äußerlich in der nächsten Zukunft schon Wien, wo ich meinen Rienzi baldigst aufzuführen gedenke. Durch diesen Kauf würdest Du aber auch Deinen Vermögensverhältnissen beruhigter gegenüber stehen, denn durch ihn kämest Du zu Deiner Sicherung in einen *Besitz*, den selbst mein plötzlicher Tod Dir nicht entreißt, während jetzt alle Gewährleistung in meinem *Leben* beruht.

Diesen Kauf und mein ganzes Schuldverhältnis zu Dir zugleich zu regeln würde Sache des Anwaltes sein; ich ersuche Dich daher dringend, morgen, Sonntag Vormittag Hrn. Fleck zu besuchen, um Dich ausführlicher mit ihm zu besprechen. Entschlössest Du Dich, so wärest Du vom geschäftlichen Standpunkte aus der Schütze, der den zweiten Pfeil dahin abschießt, wo er dadurch den ersten wiederfindet, – vom rein menschlichen Standpunkte aus aber erlöstest Du mich für immer von der Marter, die mir die herrlichsten Tage, Monate u. Jahre für das Schaffen meines Geistes raubt: und nur das will ich ja retten, meinem sonstigen Wohlergehen gilt es nicht, denn gern und freudig weihe ich mich um jenen höchsten Preis, Geistesruhe, dem entsagungsvollsten Leben für immerdar.

Anton Pusinelli an
Richard Wagners Anwalt Fleck
Dresden, 1. August 1848

...nach sorgfältiger Prüfung des mir von Wagner gemachten Antrages muß ich mich dahin erklären, daß ich auf denselben durchaus nicht eingehen kann. Es würde von mir, wie ich nach Mesers Forderungen vermuthe, noch wenigstens 3000 rh. nachzuzahlen sein. Dazu meine Forderung an Wagner an Capital u Zinsen (zwischen 5600-5800 rh) giebt eine ungefähre Sume von 9000 rh. Ich bin zu wenig Kenner, um beurtheilen zu können, welchen Werth – kaufmännisch betrachtet – den vorhandenen Vorräthen an Noten, Stimmen, Platten usw. inne wohnt; aber ich sollte doch meinen daß obige Kaufsumme eine ganz enorme wäre. Wenn W.– seine Opern jetzt verkauft (u nach diesen Maßstabe muß ich mich richten) so würde er kaum mehr als 3000 rh. erhalten. Gäbe ich diese Summe, so habe ich für meine Forderungen auch nicht die mindeste Deckung, bin vielmehr den übrigen Gläubigern gegenüber im auffallendsten u ungerechtesten Nachtheile. Nur erst wenn meine Forderungen ganz oder wenigstens zum größten Theile bei dem Arrangement berücksichtigt wären, könnte ich ein solches Geschäft allenfalls wagen, aber auch nur, wenn die Kaufsumme eine viel geringere wäre. Die Verhältnisse sind jetzt überhaupt von der Art, daß ich ein solches Unternehmen gar nicht wagen darf u kann. Es würde mir fast unmöglich werden, das Geld aufzutreiben u nur entweder zu enormen Zinsen od. gegen Agioverlust beim Verkauf von Papieren von wenigstens 15% wodurch für mich der Kauf der W.–schen Werke wieder um fast 500 rh. theurer würde. Ich müßte dazu ferner das Vermögen meiner Frau verwenden, was ich bei einem so unsicheren Unternehmen nicht verantworten kann u nicht verantworten will. Ich würde mir dadurch übrigens auf eine leichtsinnige Weise die Hände binden, denn an eine Zurückziehung des Capitals wäre gar nicht mehr zu denken u mein ganzer Vortheil würde im günstigen Falle darin bestehen, leidliche Zinsen zu erlangen. Nun will ich aber lieber geringe Zinsen u ein sicheres Capitel als das Umgekehrte haben, wie jeder verständige Mann billigen wird. Meine Freundschaft für W., meine hohe Achtung vor seinem Talente, meine Begeisterung für seine Kunst darf mich nicht verführen, noch weitere ungerechtfertigte Schritte zu thun. Daß ich zu Opfern, zu großen Opfern bereit bin, habe ich bewiesen, weiter aber zu gehen, verbietet mir mein Gewissen u. ich bin fest entschlossen, auf das Kaufprojekt unter keiner Bedingung einzugehen. *Ich beanspruche vielmehr gleiche Rechte, wie die übrigen Gläubiger Wagners.* Mag ich dabei viel, sehr viel verlieren – ich werde mich zu trösten wissen mit der Ueberzeugung, daß ich für ein Ideal geschwärmt u. eine Schwärmerei, eine edle Schwärmerei theuer bezahle; ich werde das nie bereuen, u deshalb von W. nicht schlechter denken als bisher, aber mehr zu opfern wäre unsinnig, wäre ein Vergehen an meiner Familie, an dem mir anvertrauten Gute. Eigentlich gehören die Wagnerschen Verlagswerke mir schon zu. Er versprach sie mir als Deckung für meine ihm gemachten Darlehen. Er hat diese Sicherstellung meiner versäumt – ich war zu zartfühlend, sie zu verlangen. Jetzt trete ich mit diesen Ansprüchen zurück zu Gunsten Wagners, damit er über seinen Besitz – seine Werke – zu seinem Vortheil verfügen kann.

Richard Wagner an *Anton Pusinelli*   92.
Dresden, 2. August 1848

Werther Freund, erst nachdem ich meinen gestrigen Brief an Dich abgeschickt, traf ich bei meiner Nachhausekunft Deine Zeilen, in denen Du mich bittest, nicht persönlich mit Dir über meine Angelegenheit verkehren zu wollen. Es hat mir vieles u. Bitteres zu bedenken gegeben: Du würdest es vielleicht – aufrichtig gesagt! –

nicht fassen, was ich in diesem Wunsche persönlichen Fernhaltens erkenne. Ich sehe darin nicht etwa eine Aenderung Deiner Gesinnungen gerade gegen *mich*, wohl aber eine neue Bestätigung meiner Ansichten über die verderblichen Einwirkungen des Geldes u. die damit verknüpften niedren Sorgen auf das menschliche Gemüth: nicht das rein Menschliche leitet uns, je höher wir das Göttliche in uns erkennen, je größer wird unsere Befangenheit, eher zu Gunsten eines anderen, niedrigeren, leider aber herrschenden Prinzipes weichen zu müssen: wir weichen ihm daher lieber mit Bewußtsein, mit Kenntnis seiner höheren Gewalt aus. – [. . .]

Nun sei aber auch versichert, daß ich Deine große mir bisher erwiesene Freundschaft wahrlich nicht verkenne, u. daß ich Dir darum Zeit meines Lebens verpflichtet bleiben werde.

93.   Richard Wagner, *Mein Leben* (1865-1880)
(Bericht über das Jahr 1848)

Nach Dresden zurückgekehrt, streckte ich mich so gut es ging nach meiner Decke und griff, da jedes andere Mittel mir zu helfen versagte, zu der Auskunft, meinen noch übrigen, in Wahrheit befreundeten Gläubigern in einem gemeinschaftlich an sie gerichteten Schreiben meine Lage aufrichtig mitzuteilen und sie zu bedeuten, auf unbestimmte Zeit von ihren Forderungen abzustehen, bis einmal die Wendung einträte, ohne welche ich allerdings nie in den Stand gelangen könnte, sie zu befriedigen. Jedenfalls würden sie durch eine solche Erklärung den von mir nicht ohne Grund vermuteten feindseligen Absichten meines Generaldirektors entgegentreten, welcher aus einem gegenteiligen Benehmen meiner Gläubiger begierig den Vorwand zu den übelsten Schritten gegen mich entnehmen würde. Ohne Zögern wurde diese Erklärung mir gegeben; mein Freund *Pusinelli* und meine alte mütterliche Bekannte Frau *Klepperbein* erkannten sich sogar bereit, vollständig auf die Wiedererstattung ihrer Darlehen zu verzichten.

Eduard Devrient, *Tagebuch*   94.
Dresden, 2. Dezember 1848

Kapellmeister Wagner las mir sein fertiges Operngedicht »Siegfrieds Tod« vor. Der Kerl ist ein Poet durch und durch. [...] Ich halte dieses Gedicht für sein bestes und am ersten dramatisches. Nachher sprachen wir lange über Sprache, Volksbildung, christliche Entwicklung und kamen natürlich auch auf den Staat, wo er wieder sein Steckenpferd, die Vernichtung des Kapitals, bestieg. Aber er ist doch der bedeutendste Kopf von allen, die ich in Dresden kenne.

Richard Wagner an *Minna Wagner*   95.
Weimar, 14. Mai 1849

Die Schicksalswege der Menschen sind unbegreiflich! Die soeben verlebte furchtbarste Katastrophe u. der gestrige Tag in Weimar, haben mich zu einem andren Menschen gemacht u. mir eine neue Bahn vorgezeichnet. [...]
Die Dresdener Revolution u. ihr ganzer Erfolg hat mich nun

belehrt, daß ich keinesweges ein eigentlicher Revolutionär bin: ich habe gerade an dem schlimmen Ausgang der Erhebung ersehen, daß ein wirklicher siegreicher Revolutionär gänzlich ohne alle Rücksicht verfahren muß, – er darf nicht an Weib u. Kind, nicht an Haus u. Hof denken, – sein einziges Streben ist: – Vernichtung u. hätte der edle *Heubner* schon jetzt in Freiberg oder Chemnitz so verfahren wollen, so würde die Revolution siegreich geblieben sein. Aber nicht Menschen unsrer Art sind zu dieser fürchterlichen Aufgabe bestimmt: wir sind nur Revolutionäre um auf einem frischen Boden *aufbauen* zu können; nicht das *Zerstören* reizt uns, sondern das *Neugestalten*, u. deshalb sind wir nicht die Menschen, die das Schicksal braucht, – diese werden aus der tiefsten Hefe des Volkes entstehen; – wir und unser Herz kann nichts mit ihnen gemein haben. Siehst Du! *So scheide ich mich von der Revolution* ... Hierüber wurde ich schon während meiner Reise nach Weimar mit mir einig, und im Angesichte einer nichtswürdigen Zukunft Deutschlands für vielleicht längere Jahre, ging mein Grübeln nur dahin, wie ich mich mit Dir irgend wohin in eine stille, ländliche Zurückgezogenheit setzen könnte, als mir plötzlich in Weimar ein neuer Weg gezeigt wurde. Liszt u. seine Freundin, die Fürstin Wittgenstein, welche hierin mit der Großherzogin von Weimar in einem gewissen, seit länger gehegten Einverständnisse stehen, haben es sich vorgenommen mich u. mein Talent aus dem Schmutze der erbärmlichen deutschen Verhältnisse heraus auf die größere Weltbahn zu führen. Sie sagen, hier in Deutschland müßte ich untergehen u. meine Kunst müßte mir endlich selbst zuwider werden: das dürften sie aber nicht zugeben, sie müßten meine schöpferische Kraft frisch u. froh der Welt erhalten. Nach London u. Paris weisen sie mich: nach London, um meine neueste Oper Lohengrin dort übersetzen u. zuerst im englischen Theater aufführen zu lassen (ja nicht in Deutschland!) dies würde mir Ruhe und namentlich: *Geld* bringen; nach Paris, um während dem für dort eine neue Oper zu schreiben. Alles zu vermitteln übernimmt Liszt, der, wie er die Verhältnisse jetzt kennt, nicht im Mindesten zweifelt, den Pariser Auftrag u. die Londoner Unternehmung in kürzester Zeit zu Stande zu bringen. Wie ernst es ihm u. meinen hiesigen Freunden um die Sache ist, kannst Du am besten daraus ersehen, daß 2000 FRANCS mir sogleich zu diesem Zwecke von ihm angeboten worden sind, wie er sich denn überhaupt verpflichtete, mich mit dem Gelde zu diesen Unternehmungen vollständig auszurüsten, solange ich es bedürfte. –

Ach! liebes, gutes Weib! Das hat mein Herz gestärkt, u. mit einem Schlage bin ich wieder ganz *Künstler* geworden, – *liebe* meine Kunst wieder u. *hoffe* nun auch, durch sie noch einmal mein armes vielgeprüftes Weib glücklich zu machen. Auch alle meine Gläubiger kann ich nur auf solch einem außerordentlichen Wege bald einmal *alle* befriedigen zu dürfen hoffen! Guter Gott! Wie könnte sich so selbst das Schlimmste zum Besten wenden!

Richard Wagner an *Franz Liszt*   96.
Paris, 5. Juni 1849

An Dich muß ich mich wenden, wenn mir das Herz einmal wieder aufgehen soll, und ich habe Herzstärkung nötig, das leugne ich heute nicht! Wie ein recht verzogenes Kind der Heimat rufe ich aus: ach, säße ich daheim in einem kleinen Hause am Walde und dürfte dem Teufel seine große Welt lassen, die ich im besten Falle gar nicht einmal erobern möchte, da mich ihr Besitz noch mehr anekeln würde, als ihr bloßer Anblick es schon tut!

[...] ... dieses greuliche Paris [liegt] zentnerschwer auf mir; oft blöke ich wie ein Kalb nach dem Stalle und nach dem Euter der nährenden Mutter. Wie bin ich allein unter diesen Menschen! – – Meine arme Frau! keine Nachricht habe ich noch erhalten, mir wird so todesweichlich und schlaff bei jeder Erinnerung. Laß mich bald gute Nachricht von meiner Frau hören! – Bei allem Mute bin ich oft die erbärmlichste Memme! trotz Deiner großherzigen Anerbietungen sehe ich oft mit einer wahren Todesangst auf das

Schmelzen meiner Barschaft nach meiner doppelt langen Reise nach Paris. Mir wird es nämlich zumute wie damals, als ich vor zehn Jahren hierherkam und sich oft Spitzbubengedanken meiner bemächtigten, wenn ich die heißen Tage aufsteigen sah, die mir in den leeren Magen scheinen sollten. Ach, was diese gemeinste Sorge den Menschen entehrt!

97. Richard Wagner an *Franz Liszt*
Reuil, den 18. Juni 1849

Ich *muß* jetzt an eine tüchtige Arbeit gehen, sonst vergehe ich: um jetzt aber arbeiten zu können, bedarf ich der Ruhe und einer Heimat: ist meine Frau bei mir – und in dem freundlichen Zürich – werde ich beides finden.

Nur Eines habe ich vor mir, und Eines kann und will ich immer froh und freudig tun: *arbeiten*, d.h. für mich: Opern schreiben. Zu allem übrigen bin ich untauglich: eine Rolle spielen, eine Stelle einnehmen – kann ich nie, – und ich würde diejenigen betrügen, denen ich versprechen wollte, mich einer andren Tätigkeit hinzugeben.

Schafft mir also ein kleines Jahrgehalt, das eben nur ausreicht, in Zürich – da es jetzt noch nicht in Deutschland in Eurer Nähe sein kann – mir mit meiner Frau ein ruhiges Leben zu sichern. Ich sprach Dir in Weimar von einem Gehalt von 300 Talern, den ich mir gegen meine Opern, Abänderungen derselben und dergl. von der Großherzogin erbitten möchte: würde dem vielleicht der Herzog von Coburg oder gar auch die Prinzessin von Preußen etwas hinzufügen, so würde ich gern all meine künstlerische Tätigkeit an diese drei Beschützer gewissermaßen als Ersatz und Gegenleistung hingeben, und sie hätten die Genugtuung, mich rüstig und frei meiner Kunst erhalten zu haben. *Ich* – kann nicht für mich bitten und die schickliche Form zu der nötigen Übereinkunft finden: *Du* kannst es, *Du* und Deine Fürsprache wird sie zu Stand bringen. – Etwaige Einkünfte einer Oper, die ich für Paris schreibe, würde ich somit auch unvermindert zur Tilgung meiner in Dresden hinterlassenen Schulden verwenden können. –

Lieber Liszt – genügt Dir das hier Ausgesprochene? –

Mit der Zuversicht eines *gänzlich* Hilflosen bitte ich Dich nun noch: mache es möglich mir schnell Geld zukommen zu lassen, damit ich hier fortgehen, nach Zürich reisen und dort so lange leben kann, bis ich den gewünschten Gehalt beziehe: Du wirst selbst am besten beurteilen können, wieviel ich dazu bedarf. –

Richard Wagner an *Franz Liszt*   98.
Reuil, 19. Juni 1849

Entschuldige, daß ich mich so schnell wieder an Dich wende! Ich erhielt endlich einen Brief von meiner Frau, und manche Gewissensbisse sind durch ihn in mir wach geworden. Vor allen Dingen fällt es mir heute schwer auf das Herz, daß ich Dich mit der Bitte angegangen habe, bei einigen fürstlichen Personen um ein Jahrgehalt für mich Dich zu bemühen. Ich habe – meine letzte Vergangenheit gänzlich außer acht lassend – vergessen, daß ich durch meine öffentlich genug berührte Teilnahme an dem Dresdener Aufstande zu jenen fürstlichen Personen in eine Stellung geraten bin, die mich ihnen als einen prinzipiell feindlich Gesinnten erscheinen lassen und sie vielleicht darüber erstaunen machen muß, daß ich mich jetzt – nach dem Mißglücken jenes Aufstandes in eine hilfsbedürftige Lage versetzt – gerade an sie um Hilfe wende. Meine Lage wird dadurch um so peinlicher, als ich zu dem

Mittel, mich von dem Verdachte meiner Gesinnung zu reinigen, unmöglich greifen kann, ohne mich nicht auch noch dem viel ärgeren Verdachte der Gemeinheit und Feigheit auszusetzen. Dir persönlich kann ich wohl versichern, daß meine, durch unbemäntelte Sympathie mit der in Dresden zum Ausbruch gekommenen Bewegung, kundgegebene Gesinnung weit entfernt von jenem lächerlich fanatischen Charakter ist, der in jedem Fürsten einen verfolgungswürdigen Gegenstand erblickt. [...] Daß ich jetzt, namentlich durch meine Teilnahme für jenen Aufstand belehrt, unmöglich mich je in eine politische Katastrophe wieder mit einlassen könnte, brauche ich wohl nicht erst zu versichern, jeder Vernünftige begreift das von selbst: daß ich mit allem Streben ganz wieder Künstler geworden bin, ist was mich freut und was ich fest beteuern kann. – Allein, dies kann ich unmöglich jenen Fürsten ausdrücken, da ich von ihnen Unterstützung in Anspruch zu nehmen im Begriff stehe: wie müßte ich ihnen erscheinen! [...]

Meine Frau leidet und ist bitter! ich hoffe für sie von der Zeit. Ich bat Dich gestern, wegen etwa nötiger Geldhilfe bei ihr anzufragen: ich bitte Dich nun, es nicht zu tun – nicht jetzt.

– Willst Du mir eine Güte erweisen, so schicke mir etwas Geld, daß ich fort kann, – irgendwohin; vielleicht doch noch nach Zürich, zu meinem Freund Müller. Ich möchte Ruhe haben, den Textentwurf für Paris zu machen; es ist mir jetzt nicht wie so! –

Franz Liszt an *Richard Wagner*   99.
Weimar, Ende Juni 1849

Mit dem Inhalt Deines Briefes Nr. 2 bin ich mehr einverstanden, als mit Nr. 1; vor der Hand wäre es nicht sehr diplomatisch, an eingebrochenen Türen anzuklopfen; späterhin, wenn Du als ein ebenso *gemachter* Kerl dastehst, wie Du ein *geschaffener* bist, werden sich die Protektoren finden lassen, und sollte ich Dir als vermittelndes bequemes Werkzeug dabei dienen können, so stehe ich Dir mit ganzem Herzen und einiger sicherer Gewandtheit zu vollem Gebot. Eine Übergangs-Periode kannst Du aber nicht übergehen; und Paris ist Dir zu allem und vor allem andern eine dringende Notwendigkeit.

Minna Wagner an *Richard Wagner*   100.
Chemnitz, 18. Juli 1849

Du wirst es hoffentlich, mein lieber Richard, einsehen, daß ich, indem ich zu Dir komme, kein *kleines Opfer* bringe. Was für einer Zukunft gehe ich jetzt entgegen, was kannst Du mir bieten? Fast zwei Jahre können vergehen, ehe Du im *glücklichsten* Fall auf eine Einnahme rechnen kannst, und nur von der Freundschaft seiner Freunde abzuhängen, ist für eine Frau eine traurige Existenz. Als wir damals in den erbärmlichsten Verhältnissen lebten, hatten wir doch eine Aussicht auf bessere Zeiten, bei der jetzigen unruhigen bewegten Welt ist es für die Kunst sehr precair, die nur in Frieden und unter Wohlstand gedeihen kann. Ich will Dir Deinen Muth nicht rauben, aber mich noch einmal auf das Ungewisse in Sorge und Kummer in ein fremdes Land zu wagen habe *ich* keinen mehr, ich habe den Glauben bei den (leider?) schönen Verheißungen verloren, es giebt für mich kein Glück mehr auf Erden! [...] Du hättest mir müssen mit gutem Beispiel vorangehen, das hast Du aber nicht, sonst hättest Du meine Bitten erhört und mir auch einmal ein Opfer gebracht, doch es ist vorbei, und dies soll kein Vorwurf sein, doch wirst Du mir zugestehen, daß Du ein *großes* Unrecht gegen mich, am Ende auch gegen Dich selbst begangen hast, indem Du ein sorgenfreies Leben mit einem höchst unsichern aufs Spiel setztest. Ich wünsche, daß Du es *nie* bereuen mögest.

101.   Richard Wagner an *Franz Liszt*
Zürich, 19. Juli 1849

Bist Du gut bei Laune? – Wahrscheinlich nicht, da Du einen Brief von Deinem Plagegeiste entfaltest! Und doch liegt mir um alles in der Welt daran, daß Du gerade heute, jetzt, in diesem Augenblicke guter Laune seist! Denke Dich in den schönsten Moment Deines Lebens hinein, und blicke heiter und wohlwollend von da aus auf mich: denn ich habe Dir eine inbrünnstige Bitte vorzutragen. – Heute erhalte ich einen – unglücklicher Weise durch die Posten sehr verspäteten – Brief von meiner Frau, er ist so rührend wie nur etwas auf der Welt: sie will zu mir kommen, um ganz bei mir zu bleiben und alle Not des Lebens von neuem wieder mit mir durchzumachen. An eine Zurückkunft nach Deutschland, das weißt Du ja selbst, habe ich – sobald wenigstens – gewiß nicht mehr zu denken: also müssen wir uns im Auslande vereinigen! Ich hatte ihr nun noch nicht gemeldet, daß mit der verhofften weimarischen Unterstützung jetzt nichts sein könne: sie wird dies nun leicht begreifen und sich darin fügen: aber um ihren Wunsch auszuführen und zu mir zu kommen, fehlt ihr und mir nicht mehr wie alles. Nur um von Dresden loszukommen bedarf sie unter den schwierigsten Verhältnissen Geld: sie sagt mir, in diesen Tagen habe sie 62 Taler zu zahlen, ohne zu wissen woher, da sie meine Verwandten nicht angehen will – woran sie sehr recht tut. – Nun muß sie unser weniges Gerettete packen und zu mir schaffen lassen, *ihren* armen, von mir früher allein erhaltenen – Eltern wenigstens etwas zu ihrem vorläufigen Fortkommen hinterlassen, die Reise mit einer Schwester hieher nach Zürich machen, und *ich* muß ihr doch wenigstens auf die erste Zeit hier bei mir ein notdürftiges Auskommen bieten können. In diesem Augenblicke kann ich ihr nichts auf der Welt bieten: ich lebe einzig noch von dem Reste des Geldes, welches ich vor meiner Abreise von Paris von Dir durch Belloni erhielt: aber, lieber Freund, ich sorge dafür, daß ich Dir nicht einzig zu Last falle; diese Sorge ist zum Teil auch der Grund, weshalb ich jetzt noch nicht recht zum Arbeiten gekommen bin, wenn auch die Unruhe um meine Frau das meiste dazu beitrug. Ich habe mich von neuem angelegentlich nach Verdienst und Unterstützung umgetan; auch hier in Zürich hoffe ich etwas zu Stand zu bringen, so daß ich es Dir leichter zu machen gedenke, und vielleicht nur noch – schlimmsten Falles – für meine Reise nach Paris (im nächsten Herbst) Dich noch einmal nötig habe. Nur jetzt – in diesem Augenblick der schmerzlichsten Freude über das mir verheißene baldige Wiedersehen meiner armen Frau – nur jetzt weiß ich mich an niemand mit mehr Zuversicht auf schleunige Erfüllung meiner Wünsche zu wenden, als an Dich, und so bitte ich Dich um alles was Dir lieb und teuer ist, suche was Du irgend möglich erschwingen und zusammentreiben kannst, so viel als Dir irgend möglich ist – und schicke es – nicht mir, sondern meiner Frau, damit sie fort und zu mir kommen kann, auch die Versicherung habe, wenigstens zu allernächst eine kurze Zeit ohne Sorge mit mir leben zu können. O liebster Freund! Dir ist ja an meinem Besten, an meiner Seele gelegen: an meiner Kunst; mache mich wieder heil für meine Kunst! Sieh, ich hänge an keiner Heimat, aber ich hänge an dieser armen, guten, treuen Frau, der ich fast noch nichts wie Kummer bereitet habe, die ernst sorgend und ohne Exaltation ist, und die doch an mich ungezogenen Teufel sich ewig gefesselt fühlt. Gib sie mir! dann gibst Du mir alles, was Du mir je wünschen möchtest, und – sieh – dafür würde ich Dir *dankbar* sein! ja *dankbar*! –

[...] Ja, so bin ich, – ich kann betteln – ich könnte stehlen, um jetzt meine Frau – wenn auch nur auf kurze Zeit – heiter zu machen. Du lieber, guter Liszt! Sieh zu, was Du kannst und vermagst! hilf mir! hilf mir! lieber Liszt!

102. **Franz Liszt an *Minna Wagner***
       Weimar, 27. Juli 1849

Nach dem mir von W. ausgesprochenen Wunsch, erlaube ich mir, diese Zeilen mit beifolgender Einlage (100 Thaler) an Sie direct zu adressieren.

Schön gute glückliche Reise; bringen Sie Trost und Geduld nach Zürich – und gedenken Sie freundschaftlich beide

Ihres aufrichtig ergebenen

F. LISZT

Franz Liszt an *Richard Wagner* 103.
Weimar, 29. Juli 1849

In Beantwortung Deines letzten Briefes habe ich 100 Taler an
Deine Frau in Dresden gesendet. Diese Summe ist mir von Seite
eines Dir unbekannten Verehrers des *Tannhäuser* eingehändigt
worden, welcher mich aber ausdrücklich ersucht hat, ihn Dir
nicht zu nennen.

Louis Spohr an *Richard Wagner* 104.
Kassel, 29. Juli 1849

Wie sehr mir Ihre jetzige Lage zu Herzen geht, brauche ich wohl
nicht erst zu versichern. Wäre ich ein reicher Mann, hätte ich ein
Vermögen erworben wie Liszt, oder ererbt wie Meierbeer, ich
würde in der von Ihnen gewünschten Weise Ihre nächste Zukunft
sicher zu stellen suchen. So ist es mir bey unausgesetzter Tätigkeit
und großer Sparsamkeit aber nur eben geglückt, so viel zu erwer-
ben, daß ich meine Kinder versorgen, die Zukunft meiner zweiten,
viel jüngeren Frau sicherstellen und ein heiliges Gelübde, meinem
sterbenden Bruder abgelegt, erfüllen konnte, mich seiner Witwe
anzunehmen und seine verwaisten Kinder zu nützlichen Mitglie-
dern der Gesellschaft heranzubilden. Diese Aufgaben erschöpfen
meine ganzen Kräfte. – Leider kenne ich nun auch niemand anderes, der auf Ihre Vorschläge würde eingehen wollen oder können.
Aber bedarf ein Mann mit Ihren reichen Fähigkeiten der fremden
Hülfe? Kann er nicht seine Zukunft selbst feststellen? Bey so vieler
schriftstellerischer Gewandtheit wie Sie besitzen, müßte dieß,

meine ich, schon gelingen, wenn Sie über Musik, Politik oder was es sonst sey, schrieben! und Sie würden dann bald zu dem zurückkehren können, wozu Sie Ihr Genius vorzugsweis treibt! –

Doch, ein Mann von Ihrer Erfahrung bedarf des fremden Rathes nicht. Allso nur noch die herzlichsten Wünsche, daß es Ihnen bald gelingen möge, sich aus Ihrer jetzigen Verlegenheit, in die Sie wohl nicht ganz ohne eigene Schuld gerathen sind, herauszureißen!

105.   Minna Wagner an *Richard Wagner*
Dresden, 3. August 1849

Es ist recht schön und gut, daß Dir Dein Freund auf Deine neue Oper *Lohengrin* 300 fl geliehen hat, wovon Du mit Deiner Frau ein Vierteljahr leben zu können glaubst, aber für mich, lieber Richard, kann das keine Beruhigung sein, denn dies ist mir sehr niederdrückend, wenn mein Mann nicht im Stande ist, die Frau aus eigenen Mitteln ernähren zu können und nur von der Güte oder dem Mitleid seiner Freunde [lebt], die ihm ab und zu 100-300 fl auf seine zukünftigen Einnahmen leihen, wo es doch – nimm mir es nicht übel, sehr dahingestellt ist, ob Du sie jemals befriedigen können wirst, da Du durchaus nicht nach der Welt, wie sie nun einmal *ist*, frägst, sondern forderst, daß die ganze Welt sich nach Dir richtet und bilden soll.

Steht der Mann allein, so erscheint es meiner Ansicht nach nicht so grell, wenn er von den Unterstützungen seiner Freunde lebt, als daß sie auch noch dessen Frau mit erhalten sollen. Du weißt, lieber Mann, wie wenig oder fast gar nicht ich Dich für meine Toilette in Anspruch genommen habe und ich durchaus keine verwöhnte putzsüchtige Frau bin, aber man getraut sich endlich kein ganzes Kleid anzuziehen, ohne nicht für eine Luxustreibende und verschwenderische Frau ausgeschrien zu werden, wie es, trotz meiner Einfachheit, in Dresden geschehen ist, was ich zu meinem großen Leidwesen aus einem Pussinellischen Briefe ersehen mußte – Es liegt dann immer sehr nahe und den Leuten bequem, wenn der Mann sich verspekullirt und sich in Schulden gesteckt hat, daß er nicht weiß wo aus noch ein, zu sagen: die Frau ist daran schuld, sie hat verschwendet! Sieh! lieber Richard, das ist ein zu empfindlicher Punkt, für eine Frau, wie ich bin, die lieber alles vermeidet nur ihren Mann zu Liebe, daß er als Ehrenmann im Augen der Leute dastehen soll. Ich bin nun einmal von so kleinlichen Ansichten, die ich mir mit dem besten Willen nicht abdisputiren kann, darum entschuldige mich.

Richard Wagner an *Minna Wagner* 106.
Zürich, 11. August 1849

Wie thätig *Liszt* für mich ist, das hat mir sein letzter Brief bewiesen, worin er mir auch anzeigte daß er Dir 100 Thr. zugeschickt habe: er schrieb dieß Geld sei von einem Bewunderer meines Tannhäuser, für den Genuß den ihm dieß Werk verschafft, der aber nicht genannt zu sein wünschte. Zugleich forderte er mich auf, den Klavierauszug von Tannhäuser nachträglich noch an den Erbgroßherzog von Weimar zu dediziren, was ich denn auch sogleich besorgt habe und zwar mit ein paar Versen die – ohne meine freisinnige Meinung irgend zu kompromittiren – dennoch eine richtige Wirkung machen werden. Daß mir *Liszt* den gewünschten ausreichenden jährlichen Gehalt für meine Arbeiten bald schon zusammenbringt, ist gewiß, – denn im Grunde ist es gar keine Hexerei: nur kann er jetzt – nach allem Vorgefallenen – nicht so mit der Thüre in das Haus fallen, sondern etwas behut-

sam zu Werke gehen: darin liegt eine *Verzögerung* der Sache, nicht
aber ein Aufgeben. Das siehst Du doch ein, liebe Frau? Also fasse
Muth! Es wird schon werden!

107.   Minna Wagner an *Richard Wagner*
             Dresden, 11. August 1849

Der Vorwurf, den Du mir in Deinem letzten Brief machst, über
die lebenslängliche Anstellung, daß ich an Außendinge wie an
todte Meubel u.s.w. hinge, kann mich fast nicht treffen. Du hast
nur Beweise vom Gegentheil. Egoismus kenne ich nicht, da ist
mein Bedarf für meine Person viel zu gering. Nur darfst Du mir es
nicht übel deuten, wenn ich für unsere Existenz besorgt bin, ich
kann ja das nicht noch einmal erleben, was ich schon mit Dir
ertrug. Denke ich an die kleinlichen Nahrungssorgen, wo ich
manchmal nicht wußte, was ich in das kochende Wasser schütten
sollte, weil ich nichts hatte, so graust mir allerdings für meine
Zukunft, wo Ähnliches zu erwarten steht; ich verhehlte es Dir
nicht, ich bin kleinmüthig geworden.

Richard Wagner, *Mein Leben* (1865-1880) 108.
(Bericht über das Jahr 1849)

Auf diese Grundlage einer häuslichen Niederlassung hin beschlossen wir, uns nun in einer kleinen Wohnung, in den sogenannten »Hinteren Escherhäusern« am Zeltwege einzurichten. [...] Namentlich mit Hilfe des von meiner Frau seines mißverstandenen Titels wegen anfänglich so geringgeschätzten Staatsschreibers *Sulzer,* welcher, bei seinem im übrigen keineswegs reichen Vermögenszustande, es ganz natürlich fand, in bescheidenster Weise mir über die Schwierigkeiten meiner Lage hinwegzuhelfen, gelang es aber doch, die kleine Wohnung bald so gemütlich herzurichten, daß es meinen einfach gewöhnten Züricher Freunden bei ihrem Besuche ganz behaglich darin erschien. Das unverkennbare Talent meiner Frau zeigte sich hier wieder in vollem Glanze; namentlich entsinne ich mich der ingeniösen Herrichtung eines Nipptisches durch Benützung der Kiste, in welcher meine Musikalien und Manuskripte durch *Minnas* Fürsorge nach Zürich gelangt waren.

Richard Wagner an *Franz Liszt* 109.
Zürich, 14. Oktober 1849

Nach einem mehrmonatlichen Schweigen kann ich mich nicht wieder an Dich wenden, ohne zuvörderst Dir nicht nochmals von ganzem Herzen für die echt freundschaftliche Unterstützung zu danken, durch die es mir zunächst möglich geworden ist, meine arme Frau wieder zu erhalten: durch diese Hilfe wurde es meinem Weibe namentlich auch möglich, einige liebgewonnene Kleinigkeiten aus unsrer früheren Einrichtung, vor allem aber meinen Flügel zu erhalten und hierher zuzuführen. Wir sind nun hier so gut wie möglich häuslich niedergelassen, und nach langer qual- und unruhvoller Unterbrechung bin ich nun wieder im Stande, an die Ausführung größerer künstlerischer Pläne für die Zukunft zu gehen [...]

Sage mir nun! hilf, rate mir! – bis hierher habe ich mich und meine Frau durch Vorschüsse eines hiesigen Freundes erhalten: mit Ende dieses Monates Oktober gehen uns die letzten Gulden aus – und eine weite, herrliche Welt liegt vor mir, in der ich nichts zu essen, nichts zum Wärmen habe! – Denke nach, was Du für mich tun kannst, Du lieber fürstlicher Mensch! Lasse mir jemand meinen Lohengrin mit Haut und Haar abkaufen, – laß jemand meinen Siegfried bei mir bestellen: ich tue es wohlfeil! – Willst Du unsren früher projektierten Fürstenbund gänzlich außer Acht lassen, vielleicht finden sich einzelne andere Menschen, die sich zur Hilfe für mich vereinigten, wenn gerade Du sie auf eine geeignete Weise dazu auffordertest? Soll ich in die Zeitung schreiben: »ich habe nichts zu leben, wer mich lieb hat, gebe mir etwas?« – ich kann es um meiner Frau willen nicht, die stürbe vor Scham. – O welche Not es doch ist, so einen Menschen wie mich in der Welt unterzubringen! – Will nichts fruchten, so gibst Du vielleicht ein Konzert »für einen verunglückten Künstler«? – Sieh zu, lieber Liszt, und vor allem denke daran, mir recht bald etwas – etwas Geld zuzuschicken: ich brauche Holz und einen warmen Überrock, da mir meine Frau den alten, seiner Dürftigkeit wegen, gar nicht erst mitgebracht hat. – Sieh zu!

Franz Liszt an *Richard Wagner* 110.
Bückeburg, 28. Oktober 1849 (im Original französisch)

Suche doch, mein lieber Freund, so gut Du kannst, bis Weihnachten Dich zu behelfen – denn mein Beutel ist augenblicklich völlig leer, und es ist Dir überdies wohl nicht unbekannt, daß das Vermögen der Fürstin seit einem Jahr ohne Verwalter ist und daß sie täglich von einer vollständigen Konfiskation bedroht ist. Gegen Ende des Jahres rechne ich auf einige Geldeinnahmen, und ich werde gewiß nicht versäumen, Dir soviel davon zukommen zu lassen, als es mir meine sehr beschränkten Mittel erlauben; denn Du weißt, welche schwere Verpflichtungen auf mir lasten. Ehe ich an meine eigene Person denke, müssen meine Mutter und meine drei Kinder, die in Paris sind, angemessen versorgt sein, und es ist mir auch unmöglich, Belloni die mir geleisteten Dienste nicht bescheiden zu vergüten, so edel uneigennützig er sich auch immer mir gegenüber gezeigt hat. Die Konzert-Laufbahn ist, wie Du weißt, seit mehr als zwei Jahren für mich geschlossen, und ich kann sie nicht unbesonnen wieder betreten, ohne meine jetzige Stellung und besonders meine Zukunft schwer zu gefährden.

111.
Richard Wagner
Die Kunst und die Revolution
(1849)

Das ist die Kunst, wie sie jetzt die ganze zivilisierte Welt erfüllt! Ihr wirkliches Wesen ist die Industrie, ihr moralischer Zweck der Gelderwerb, ihr ästhetisches Vorgeben die Unterhaltung der Gelangweilten. Aus dem Herzen unserer modernen Gesellschaft, aus dem Mittelpunkte ihrer kreisförmigen Bewegung, der Geldspekulation im großen, saugt unsere Kunst ihren Lebenssaft [. . .]; frei fühlt sich heutzutage, wenigstens im Sinne der öffentlichen Sklaverei, nur der, welcher Geld hat, weil er sein Leben nach Belieben zu etwas anderem als eben nur dem Gewinne des Lebens verwenden kann [. . .]; wundern wir uns daher nicht, wenn auch die Kunst nach Gelde geht, denn nach seiner Freiheit, seinem Gotte strebt alles: unser Gott aber ist das Geld, unsere Religion der Gelderwerb.

112.
Richard Wagner an *Ferdinand Heine*
Zürich, 19. November 1849

Ich übergehe für jetzt Dir die freude auszudrücken, die mir Dein letzter brief hervorgerufen hat, um meinen Hauptzweck sogleich in das Auge zu fassen, und dieser Hauptzweck bin diesmal *ich* ganz allein. – Eine Zeitlang habe ich gesucht, an wen ich mich in der vorliegenden Angelegenheit zu wenden hätte: nachdem ich auf Dich gefallen, habe ich mit Suchen aufgehört! Mit vollster Bestimmtheit ist meine wahl getroffen. Höre denn, alter treuer Herzensfreund!

Bei meiner flucht aus Dresden und Sachsen kam ich nach Weimar, und die eigentliche katastrophe – soweit sie mich ganz allein betraf – fiel dort und – gewissermaßen – bei *Liszt* vor. *Liszt*, der mich schon immer auf Paris hingewiesen hatte, ergriff den Moment und disponirte über mich sogleich in der Art, daß ich nach Paris gehen, dort seine zahlreichen Verbindungen zu dem Zwecke eines Opernauftrages benutzen, und dazu von ihm mit den nöthigen Mitteln versehen werden sollte: er bot mir dazu einen Credit von bis 2000 fr. an. Ich hatte mich nicht viel zu besinnen und zu wählen, und nahm den Plan an, empfing von Liszt das nöthige Reisegeld und machte mich durch die Schweiz – um eines Passes willen – nach Frankreich auf. [...] Acht Tage in Paris genügten mich über den gewaltsamen irrthum aufzuklären, in den ich hineingeworfen worden war. Erlaß es mir, Dir hier umständlicher über die empörende Nichtswürdigkeit des Pariser Kunsttreibens, namentlich auch was die Oper betrifft, mich auszulassen. In den letzten Jahrzehenden sind unter Meyerbeer's Geldeinflusse die Pariser Opernkunstangelegenheiten so stinkend scheußlich geworden, daß sich ein ehrlicher Mensch nicht mit ihnen abgeben kann. Trotzdem sich Liszt's Secretär, Belloni, ein äußerst gewandter, terrainkundiger, und dabei sehr gutmüthiger Mensch, der Angelegenheit auf ganz glückliche Weise angenommen hat, trotzdem er mir einen Dichter, Gustave Vaez (gegenwärtig Präsident der commission d'auteurs) zugesellt hat, der von mir den Plan zu einer Operndichtung erwartet, um das buch sogleich mir zu liefern und zur annahme für mich von Seiten der Direction der großen Oper zu bringen, – so bin ich doch auf das Festeste überzeugt, daß ich nun und nimmermehr dazu gelangen werde, eine Oper von mir an der Académie wirklich zur Aufführung zu bringen, – wenigstens nicht unter den jetzigen Verhältnissen, bei dem *jetzt* dort herrschenden Geiste, und unter dem *jetzigen Regime*. Wie es jetzt steht, hält Meierbeer Alles in seiner Hand, – d.h. in seinem geldsacke; und der Pfuhl der zu durchschreitenden Intriguen ist zu groß, daß ganz andere und pfiffigere Kerle wie ich es längst aufgegeben haben, sich in einen Kampf einzulassen, in welchem einzig das Geld den Ausschlag giebt.

Wie mir – von dieser *praktischen* Seite ganz abgesehen, als

Künstler, und zwar gerade als so geartetem Künstler – wie ich es nun einmal bin – zu Muthe ist, wenn ich daran denke, ein modernes französisches Textbuch eben nur zu componiren, – das mag der ermessen, der das Wesen meiner künstlerischen Seele kennt. Das jetzige Publikum der großen Pariser Oper, und ein französisches Textbuch, dieß zusammen ist genügend, um mich vollends als bloßen Musiker zu Grunde zu richten. *Es geht nicht*, und wer dieß nicht einsieht, an den habe ich keine weiteren Worte zu verschwenden. Genug! zunächst, und unter den sonstigen niederschlagenden Eindrücken reichte dieß eben Erwähnte hin, mich direct von Paris fortzujagen. Froh, aus diesem Skrupel durch meine gesunde Natur mich befreit zu haben, und erfrischt durch die herrliche Schweiz und einige sympathisirende Züricher Freunde, faßte ich wieder neuen Lebensmuth für mich – wie ich nun einmal bin. Ich schrieb an *Liszt*, dem ich – weil ich ihn hierin als durchaus befangen kenne – meinen Widerwillen gegen Paris nur in vorsichtigen Andeutungen mittheilte, – er möge zunächst dafür sorgen, daß ich überhaupt existiren könne: an Arbeiten würde ich es wahrlich nicht fehlen lassen, nur möchten Diejenigen, die meine Werke liebten, es mir und meinem guten Geiste überlassen, *was* ich arbeiten solle. Ich wußte, daß außer der Großherzogin von Weimar auch der Herzog von Coburg und namentlich auch die Prinzessin von Preußen für meine künstlerischen Arbeiten sympathisirten: deshalb schrieb ich Liszt, wenn dem so wäre, und wenn diese Leute beweisen wollten, daß sie wirkliche fürstliche Menschen (nicht etwa nur sogenannte menschliche Fürsten) wären, so möchten sie mir zusammen einen genügenden mäßigen Gehalt aussetzen, um mich unabhängig von der Nothwendigkeit der Speculation zu machen. – Nun, da war ich denn wieder in einem Irrthume: wir begeisterten Leute aus dem Volke denken viel zu großherzig von den hohen Herren, die diejenigen viel besser kennen, die diese Herrschaften unbedingt verehren. Ein solcher ist *Liszt*, und er machte mir kein Hehl daraus, daß er unter den bewandten Umständen durchaus es nicht für gerathen hielt, den Versuch zu machen, die genannten Herrschaften noch für mich zu interessiren. Es versteht sich, daß Niemand lebhafter von solchen Versuchen abrieth als *ich*, sobald ich diesen Wink erhalten.

– *Liszt* für seine Person, das stellte sich nun bald ebenfalls heraus, ist unfähig, mich zu erhalten: er selbst ist in beständiger Geldverlegenheit, die namentlich dadurch vermehrt wird, daß er die Fürstin Wittgenstein, seine Geliebte, vollständig zu erhalten hat. Er ist ein ganz vortrefflicher Mensch, mit vorzüglichen Eigenschaften, und mir mit lebhafter Zuneigung zugethan, – aber das eigentliche Wesentliche meiner künstlerischen Natur ist ihm unerkennbar, und muß ihm ewig fremd bleiben, das liegt in der Sache. – Genug, seit länger als drei Monaten lebe ich von einigen hundert Gulden, die mir ein hiesiger Freund – der damit jedoch auch sein Aeußerstes that – vorschoß. Mit Ende dieses Monates weiß ich nicht mehr, wovon ich existiren soll, was mir allein nicht so fatal wäre, als es mir schrecklich im Hinblick auf meine Frau ist, der ich im Grunde nach mancher Seite hin doch immer ein unverständliches Räthsel bleibe.

Hier laß uns anhalten zu der Frage: was habe ich denn eigentlich vor? Wenn meine einfachste Existenz gesichert wäre, so habe ich vor zu thun was ich thun muß, und zu unterlassen was mir nur verderblich sein kann, wenn ich es thun muß. Mein Herz habe ich ausgeschüttet vor der Welt, d.h. vor meinen Freunden, mit meiner neuesten Schrift: das Kunstwerk der Zukunft. Von nun an bin ich nicht mehr schriftsteller, sondern nur noch Künstler. Bleibe ich von Außen ungestört, so schaffe ich jetzt Werk auf Werk, – denn ich bin übervoll von Stoff und künstlerischen Vorhaben. [...] Alles worauf es mir demnach ankommt, ist: *Zeit gewinnen*, d.h. *Leben gewinnen*. Ich Unglücklicher verstehe kein Handwerk, um mir mein tägliches Brod zu verdienen: es *muß* mir, – wie es jetzt steht – gereicht werden, damit ich Künstler bleiben kann. Wer soll dieß thun? Nur Diejenigen, die mich lieben, und zwar mich, meine Werke, mein künstlerisches Streben und Wollen so lieben, daß es ihnen daran liegt, mich meiner Kunst und meinem künstlerischen Streben zu erhalten. Deren sind *nicht Viele*, aber die Wenigen haben – der Sache angemessen – das eigenthümliche, daß sie mich *energisch* lieben. Ich habe davon im Laufe der Zeit schöne und erquickende Erfahrungen gemacht. Sie sind ihrer nicht viele, und zerstreut, – aber es sind Freunde meines Wesens. Das natürlichste in meiner Lage wäre, an diese Freunde mich offen und vor aller Welt zu wenden; ihnen meine Lage und meine Absichten unumwunden vorzulegen, und sie aufzufordern, zusammenzutreten, um mir nach Kräften und vereinigt über die jetzige Periode meines Lebens hinweg zu helfen, da *ich* durch die Lage der Dinge gegenwärtig unfähig bin mir selbst zu helfen. Sie sollen nicht in mir einen persönlichen Hülfsbedürftigen ersehen, sondern einen Künstler und eine Kunstrichtung, die sie für die Zukunft erhalten und nicht untergehen wissen wollen. Ihnen sollen die Werke, die ich rastlos schaffen will, so lange angehören, bis sie sie dem *Volke* übergeben können, als das Eigenthum, das sie ihm erhalten haben. Möchte ich von allen Hunden der Welt darum verspottet und verlacht werden, mir wäre dieß gleichgültig, sobald ich wüßte, daß eben meine Freunde mich verstanden hätten. Stünde ich ganz allein, so würde ich solch einen Schritt ganz öffentlich thun, – ich kann es aber nicht um meiner Frau willen, – die mich hierbei nicht begreifen und nur das Bellen der Hunde hören würde. – Ich muß mich daher nach Jemand umsehen, der – ohne Öffentlichkeit – hier für mich eindringt und sich der Sorge unterzieht, auf das Umständlichste unter der Hand das zu verrichten, was ich mit einem Schlage öffentlich gethan haben würde. Diesen Jemand zu finden, darauf kam es an. Ich glaubte den *einflußreichsten* meiner Freunde auswählen zu müssen, und freue mich nun mit vollster Bestimmtheit darauf gerathen zu sein, denjenigen zu wählen, von dem ich weiß, daß Niemand mir mehr Gutes wünscht, als er.

Dich bitte ich nun, mein lieber freund, Dich besonders der Sorge um mich und meine Kunst anzunehmen! Ohne Dir vorgreifen zu wollen, will ich Dir mittheilen, *wie* ich mir denke, daß Du, den Umständen angemessen, zu verfahren hättest. Vielleicht fordertest Du zunächst einen oder zwei mir freundlich Gesinnte auf, sich mit Dir zu einer Art Comité zu vereinigen: die Wahl wirst Du am besten selbst treffen; vielleicht wäre *Löwe* nicht ganz ungeeignet. (Beiläufig erwähnte ich *Dir*, daß eine Familie *Ritter*, über die Dir Uhlig näheres mittheilen, Dich vielleicht auch bei ihr einführen kann, – sich vortrefflich gegen meine verlassene Frau benommen hat – und zwar *gänzlich* unaufgefordert – ja unbekannt: vielleicht weiß diese Familie Dir *Winke* zu geben, wo Du noch – Dir unbekannte – Freunde meiner Kunst anträfest.) Ihr würdet so viel wie möglich Vertraute und Gleichgesinnte in Eure Absicht – die natürlich von Euch allein ausgegangen sein müßte! – einweihen, und sie zur Mitthätigkeit veranlassen; vielleicht ein discretes Circular zu diesem Zwecke erlassen. Nach Außen würde *Liszt* in Weimar von Euch aufzufordern sein, ebenso in Berlin die *Frommann* (hinter der katholischen Kirche, N$\doteq$ 2) – einem von Euch ausgegangenen Unternehmen auf vorsichtige Weise behülflich zu sein. Der Zweck wäre ganz einfach der, so viel wie möglich zu einer Summe zusammenzubringen, die *meiner Frau* zuzustellen wäre, damit sie ungestört das Nöthige beschaffen könne, was zu unsrem Leben nothwendig sei, um mich arbeiten zu lassen! Wie Ihr über meine Arbeiten dann verfügen wolltet, das wäre Eure Sache. – Genug! bei allen diesen Vorschlägen leitet mich nur die Rücksicht auf *meine Frau*: sie soll und darf nicht wissen, daß *ich* – wenn auch nur in einer vertrauten Mittheilung an Dich – die Sache angeregt habe: sie versteht nicht, worauf es mir dabei ankommt, und würde nur dem Gefühle einer Scham nachgeben, die *ich* hierbei nicht empfinden kann. Eine andre Wirkung wird es auf sie machen, wenn ihr gesagt würde, es habe sich aus freien stücken ein Verein von Freunden gegründet, der mir – so lange als möglich und nach Kräften – über die gegenwärtige Ungunst meines Lebens hinweghelfen und mich für meine Kunst in ungestörter, frischer Thätigkeit zu erhalten sich bemühe. Da ich also aus dieser Rücksicht auch die Oeffentlichkeit meide, so würdet Ihr mir darin zu helfen haben, daß Ihr nur wirklich mir Zugeneigte in das Interesse ziehet und von Freund zu Freund das Unternehmen weitergehen ließet. Schon dem Nächsten, dem Du Dich mittheilst, wirst Du gewiß das Unternehmen als von Dir ausgegangen eröffnen, und in Wahrheit glaube ich auch, daß nur die Schwatzhaftigkeit dieses Briefes Dir eine andere Rolle zuertheilt, denn ich weiß, daß ich Dir nur den ersten Theil – nämlich die genaue Darstellung meiner Lage – an Dich zu richten gehabt hätte, so würdest Du Dir den zweiten Theil aus Deinem theilnehmenden und fürsorgenden Herzen ganz von selbst allein haben schreiben können. Verzeihe mir deshalb!

Richard Wagner an *Ferdinand Heine*
Zürich, 4. Dezember 1849

Ich möchte wissen, wer mehr von uns beiden erschrocken ist, Du
– als Du meinen letzten brief erhieltest, oder ich – nachdem ich
den Deinigen erbrochen! Was ist doch die entfernung für ein großes übel! Du schriebst mir in Deinen bisherigen briefen immer in
einem so heiteren tone, daß ich – durch die täuschung der entfernung darin unterstützt – von Dir jetzt immer eine ganz andere
physiognomie habe, als ich sie Dir allerdings eigentlich zutrauen
durfte: ich vergaß, daß Du armer teufel, jetzt eigentlich ganz
durchlöchert sein mußt, und bei der gelindesten berührung einer
Wunde Dir stromweise blut und thränen entfließen müssen. Diese
bedachtlose unvorsichtigkeit habe ich nun begangen, und weiß gar
nicht, was ich nur alles anfangen soll, um die aufgerissene wunde
Dir wieder zu stopfen. Verzeihe mir um Deiner liebe willen die
schmerz- und qualvolle aufregung, die ich Dir verursacht; ich kann
mich nicht genug darum anklagen! [...]

   Nun muß ich aber noch etwas mit Dir philosophiren. [...] Zu
allen zeiten ist den menschen Gott *das* gewesen, was sie gemeinsam
als das höchste erkannten, das stärkste gemeinsame gefühl, die
mächtigste gemeinsame anschauung, die wir menschen – weil wir
doch immer alles nur wieder nach menschlichen wesen uns denken können – personificirt als gott uns darstellten. Erkennen die
menschen – nicht weil es ihnen gelehrt, sondern weil sie aus
ihrem Wesen heraus es so empfinden – das Gute, Edle, Wahre und
Schöne als das höchste an, so ist dieß ihr Gott, und was gegen diesen verstößt in der egoistischen natur des einzelnen, das gilt ihnen
mit recht verdammlich, als *gottlos*: haben wir diesen Gott, d.h. diesen begriff der menschlichen gemeinsamkeit von ihrem ächten,
wirklichen wesen, in wahrheit aus dem leben heraus gewonnen,
beherrscht nur er uns, Er, – der wir – nämlich die *gemeinsamen*
menschen – selbst sind, so sind wir auch glücklich und selig. Die
macht, die aber gegenwärtig das Leben beherrscht, die all unser
sinnen, trachten, wollen, sorgen und streben einnimmt, die wir

täglich und stündlich als die mächtigste, entscheidendste und alles durchdringendste fühlen und erkennen, – diese macht – überlege es Dir genau! – ist nichts anderes als: – *das Geld*, – d.i. der abstrahirte und idealisirte *eigennutz*. Daß der einzelne Mensch – in diesem modernen sinne – aber wirklich Gott ist, das beweist Dir jeder *Reiche*, denn er gebietet sogar gott, nämlich dem *gelde*: *ich* fühle mich in diesem sinne allerdings nicht Gott, und Du wahrscheinlich auch nicht: frage aber nun einmal Kaskeln, an was er glaubt. – Wir fühlen aber, daß wir in einer gottlosen zeit leben, denn der wirkliche Gott muß eben nicht der einzelne, sondern *Alle* müssen es sein: zu gunsten Aller empören wir uns daher gegen den gott des einzelnen, gegen die eigensucht; diesem gotte sich demüthig unterwerfen, ist aber die äußerste schmach: gegen ihn empört sich, wer kraft dazu hat, das heißt, wer in seiner innersten natur einen so nothwendigen trieb empfindet, daß er ihn stillen muß; der innere naturtrieb des einzelnen ist aber nur ein solcher, der allen menschen gleich gemeinsam ist, denn er kommt – sobald er unüberwindlich stark ist – nicht aus der natur des einzelnen, sondern aus der menschlichen natur überhaupt. Diesen trieb *beherrschen* (die sogenannte Selbstbeherrschung) heißt im grunde genommen nichts anderes, als absoluter *Egoist* werden, nämlich zu gunsten seines *äußeren wohlergehens* in einem zusammenhange mit dem allgemeinen eigennutz, seine wahre, menschliche natur verläugnen [...]

Wenn Du mir jetzt zurufst: gehorche der nothwendigkeit! was sagst Du mir damit anderes als: denke an Deine person, und laß Gott fahren? denn mein Gott ist meine kunst, wie das Schöne, Edle und Wahre überhaupt. Darauf giebst Du zu, daß die menschen nun einmal im allgemeinen schlecht, unedel und unwahr seien, und man dieser allgemeinen nichtswürdigkeit sich fügen müsse: hierin denkst Du nur göttlich im sinne Kaskels, aber gottlos im sinne des wahren Gottes. Dagegen sage ich Dir nun, wie die menschen *nun einmal* sind, so sind sie nicht für ewig: nur so lange sie an ihrem schlechten Gotte hangen, sind sie so: sie werden diesen Gott aber einmal zum teufel jagen, und dann kommt der rechte ganz von selbst daran. Von diesen jägern bin ich nun einer mit: schon jetzt jage ich nach leibeskräften; aber eine gute Flinte, pulver und blei muß ich dazu haben, – da hast Du recht; – gut – die will ich mir auch verschaffen, und zwar – da es einmal nicht anders ist, in Paris und London; und soweit will ich mich auch selbst beherrschen, damit ich, um ein guter Jäger zu sein, vor allem das leben behalte. Diese selbstbeherrschung rechne mir aber nicht zur tugend an, sondern vielmehr die kraft der inneren nothwendigkeit, die mich zum jäger macht, – und diese kraft habe ich nicht von mir, sondern von gott, und dieser gott ist nichts anderes als die gesunde – ursprünglich *allgemeine* – menschliche natur. –

Nun sind wir einig, – wenn nicht, so liegt es nur an meinem unklaren geschwätz, nicht aber an der sache selbst, in der alle menschen einig sein müssen, sobald sie ihnen klar ist. Du bist ein lieber prächtiger kerl, – aber ich bin ein Esel, daß ich Dich mit meinem letzten briefe so gemartert habe. Vergieb mir's! Ich will's in meinem leben nicht wieder thun.

114.　　　Richard Wagner an *Franz Liszt*
Zürich, 5. Dezember 1849

Belloni hat von mir die Partituren meiner Ouvertüren zu Tannhäuser und Rienzi verlangt, die erste für das Conservatoirekonzert: ich denke, im nächsten Januar wird sie zur Aufführung kommen, und zu dieser Zeit will ich denn nach Paris gehen, die Ouvertüre selbst dirigieren, mit Gustave Vaez mich vollständig einigen und den Auftrag zur Komposition der Oper gemeinschaftlich mit ihm für mich auszuwirken suchen. [...]

Du siehst, ich bin nun daran, den Plan, den Du anfänglich mir vorzeichnetest, auszuführen. Zürne mir nicht, daß ich erst so spät daran gehe! Es war damals nur Dein Plan; ich mußte ihn erst noch zu dem meinigen machen: meine Schwerfälligkeit darin missest

Du wohl freundlichst meiner außerordentlichen Lage und Herzensnot bei?

Nun gilt es aber, lieber Liszt, zu einem bestimmten Zwecke mich mit den nötigsten Mitteln zu versehen. Daß Du mich nicht allein erhalten kannst, war mir ja schon längst klar, und wie ich Deine Lage kenne, gehe ich überhaupt auch nur mit schwerem Herzen daran, von Dir Opfer für mich zu erheischen. Ich habe mich deswegen an einen (selbst ganz armen) Freund in Dresden gewendet, mit der Bitte, er möge sehen, wie er unter meinen übrigen Freunden etwas Geld für mich aufbringe, um mit Dir gemeinschaftlich über die nächste schwierigste Zeit mir hinwegzuhelfen: seine vorläufigen Nachrichten lassen mich keinen besonderen Erfolg seiner Bemühungen erwarten; und jedenfalls wird er nur sehr gering sein. Du warest nun so liebenswürdig, zu Ende dieses Jahres mir eine Unterstützung aus Deinen Mitteln zu verheißen: sei mir nicht böse, wenn ich Dir daher versichere, daß ich allerdings mich genötigt sehe, die freundliche Erfüllung Deiner Zusage mit in Anschlag zu bringen. Auf niemand sonst mache ich mir Rechnung, und hänge keinen Illusionen mehr nach.

Richard Wagner an *Theodor Uhlig*   115.
Zürich, 27. Dezember 1849

Die nachricht von frau Laussot in Bordeaux hat mich ungemein gerührt und ergriffen, und zwar in mehr als einer hinsicht! Mit frauenherzen ist es meiner kunst immer noch ganz gut gegangen, und das kommt doch wahrscheinlich daher, daß bei aller herrschenden gemeinheit es den frauen doch immer noch am schwierigsten fällt ihre seelen so gründlich verledern zu lassen, als dieß unsrer statsbürgerlichen männerwelt zu so voller genüge gelungen ist. Die frauen sind eben die musik des lebens: sie nehmen alles offener und unbedingter in sich auf, um es durch ihr mitgefühl zu verschönen. Während ich einer nachricht aus Bordeaux noch entgegensehe, werde ich durch eine geldzusendung aus Dresden, durch herrn Paez, überrascht: sogleich habe ich, so gut ich konnte, zurückgeschrieben und die gefühle geschildert, die mir diese zeichen der liebe und theilnahme von seiten solcher, die ich fast gar nicht kannte, hervorriefen. Wenn solche erfahrungen jeden menschen gut, edel und heiter stimmen, so wirken sie auf mich gerade jetzt wirklich beseligend: noch nie habe ich das bewußtsein der freiheit so wohlthätig empfunden als jetzt und die bestätigung dafür gewonnen, daß nur ein liebevoller zusammenhang mit anderen frei macht. Sollte ich durch die hülfe der frau Laussot vollends in den stand gesetzt werden, einige jahre ohne erwerbsnoth gesichert vor mir zu sehen, so sind diese jahre die entscheidendsten meines lebens und namentlich meiner künstlerischen laufbahn: denn nun kann ich auch Paris mit ruhe und würde in die augen sehen, während vorher die furcht, durch aeußere noth zu zugeständnissen gedrängt zu werden, mir von vornherein jeden schritt für Paris gründlich verleidete.

116.   Franz Liszt an *Richard Wagner*
Weimar, 14. Januar 1850 (im Original französisch)

Nach Weimar zurückgekehrt, beeile ich mich Dir eine Anweisung auf 500 frcs. bei Rothschild zukommen zu lassen. Nach dem, was Du mir sagst, hoffe ich, daß sie Dir in Paris nützen wird, wo, ich bin dessen überzeugt, Deine Tatkraft und Dein Genie das beste Feld finden werden.

Jetzt habe ich Dir eine schöne Erfahrung mitzuteilen, die ich vor kurzem zu meiner innigen Erquickung gemacht habe. – In Dresden lebte zur Zeit der Aufführung meiner Opern daselbst, eine junge Engländerin, die jetzt nach Bordeaux an einen Kaufmann verheiratet ist. Ich habe sie damals kaum gekannt. Kürzlich wurde mir auf zarte Weise und durch eine dritte Person angezeigt, daß Frau *Laussot* in Bordeaux für mich eine nicht unbeträchtliche Summe Geldes zurücklege, die mir in 5 Monaten zugestellt werden und dazu dienen soll, mich – sobald ich mich mit einer bescheidenen Existenz begnüge – für alle Fälle und namentlich auch gegen die Notwendigkeit der Spekulation vollkommen zu sichern.

Du weißt, lieber Liszt, ich habe wenig Freunde: Du selbst weißt aber wiederum auch am besten, daß jeder dieser *wenigen* Freunde ein wahrer und energischer Freund ist. Erkenne jene Frau als Deine Schwester und Gleichgesinnte an!

Von einer befreundeten Dresdener Familie erhielt ich auch soviel Geld, daß ich bis zu jenem Zeitpunkte, für welchen ich aus Bordeaux größere Summen zu erwarten habe, mein Haus bestellen und meine Frau mit dem Nötigen versorgen konnte: nur für meine Pariser Expedition fehlten mir noch die hinreichenden Mittel, – habe daher schönen Dank für Deine freundschaftliche Zusendung, ohne die ich allerdings Paris noch nicht in Angriff hätte nehmen können. Überblicke ich somit jetzt mein ganzes Bedürfnis, so finde ich – wenn mir irgendwie die Aussicht auf noch 500 fr. eröffnet würde – mich aller weiteren Sorgen enthoben. Soviel bedarf ich aber doch für meinen längeren Aufenthalt in Paris, namentlich da ich durch die Not gedrungen, meinen gebrechlichen Leib dem Maße eines hiesigen Schneiders anzuempfehlen hatte. Ich würde, nach den Opfern, die Du mir noch neuerdings gebracht – und die ich Dir wahrlich nicht gering anschlage! – Dich mit dieser letzten Mitteilung gänzlich verschonen, wenn ich in Deinem liebenswürdigen Briefe nicht selbst einen entfernten

Schimmer von Hoffnung auf ein kleines Verdienst ersehen hätte. Ungemein freut es mich, daß Du auf die Idee gekommen bist, über die Dresdener Partitur der Iphigenia in Aulis zu dem Zweck einer Aufführung dieser Oper am Festtage der Frau Großherzogin zu disponieren: erlaube mir nun, daß ich Dir mitteile, daß diese Partitur keinesweges nur eine Instrumentierung des Gluck'schen Werkes ist, sondern eine vollständige neue Bearbeitung desselben. Selbst bis auf die Übersetzung des Textes erstreckt sich meine Arbeit: namentlich aber die comps. der Szenen, Ritornells, Übergänge, Verschmelzung zerstreuter Stücke, sind mein Werk: Du wirst dies selbst leicht alles erkennen, wenn Du meine Partitur mit der Gluck'schen Originalpartitur vergleichst. – Verzeihe! ich komme mir in diesem Augenblicke recht wie ein Schacherjude vor, indem ich meine Ware vor Dir auskrame! Miß diese schlechte Aufführung aber nicht meinem Charakter bei, sondern dem Bedürfnisse nach noch etwas Geld für meinen Pariser Aufenthalt (resp. Schneider!), und ziehe daraus das Fazit meiner Bitte, einen freundschaftlichen Versuch zu machen, ob Du mir von der Weimarischen Hoftheaterintendanz – unter Anpreisung und Auseinandersetzung des von mir an Gluck's Iphigenie Gefertigten – ein Honorar von der mir nötigen Höhe auswirken kannst. Gelänge Dir dies, so möge denn diese Angelegenheit die *letzte* sein, bei welcher unter uns beiden das Wort »*Geld*« genannt würde!

Meine Hoffnungen auf einen recht behaglichen Sommer in Zürich gehörten allerdings jetzt noch zu meinen liebsten. Du weißt, welche begründeten Einwendungen wir gegen ein Verbleiben in unsrer gegenwärtigen Wohnung hatten: namentlich aber, um Dir jetzt keine weitere Unruhe zu machen und um Dich zu schonen, da Du fühlst daß Du der Schonung bedarfst, stimme ich endlich Deinem Wunsche mit bei, dieselbe Wohnung noch für ein halbes Jahr zu behalten. Zuvor rathe ich Dir jedoch noch den Versuch, die leere Wohnung in den vorderen Escherhäusern anzusehen: diese Wohnungen sollen denn doch abgeschlossen sein, und jedenfalls hätten wir den Vorzug, nicht parterre zu wohnen, was wir aus Erfahrung doch als sehr belästigend erkannt haben. Wegen des Preises, liebe Frau, beängstige Dich nicht zu sehr; Du hast zwar vollkommen Recht, wenn Du in nichts übertriebenes zu willigen gedenkst: die Hauptannehmlichkeit für uns, und namentlich für mich als häuslichen, arbeitsamen Menschen, besteht doch jedenfalls in einer Wohnung, in der man Tag für Tag sich aufhält, und in der man daher Tag für Tag belästigt ist, wenn man sich nicht wohl in ihr fühlt. Neuerdings bin ich wieder durch einen Brief aus Bordeaux sehr erfreut und beruhigt worden: unsre Freundin (denn sie ist die Deinige nicht minder) räth mir offen an, in meiner Kunst und in Allem, was ich thue, mir ganz treu zu bleiben, nichts zu unternehmen, wobei ich mich in Zwiespalt mit mir selber setze, und in jeder Hinsicht nur nach meiner inneren Eingebung zu handeln, da sie und ihre Freunde es für ihre vollste Pflicht hielten, mir wegen meiner äußeren Verhältnisse alle Sorgen zu benehmen. Ich denke bald Dir noch näheres darüber mittheilen zu können. Ohne einigen Verdienst werde ich ebenfalls nicht gänzlich bleiben: also – beängstige Dich wegen der Miethe nicht allzusehr; grade für unsren Aufenthalt in Zürich ist eine angenehme Wohnung – namentlich auch für meinen Geist – die hauptsache.

119.   Richard Wagner an *Wilhelm Baumgartner*
Paris, 13. März 1850

Lieber bruder, ich sorge um Deine zukunft. Im winter hast Du gute einnahmen, und alles läßt Du darauf gehen: im sommer hast Du schlechte einnahmen, und dann hast Du nicht genug geld. Ich eröffne Dir hiermit einen sparkredit. Mir geht es nämlich umgekehrt: im sommer erhalte ich viel geld aus Bordeaux (bestimmt: 3000 fr. jährlich) – gegenwärtig leide ich aber mangel. Dennoch käme ich für mich aus, wenn ich nicht die wohlgesinntesten pläne für meine gute frau hegte: ich habe die größte sehnsucht, recht stark mit geschenken für sie beladen anfang april nach Zürich zurückzukommen: gewisse dinge sind hier so hübsch und – so wohlfeil, daß ich weiß, ich mache meiner alten große freude mit meinen einkäufen: das geld dazu kann ich mir aber unmöglich von *ihr* gerade geben lassen, wenn die überraschung bewerkstelligt werden soll; meine freundin in Bordeaux möchte ich auch gerade jetzt nicht anpumpen. Weiß der t–––––, wie es kommt, daß ich mich nun aber gerade *vor Dir* nicht genire, und ich frage deshalb bei Dir an; sollten es Dir Deine einnahmen erlauben, oder: solltest Du durch negotiation es ermöglichen können, so würdest Du mich sehr erfreuen, wenn Du mir hierher 300 fr. (französische) schicken könntest. Diese summe würde ich Dir mit größter bestimmtheit anfang *Juli* wieder zurückzahlen. Sage, wie wohl wird es Dir thun, im heißen sommer plötzlich – ganz unvorhergesehen – 300 fr. einzunehmen? Siehst Du, so sorge ich für die zukunft aller meiner freunde, indem ich zugleich auf die erfreuung meiner guten frau bedacht bin.

Jessie Laussot an *Minna Wagner* 120.
Bordeaux, 7. April 1850

Ja, liebe Frau, es liegt uns, den Verehrern Ihres Mannes besonders
daran daß er nun ganz nach den Eingebungen seines Herzens lebe
und dichte, und von keinen äußeren Rücksichten gehemmt seinem großen Ziel entgegen zu arbeiten suche, wir sind bereit Alles
aufzubieten um diesen Zweck zu erreichen; seien Sie dessen von
ganzem Herzen versichert, liebe Frau.

Richard Wagner an *Franz Liszt* 121.
Paris, 21. April 1850

Belloni sagte mir, Du habest ihm versprochen, für die Partitur der
Iphigenie mir noch 500 fr. auszuwirken. Gelingt Dir dies, so sende
das Geld direkt für mich an Belloni: ich weise einiges – in Gedanken – darauf an.

122. 		Ann Taylor an *Minna Wagner*
				Bordeaux, 8. Mai 1850

Meine Tochter, Frau Laussot, hat Ihnen schon geschrieben, welch warme Sympathie wir für Sie empfinden und wie es unser aufrichtiger Wunsch ist, zu Ihrem Lebensunterhalt beizutragen bis zu dem Zeitpunkt, wenn ihr Gatte sein Ziel erreicht hat, ohne sein Talent dem Broterwerb opfern zu müssen.

Da meine Kinder nicht in der Lage waren, das auszuführen, was sie im Sinne hatten, wandten sie sich in dieser Sorge an mich, weil sie überzeugt waren, daß ich, die ich in einer besseren Lage bin, mir diese Freude bereiten würde. Obwohl ich nicht behaupten kann, daß ich die Werke Ihres Herrn Gemahls so verstehe, wie sie verstanden werden sollten, so war ich doch so angesteckt von dem Enthusiasmus meiner Tochter und so angefeuert von der Hoffnung, sein Genie sich frei entwickeln zu sehen, wenn er nicht länger finanzielle Schwierigkeiten zu befürchten hätte, daß ich beglückt war, als Sie mein Anerbieten annahmen, demzufolge Sie einen Jahresbetrag von 2500 francs durch 2 Jahre vom 1. August dieses Jahres an in Quartalsraten erhalten.

123. 		Richard Wagner an *Franz Liszt*
				Zürich, 10. Juli 1850

Wärest Du wohl so freundlich, sogleich auf folgende einfache Frage mit ja oder nein mir in Kürze eine aufklärende Antwort zukommen zu lassen?

Nämlich:

Waren mir – wie mir Belloni nach seiner Rückkunft aus Weimar anzeigte – von der Intendanz des weimarischen Theaters für
meine Bearbeitung der Iphigenie 500 frs. in Aussicht gestellt? des
Weiteren – sind diese 500 fr. mir irgend wohin zugeschickt worden, und an wen – wohin – würde ich mich für diesen Fall jetzt
zu wenden haben? Oder: – sind sie mir nicht zugeschickt worden,
könnte ich dann doch noch darauf rechnen, sie zu erhalten? Endlich: – wenn dieses letztere der Fall ist, willst Du dann Herrn von
Zigaeser ersuchen, von der genannten Summe 300 fr. an Belloni
nach Paris (zur Bezahlung eines am 15. Juli fälligen Schneider-
wechsels) – den Rest von 200 fr. jedoch mir direkt hierher nach
Zürich – *baldigst* – zukommen zu lassen?

Die Frage ist komplizierter ausgefallen, als ich es mir dachte, so
kompliziert, als überhaupt die Herrn von Zigaeser gestellte Zumutung ist, für eine bloße Bearbeitung mir 500 fr. zu zahlen. Wie es
angefangen worden, diese Zumutung durchzusetzen, müßte ich
jedenfalls als eines Deiner Wunderwerke betrachten.

Franz Liszt an *Richard Wagner* 124.
Weimar, Mitte Juli 1850 (im Original französisch)

Du hast nicht aufgehört mir sehr gegenwärtig und am Herzen
gelegen zu sein, glaube es mir. Die ernste und enthusiastische
Bewunderung, welche ich Deinem Genie gewidmet habe, könnte
sich keinen schläfrigen Gewohnheiten und unfruchtbaren Gefühlen anbequemen [...]

Es ist mir unmöglich gewesen von der Intendanz die 500 frcs für
die Iphigenie zu erhalten. Dennoch wird Deine Erwartung nicht
betrogen werden, denn gleichzeitig mit diesen Zeilen sende ich
Belloni nach Paris 300 frcs (meiner persönlichen Cassa entnom-

men), welche 300 frcs er zu Deiner Verfügung halten und auf ein Wort Deinerseits, sei es Deinem Schneider, sei es der von Dir zu bezeichnenden Person, auszahlen wird.

125.   Richard Wagner an *Franz Liszt*
Zürich, um den 20. Juli 1850

Das muß ich sagen: – *Du bist ein Freund!*

Laß mich Dir nicht mehr sagen! denn, erkannte ich von je in der Männerfreundschaft das edelste und herrlichste menschliche Verhältnis, so lösest Du mir diesen Begriff in die vollste Wirklichkeit auf, indem Du mich nicht mehr nur denken, sondern fühlen und greifen läßt, was ein Freund sei. –

Ich danke Dir nicht – denn dafür kannst Du Dir nur selbst danken, und zwar durch die Freude daran, daß Du das bist, was Du bist. Es ist erhebend, einen Freund zu haben – aber erhebender noch – ein Freund zu sein. –

Daß ich Dich gefunden habe, läßt mich meine Verbannung aus Deutschland nicht nur verschmerzen, sondern sie muß mir fast wie ein Glück erscheinen, da *ich* mir in Deutschland unmöglich so viel hätte nützen können, als *Du* es vermagst. Aber – gerade auch *Du* mußtest es sein! – Dein Lob kann ich Dir aber gar nicht *schreiben*: wenn wir uns aber wiedersehen, dann will ich es Dir *sagen*. So überlegt und rücksichtsvoll Du mit mir verfährst, so erschöpfend, sei versichert, vermag ich die Art Deiner Sorgfalt für mich zu begreifen und zu würdigen.

Franz Liszt an *Richard Wagner*   126.
Weimar, um den 12. August 1850 (im Original französisch)

Ich bin freundlich beauftragt worden, Dir den beiliegenden Wechsel von 100 Talern zu übermitteln; danke mir nicht dafür, und
danke auch Herrn von Zigesar nicht, welcher ihn unterschrieben
hat. Du erinnerst Dich vielleicht, daß ich Dir vor ungefähr einem
Jahre eine gleiche Summe wie heute schickte; – sie kommt von
derselben Quelle wie damals, – diese will aber aus offiziellen
Gründen verborgen bleiben.

Richard Wagner an *Franz Liszt*   127.
Zürich, 8. Oktober 1850

– Noch ein Wort – ganz im Vertrauen: – am Ende dieses Monates bin ich mit meinem Gelde fertig: Ziegesar hat mir weniger
geschickt, als Du mich hoffen ließest. – Zu Neujahr denke ich
wieder von Frau Ritter in Dresden etwas unterstützt werden zu
können; aber auch das ist ungewiß. Kannst Du –! Ach, was ist da
zu sagen. Mußt Du Dir und mir etwas vergeben, so kannst Du
nicht – das weiß ich! Das Übrige wird sich schon finden! – Gott
befohlen! – Ich denke, der Teufel soll mich noch nicht holen! –

Richard Wagner an *Theodor Uhlig*
Zürich, 22. Oktober 1850

Nur eine universelle thätigkeit ist eine an und für sich erfreuende, ein genuß selbst: wir alle sind aber durch die *gesetze des eigenthumes* an eine specielle thätigkeit gebunden, an eine thätigkeit, die sich nur in *eine* zünftische richtung ergießt, die nur *eine* unsrer fähigkeiten absorbirt, und *diese eine* deshalb in einem so heftigen grade, daß in ihr unsre gesammtfähigkeit sich verzehrt, so daß wir in dieser einen täglichen beschäftigung unsren physischen ruin, unsre moralische vernichtung – daher unsren feind, die anekelnde, widerwärtige, saure arbeit erkennen, die wir endlich mit der thätigkeit überhaupt verwechseln, und darum nur gegen unbedingte müßige ruhe austauschen zu dürfen wünschen. Auf dem lande hat diese arbeit noch das widrige, daß sie als *bloße und ausschließliche* beschäftigung mit vieh und mist den menschen selbst zum mistvieh macht! Wohin wir in der civilisirten welt sehen, erkennen wir die entartung des menschen aus den hier angegebenen gründen, – mit recht und fug können wir an dieser welt doch aber nur dann verzweifeln, wenn wir diese *gründe* für ewig nothwendig halten. Aber diese gründe sind es ja gerade, gegen die sich der wirkliche geist der revolution empört: und zu ihrer erkenntniß bedarf es ja gar keiner metaphysischen bildung, sondern der vernichtung dieser beirrenden bildung zu gunsten eines ganz einfachen natürlichen bedürfnisses. Was ist denn aber der inhalt des socialismus? Die ihn predigen, verstehen ihn schon nicht mehr, weil sie organisiren wollen. sein einziger inhalt ist: Ueberfluß und entbehrung unmöglich zu machen. Dem volke braucht somit nichts gelehrt, sondern nur gesagt zu werden: du hast recht! [...] In der politik haben ja keinem menschen erst die augen aufzugehen: alle *wissen* ja die ehrlosigkeit unserer politischen zustände: nur daß hinter ihnen sich die sociale frage verbirgt, giebt allen den feigen muth, auszuhalten. Wir haben gar keine bewegung mehr, als die ganz entschieden sociale, aber dieß in einem ganz anderen sinne, als unsre socialisten sie sich träumen lassen: alles übrige bleibt schwach und unvermögend bis dahin. – Du fragst mich nun: »ja wo stecken denn diese menschen, die diesen nothwendigen umsturz vollführen werden? Ich sehe nichts als die erbärmlichsten menschen, philister und feige um mich, und selbst in den niederen regionen sehe ich nur stumpfheit und lastthiernaturen!« Liebster Uhlig, entsinne Dich des tages während des Dresdener aufstandes, wo Du mich an der Zwingerpromenade trafest: mit bangigkeit und besorgniß frugest Du mich, ob ich nicht fürchte, daß im günstigen falle es zu einer pöbelherrschaft führen müßte? – Dich hatte der anblick der menschen erschreckt, die Du jetzt vergeblich zu suchen scheinst! Daß diese menschen noch am bande der politik gegängelt wurden, daß sie noch so respectvoll vor den höheren politischen zwecken standen, die sie in ihren führern verkörpert sahen, daß sie noch nicht das waren und thaten, was sie eigentlich sind und thun werden, daß sie gehorchten, wo sie handeln sollten, das drückte sie einzig zu dem herab, wie sie Dir erschienen, zu kerlen, die sich in politischem Schnapse besoffen, und durch die straßen brüllten, – die sie vielleicht in brand gesteckt hätten mit all der justiziellen herrlichkeit des schönen Dresdens, wenn sie nach ihrem herzensgrimme hätten handeln dürfen. Ich habe diese leute in Paris und Lyon wiedergesehen, und kenne jetzt die Zukunft der welt. – Bis jetzt kennen wir die äußerung der geknechteten menschlichen natur nur im *Verbrechen*, das uns anwidert und erschreckt: – wenn jetzt raubmörder ein haus anstecken, so muß uns dieß mit recht gemein und ekelhaft vorkommen: – wie wird es uns aber erscheinen, wenn das ungeheure Paris in schutt gebrannt ist, wenn der brandt von stadt zu stadt hinzieht, wir selbst endlich in wilder begeisterung diese unausmistbaren Augeasställe anzünden, um gesunde luft zu gewinnen? – Mit völligster besonnenheit und ohne allen schwindel versichere ich Dir, daß ich an keine andere revolution mehr glaube, als an die, die mit dem Niederbrande von Paris beginnt: – eine Junischlacht wird man dort nicht wieder schlagen, – denn der mensch ist sich heilig geworden, nicht aber sind dieß mehr die mauerlöcher, in denen sie zu bestien werden. – Erschrickst Du? – denke redlich und besonnen nach, – Du kommst zu keinem anderen schluß! Starker nerven wird es bedürfen, und nur wirkliche menschen werden es überleben, d.h. solche, die durch die Noth und das großartigste Entsetzen erst zu menschen geworden sind. – »Ob etwas gedeihliches dabei herauskommen werde?« – Laß einmal sehen, wie wir uns nach dieser feuerkur wiederfinden: ich könnte es mir zur noth ausmalen, ich könnte mir sogar vorstellen, wie da oder dort ein begeisterter mann die lebendigen überreste unsrer alten kunst zusammenruft, und ihnen sagt – wer hat lust, mir ein Drama aufführen zu helfen? nur die werden antworten, die wirklich lust dazu haben, denn jetzt setzt es kein geld mehr dafür, und die so sich einfinden, werden in einem schnell hergerichteten holzbauwerke plötzlich den leuten zeigen, was kunst ist. – Jedenfalls wird es sehr schnell gehen, – denn Du siehst, vom allmäligen fortschritt ist hier nicht die rede: unser erlöser zerstört rasend schnell, was uns im wege steht!

129. Minna Wagner an *Mathilde Schiffner*
Zürich, 16. November 1850

Wir leben hier sehr zurückgezogen. Das Theater, wie ich auch schon wohl schrieb, ist mein einziges Vergnügen. Es ist gewiß nicht schlecht, zumal die Oper, sehr gut. Leider werde ich das auch bald nicht mehr genießen können, da RW. eigensinnig genug ist, dem Direktor keine Gefälligkeiten dafür erweisen zu wollen. Er hatte ihm nämlich versprochen, daß er alle großen Opern dirigieren wolle, um mit den kleineren seinen beiden Protegés H. von Bülow und Ritter Gelegenheit zu geben, sich als Dirigenten auszubilden. Der Direktor hatte zwar anfangs W. 200 Fr. geboten, wenn er die Stelle eines Kapellmeisters bei seiner Bühne annähme. Allein, er findet es einmal unter seiner Würde, Geld zu verdienen und zieht es vor, von *Allmosen* oder *erborgtem* Gelde zu leben. Sie, meine teure Freundin, können bei meiner Denkungsweise begreifen, welche Mißachtung, abgerechnet, was vorher gegangen ist, bei mir, wie wohl bei jeder anderen Frau, hervorbringen muß. Wie soll es mit mir, mit uns noch werden, bei solchen Grundsätzen? – Ich weine mir manchmal fast meine Augen wund und bin wirklich ganz abgefallen von Kummer, den mir dieser Mann verursacht. Wüßte ich nur einen Ausweg, ich glaube, ich könnte jetzt *alles* überwinden; schon um meiner alten Eltern willen, um die ich mich vergebens sorge. Diese ohne Unterstützung von mir zu wissen, macht mir unzählige schlaflose Nächte. Deshalb auch, meine gute, liebe Freundin, wende ich mich heute an Sie. Ich bitte Sie, schreiben Sie mir, womöglich umgehend einen Brief, *ohne Couvert* mit dem *Poststempel* versehen, worin Sie mir als Freundin sagen, daß mein alter Vater sehr krank sei, daß meine Eltern ohne Unterstützung, jeder Hilfe durch mich beraubt sind, sie in Elend schmachten, kurz, daß Sie mich ersuchen, *eiligst* zu helfen. Es ist dies noch das einzige Mittel, W. zu bewegen, sich auf irgend eine Weise etwas zu verdienen, wenn ich ihm so einen Brief zeigen kann...

Richard Wagner an *Franz Liszt*   130.
Zürich, 9. März 1851

Während ganzer sechs Monate habe ich – seit dem Aufzehren des Honorares für Lohengrin aus Weimar – nur von der Unterstützung der Frau Ritter in Dresden gelebt, da ich mir in dieser Zeit nichts als ein kleines Honorar für die Aufführung zweier Beethoven'schen Symphonien in den hiesigen – erbärmlichen – Konzerten verdienen konnte. Ich weiß, daß meine Dresdener Freundin für das nächste sich jetzt erschöpft hat, da diese Familie durchaus nicht reich ist, sondern eben nur ihr Auskommen hat, was – schwieriger Heimatsbeziehungen zu Rußland wegen – gegenwärtig außerdem hart bedroht ist. – Ich wäre somit jetzt in dem Falle, um jeden Preis an Geldverdienst denken zu müssen und daher eine – in bezug auf solchen Verdienst gänzlich zwecklose Arbeit, wie die Komposition meines Siegfried nun gänzlich aufzugeben. Wollte ich irgendwie bei dem, was ich um des Geldes willen vornähme, noch mit meiner Neigung zugegen sein, so müßte dies sogenannte »Kunstschriftstellerei« sein: um für solche Schriftstellerei aber Geld zu bekommen, müßte ich geradeswegs *alle* meine Zeit hernehmen und »per Bogen« für Journale schreiben. Der Gedanke ist – sehr demütigend –

[...] Deshalb frage ich – denn Not bricht Eisen! – jetzt noch einmal bei Dir an, einfach – um mich meiner Lage zu vergewissern. Ich weiß, es hat sich für Deinen Plan – mir zu helfen – alles ungünstig gefügt: die Großherzogin war krank und konnte erst der dritten Aufführung des Lohengrin beiwohnen: kurz darauf verließest Du Weimar und fandest daher noch keine Gelegenheit, auf schickliche und würdige Weise die Großherzogin für Deinen Plan zu bearbeiten. Alles dies ist mir klar, und *Dich* kann daher nicht der entfernteste Vorwurf treffen. – Nur muß *ich jetzt* wissen, woran ich bin. Darum bitte ich Dich von ganzem Herzen, teile mir nun offen und unumwunden mit, ob ich – wie die Sachen jetzt stehen – noch etwas zu hoffen habe oder nicht, damit ich mich in allem darnach einrichte: nur die Ungewißheit ist mir jetzt das Marterndste. Nur *eine* Bitte trage ich Dir aber dann noch ohne Scheu vor. *Mußt* Du mir – dem Stande der Dinge nach – mitteilen, daß Dein Plan jetzt nicht zu realisieren sei, und ich demnach auf eine gründlichere Unterstützung zu Gunsten der Komposition meines Siegfried mir jetzt keine Hoffnung machen dürfe, so sieh wenigstens einmal, ob es Dir irgend möglich ist, mir zu *allernächst etwas Geld* – sei es auch nur soviel als eben eine Verlegenheit es erfordert – verschaffen zu können, damit ich – wenn auch nur eine ganz kurze Zeit gewinne, um mich für meinen umgeänderten Plan zurecht zu setzen! – Es ist *sehr traurig*, daß ich Dich mit solchen garstigen Bitten plagen muß! –

Franz Liszt an *Richard Wagner*
Weimar, 9. April 1851

Die hundert Taler hast Du wohl erhalten?

Dein letzter Brief hat mich sehr traurig gestimmt. Ich gebe jedoch nicht die Hoffnung gänzlich auf, die ziemlich schwierige diplomatische Angelegenheit in betreff Deines *Siegfried*, zu günstigem Erfolg zu leiten. Vielleicht gelingt es mir die Sache bis Mitte Mai zu beenden. Schreibe mir, welche Summe Du dazu gebrauchst, in runden Ziffern, und (ganz unter uns gesagt – denn ich muß Dich ausdrücklich bitten *niemand* davon in Kenntnis zu setzen) schreibe mir einen ziemlich ausführlichen Brief, den ich Z[igesar] mitteilen könnte. Du mußt mich sehr entschuldigen, daß ich Dich mit dergleichen Dingen noch belästige, und es tut mir im Herzen weh, – tief weh, – daß sich die Sache nicht einfacher zu gedeihlichem Resultate bringen läßt – aber nach meinem Ermessen wird es notwendig sein, daß Du mir brieflich Deine Lage sowie den Plan des Werkes und die gerechten künstlerischen Hoffnungen, welche sich daran knüpfen, verdeutlichst. Ich brauche Dir nicht zu sagen, daß ich dieses nicht für *mich* verlange... Du kennst mich ja und weißt, daß Du mir Dein absolutes Vertrauen gönnen kannst!

132.   Richard Wagner an *Franz Liszt*
Zürich, 18. April 1851

An meinen Siegfried gehe ich nun mit Anfang Mai, mag es gehen, wie es will! fort mit aller Garantie meiner Existenz, ich werde nicht verhungern. Für mein Buch habe ich endlich einen Verleger – *Avenarius* in Leipzig: er zahlt mir 100 Taler; es ist blutwenig, aber ich glaube nicht mehr bekommen zu können. Hier und da wirst Du manchmal einen Groschen für mich zurücklegen, und wenn mir die Not über den Hals kommt, wirst Du mir gerade mit so viel aushelfen, als Dir gerade zu Gebote steht für einen armen Freund. Frau Ritter in Dresden tut ab und zu auch das Ihrige: – im Winter verdiene ich mir wieder ein paar Louisd'or mit Symphonieaufführungen – und so soll mich der Teufel am Ende nicht holen – wenn nur meine Frau ruhig dabei bleibt. –

133.   Richard Wagner an *Theodor Uhlig*
Zürich, 19. April 1851

Wundere Dich nicht, daß ich Dir so lange nicht geantwortet habe! Ich mochte in der früheren Stimmung, die auch Dich beängstigen mußte, nicht wieder schreiben, und wollte deshalb meine innere Genesung abwarten. Diese ist so ziemlich eingetreten, und ich fühle mich wieder heiterer. Aueßere umstände mußten dazu beitragen: erstlich versorgte mich frau Ritter wieder mit Geld; einen Verleger für mein buch habe ich auch gefunden; Liszt's aufsatz über den Lohengrin in der illustrirten Z. erwärmte mich, als ich ihn letzthin durchlas, auf das Erquicklichste und regte mich von

Neuem wieder zur künstlerischen thätigkeit an. Nun findet sich auch noch Breitkopf & Härtel mit der zusage den Klavierauszug von Lohengrin zu drucken: soeben erhielt ich ihren brief, der mich veranlaßt, Dir schnell und kurz zu schreiben. Leider setzt es für mich kein geld ab, weil ich in einer alten schuld bei Härtels bin, die als Honorar eben getilgt werden soll. Immerhin ist mir die Sache doch sehr lieb.

Richard Wagner an *Julie Ritter*   134.
Zürich, 9. Dezember 1851

Sie haben mich durch Karl wissen lassen, daß Sie mir ein Jahrgeld zukommen zu lassen beschlossen haben. Glauben Sie, daß mich *das* hehr und froh gemacht hat, da ich nun einmal von *Ihnen* Alles *gern* annehme? Ich bin voll Uebermuth hierüber, und halte mich – denken Sie sich! – für den glücklichsten Menschen unter der Sonne. So habe ich Uhlig geschrieben, und so bezeuge ich es Ihnen aus dem aufrichtigsten Grunde meines Herzens. Ich bin durch diese Gewißheit Ihrerseits wie neu geboren: mein Kopf ist voll der trotzigsten und freudigsten künstlerischen Pläne, an deren Ausführung ich nun mit einem nie gefühlten Behagen denk! – Ich bin viel mehr als zufrieden, und Nichts, Nichts wünsche ich mir mehr. Damit aber mein Dank ganz voll werde, so bezeige ich Ihnen diesen dadurch, daß ich Sie doch noch um etwas bitte, und zwar mit der herzlichsten Unbefangenheit von der Welt. Mit dem was Sie mir aussetzen, komme ich nämlich vollkommen aus: nur zum Antritt meines neuen Vermögensstandes bedarf ich eines Festopfers, – schicken Sie mir so bald Sie können 300 Thaler – Sie werden sie schon aufzutreiben wissen. Diese Summe nämlich geht mir für dieses Jahr durch das Erlöschen des weimarischen

Kontraktes ab, und – ich kann sie nun einmal gerade jetzt, wo ich so heiter bin – nicht missen. Ich schrieb schon Karl darum: nun helfen Sie dazu! –

Sehen Sie, so bin ich nun: gegen Sie vielleicht von einer belästigenden Aufrichtigkeit und Ungenirtheit!

135. Richard Wagner an *Theodor Uhlig*
Zürich, um den 6. Februar 1852

Oft übermannt es mich recht, Frau Ritter wieder einmal zu schreiben: ich komme mir manchmal so ungeheuer undankbar gegen sie vor! Ohne diese großherzige Frau wäre ich doch jetzt der bejammernswürdigste Mensch, – ja, alle Vorstellung, alles Denken geht mir aus, wenn ich mir vorstellen und denken soll, *was* ich jetzt ohne sie wäre: ich kann mir keinen anderen Begriff, als nur den allerschrecklichsten davon machen! Und doch – lebt ein Geist der Unzufriedenheit in mir, der mich, wie zur Selbstvernichtung, gegen mein Liebstes, selbst gegen diese Frau antreibt. Ich glaube, es kommt dieß nur von dem Umstande, daß sie von mir entfernt ist und – in dieser Entfernung verharrt. Wäre sie in meiner Nähe und könnte ich mit dieser Familie im trauten Verkehre zusammenleben, so würde, denke ich, diese peinigende Unzufriedenheit schwinden! So will ich denn hoffen, daß auch dieser Wunsch mir in Erfüllung gehe, denn ohnedem – beginnt mich fast Alles schon zu ängstigen, was Ritters für mich thun, – ich komme mir – lache nicht! – manchmal nur wie für den Tannhäuser »bezahlt« vor. Es ist dieß das verfluchte Mistrauen des Proletariers gegen den Kapitalisten.

Richard Wagner, *Mein Leben* (1865-1880) 136.
(Bericht über das Jahr 1851)

Allgemein wurde mein Vorhaben, bei so vorgerückter Jahreszeit eine Wasserkur zu unternehmen, mit großer Verwunderung aufgenommen [...]

Das höchst entbehrungsvolle Leben in einer dürftigen Kammer mit harten Holzmöbeln und all dem nüchternen Hausrate der bekannten Schweizer Pensionen erzeugte nun in mir zu seinem Gegensatz die Sehnsucht nach einer besonders angenehmen und behaglichen Häuslichkeit, welche jetzt für lange Zeit zu einem mit den Jahren sich immer mehr ausbildenden, wohl fast leidenschaftlichen Hange wurde. Meine Phantasie beschäftigte sich damit, wie ein Haus und eine Wohnung eingerichtet sein sollten, um meinen Geist für künstlerisches Produzieren angenehm und frei zu erhalten.

Richard Wagner an *Julie Ritter* 137.
Zürich, 4. April 1852

Sie allein machen mir, was ich jetzt schaffe, möglich, weil Sie allein es mir ermöglichen, daß ich unabhängig schaffen kann. Durch Ihre Hülfe brauche ich nicht um's Geld zu arbeiten, und dieß allein macht, daß ich überhaupt arbeiten kann: nur Sie bewirken es, daß ich z.B. den fliegenden Holländer hier aufführen kann, denn durch Sie darf ich jedes Honorar verschmähen und dadurch einzig in die Stellung gerathen, die ein solches Unternehmen möglich macht, – die Stellung des vollkommen Unabhängigen, nur für die Sache selbst Besorgten. Glauben Sie, daß dieß lange so bleiben dürfte, wenn Sie fern von mir bleiben? Wahrlich, nein! Denn ich weiß, Sie müssen endlich die nothwendige Wärme für mich verlieren; die Opfer, die Sie mir bringen, müssen für Sie mit der Zeit immer mehr das Wesen einer bloßen – edlen Pflicht annehmen; das Liebevolle in unserem Verhältnisse muß endlich einer kälteren bloßen Besorgtheit um mich Platz machen. Ich muß Ihnen endlich einmal *entsagen*, wenn unser Verhältniß sich durch die Nähe nicht immer neu beleben kann. – bedenken Sie: – Sie bringen mir Opfer, Opfer – die Sie mir unmöglich machen Ihnen zu erwiedern! Daß ich nicht von einer Erwiederung im trivialen Sinne spreche wissen Sie: ich meine die Erwiederung, die das Opfer aufhebt, und zwar das liebevolle Opfer, wie es gemeint ist. – Ach, wüßten Sie, was wir ermöglichen könnten, wenn wir zusammen wären! [...]

Sie sehen, ich bin im Zuge, Sturm zu blasen! Was sage ich Ihnen noch, um Sie zu locken? Soll ich Ihnen mein Puppenlogis schildern, mit dem sträflichen Luxus den ich darauf verwandt habe, namentlich auf mein Zimmer, in welchem mich ein frecher Realisationsdrang hingerissen hat, die Phantasien aus 1001 Nacht zu verwirklichen? Gewiß Sie sollten staunen und meinen üppigen Flüchtlingsgeschmack loben! –

138.   Richard Wagner an *Franz Liszt*
Zürich, 16. Juni 1852

Eine Bitte!
Ich arbeite fleißig und gedenke in 14 Tagen mit der Dichtung meiner »Walküre« fertig zu sein. Eine Erfrischung ist mir dann von äußerster Notwendigkeit, ich bedarf einer Reiseerholung, und

möchte namentlich auch meine letzte dichterische Arbeit, das große Vorspiel, hier nicht beenden, wo die Monotonie der gewohnten Umgebung mich erdrückt und lästige Besuche mich meist übler Laune machen. Ich muß in die Alpen und wünsche wenigstens die Grenze Italiens zu benaschen, um mich dort ein wenig aufzuhalten. Solche Ausschweifungen kann ich aber von meinem gewöhnlichen Einkommen nicht bestreiten. Für nächsten Winter stehen mir nun einige Extraeinnahmen bevor: (der Tannhäuser in Leipzig und vermutlich auch in Breslau). Vor allem aber halte ich die Einnahme für gewiß, die Du mir für den *fliegenden Holländer* von Weimar aus verschaffen wirst. Diese letztere darf ich wohl auf 20 bis 25 Louisd'or taxieren? Wie wäre es, wenn Du mir diese Summe *vorschußweise* verschafftest? [. . .]

Aber – bis spätestens *Ende* dieses Monates Juni müßte ich das Geld erhalten haben! Sieh doch, wie dies möglich zu machen ist! –

Franz Liszt an *Richard Wagner*   139.
Weimar, 26. Juni 1852

Hiermit sende ich Dir einen 100 Taler-Wechsel und wünsche Dir herzlich Glück und gute Stimmung, äußerlich und innerliches schönes Wetter zu Deinem Alpenausflug. Laß Dir es wohl ergehen, mein herrlicher Freund, und schreite wacker vorwärts zur Beendigung Deiner Tetralogie.

140. Richard Wagner an *Franz Liszt*
Zürich, 9. Juli 1852

Herzlichen Dank, Du allerbester Freund, für die Geldsendung! bei der mich nur etwas beunruhigt, nämlich: Du gibst mir nicht an, daß die 100 th. mir als vorgeschossenes Honorar für den fliegenden Holländer gelten sollen. Ich erbat mir diese Summe nur in diesem Sinne, und nur wenn ich annehme, daß ich auf diese Art niemand von neuem lästig gefallen bin, macht es mir Vergnügen, das Geld zu einer Erholungsreise zu verwenden.

141. Richard Wagner an *Theodor Uhlig*
Zürich, 19. September 1852

Wie kannst Du glauben, ich hätte je Geld genug?

142. Richard Wagner an Julie Ritter
Zürich, 29. Dezember 1852

Im ganzen haben sich meine, durch die plötzlich so zahlreichen Bestellungen im vorigen Herbst erweckten, sanguinischen Hoffnungen etwas abgekühlt: es gewinnt mir jetzt wieder den vollen Anschein, als werden die Aufführungen meiner Opern doch nur vereinzelte Erscheinungen bleiben und ein eigentliches »Glück« werde ich nicht damit machen. Ich faßte damals den Gedanken, die vermuteten pekuniären Erfolge meiner Opern für mich, zur Ausführung meines von je genährten Lieblingswunsches zu verwenden, zur Anschaffung eines kleinen Landgrundstückes: demzufolge mußte ich bei Ihnen anfragen lassen, wie es Ihre liebe Familie in Betreff des mir zugestandenen Jahrgeldes zu halten gedenke; ob sie mich damit nur für einige Zeit, oder so lange ich lebe und Ihre Vermögensverhältnisse dieselben blieben, zu unterstützen beabsichtigte: denn natürlich nur in der letzten Voraussetzung hätte ich an eine Verwendung meiner Theatereinnahmen zu dem angegebnen Zweck denken können. Die Antwort lautete beruhigend. Seitdem sind meine Hoffnungen nach der anderen Seite hin wieder so stark geschwunden, daß ich das Projekt fast ganz schon wieder aufgeben mußte, trotzdem sich ein hier lebender, mir befreundeter junger, vermögender Kaufmann, *Wesendonk*, mir mit liebenswürdigster und fast gänzlich unaufgeforderter Bereitwilligkeit erbot, die nötigen Geldvorschüsse zu einem Grundstück-Erwerb mir zu machen. Ich fühle zu lebhaft, wie ich durch die Annahme eines solchen Anerbietens mich in die entsetzliche Lage bringen würde, um jeden Preis die Aufführungen meiner Opern zu betreiben, und wie ich mich dadurch des mir so nötigen Rechtes begeben würde, nur *da dem Wunsche und dem Verlangen* der Theater zu willfahren, wo ich einen guten Erfolg in *meinem* Sinne voraussehe. Zudem geht es – wie gesagt – keineswegs so reißend her, als es anfangs den Anschein hatte, und ich glaube sehr wohl zu tun, mich ebensogut auf ein gänzliches Schweigen der Theater, wie auf ein vielleicht mögliches gesteigertes Verlangen derselben gefaßt zu machen. – Unter solchen Umständen empfinde ich in verstärktem Maße wieder den Wert des Geschenkes Ihrer Familie für mich: denn dieses Jahrgeld ist es einzig, was meine Freiheit und möglichste Heiterkeit in meinen Unternehmungen mir wahrt. Seien Sie von neuem versichert, daß ich das Werk Ihrer Sorge für mich als die größte Wohltat betrachte, die mir je im Leben widerfahren ist.

Richard Wagner, *Mein Leben* (1865-1880)
(Bericht über die Jahre 1852/53)

Ich blieb unerschüttert bei dem Vorsatze, meine Nibelungen-Dramen in der Weise auszuführen, als ob das heutige Operntheater gar nicht bestünde, dagegen das von mir gedachte ideale Theater ganz notwendig dereinst mir erstehen würde. So verfaßte ich denn noch im Oktober und November dieses Jahres die Dichtung des »Rheingoldes«, womit ich den ganzen Zyklus des von mir entworfenen Nibelungenmythos nach vorn zum Abschluß brachte. [...]

Es war mir betrübend, diese umfangreiche dichterische Arbeit voraussichtlich lange Zeit denjenigen, welchen ich doch Interesse dafür zutrauen durfte, gänzlich unbekannt lassen zu müssen. Da nun die Theater in überraschender Weise mich dann und wann mit ihren üblichen Honoraren für den »Tannhäuser« versahen, bestimmte ich einen Teil meiner Einnahmen auch dazu, eine Anzahl schön gedruckter Exemplare meines Gedichtes zu meinem Privatgebrauche herstellen zu lassen. Ich bestimmte, es sollten nur fünfzig Exemplare von dem schönen Satze abgezogen werden.

Richard Wagner, *Götterdämmerung* (1848-1852)   144.
(aus Brünnhildes Schlußgesang, unkomponiert)

Nicht Gut, nicht Gold,
noch göttliche Pracht;
nicht Haus, nicht Hof,
noch herrischer Prunk;
nicht trüber Verträge
trügender Bund,
nicht heuchelnder Sitte
hartes Gesetz:
selig in Lust und Leid
läßt – die Liebe nur sein. –

Richard Wagner an *Franz Liszt*   145.
Zürich, 11. Februar 1853

Hier hast Du einen ganzen Haufen neues Zeug von mir! Du siehst, meine Dichtung ist fertig, und wenn auch noch nicht in Musik gesetzt, so ist sie doch in Typen gesetzt und gedruckt, und zwar – auf meine eigenen Kosten und in nur wenigen Exemplaren, die ich meinen Freunden verehren will, damit – wenn ich über der weiteren Arbeit sterbe – sie im voraus mein Vermächtnis erhalten haben. – Wer meine Lage kennt, wird mich angesichts dieser kostbaren Ausgabe von neuem für sehr verschwenderisch halten müssen: sei es drum! Die eigentliche Welt benimmt sich nun einmal so filzig gegen mich, daß sie mir keinesweges Lust macht, ihr nachzuahmen.

146. Richard Wagner an *Julie Ritter*
Zürich, 11. Februar 1853

Ich übersende Ihnen heute meine neue Dichtung. Sie werden sich über die Verschwendung wundern, mit der ich für die Vervielfältigung besorgt war: doch war es das einzige Mittel, für jetzt meinem Wunsche einer ausgebreiteteren Mitteilung an Freunde und Teilnehmende zu genügen; Sie selbst aber setzten mich in den Stand, meinem Wunsche dies Opfer bringen zu können.

147. Richard Wagner an *Franz Liszt*
Zürich, 3. März 1853

An Ziegesar hoffe ich morgen auch noch schreiben zu können: ich habe mich bei ihm für ein ungemein reiches Geschenk für den Holländer zu bedanken. Zu meiner Schmach muß ich gestehen, daß es mir gerade recht kam, wenn es mich auch etwas wunderlich daran mahnte, daß ich im vorigen Jahre auf Freund Liszts Kosten die Inseln des Lago Maggiore besuchte! – Ja – mein Gott! – ich werde ewig ein Lump bleiben! – Warum gibst Du Dich mit mir ab! –

Richard Wagner an *Ernst Benedikt Kietz*   148.
Zürich, 2. April 1853

Du hast neuerdings viel über meine Erfolge in Deutschland gelesen, vermuthest daß ich starke Geldeinnahmen mache, nimmst –
weil ich Dir eine Zeitlang nicht schreibe – an, ich säße jetzt in der
Wolle, und bekümmerte mich deshalb nicht mehr um Dich, der
Du doch im Drecke säßest. Auf diese Annahme hin schreibst Du
mir denn von Deinem jammervollen, unverdienten Elende, daß Du
aus Mangel an Geld hättest Dein Talent verlumpen müssen, und
nimmst hieraus den Grund zu – wenn auch indirekten – Vorwür-
fen und Schmähungen gegen mich der widerlichsten Art! – Es ist
ein Glück, daß ich Dich und Dein Naturell kenne, und somit den
Muth nicht verliere, gegen Dich aufrichtig zu sein. Der Begriff, den
Du von Deinen Freunden hast, scheint dagegen sehr traurig zu sein.
– Genug: – Du bist im Irrthum. [...] Sobald ich in den Stand
komme, von dem Du annimmst, daß ich mich schon drin befinde,
so zweifle nicht, daß ich auch an Dich alten Lumpen denken werde.
– Mit baar Geld wird es jedoch immer seine große Schwierigkeit
haben: daß ich nicht sparsam sein kann, weißt Du, und daß ich
immer mehr ausgebe als ich einnehme, wird mein beständiger Fehler bleiben; kommt mir Geld, so ist gewiß, daß ich mindestens
immer dreifach so viel gezehrt habe und schuldig bin. Mir geht so
furchtbar viel für mein normales Lebensbedürfnis ab, daß ich mich
leidenschaftlich immer zu künstlichem Ersatz gedrängt fühle. So
habe ich das unabweisbare Bedürfniß, einmal eine längere, schöne
Reise in das südliche Europa zu machen: ohne neue Schulden zu
machen kann ich nicht an so etwas denken. [...]
Ich bin in diesem Augenblicke gänzlich unfähig, Dir etwas Geld
zu schicken, da wir im Auszug nach einer größeren Wohnung
begriffen sind, und alles baare um so sorgsamer zur Hand nehmen
müssen, als dieß bereits schon aus geborgtem Gelde besteht. – Laß
Dich das aber nicht abhalten, mir wieder zu schreiben: ich denke,
wir haben uns auch noch etwas andres zu sagen, als Geldge-
schichten.

149. Richard Wagner, *Mein Leben* (1865-1880)
(Bericht über das Jahr 1853)

Ich hatte bereits in den gleichen sogenannten »Vorderen Escher-Häusern«, in welchen ich zuletzt eine übermäßig enge Parterre-Wohnung innegehabt hatte, einen geräumigeren Wohnraum im zweiten Stocke bezogen. Frau *Stockar-Escher*, die Mitbesitzerin des Hauses, eine mir enthusiastisch ergebene Frau voll von eigenem künstlerischen Talent (sie war Dilettantin in der Aquarellmalerei), hatte sich bemüht, die neue Wohnung so stattlich wie möglich neu herzurichten. Meinem eigenen, namentlich seit dem Aufenthalte in der Wasserheilanstalt neu erwachten und durch Kompression fast leidenschaftlich gesteigerten Hange zu angenehmer häuslicher Einrichtung gab ich, bei der unerwarteten Verbesserung meiner Lage durch die stets sich mehrenden Bestellungen meiner Opern, ohne Rückhalt nach und ließ die Wohnung durch Teppiche und sonstiges Mobiliar so hübsch herrichten, daß selbst *Liszt*, als er in sie eintrat, sich von meiner »kleinen Elégance«, wie er sie nannte, verwunderungsvoll überrascht zeigte.

150. Robert von Hornstein, *Memoiren* (1908)

Wagner war elegant eingerichtet. Die Böden waren mit Teppichen belegt und die Zimmer waren durch Portièren verbunden. Man sagte, daß er ein Minimum von einer Miete bezahle. Der reiche Escher-Linth mache sich eine Ehre daraus, Wagner zu beherbergen. Die Miete wäre nur *pro forma*. Überhaupt ging es ihm nicht schlecht. Von Ritters Mutter bezog er seit seiner Flucht in die

Schweiz einen Jahresgehalt von 800 Talern. Einer seiner Züricher Freunde, Staatsrat Sulzer, ein reicher Junggeselle, war Jäger und Fischzüchter. Der spickte ihm seine Tafel. Die Weine lieferte Wesendonks Keller. [...]

Es ist wahr, er lebte gut. Seine Tafel war vortrefflich bestellt. Von Ueppigkeit konnte man aber kaum reden. Selbst bei seinen größeren Einladungen ging es verhältnismäßig einfach zu, und von wem diese Mahlzeiten garniert wurden, habe ich oben erzählt. Auch sorgte seine Frau dafür, daß die Bäume nicht in den Himmel wuchsen. Wie klein war die Hausgesellschaft! Er, die Frau und eine verheiratete Schwester derselben, eine einfache, anspruchslose Person, der Papagei und ein Hündchen. Er gab was auf Eleganz. Aber von »Katalogen der Schlafröcke«, von »Mohren und Haiduken« war keine Rede. Wo kam das Geld hin? Er hatte zeitlebens Anfälle von Großmut, von Mitleiden, wo er einen Taler statt eines Groschens hinwarf; doch das machte das Kraut nicht fett. Auch hatte er bei aller Neigung zur Verschwendung Anfälle von Geiz, auf die mich Ritter aufmerksam machte. Eines Tages war er ganz wütend über eine Kopistenrechnung. Es war die Abschrift einer großen Partitur. Ritter und ich fanden es gar nicht sehr übertrieben, er aber war gar nicht zu beruhigen.

Richard Wagner an *Jakob Sulzer*   151.
Zürich, 24. Mai 1853

Sieh einmal zu, was Du mir noch an Geld verschaffen kannst! Der T... wollte, daß etwas ganz vom Augenblick abliegendes mir unversehens in die Kasse fiel, eine Rechnung, deren Bezahlung ich nicht gut verweigern konnte. Kurz, alles soll Dir klar werden; wenn Du etwa Angst hättest, ich stürzte mich in zu rasende Verschwendung, sollst Du beruhigt werden. Bis Mitte nächsten Monates habe ich Geld hinreichend zu erwarten: nur jetzt, wo ich unter anderem gern auch einen Ausflug mit Weib und Kummers an den Vierwaldstädtersee machte, geht mirs noch beängstigend krumm.

Wenn Du nicht etwa sorgst, ich möchte es Dir Mitte Juni nicht wieder geben können (worüber Du ruhig sein kannst), so wage es doch noch einmal mit mir und operiere so gut wie möglich, um mich gerade jetzt flott zu erhalten.

152. Richard Wagner an *Otto Wesendonk*
Zürich, 11. Juni 1853

Lieber Freund! Wäre mir alles gegangen, wie es sich anfangs vorigen Winters anließ, so würde ich jetzt mit dem Nötigen zur Freiheit ausgestattet sein. Sie wissen aber, daß ich vor allem zunächst auf die Berliner Tantième verzichten mußte. Dieser Ausfall müßte mir vorläufig ersetzt werden, wenn meine Lage in ein angenehmes Gleichgewicht kommen, und ich meines Lebens erträglich froh sein soll. Daß ich Berlin jetzt nur desto fester in das Auge gefaßt habe, und nichts als Geduld brauche, um dort an mein Ziel zu gelangen, wissen Sie auch: daß ich aber eben *jetzt* der Vorteile am bedürftigsten bin, die mir aus dem Gelingen jenes Planes erwachsen sollen, das fühle ich gerade im Angesicht meines neuen künstlerischen Vorhabens sehr stark. Es gilt also, eines Teiles jener erwarteten Vorteile mich jetzt genießen zu lassen, und das soll auf gut Deutsch heißen: es wäre mir sehr erwünscht, wenn ich auf den, aus der einstigen Aufführung meiner Opern in Berlin verhofften Gewinn, eine Summe geliehen erhielte.

Geht alles gut – und es *muß*, denn ich gebe Berlin nicht eher zu, als bis ich des gutgehens (durch *Liszt* oder mich selbst) gewiß bin

– so kann mir die Berliner Tantième im ersten Jahre sehr leicht zweitausend Taler einbringen. [...] Wollen Sie mir diese Summe, auf das immerhin Ungewisse meines einstigen Reüssierens hin, jetzt vorschießen, so erfüllen Sie alles das, was ich eben wünschen kann. – Meine übrigen Einnahmen werden sich – wie ich auch neuerdings wieder aus eingegangenen Bestellungen ersehe – immer so halten, daß ich des weiteren eines ungestörten Auskommens sicher sein darf, und an eine fortlaufende Unterstützung von Ihnen, lieber Freund, habe ich unter keinen Umständen gedacht.

Richard Wagner an *Otto Wesendonk* 153.
Zürich, 20. Juni 1853

Ihre Verfügungen, bester Freund, sind vortrefflich: von Herzen danke ich dafür!

Um mein neues Schuldverhältnis zu Ihnen würdig und vertrauenerweckend anzutreten, zahle ich heute eine alte Schuld: geben Sie Ihrer Frau die beiliegende Sonate, meine erste Komposition seit der Vollendung des »Lohengrin« (es ist sechs Jahre her!).

154. Richard Wagner, *Mein Leben* (1865-1880)
(Bericht über das Jahr 1853)

Ich entwarf eine Reise nach Italien, soweit mir als politischem Flüchtlinge dieses damals offenstand. Die Mittel zur Befriedigung meines Wunsches wurden namentlich durch die Teilnahme meines seitdem mir stets eifrig ergebenen Freundes *Wesendonk* mit Leichtigkeit zu Gebote gestellt. Da ich diese Reise aber vor dem Eintritte der Herbstwitterung für unrätlich halten mußte, außerdem aber für die Kräftigung meiner Nerven, selbst für den Genuß Italiens, eine vom Arzt mir angeratene besonders geeignete Kur für dienlich halten sollte, beschloß ich zuvörderst erst noch den Besuch des Bades von *St. Moritz* im *Engadin*, wohin ich in der zweiten Hälfte des Juli in Begleitung *Herweghs* mich aufmachte.

155. Richard Wagner an *Jakob Sulzer*
Paris, 16. Oktober 1853

Bester Mann, Freund und Helfer!
[...] Ich berechtige Dich, in meinem Namen Verträge, Verschreibungen und Gott weiß was alles? zu vollziehen usw., sobald es nur den Zweck erfüllt, mir schnell sehr viel Geld zu verschaffen, was ich Dich bitte, alles meiner Frau Minna zuzustellen, damit sie es mit nach Paris bringe. Ich habe die gute Meinung von Dir, daß Du nicht forschen werdest, zu welchem Unsinn das Geld verwendet werden soll: jedenfalls nimmst Du an, daß es gar nicht anders geht. Ich stecke Deinem Geldaufnahme-Eifer keine Grenzen, in der sicheren Voraussetzung, daß es Dir doch nicht gelingen wird,

so viel aufzutreiben, als ich in den Monaten November und Dezember wieder bezahlen kann, was ich hiermit versichere.

Sei nicht bös, daß ich Dir immer noch mit solchem Zeuge komme; da es sich aber nicht um längere Anleihen auf unbestimmte Zeit usw. handelt, so will ich denn doch niemand anderem damit kommen, um Dir allein meine Kundschaft ungeschmälert zu erhalten.

Minna Wagner an *Mathilde Schiffner* 156.
Zürich, 14. November 1853

Richard hat mich mit Geschenken reich bedacht, zum Beispiel mit einem seidenen Schlafrock, in dem sich eine Königin nicht zu schämen brauchte, dann zwei Hüte, aber viel kleiner als der Ihrige, den Sie vorigen Sommer hier aufhatten, fast nicht größer als eine Haube, davon ich auch zwei bekommen habe, ein Mäntelchen von wollenem sonderbarem Stoff. Die Überraschung aber bei unserer Zurückkunft war noch größer. Alle meine lieben, alten Möbel waren beiseite geschafft und an ihrer statt rotseidene und samtene gestellt, auch rote Vorhänge mit gesticktem Tüll darunter. Ich muß es Ihnen gestehen, meine teure Freundin, daß es mich eher schmerzte als freute; es war, als ob ich in eine fremde Stube käme, nicht mehr in meine heimliche, mit der ich ja vollkommen zufrieden war. Ich mußte mich erst herzhaft ausweinen. Der gute, närrische Mann, in solchem äußeren Flitter liegt mein Glück nicht. Richard komponiert fleißig und braucht nun äußere freundliche Eindrücke, die er nicht in Italien gefunden. Darum verliere ich kein Wort über diesen Luxus, aber *freuen kann ich mich nicht.*

157. Jakob Reithard an *Xaver Schnyder von Wartensee*
Zürich, 16. November 1853

Auf die vakant gewordene Stelle in den Putschherzen der Züricher aspiriert nun neuerdings der große *Richard Löwenherz* nachdem derselbe im Palästina der schönen Künste – i.e. in Paris, wohin er mit Freund Liszt einen Kreuzzug unternahm – schmählich Fiasco gemacht hat. Er will sich zur Generalkapellmeisterei in unserer Stadt gnädigst herbeilassen, wenn sich ihm notabene nicht nur besagte Herzen, sondern auch deren Beutel exorbitant öffnen. Die Forderungen des Maestro sollen dergestalt ins Maßlose gehen, daß selber seine innigsten Verehrer deshalb in kaltem Schweiße schwimmen. [...]

Die Zürcher dürften denn doch allgemach leise daran zweifeln, daß ihre gute Stadt bestimmt sei, den wahren musikalischen Messias – treu und gläubig empfangen – zum ewigen Ruhme der Gebärerin zu accouchieren. Da nun aber – pro secundo – für unsichern Erfolg Geld – viel Geld verlangt wird und – nach Boßhard – der Geldsinn bei den Zürichern nur ein klein wenig minder als das Organ der Eitelkeit ausgebildet ist: so möchte wohl, wenn diese einmal ernstlich zweifelt, ihre Rechnung zu finden, ein Abortus zu fürchten sein. So viel ist sicher, daß man allbereits in den obern Schichten bedenklich von den fürchterlichen Schulden des fliegenden Holländers und dem ungebührlichen Luxus redet, mit dem er sich umgebe.

Richard Wagner an *Franz Liszt*

158.

Zürich, 15. Januar 1854

Liebster!

Das *Rheingold* ist fertig −: aber auch *ich* bin fertig!!! −

Ich habe mich in der letzten Zeit durch meine Arbeit so notwendig absichtlich betäubt, daß ich auch jede Veranlassung unterdrückte, vor der Vollendung Dir zu schreiben. Heute ist der erste Vormittag, wo mich nun kein Vorwand mehr abhält, den lang genährten und gefesselten Jammer losbrechen zu lassen! Brech' er denn aus − ich kann ihn nicht mehr halten! [...]

Lieber Franz! keines meiner letzten Lebensjahre ist an mir vorübergegangen, ohne daß ich nicht *einmal* darin am äußersten Ende des Entschlusses gestanden hätte, meinem Leben ein Ende zu machen. Es ist alles darin so verfahren, so verloren! [...]

Liebster − seitdem ist mir die *Kunst* doch eigentlich nur noch Nebensache, sie ist mir reiner *Notbehelf*, nichts anderes! Doch wird sie endlich immer wieder zum wahren *Not*behelf: − die Not zwingt mich, mir durch sie zu helfen, um eben noch *leben* zu können. Doch eigentlich nur mit wahrer Verzweiflung nehme ich immer wieder die Kunst auf: geschieht dies, und muß ich wieder der Wirklichkeit entsagen − muß ich mich wieder in die Wellen der künstlerischen Phantasie stürzen, um mich in einer eingebildeten Welt zu befriedigen, so muß wenigstens meiner Phantasie auch geholfen, meine Einbildungskraft muß unterstützt werden. Ich kann dann nicht wie ein Hund leben, ich kann mich nicht auf Stroh betten und mich in Fusel erquicken: meine stark gereizte, feine, ungeheuer begehrliche, aber ungemein zarte und zärtliche Sinnlichkeit muß irgendwie sich geschmeichelt fühlen, wenn meinem Geiste das blutig schwere Werk der Bildung einer unvorhandenen Welt gelingen soll.

− Gut! als ich jetzt wieder den Plan der Nibelungen und ihrer wirklichen Ausführung faßte, mußte vieles dazu wirken, um mir die nötige künstlerisch-wollüstige Stimmung zu geben: − ich mußte ein besseres Leben als zuletzt führen können! Die Erfolge des *Tannhäuser* (den ich eben auch in dieser Hoffnung nun herge-geben hatte) sollten mir jetzt helfen: – ich richtete meine Häus-lichkeit neu ein, verschwendete (Gott – Verschwenden!!) an die-sem und jenem Bedürfnisse des Luxus: *Dein* Sommerbesuch, ja – Dein Beispiel – alles stimmte mich zu einer – gewaltsam – heite-ren Täuschung (oder: Lust, mich zu täuschen) über mein Leben. Ich frug endlich nicht mehr, ob etwas Geld koste; sondern alles, was ich mir nur erdenken konnte, was mir irgendwie einen ange-nehmen Eindruck, eine wohlige Stimmung bereiten möchte, eig-nete ich mir zu. Der Höhepunkt dieser Laune war in St. Moritz, mitten unter Kasteiungen.

– Meine Einnahmen schienen mir etwas ganz Unfehlbares zu sein. In dieser künstlich behaglichen Stimmung faßte ich nun wie-der Lust zur Musik. – Schon nach meiner Rückkehr von Paris ward mir meine Situation bedenklich: die erwarteten Bestellungen auf meine Opern, namentlich auch auf den Lohengrin, blieben aus: wie sich das Jahr dem Ende nähert, stellt sich mir aber heraus, daß ich viel, sehr viel Geld nötig haben würde, um in meinem Phi-listerneste mit nächstem bestehen zu können. [...]

Höre, mein Franz! Du mußt jetzt helfen! Es steht schlecht – *sehr* schlecht mit mir. Soll ich die Fähigkeit wieder gewinnen, *aus-zuhalten* (ich verstehe viel unter diesem Worte!), so muß auf dem nun einmal jetzt betretenen Wege der Prostitution meiner Kunst etwas *Ordentliches* geschehen – sonst ist's aus. Hast Du nicht wie-der an *Berlin* gedacht? dort *muß* jetzt etwas zustande kommen, wenn nicht alles aufhören soll! –

Vor allem muß ich aber auch *Geld* haben: – Härtels sind sehr flott gewesen: aber was helfen mir Hunderte, wenn Tausende nötig sind. [...] Nochmals: ich brauche – um mich in volle Ruhe und Gleich-gewicht zu setzen – *drei-* bis *vier*tausend Taler. So viel können in drei Jahren recht gut meine Opern einbringen, *wenn* für *Lohengrin* jetzt etwas Tüchtiges geschieht, so daß er gerettet wird: Ich ver-pachte mein Eigentumsrecht dem Verleiher; auf jede gewünschte oder nötige Weise trete ich für Tannhäuser und Lohengrin jedes Eigentumsrecht ab. – Bin ich solch eines Dienstes keinem wert – dann, gestehe, steht es sehr schlecht um mich, und alles war Täu-schung!!! – Hilf mir darüber weg – so will ich wieder *aushalten*. –

Mein Lieber, zürne mir nicht! ich habe ein Recht an Dich wie an meinen *Schöpfer*! *Du bist* der Schöpfer desjenigen, der ich jetzt bin: ich lebe jetzt *durch Dich* – das ist keine Übertreibung. Sorge denn für Dein Geschöpf: ich rufe Dir das wie eine Pflicht zu, die Du hast. –

Sieh, es handelt sich ja nur um *Geld*: das sollte doch möglich sein. Die *Liebe* laß' ich ja fahren – und die *Kunst*?? –

Nun, das *Rheingold* ist fertig – fertiger, als ich glaubte. Mit welchem – Glauben, mit welcher Freude ging ich an die Musik! Mit wahrer Verzweiflungswut habe ich endlich fortgefahren und geendet: ach, wie auch mich die Not des Goldes umspann! Glaub mir, so ist noch nicht komponiert worden: ich denke mir, meine Musik ist furchtbar; es ist ein Pfuhl von Schrecknissen und Hoheiten! –

Richard Wagner, *Das Rheingold* (1852-54)   159.

> Wellgunde.
> *Der Welt Erbe*
> *gewänne zu eigen,*
> *wer aus dem Rheingold*
> *schüfe den Ring,*
> *der maßlose Macht ihm verlieh?*
>
> Floßhilde.
> *Der Vater sagt' es,*
> *und uns befahl er,*
> *klug zu hüten*
> *den klaren Hort,*
> *daß kein Falscher der Flut ihn entführte:*
> *drum schweigt, ihr schwatzendes Heer!*

Wellgunde.
Du klügste Schwester!
Verklagst du uns wohl?
Weißt du denn nicht,
wem nur allein
das Gold zu schmieden vergönnt?

Woglinde.
Nur wer der Minne
Macht versagt,
nur wer der Liebe
Lust verjagt,
nur der erzielt sich den Zauber,
zum Reif zu zwingen das Gold.

Wellgunde.
Wohl sicher sind wir
und sorgenfrei:
denn was nur lebt, will lieben;
meiden will keiner die Minne.

160.   Franz Liszt an *Richard Wagner*
                  Weimar, 21. Februar 1854

Einstweilen habe ich Deine pekuniären Angelegenheiten nicht vernachlässigt und hoffe, daß meine Aussichten nicht vereitelt werden. Antworte mir *aufrichtig* über diese zwei Punkte:
1. Hast Du *drückende* Schulden – und welche Summe ist Dir zur Deckung derselben dringend notwendig –?
2. Kannst Du Dich nicht mit Deinem Einkommen noch dieses Jahr durchfristen?

Im nächsten Herbst ist einige Wahrscheinlichkeit vorhanden, daß Berlin herankommt – ich werde Dir dann, wenn es Zeit ist, das kleine Resultat meiner Bestrebung mitteilen, vor der Hand *sprich nicht davon.*

Richard Wagner an *Franz Liszt* 161.
Zürich, 4. März 1854

Du frägst mich, Liebster, wie viel meine *dringendsten* Schulden betragen! Da du frägst, sage ich Dir offen, daß ich mir jetzt nur dadurch helfen konnte, daß ich Handwerkern u.s.w. (die zu nötig Geld brauchten) *Wechsel* ausstellte. Diese Wechsel sind Mitte April fällig. Wovon ich sie bezahlen soll, weiß Gott! könnte ich mir nur bis zum *Herbst helfen;* dann nehme ich schon wieder von den Theatern ein. Könntest Du mir *fünftausend Francs* als Darlehen (bis zum Spätjahr) verschaffen, so befreitest Du mich wirklich aus einer Höllenmarter! Wen ich hier anborgen konnte, hab' ich schon bis auf den letzten Heller ausgeborgt – nämlich den armen Sulzer, den ich nun durch nicht-Wiedergeben in die größte Verlegenheit gebracht habe. Das ist auch noch eine Pein – ich kann ihm kaum in die Augen sehen. – Ja, so geht's, wenn man üppig wird und eigentlich doch zu Sack und Asche verdammt ist. –

Kannst Du mir helfen, so tust Du ein Gottes-Werk. Bin ich denn keinem deutschen Enthusiasten daheim ein paar tausend Taler auf ein halbes Jahr wert?

162.   Vertraulicher Bericht der *Wiener Polizei*
       Wien, 23. März 1854

Uiber Richard Wagner cirkuliren wieder sonderbare Gerüchte. Er lebt in Zürch nicht nur im luxuriösesten Glanze, sondern kauft auch die werthvollsten Dinge, wie goldene Uhren etc., zu enormen Preisen. Seine Wohnung ist mit den schönsten Möbeln, Teppichen, seidenen Vorhängen und Kronleuchtern dekorirt, was die einfachen Republikaner in bedenkliches Staunen und Neugierde versetzt, so daß man sich veranlaßt gesehen, überall nachzufragen, woher dieser Mann, der so arm nach Zürch kam, es nehme. Er selbst streut aus, daß er so viel für die Aufführung seiner Opern aus Deutschland beziehe. Nach den genauesten Erkundigungen ist dieß aber nicht wahr. Die wenigen Theater, welche seine Opern aufführen dürfen, zahlen ihm nichts. Auch seine Schriftstellerei bringt nichts ein, weil er meistens nur 50-100 Exemplare auf eigene Kosten drucken läßt. In Zürich bezieht er für seine Aufführungen nicht nur nichts, sondern bringt noch Opfer, um die Theilnahme im Schwung zu erhalten. Man vermuthet daher mit großer Wahrscheinlichkeit, daß er von irgend einem fürstlichen Hause Deutschlands im Geheimen unterstützt werde, was aber umso mehr in Erstaunen setzt, als es von ihm nicht nur bekannt ist, daß er in der Dresdner Revolution die ganze Theatergarderobe in Brand gesteckt hat, sondern daß er auch jetzt noch in Wort und Schrift eine revolutionäre Wirkung durch die Kunst einzuleiten sucht.

Albert Wagner an *Richard Wagner* 163.
Berlin, Frühjahr 1854

...ich bin gewohnt, Dich alle Menschen nur beachten zu sehen, *wenn* und *so lange* als sie Dir Nutzen bringen; hört der Nutzen auf, existiert der Mensch für Dich auch nicht mehr. Dank für Vergangenes kennst Du nicht, – es ist alles verfluchte Schuldigkeit! Dies war stets der Fall – gegen Brockhaus, König, – Lüttichau, – Pusinelli, Tichatscheck und alle die, die Dir auf eine oder andere Weise Gutes getan. So sehr ich Dein Talent achte und liebe, so wenig ist das der Fall mit Deinem Charakter.

Seit diesem letzten Brief nun ist der erste Laut gegen Johanna wieder – gib mir 1000 Thaler – Kleinigkeit!

In Johannas und meinem Namen antworte ich Dir darauf: Wenn einmal Deine Oper wirklich in Berlin studiert wird und ich habe dann von Dir eine vollgiltige, von der Intendantur acceptierte Anweisung auf die Berliner Tantième, so bin ich, wenn Du es bedarfst und willst, erbötig, Dir nach der 2ten Vorstellung eine runde Summe darauf vorzustrecken. Jetzt aber ins Blaue hinein wäre es gewissenlos von mir gegen Johannas Zukunft dazu die Hand zu bieten.

Glaube mir, ohne mich in Details einzulassen, es ist nicht zuviel gesagt: wenn Johanna allen Anforderungen der verschiedenen Familien genügen sollte, würde sie bald selbst knapp zu leben haben, geschweige denn an ihre Zukunft denken können. Johanna ernährt ihre Eltern, hat an unserer Stelle Marie in Hamburg ausgestattet, und wird es jetzt mit Franziska tun, Bruder Julius, der nichts ist, nichts kann und nichts tut, kostet ihr eine erkleckliche Summe – anderes nicht zu erwähnen. Sie tut also genug und von Dir weiß ich, daß Du anständig zu leben hast, wenn Du Dich je nach den Verhältnissen einrichten könntest.

Otto Wesendonk an *Jakob Sulzer*
Schwalbach (Nassau), 26. Juni 1854

Ich danke Ihnen für Ihre gefl. Mitteilungen vom 19. ct. und stimme mit Ihrer Anschauungsweise der fragl. Angelegenheit ganz überein. Doch verdiene ich Ihren leisen Vorwurf nicht ganz, indem ich nicht ganz ohne irgend einen Wink an W. ihm s. Z. gefällig war. Leider war es nicht hinreichend, und wenn ich mich darin täuschte, so kann ich meine Rechtfertigung in der delikaten Natur der Sache finden. – Jetzt, nach gemachten Erfahrungen, ist es klar, daß, wenn geholfen werden soll, es auf sichere Weise geschehen muß.

Da Sie schon lange W. Ihre Freundschaft schenkten, so kann ich wohl auch, im Vertrauen auf Ihre Diskretion und um für die Folge früheren Mißgriffen besser vorzubeugen, Ihnen mitteilen, wie ich früher Wagner zu helfen glaubte. Ich schicke voraus, daß ich mich in W.'s alter Wohnung behaglicher fühlte, als in der neuen, und, wie Sie in meinem Kreise oft die Bemerkung machten, daß ich in der neuen nie zu dem Gefühl der Freiheit und Ungezwungenheit kommen konnte, wie in der früheren Wohnung. Wir stehen also auch hier auf gleichem Standpunkte. Von einer Reise nach Lyon im April/Mai v. J. zurückgekommen – soviel ich mich erinnere, war es um diese Zeit, – fand ich die neue Behausung bezogen, von deren Details ich vorher gar nichts wußte. Als ich kurz darauf – Ende Mai – Zürich verließ und mich Wagner um ein Darlehen anging, gewährte ich ihm solches in der Idee, daß damit die unbesonnen gemachte Einrichtung reguliert werden sollte. Da mir aber schien, daß zu diesem Zwecke nicht das ganze Darlehen erforderlich sein möchte, so schrieb ich W., daß ich »um ihm die Verwaltung zu erleichtern«, einstweilen ⅔ der gewünschten Summe, die er je nach Bedürfnis beziehen könne, zu seiner Verfügung gestellt habe. Während meiner Abwesenheit wurden diese ⅔ nicht nur bezogen, sondern von Turin aus schrieb W. meinem Freund dringend um das letzte ⅓ (das ihm noch nicht zur Verfügung gestellt war), welches ihm denn auch in Voraussetzung meiner Genehmigung gesandt wurde. Ich machte mir natürlich Gedanken darüber, war indessen doch gutmütig genug, ihm Ende Dec. oder Anfang Januar abermals ein Darlehen zu machen, welches er Ostern zurückerstatten wollte. Ich bemerkte um diese Zeit seine Gedrücktheit und hoffte, daß nun alle Jahres-Rechnungen reguliert seien und ein geregeltes Wesen beginnen würde. – Daß ich sein Gebahren im Ganzen *nicht* billige, konnte ihm kein Geheimnis bleiben, wenn ich mich auch nur negativ darüber zu erkennen gab. Mit Ostern, gerade vor m[einer] Abreise nach Lyon, kam ein Billet von W. Er war in s[einen] Hoffnungen auf Einnahmen getäuscht etc. In m[einer] Antwort sagte ich, daß ich es als praktischer Kaufmann besser verstanden habe, die ungewissen Aussichten nicht in gewisse Rechnung zu rechnen und demnach von vornherein (so sicher er selbst auch gewiß auf Realisierung seiner Hoffnungen gerechnet) von Zahlung des Darlehens abstrahiert habe. Mir, als Freund, möge er die Bemerkung erlauben, daß es besser sei, sich ein ganz bestimmtes Budget zu machen. Von aller Verbindlichkeit gegen mich sei er frei, und es würde seinen Freunden viel Freude [machen], wenn er jetzt in Ruhe seinen Arbeiten obliegen könne und die uns allen erwünschte Heiterkeit dazu fände. Vielleicht sehe er sich auch veranlaßt, mir seine genaue Lage auseinanderzusetzen, um wegen Weiterem beraten zu können.

Ich hatte nämlich kurz vorher noch gehört, daß er noch an Kölliker schulde, was mich äußerst unangenehm berührt hatte, und war dadurch ganz ungewiß geworden.

Ich erhielt keine Antwort darauf, und erst einige Tage nach m[einer] Rückkehr einige ausweichende allgemeine Worte. Ich dachte, er könne sich helfen und beschloß, die Sachen gehen zu lassen, bis ich, einige Tage vor meiner jetzigen Abreise, hörte, daß W. eine Menge Schulden habe, die die von Ihnen angegebene Summe weit, weit übersteigt. Es wurden mir nur zwei genannt: Schneider Rein ca. Fr. 1000.- Gull Fr. ... (Kölliker wußte ich außerdem, aber nicht, wie viel). Ich halte die mir genannte Summe für übertrieben – indessen schien mir das Ganze doch so wichtig, daß ich beschloß, mich mit Ihnen darüber in Rapport zu setzen.

Ob und wie da geholfen werden kann, läßt sich erst ermessen, wenn die ganze Sachlage klar vorliegt. Soviel ist klar: ihm selbst darf kein Geld in die Hand gegeben werden – wie auch Sie mir solches sagen –. Am besten ist es, wenn er ein mäßiges Fixum hat, was ihn nötigt, auch selbst an die Vermehrung seines Einkommens zu denken.

Das scheint mir nun auch zu ermöglichen, besonders da er ja ein Jahrgehalt von Taler 300.- bezieht. Wenn nur die verd ... Schulden nicht wären! Von Anfang an hatte ich schon vor, die fonds an Madame Wagner zu geben, es schien mir aber so demütigend und vielleicht die Quelle von Zerwürfnissen zwischen beiden, so daß ich die Idee daran gab.

Sie sehen nun, wie die Sachen liegen, können auch m[eine] Gutmütigkeit nach Herzenslust verdammen. Jetzt hat aber meine pure Gutmütigkeit ein Ende, und wenn ich ein Wort des Tadels über Wagner sagen will, so ist es das, daß er auf seine Freunde sehr wenig Rücksicht nimmt, indem er sich ihnen gegenüber in eine für alle so kränkende Lage bringt.

165. Richard Wagner an *Franz Liszt*
Zürich, Ende Juni 1854

Jetzt wird mir's zu arg! Sag! Liebster, *ist es Dir möglich* mir sogleich 500 Frcs. zu schicken?

Richard Wagner an *Franz Liszt* 166.
Zürich, 3. Juli 1854

Hab tausend Dank, liebster Franz: Du hast mir aus einer äußersten Verlegenheit geholfen, nach dem ich alle sonstigen Auswege erschöpft. Zum Herbste – denke ich – soll es mit mir wieder etwas in Ordnung kommen.

Richard Wagner an *Eduard Avenarius* 167.
Zürich, 3. Juli 1854

Sieh einmal, ob Du mir einen recht grossen Gefallen erweisen kannst!

Ich befinde mich in einer, zwar vorübergehenden, aber recht peinlichen Geldverlegenheit. Mit Sicherheit kann ich auf grössere Einnahmen erst im Spätsommer und Herbst rechnen: einige drückende Schulden (unbezahlte Rechnungen) werden mir aber jetzt so lästig, dass ich vor Scham kaum mehr auszugehen wage: dazu habe ich aber – um den Betreffenden zu helfen – selbst ein paar Wechsel ausgestellt, so dass ich für das nächste Geld schaffen *muss*. Mein einziger hiesiger Freund, der mir sonst in derlei Lagen immer aushilft (Sulzer), steckt grade jetzt mit den Eisenbahnen so tief drin, dass er keinen Heller flüssig machen kann. *Liszt*, der mir sonst von auswärts half, ist selbst in grosser Klemme. Da ich vor einiger Zeit an Brendel zu schreiben hatte, bat ich diesen zu sehen, ob unter meinen Bewunderern nicht einer zu finden wäre, der mir *gegen einen Wechsel* auf 4 oder 5 Monate *tausend Thaler* vorschösse? [...]

In Verlegenheit soll mich der Wechsel gewiss nicht bringen; denn schon jetzt gehen flott Bestellungen auf meine Opern ein, und ohne im Mindesten zu übertreiben, darf ich meine bevorstehenden Herbsteinnahmen auf ein paar tausend Thaler anschlagen. Um Dich aber ganz persönlich zu beruhigen, sage ich Dir, dass im schlimmsten Falle, wenn ich zur Verfallzeit die Summe noch nicht ganz zusammen hätte, ich mit Sicherheit auf die Hülfe eines andren Freundes zählen könnte, der – ich weiss es – sich glücklich schätzen würde, mich ihm auf diese Weise zu verbinden. Dieser ist jetzt auf einige Monate von hier abwesend, – und – offen gestanden – möchte ich doch nur in einem alleräussersten Falle mir gegen diese Familie – immerhin etwas – vergeben. –

Sapienti sat! –

Nun siehe einmal zu, Du guter Stadtrath, ob Du mir helfen kannst! Schnelligkeit ist eben – wie ich Dir zeigte – Hauptsache.

168. Richard Wagner an *Franz Liszt*
auf dem Vierwaldstätter See, 22. Juli 1854

Liebster Franz! Du kommst mir jetzt in Leipzig wie gerufen! ich betrachte Deine Durchreise durch Leipzig wie einen Schicksalswink, daß mir *doch* geholfen werden könnte. In meiner Herzensnot schrieb ich vor einiger Zeit auch an *Brendel*, ob er mir unter meinen Leipziger »Bewunderern« nicht 1000 Taler *auf Wechsel* (für 4 bis 5 Monate) auftreiben könnte. Antwort: Nein! aber vielleicht würde es mein Schwager *Avenarius* durch diesen oder jenen besorgen können. Da mich *Avenarius* kürzlich besucht, schrieb ich denn auch an den; Antwort: Nein! aber vielleicht durch meine »Familie«! – Von dieser »Familie« will ich nun nichts hören! Zugleich meldest Du mir aber vom Rheine her, daß Du am 25. in

Leipzig sein wirst – also! Nun höre! ich bitte Dich! – Es bringt niemand zustande, außer Dir! *Mach' einen letzten Hauptsturm auf Härtels*!! Die Sache ist diese: Am *letzten Juli* laufen hier Wechsel von circa 1500 Frcs. auf mich ab: am 15. August ungefähr das gleiche. Ich konnte mir seiner Zeit gewissen Gläubigern gegenüber nicht anders helfen. Im Laufe der nächsten 3 Monate stehen mir nun meine diesjährigen Operneinnahmen bevor; sie werden – allen Anzeichen nach – gut ausfallen und hoffentlich ein für allemal aus dieser letzten Klemme helfen. Das Allermindeste aber, was ich erwarten kann, wäre die Summe von 1000 Talern. Wer mir sie also leiht, dem stelle ich mit gutem Gewissen einen Wechsel auf 3 Monate (Ende Oktober) aus. Härtels *müssen* das tun. Wollen sie dagegen mir etwa die *Tausend Taler* auf meine Einnahmen vom Lohengrin vorschießen, so kann mir das auch recht sein. [...] Was ihnen lieber ist – nur daß ich jetzt aus dieser niederträchtigen Lage herauskomme, die mich wie einen Zuchthäusler quält! Ich bitte Dich, setze den Leuten das Pistol auf die Brust!! –

Richard Wagner an *Hans von Bülow*   169.
Zürich, August 1854

– Heirathe Du übrigens die polnische Gräfin: das ist ganz gescheut! Ich kann Dir nichts anderes sagen, als dass ich die höchste Vernunft darin finde. So lange diese Sauwelt vorhanden bleibt, macht nur Geld frei: für das *Herz* wird übrigens – so wie so – immer mehr Schmerz und Qual, als Wonne, zu empfinden bleiben. –

Karl [Ritter] hat mir jetzt in Geldsachen etwas helfen müssen: doch bin ich keinesweges zur Ruhe. Ich fürchte vielmehr, ich werde diesen Winter nicht viel einnehmen: (der Nordstern macht mir auch Concurrenz – schrecklich genug, dass ich so tief gesunken bin!!) Zeigt sich Dir irgendwo ein enthusiastischer Mensch von Vermögen, so theile ihm getrost mit, dass er mir unsäglich wohl thun könnte, wenn er mir auf *ein Jahr* (vielleicht gegen Wechsel) 1000 Thaler borgen wollte.

170.   Richard Wagner an *Eduard Avenarius*
Zürich, 2. September 1854

Nun sei mir ja nicht bös, dass ich Dich so lange auf Deine freundlichen Briefe ohne Antwort gelassen habe. –

Ich bereue, so ungeschickt gewesen zu sein, Dich in einer Geldangelegenheit belästigt zu haben, wo ich leicht vermuthen konnte, dass Du nur Beunruhigung empfinden, nicht aber Hülfe schaffen konntest. [...]

Amüsirt hat mich's aber doch bei der Gelegenheit, einmal dem Enthusiasmus – den ich erweckt – auf den Puls zu fühlen: – es ist mir wirklich rein unmöglich geblieben, von diesem Enthusiasmus auf ein paar Monate 1000 thr. aufzutreiben, – doch, wie gesagt – lassen wir das: es wäre unerklärlich, wenn es anders wäre! –

Um Gottes willen, liebster Hans, hemme Deinen Eifer, mir durch
Versuche bei Philistern zu Geld zu verhelfen! Du siehst selbst, in
welchen teufelsdreck Du da trittst. [...]

Dass ich in einer wirklich bedenklichen Lage bin, will ich deshalb nicht läugnen: das fast gänzliche Ausbleiben von Bestellungen
für diesen Herbst, nimmt mir die letzte Hoffnung, mich ohne
Wunder durchzubringen. [...]

Liszt habe ich seitdem nicht wieder schreiben können: auch sein
erstes Lebenszeichen erhielt ich erst vor ein paar Tagen, wo er mir
sein riesiges Medaillon (unfrancirt) zuschickte, und mich für das
rasende Porto in eine ganz hübsche Verlegenheit setzte. In Bezug
auf ihn werde ich überhaupt auf eine recht peinigende Probe
gestellt: von allen nur möglichen Seiten her bestürmt man mich,
doch von der »unsinnigen« Forderung, den Tannh[äuser] in Berlin
nur durch Liszt aufführen zu lassen, abzustehen: dass man als Dirigent nichts von ihm halten will, ist nun einmal ein allgemeines
Geschrei: aber man versichert mir auch, dass, wie die Sachen jetzt
stünden, man in Liszt's Forderung – denn alle glauben, sie gehe
nur von ihm aus – nichts wie grenzenlose Eitelkeit erblicke, die
allgemein gegen ihn einnehme, und das Erreichen günstiger Resultate für mich schon dadurch für gefährdet hielt, dass zunächst ein
Triumph Liszt's gewiss nicht zu stande kommen würde. etc. etc.
So geht das aber in einem fort; es sind fast die einzigen Briefe, die
ich erhalte. Wie viel Philisterei dahinter steckt, erkenne ich recht
gut; vor Allem weiss ich aber auch, dass ich hierin eher für Liszt
als für mich handle, dem ich eben herzlich gern einen Triumph
durch mich gönnte. Nur wundert es mich, dass Liszt so ganz
unmächtig in dieser Sache bleibt: ich glaubte wirklich, er sei mehr
Diplomat und habe bedeutenderen Einfluss, als es sich ausweist.

Nun weiss aber auch Liszt, in welcher Klemme ich lebe: dass er
gar keinen Ausweg erfunden, die Berliner Tantièmen mich ver-

schmerzen zu lassen, demüthigt etwas meinen Glauben an seine Klugheit und Sorglichkeit.

172.   Richard Wagner an *Jakob Sulzer*
Zürich, 14. September 1854

Vor einiger Zeit frugst Du mich, ob meine Lage verzweifelt sei? Ich verneinte es, weil ich gerade jetzt an dem Zeitpunkte angekommen war, wo mich verhoffte Einnahmen von den deutschen Theatern flott machen sollten. Meinen Erfahrungen vom vorigen Jahre gemäß, sowie bereits erhaltenen günstigen Anzeichen nach, glaubte ich im Monat August und September, wo die Theater sich für die Wintersaison mit Neuigkeiten versehen, mindestens so viel einzunehmen, daß ich die dringendsten meiner Schulden in dieser Zeit abmachen und den Rest im Laufe der nächsten Monate gemächlich tilgen können würde. Die für die Erfüllung meiner Hoffnungen entscheidende Zeit ist nun verstrichen, und ich darf mir nicht mehr verhehlen, daß mich meine Annahmen getäuscht haben. [...] ich kann ohne eine große Summe baren Geldes gerade im gegenwärtigen, allernächsten Zeitpunkte mich nicht behaupten.

Meine Schulden rühren von meiner hiesigen Einrichtung im Laufe des vorigen Jahres her. Die stillen oder lauten Vorwürfe, die ich mir wegen des Charakters dieser Einrichtung zugezogen, kann ich – wie es nun gekommen ist – durch nichts entkräftigen, als durch Berufung auf gewisse Vorgänge in meinem Inneren, die ich fürchten muß, Niemand klar machen zu können, der sich nicht in das Wesen grade meiner Natur und Lage unter den Eindrücken jener Periode und im Angesichte einer zu beginnenden künstlerischen Arbeit grade von der Art und dem Umfange der von mir vorgehabten, versetzen kann. Hierüber schweige ich daher, und gebe gern zu, daß derjenige Recht haben mag, der mir einen dummen Streich vorwirft. [...]

Hier hast Du die Darlegung meiner Lage.

Nach einer genauen Überrechnung finde ich, daß ich »zehn tausend francs« bedarf, um mich schuldenfrei zu machen – wobei meine Schuld an Dich jedoch nicht mitgerechnet ist. Gegen sieben tausend francs bin ich hier noch für unbezahlte Rechnungen schuldig, deren Bezahlung ich, meistens wiederholt gedrängt, größtenteils im Laufe dieses Monats in Aussicht gestellt habe. Das Übrige schulde ich seit neulich an Karl Ritter, der das Geld mir nur unter der Bedingung des Wiedererhaltes bis Ende nächsten Oktober vorschießen konnte. (Über meine neulichen Aussagen betreffs meiner Schulden bin ich Dir – beiläufig gesagt – gelegentlich noch eine Erklärung schuldig.)

Böte sich nun ein Mittel dar, mir diese Summe jetzt zu verschaffen, so würde ich dagegen bis zur Wiederbezahlung derselben meine von den deutschen Theatern zu beziehenden Einnahmen abtreten. [...] Das Minimum der von meinen beiden Opern »Tannhäuser« und »Lohengrin« zu erwartenden Einnahmen berechne ich somit ohne die mindeste Übertreibung auf 21000 frs., wobei ich die von Berlin dereinst zu erhoffenden Einnahmen – aus Gründen – nicht berühre.

Wenn sich nun irgend eine Übereinkunft treffen ließe, so würde ich Dich gern zum Verwalter dieser Einnahmen bestellt wissen. [...]

Nur eine Bedingung hätte ich dabei noch zu machen: es müßte mir von diesen Einnahmen für drei Jahre ein jährlicher Zuschuß von 2000 frs., in vierteljährlichen Raten von 500 frcs., zur Bestreitung meines Haushaltes zugestellt werden, da ich sonst nicht auskommen könnte; und um nicht sogleich in neue Unordnung zu geraten, müßte schon am 1en Oktober mit diesem Zuschusse begonnen werden.

(Noch bemerke ich Dir, daß bei der angegebenen Summe von 10000 fr. – 500 fr. nicht mit inbegriffen sind, die ich bereits morgen (d. 15. September) zu zahlen mich verpflichtet habe und wofür ich täglich das nötige Geld aus Breslau, als Honorar für meinen

Lohengrin [. . .] erwarte. Da dies Geld heute noch nicht eingetroffen ist, bin ich sogar in der Verlegenheit, Dich zu bitten, womöglich diese nötigen 500 fr. bis zum Erhalt derselben mir vorzuschießen.)

Jetzt, lieber Freund, überlege Dir einmal, wie es anzufangen wäre, mir zu helfen, um die Notwendigkeit einer – namentlich im Hinblick auf meine Frau sehr üblen – Katastrophe abzuwenden. Aus Deutschland kann und will ich, trotz einiger mir dort eröffneten, vagen Aussichten, jetzt nichts erwarten: was geschieht, um mir zu helfen, kann nur aus freundschaftlichen Beziehungen erspriessen, wie sie sich unter Umständen nur in der nächsten Nähe bilden.

173.   Otto Wesendonk an *Jakob Sulzer*
          Zürich, 29. September 1854

Werter Freund!
Ich übermache Ihnen einliegend

Bank Mandat	Fr.	2644.30
Bank Scheine 6/500	"	3000.–
Bank Scheine 24/50	"	1200.–
Silber und Münz		155.70
	Fr.	7000.–
		6844.30

welche Sie in abgesprochener Weise zur Tilgung der Schulden u[nseres] Freundes verwenden und sich dagegen die Honorare für seine Opern wollen anweisen lassen, wovon ihm dann vierteljährlich Fr. 500.– zur Bestreitung seines Unterhalts zuzuweisen sind.

Ich bin in einer recht garstigen Verlegenheit.

Als ich gestern an das Rechnungsbezahlen gehe, werde ich, nachdem ich 5.962 frc. ausgegeben habe, an dem Rest der noch zu bezahlenden Rechnungen gewahr, dass ich bei der vor einigen Wochen vorgenommenen Addition sämmtlicher Posten einen bösen Fehler gemacht habe, nach welchem ich – *mit* der [Karl] Ritter'schen Schuld – den ganzen Betrag auf 10,000 frcs. berechnete. Ich musste nun nämlich finden, dass die aufgesetzten Posten an sich 7,066 fr. 61 c. betragen, dass diese Summe aber beim reinen Wirthschaftmachen noch durch eine nachträgliche Abrechnung

bei *Kölliner* [Kölliger] um	– –	76 fr.
bei den Gebr. *Hug* um	– –	40 fr.
ferner durch eine bei meiner Frau verborgene Rechnung um	– –	60 fr.
endlich aber durch eine gerade jetzt hinzugekommene Forderung, die ich unmöglich zunächst aus meinen sonstigen Mitteln bestreiten kann, um	–	100 fr.
vermehrt worden ist.		
Summa		276 fr.

Zum vollkommenen Aufräumen mit meinen Schulden am hiesigen Ort bedarf ich daher zu den gestern empfangenen 7.000 fr. noch 342 fr. Die Schuld an Karl Ritter beträgt an sich aber 3.800 fr. – Um das aus Breslau mit nächstem zu erwartende Honorar von 500 fr. muss ich jedenfalls als erste vierteljährliche Subsidienzahlung bitten, da ich davon zunächst sogleich die Hausmiethe mit 350 fr. bezahlen muss.

So steht es nun bei vollem Lichte. –

Damit die ganze mir erwiesene Wohlthat ihren vollen Zweck erreiche, muss ich Dich wohl bitten, hier noch eine letzte Ausgleichung zu vermitteln. Da ich mich aber – zwar gewiss nicht einer Verheimlichung – doch aber einer Ungenauigkeit – namentlich als Rechner – schuldig gemacht habe, so erbiete ich mich Dir ohne Wiederrede meine Papiere zur persönlichen Einsicht zu stellen, damit Du Dich selbst diesmal von der Genauigkeit meiner Angaben überzeugen könnest. [...]

Da ich mich jetzt rein nur auf mein Jahrgeld zu beschränken habe, liegt mir Alles daran, mit der grössten Ordnung in diese neue Periode zu treten, damit ich nicht von vornherein irgendwie wieder in's Unebene komme. Das ist ja auch Euer Wille. Also – bringe mir noch das Opfer!

175. Richard Wagner an *Jakob Sulzer*
Zürich, 10. Oktober 1854

Das Ausbleiben einer Beachtung meiner Bitte – wegen letzter Regulierung meines Schuldenwesen's – beunruhigt mich. Kannst mir heut' etwas deshalb mittheilen?

Das aus Breslau erwartete Geld bleibt auch immer noch aus, und dürfte nun erst nach der ersten Aufführung – nächsten Monat – abgeschickt werden. –

Neue Schulden hab' ich nun auch! –

Von aussen rührt sich nichts.

Es bleibt dabei – ich hab' es satt!

Ich glaube Sie so verstanden zu haben, daß zur sämtlichen Schuldentilgung von Wagner noch fehlt

Fr. 342.– laut seiner Aufstellung vom 1. Oktober

» 350.– für verfallene Hausmiete

Fr. 692.–

Dafür begleite ich beikommend Fr. 700,-

Für das Quartal Okt. Nov. Dezbr. erwartet er das Breslauer Honorar (Fr. 500.), was nicht auf seinem Verzeichnis der in Aussicht stehenden Bühnen gesetzt war. Habe ich so recht verstanden?

Karl Ritters Forderung besteht nun noch außerdem. Ich sende die Fr. 700.–, damit mit den alten Sünden *ganz reine Bahn* gemacht wird.

Von jetzt an muß Wagner sich rein mit seinem Quartal begnügen und sich zusammen nehmen, um sich nicht aufs Neue in Verlegenheit zu setzen. Ich erkläre aufs *bestimmteste*, daß ich für ferneres nicht mehr aufkommen will.

Die Fr. 500.– vierteljährlich soll er haben – alle Opern-Einnahmen sollen dagegen Ihnen übermacht werden, falls Sie den Empfang übernehmen wollen.

Wagner soll Ihnen aufs bestimmteste erklären, daß er das tun will, so wie, daß jetzt alle seine Schulden getilgt sind – bis auf die Fr. 3800.– an Ritter – ferner, daß er *unter keinen Bedingungen* über seine ihm fest zugesagten Zuschüsse von Dresden und hier hinaus verzehren, i.e. gebrauchen will, *mit* seiner Haushaltung.

Ich wiederhole, daß ich in Zukunft auf Weiteres mich nicht einlasse. Des Ärgers ist genug gewesen für Sie und mich und endlich muß man abgehärtet werden.

Wenn W. nur halbweg unsere Gesinnungen für ihn erkannt, muß er sich in Zukunft um seinetwillen und unsererwillen in Acht nehmen.

Richard Wagner an *Ernst Benedikt Kietz*
Zürich, 7. Dezember 1854

Auf Deine römischen Briefe konnte ich Dir nicht antworten: ich wusste wahrlich nicht, was? Soll ich Dir als weitere Gründe für mein Schweigen noch die tausend Sorgen und Qualen erst anführen, die mich währenddem verzehrten? Glaub's auf mein Wort — es ist mir sehr schlecht gegangen, und mein einziger Trost ist, dass es in dieser Weise wahrscheinlich nicht wieder so kommen wird, weil ich hoffe, sobald nicht wieder verrückt zu werden, wie ich es voriges Jahr wurde, wo ich mit Teufel's Gewalt einmal gut leben wollte. Ich war dadurch in unglaubliche Verschuldung gerathen; glaubte mich aber zu retten, wenn ich es nur bis zu diesem Herbst hinhielte, wo ich mir sehr starke Einnahmen von den deutschen Theatern vermuthete. Unter Angst und Noth (die ich noch dazu meiner Frau zu verbergen hatte) kam dann diese ersehnte Zeit heran, und siehe da! von meinen Erwartungen traf nichts ein. Gott weiss, woran es liegt: kurz die Bestellungen blieben so gut wie ganz aus; Alles was sich machen sollte, wie Berlin, München pp machte sich nicht, und ich war vollständig bankerot: nun hat mir ein Freund in äusserster Noth geholfen; ihm habe ich jedoch bis zur Abtragung meiner sehr starken Schuld alle meine zukünftigen Einnahmen verpfändet, und dagegen mich auf ein knappes Büdjet für's Haus beschränkt, was mir eben nur die Existenz ermöglicht. Dass diess Alles nur mit grossen und widerlichen Sorgen, Kummer und Aerger aller Art vor sich ging, musst Du Dir denken!

Richard Wagner an *Jakob Sulzer* 178.
Zürich, Mitte Januar 1855

Da ich zu der Einsicht komme, dass Du zwar ein sehr nobler Freund, aber ein sehr peinlicher Vormund bist, gereicht es mir zu einiger Tröstung, Dir anzeigen zu können, dass ich in diesen Tagen den *Tresorier* der philharmonischen Gesellschaft aus London hier erwarte, der eigens nach Zürich kommt, um persönlich Dich zu fangen.

– Nun rieche dran! –

Richard Wagner an *Jakob Sulzer* 179.
Zürich, 25. Januar 1855

Lieber Vormund!

Hier der Empfangsschein über 500 fr., die Du Dir als von *Mannheim* für den Tannhäuser eingegangen notiren mögest. –

Uebrigens melde ich Dir, dass ich – wie ich hoffe *ausnahmsweise* – dieses Jahr unter 6000 fr. nicht auskommen kann: Da im *vorigen* Jahr zuviel noch auf Rechnung entnommen worden ist, was am Neujahr einen unerwarteten Etat von Deficit lieferte, wozu ausserdem noch Nachforderungen – aus Grund der Verrechnung Seitens der Rechnungssteller u.s.w. kamen. Alles was ich dagegen thun kann, ist, dass wir in diesem Jahre möglichst Alles baar bezahlen, um damit für das nächste Jahr den Normal-etat von 5000 fr. einhalten zu können, was uns aber auch nur dann wieder möglich wird, wenn das Deficit dieses Jahres nicht zu lange drückend auf uns ruht. Es versteht sich, dass hierbei nur von der

Verwendung der von aussen mir zufliessenden Einnahmen die Rede sein kann. Was diese betrifft, bleibt es aber mein voller Ernst, bis zur gänzlichen Tilgung meiner hier contrahirten Schulden Alles, was mir irgendwie und irgendwoher zufliessen soll, und namentlich auch, was ich in London erspare, Deiner Verwaltung zu überlassen, so dass ich für jetzt und für zukünftig mit dem Etat von 5000 fr. auszukommen suche. Nur, wie gesagt – und da überhaupt aller Anfang – zumal vom Züricher Neujahr an – schwer ist, muss ich für dieses Jahr um einen Extra-Zuschuss von 1000 fr. bitten, um der unerwarteten Stärke der eingelaufenen Rechnungen baldigst entsprechen zu können.

180. Richard Wagner an *Minna Wagner*
London, 15. März 1855

Die Furcht Freund Wesendonks vor Ausschweifungen meiner Seits, thut mir nicht ganz wohl. Zuvörderst muss ich, allen seinen Aussagen nach glauben, dass er London am Ende doch nicht genug kennt, wenigstens nicht nach den Verhältnissen, nach denen es *mir* möglich ist, hier eine Zeitlang zu leben. Die Ae[u]sserungen der Frau Wille und seiner eigenen Frau, dass ich für 200 pfund in London vier Monate grade nur eben anständig leben würde können, galten ihm zwar für Uebertreibungen von solchen, die nichts davon verstünden: sonderbarer Weise habe ich hier aber noch nicht einen einzigen gefunden, der *jene* Ansicht nicht sofort auch bestätigt hätte, und nicht darüber lächelte, als ich von beabsichtigten Ersparungen sprach. Wollte ich nun irgend etwas ungenirt leben, so sehe ich auch nach meinen jetzigen Erfahrungen, dass ich die 200 pfund ganz gewiss aufgebrauchen würde: doch *will ich mich wirklich geniren*, und *jedenfalls* ersparen. In allem kann und will ich das, nur in der *Wohnung* wäre mir diess ein Opfer, welches mir das *Aushalten hier* geradeweges *unmöglich* machen würde. Eine recht angenehme Wohnung, in heitrer Lage und mit einiger Bequemlichkeit ist mir unerlässlich, da ich fast den ganzen Tag zu Hause sein und arbeiten werde. Bei der von mir gemietheten Wohnung ist von Luxus gar nicht die Rede, und sollte ich Dir die Bequemlichkeiten alle aufzählen, die ich hier gegen zu Hause vermissen muss, so würde das ein langes Register werden: doch sprach sie mich an, und ich bin jetzt darin zu möglichstem Behagen eingerichtet. Was den Preis betrifft, so habe ich von wohl 20 Wohnungen, die ich mir mit Praeger in dieser Gegend ansah, keine unter 1½ Pfund gefunden, und diesen fehlte sehr viel, um sie mir auf 4 Monate angenehm erscheinen zu lassen. Praeger ist über 20 Jahre in London, und kennt es nach dem Zeugniss Aller *sehr* genau: dieser sagte mir, dass ich unter 1½ Pfund, 1 Pf. 15 Sch.[illing] u.s.w. keine für mich geeignete Wohnung finden würde. Es thut mir leid, hierüber mich soviel entschuldigen zu müssen! –

Das Schlimmste wäre nun, wenn ich beim Restaurant immer essen müsste: ich würde unter 6 Schillinge dort nie wegkommen, da ich weder Porter noch die hitzigen engl. Weine trinken kann, und jedesmal eine halbe Flasche franz. Rothwein mit 3 Sch. zahlen müsste. Dieses habe ich wiederholt versucht, und gefunden, dass es nicht billiger zu machen ist. Dagegen bin ich nun darauf verfallen, mir selbst Wein (für 3 Sch. die Flasche) in das Haus zu nehmen, und meistens ebenfalls zu Haus mir Essen kochen zu lassen, was in sofern ziemlich wohlfeil ist, als man mir dafür grade nur die Auslagen berechnet. Mein Essen besteht dann in Suppe (das theuerste) einem Rostbeaf und Chesterkäse. Zum zweiten Frühstück (um 1 Uhr) lasse ich mir gewöhnlich ein Dutzend Austern holen. So denke ich am billigsten auszukommen. Oft bin ich auch eingeladen (wie gestern bei Sainton, heute bei Semper, Sonntag bei Präger.) Bei dem letzteren konnte ich nicht weiter essen (für gewöhnlich), weil er selbst nur 3 mal in der Woche zu Hause speist, und dann auch gewöhnlich um 2 Uhr eben nur flüchtig die Sache abmacht; was mir nicht convenirt. So bleibt hauptsächlich noch Heitzung (sehr theuer – aber *nöthig*!) und Fuhrwerk. Was die Heitzung betrifft, so habe ich die Hoffnung, mit dem Frühling diese Ausgabe schwinden zu sehen; mit dem Fuhrwerk richte ich mich wohl auch allmählich ein, wenn ich erst die Omnibusse und ihren Gebrauch genauer kennen gelernt habe. – Somit – seid beruhigt über meine Ausschweifungen: ich werde *jedenfalls ersparen*. – Nur gönnt mir meine *Wohnung*!

181.   Franz Liszt an *Richard Wagner*
Weimar, 23. September 1855

Schreibe mir gelegentlich, ob Dir 10000 bis 12000 Dollars (mit der gehörigen Garantie) ein genügendes Honorar wären, um 6 Monate in Amerika Dich als Dirigent zu betätigen?

182.   Richard Wagner an *Franz Liszt*
Zürich, 3. Oktober 1855

Amerika ist mir ein fürchterlicher Cauchemar. Sollten sich jemals die New-Yorker entschließen können, mir eine namhafte Summe zu bieten, so müßte mich dies wirklich in eine gräßliche Verlegenheit setzen. Wenn ich es ausschlüge, dürfte ich es rein gar keinem Menschen sagen, denn jeder würde mich der Gewissenlosigkeit gegen meine Lage zeihen. Vor 10 Jahren konnte ich so etwas noch unternehmen: jetzt aber noch solche Umwege zu machen, um nur leben zu können, wäre doch hart, jetzt – wo ich eben nur noch gemacht bin, das zu leisten und dem mich hinzugeben, was meine eigentliche strikte Sache ist. In meinem Leben würde ich dann die Nibelungen nicht fertigmachen. Du lieber Gott, dergleichen Summen, wie ich sie in Amerika »*verdienen*« könnte (??), sollten mir die Leute *schenken*, ohne etwas andres dafür zu fordern als das, was ich eben tue und was das Beste ist, das ich tun kann. Zudem bin ich viel mehr gemacht, in sechs Monaten 60000 Francs durchzubringen, als sie zu »verdienen«, was ich überhaupt gar nicht kann, denn es ist nicht meine Sache, »Geld zu verdienen«; aber es wäre die Sache meiner Verehrer, mir so viel Geld zu geben, als ich brauche, um guter Laune etwas Rechtes zu schaffen.

Richard Wagner an *Jakob Sulzer*   183.
Zürich, 2. November 1855

Leid thut es mir jedoch, hiermit erklären zu müssen, dass es nach der Erfahrung dieses Jahres mir unmöglich ist, mit der unter uns stipulirten Subsidie auszukommen. Die verdriesslichsten und aufreibendsten Auftritte mit meiner Frau bestimmen mich, um dergleichen ein Ende zu machen, Dich und Wesendonk zu bitten, mir von meinen laufenden Einkünften statt 2000 fr. jährlich 3000 fr. zu überlassen, wogegen ich mich verpflichte, bis zur gänzlichen Tilgung meiner Schuld an Euch, jede meiner Einnahmen, sei es woher und wofür, abzutreten. In spätestens 3 Jahren muss ich jedenfalls etwas Gründliches für mein äusseres Bestehen unternehmen: nur bis dahin, d.h. bis zur Vollendung meiner jetzigen grossen Arbeit erbitte ich mir möglichste Ruhe und Ungestörtheit. Diese kann ich aber, ohne die angegebene Erhöhung Eurer Unterstützung, nicht haben. Könnte ich meine ganze Einrichtung und mein ganzes Hauswesen wieder von vorn beginnen und erneuern, d.h. Alles auf meinen ersten Stand in Zürich reduziren, so wäre es etwas andres. Diess kann ich aber meiner Frau – ohne ihre Gesundheit gänzlich zu ruiniren – nicht zumuthen, namentlich auch hier am Orte nicht. Wie wir jetzt nun aber einmal leben, kommen wir einfach nicht aus, und zwar ohne zu verschwenden: von allen unsren Ausschweifungen warst Du Zeuge und Theilnehmer. Lasst mich, ich bitte, hierüber nicht weiter viel reden, und glaubt dagegen, dass an unser Einem viel und manches hängt und klebt, was sich nicht so leicht detailliren lässt wie eine Apotheker-Rechnung (die jetzt – beiläufig – brav stark bei mir ist!) –

184. Richard Wagner an *Franz Liszt*
Zürich, 15. Januar 1856

Sei mir nicht böse, daß ich Dich bis Wien verfolge, und zwar, weil mir nun einmal nichts Gutes passiert, in einer üblen Angelegenheit.

Dingelstedt bat mich – im Juli v. Js. – wegen des von mir verlangten Honorars von hundert Louisdor für »Tannhäuser« mit folgendem Übereinkommen vorliebzunehmen: 1. am Tage nach der ersten Aufführung fünfzig Louisdor, 2. zu Neujahr 1856 eine Nachzahlung – bei gutem Erfolge – bis zu der gleichen Höhe. – Nachdem nun in München der »Tannhäuser« gerade so oft gegeben wurde, als er eben gegeben werden konnte – und zwar stets bei ausverkauftem Hause, so rechnete ich jetzt gewiß nicht ohne Fug auf die einfache Komplettierung meiner ursprünglichen Honorarforderung. Statt dessen meldet mir heute Dingelstedt, er könne mir jetzt gar nichts schicken, und bittet mich, bis *Ende Juni* oder besser noch Ende Dezember zu warten. – Erlasse mir jetzt die Fülle von Verlegenheit Dir zu schildern, in die mich diese gänzlich unerwartete Wendung setzt: Sei es Dir dagegen genug, wenn ich Dir sage, sie nötigt mich, bei *jemand* Hilfe zu suchen, dem ich um alles in der Welt jetzt keine Verbindlichkeit mehr schulden möchte, weil es gerade bei dem Charakter dieser Persönlichkeit mein letztes Restchen übrigen Stolzes bis auf das äußerste verletzt. – In der Voraussetzung, Dich endlich einmal zu sehen und zu sprechen zu bekommen, frage ich Dich daher für heute nur: – wie steht es mit Dir? Könntest Du ohne zu große Beschwerde bis Ende dieses Jahres über diese Summe (tausend Frank) verfügen und daher mir mit derselben gegen eine Anweisung auf Dingelstedt ein Darlehen machen?

Richard Wagner an *Franz Liszt* 185.
Zürich, 18. Januar 1856

Einen Brief von mir, lieber Franz, wirst Du in Wien (durch Glöggl) erhalten haben. – Ich nehme meine darin ausgesprochene Anfrage noch einmal auf und frage Dich: kannst Du mir die fraglichen tausend francs besser noch *schenken*? und wäre es Dir möglich, mir für die nächstfolgenden zwei Jahre jedesmal wieder einen jährlichen Zuschuß von der gleichen Höhe zu legieren? – Wenn Du es *kannst*, so weiß ich, daß gerade Du gerne Dich denjenigen zugesellen wirst, die mir das Leben erhalten durch ihre Subvention; dies ist eigentlich nur die Familie Ritter; denn derjenige, der mir vor 2 Jahren das Geld zur Bezahlung meiner Schulden gab, erhält – bis zur Rückbezahlung – meine Opern-Einnahmen, wenn auch gerade seitdem nicht viel für ihn einkam; jedenfalls aber *will* ich, daß ihm diese nicht entzogen werden sollen. Mit dem mir zum Leben Ausgesetzten komme ich bei dem hiesigen sehr teuren Leben nicht aus, und jedesmal am Neujahr quält mich ein Defizit in der Art, daß ich eigentlich jetzt um nichts gebessert bin. Hätte ich meine Frau nicht, so solltet Ihr jetzt Kurioses von mir erleben, und ich würde stolz darauf sein, als Bettler einherzuziehen; dies ewig Unzureichende und Knauserige unserer Existenz greift aber meine arme Frau immer heftiger an, die ich nur durch eine gewisse ökonomische Ruhe ebenfalls bei Gemütsruhe erhalten kann. – Doch hierüber mündlich ein weiteres! – Daß ich Dich gerade jetzt mit solch einem Exposé interpelliere – jetzt, wo ich eigentlich das Leben selbst satt bis über die Ohren habe, und lieber es heute enden sähe als morgen – das wirst Du wahrscheinlich nicht unbegreiflich finden, wenn Du Dir vergegenwärtigst, daß ich von dem tiefsten innersten Gram eigentlich immer nur zu dem gemeinen Lebensärger erwachen kann und dies mein einziger Wechsel ist. Also: an Deinem *Willen* zweifle ich nicht, ja ich glaube sogar, es könnte Dir Freude machen, Dich mit zu meinen stehenden Pensions-Erteilern zu zählen. Somit fragt es sich nur – kannst Du? Vor einiger Zeit, weiß ich, konntest Du nicht, obwohl Du selbst dann noch mir durch gelegentliche Unterstützungen wirkliche Opfer brachtest. Vielleicht hat sich aber seitdem etwas geändert – und auf dieses *Vielleicht* hin wage ich Dich mit meiner Frage zu beunruhigen. –

186. Richard Wagner an *Franz Liszt*
Zürich, 21. März 1856

Meine Briefe nach Wien scheinen Dich in große Verlegenheit gesetzt zu haben; verzeihe mir das und strafe mich nicht länger durch Dein Stillschweigen!

Um alles in der Welt bitte ich Dich aber, sobald als irgend möglich Deinen so unglücklich verzögerten Besuch bei mir auszuführen. Das Bedürfnis, entscheidenden Rat mit Dir über mein ferneres Leben zu pflegen, ist gegenwärtig zur peinlichsten Stärke gestiegen: meine Sehnsucht nach Dir ist unsäglich. Ich bin sehr unglücklich!

Franz Liszt an *Richard Wagner* 187.
Weimar, 25. März 1856

Endlich kann ich Dir melden, daß *anfangs* Mai Du 1000 francs erhalten wirst. Als Du mir nach Wien von dieser Angelegenheit schriebst, war es mir nicht möglich, Dir etwas Bestimmtes darüber zu sagen, und jetzt noch bin ich nicht in der Lage, eine *jährliche* Verpflichtung zu übernehmen.

Es ist für mich immer ein Herzensleid, Dir eine unangenehme Mitteilung zu machen, und daher wartete ich den günstigen Moment ab, wo ich Dir anzeigen konnte, daß Dir die bewußte Summe zugeschickt wird. Ich habe Dir mehrmals von meinen schwierigen pekuniären Verhältnissen gesprochen, die sich einfach so gestellt haben, daß meine Mutter und meine drei Kinder von meinen früheren Ersparnissen anständig versorgt sind, und ich mit meinem Kapellmeister-Gehalt (1000 Taler jährlich – und 300 Taler als Präsent für die Hof-Konzerte) auskommen muß. –

Seit mehreren Jahren, als ich den Entschluß ernstlich gefaßt, meinem künstlerischen Beruf genüge zu leisten, darf ich auch nicht mehr auf einen Zuschuß von Seiten der Musik-Verleger rechnen. Meine symphonischen Dichtungen (wovon ich Dir in vierzehn Tagen einige Nummern in Partitur zusenden werde) bringen mir keinen Groschen Honorar – ja kosten mich sogar eine ziemliche Summe, die ich zum Ankauf der Exemplare, welche ich an mehrere Freunde verteile, ausgeben muß. Meine Messe und meine

Faust-Symphonie etc. sind ebenfalls ganz *nutzlose* Arbeiten – und mehrere Jahre noch habe ich gar keine Aussicht Geld zu verdienen. Glücklicherweise kann ich es ungefähr aushalten; aber ich muß mich sehr drücken und bedacht sein, nicht in Unannehmlichkeiten zu geraten, die sehr störend auf meine ganze Stellung einwirken würden. Nimm mir also nicht übel, liebster Richard, wenn ich auf Deinen Vorschlag nicht eingehe, weil ich wahrlich jetzt keine regelmäßige Verpflichtungen übernehmen kann. Bessern sich späterhin meine Umstände, was nicht ganz unmöglich ist, so soll es mir eine Freude sein, Dir Deine Lage zu erleichtern.

188. Richard Wagner an *Franz Liszt*
Zürich, Ende März 1856

Dein Brief hat mir großes Herzleid gemacht; Du hältst es für nötig, durch genaue Bezeichnung Deiner Lage Dich bei mir zu entschuldigen, weil Du meiner Anfrage und eventuellen Bitte um eine neue Geldhilfe nicht nach Wunsche entsprechen kannst? Wenn Du wüßtest, wie tief mich das beschämt und gedemütigt hat! –

Es ist wahr, ich sah mich anderswohin um und geriet zunächst, ja einzig wieder auf Dich, weil ich das Gefühl, von Leuten, die mir im grunde doch immer fern stehen und denen ich unverständlich bleibe, zuviel Wohltaten annehmen zu müssen, oft bis zu unerträglichsten Pein empfinde. Vor anderhalb Jahren hatte ich ein Arrangement, wodurch mir von den Schulden meiner hiesigen Einrichtung geholfen wurde, getroffen; demgemäß sollte ich von meinen Theater-Einnahmen, die ich im ganzen abtrat, soviel beziehen, als ich – meinem Anschlage nach – zu dem Ritter'schen Jahrgeld brauchen würde, um anständig auszukommen. Die Erfahrung zeigte mir nun, daß ich, bei aller persönlichen Enthaltung, in diesem teuren Orte *nicht* auskomme, und – da ich mit einem mir geneigten, aber denn doch wirklichen Kaufmanne zu tun habe, dem ich nun einmal aus tausend Gründen keine neue Verpflichtung weiter schulden wollte, so geriet ich darauf, bei Dir, gegen den ich die eingehendsten Verpflichtungen doch niemals *drückend* empfinden könnte, um Abhilfe nachzufragen, wobei ich allerdings mehr Deine Fürsprache und Vermittelung, als ein Opfer von Deinem persönlichen Vermögen im Sinne haben konnte, da ich ja durch Dich zur Genüge weiß, wie sehr Du Dich hierin beschränken mußtest. Daß das nun immer so akut bei mir herauskommt, das ist nun einmal das Exzentrische in meiner ganzen Lebenssituation, wo alles – meine intimsten Gefühle berührend – immer sogleich heftig erscheinen muß.

Otto Wesendonk an *Richard Wagner*   189.
Zürich, 28. April 1856

Ich schreite zur Erledigung eines noch unbeantworteten Briefes von Ihnen.

Ich habe den herzlichen Wunsch, daß Sie ungeplagt von den Sorgen der materiellen Existenz Ihr großes, so herrlich begonnenes Werk, herrlich vollenden möchten. Der letzte Samstag Abend gab mir hohen Genuß und ich freue mich, daß Sie die Vorführung jenes Aktes vor m[einer] Abreise nach Düsseldorf wiederholen wollen.

Sie sagen mir nun, daß, um Ihnen die nötige Ruhe zur Vollendung der Nibelungen zu geben, Ihnen außer dem Ritterschen Jahrgeld von fr. 3000.–, die gleiche Summe von anderer Seite, ohne an die Honorare für Ihre Opern gebunden zu sein, nötig sei.

Ich will das übernehmen, und beauftrage Freund Sulzer, Ihnen fortan monatlich fr. 250.– auszuzahlen, indessen verstehe ich das so, daß Sie nach wie vor alle Einnahmen für Ihre Opern an Freund Sulzer regelmäßig abliefern. Ich halte dieses Arrangement für Sie, so wie für mich am besten. Sie wissen genau, wie groß Ihre Einnahmen sein werden, sind ohne Sorge für Ihre materielle Existenz und werden im Stande sein, sie sich behaglich zu machen, ohne sich in Abhängigkeit zu fühlen. Das Herz wird Ihnen mehr Ruhe im Genuß des Lebens geben, als selbst größere periodische Einnahmen bei fortwährendem Gefühl der Unsicherheit der nächsten Zukunft. Verzeihen Sie mein Moralisieren, es ist eine üble Gewohnheit, aber gut gemeint, und indem ich Ihnen weise Selbstbeschränkung predige, will ich sie mir selbst in mancher, namentlich in obiger Hinsicht auferlegen, und wir wollen nun sehen, wer sein Wort am besten hält. Ich fühle wohl, wie schlecht es mir ansteht, mit Ihnen zu meistern, – also weg mit aller Veranlassung!

190.   Richard Wagner an *Anton Pusinelli*
Zürich, 28. April 1856

Freund Fischer meldete mir vor kurzem *Mesers Tod*, in der Meinung, diese Nachricht würde mich bestimmen, Schritte in Dresden zu tun; natürlich überließ ich dies aber Eurem Advokaten, der an Ort und Stelle gewiß das Richtigste zu ergreifen imstande war. Doch glaubte ich, ... bald eine Nachricht zu erhalten; statt dessen kommt mir soeben nur wieder die Drohung *[Hennigers]* zu, mich hier wegen der Schuld, für die er seinerzeit sich auf jenen Verlag [hat] anweisen lassen, zu verklagen. Wieviel Schlimmes habe ich daraus zu ersehen!! – Wirklich, es ist hart, im Angesicht solchen Mißgeschickes, wie es mich in bezug auf jenes qualvoll gewahrte, einzige Eigentum trifft, mich so behandelt zu sehen... Ich lebe ja hier im Auslande rein nur durch die Freundschaft einiger mir gewogener Menschen, da ich ja ohne alles Verdienst bin: meine Theatereinnahmen, die bald auch ein Ende gefunden haben werden, dienten dazu, mich nach mehrjährigem Flüchtlingsstande wieder mit einer Haushaltung zu versehen, zugleich meiner Gesundheit nötige Aufenthaltswechsel usw. auszuführen.

Du hast keinen Begriff, wie sehr mich solche immer wiederkehrenden Widerwärtigkeiten jetzt angreifen, jetzt – wo ich des leichttragendsten Lebenselementes bedarf, um – bei immer getrübter und heftig angegriffener Gesundheit – Mut und Stimmung zur Vollendung meines großen Werkes zu behalten.

Richard Wagner an *Franz Liszt* 191.
Mornex, 20. Juli 1856

Ich komme um und werde unfähig, ferner noch zu arbeiten, wenn ich nicht endlich eine Wohnung finde, wie sie mir nötig ist, das heißt – ein kleines Haus für mich allein, dazu ein Garten, und beides entfernt von allem Geräusch, namentlich von dem verfluchten Klaviergeräusch, dem ich, wohin ich mich wende – selbst hier – nicht mehr entgehen zu können verdammt bin und das mich so nervös gemacht hat, daß ich, nur in dem Gedanken daran, gar nicht mehr an Arbeiten denken mag. Seit 4 Jahren suche ich vergebens diesen Wunsch mir zu erfüllen, und nur der Ankauf eines Terrains und der eigene Bau eines Hauses kann mir das Ersehnte verschaffen. Wie ein Rasender brütete ich darüber, wie das möglich zu machen wäre, und endlich fiel mir vor kurzem ein, *Härtels* meine Nibelungen anzubieten, um von ihnen das nötige Geld zu erhalten. Sie haben mir nun ihre Bereitwilligkeit erklärt, etwas

Ungewöhnliches zu tun, um in den Besitz meines Werkes zu kommen, und daraufhin habe ich ihnen meine Forderung gestellt, demnach sie mir jetzt schon die beiden fertigen Stücke abzukaufen, im Laufe des nächsten Jahres den »Siegfried« und Ende 1858 »Siegfrieds Tod« gegen jedesmalige Honorarauszahlung zu erwarten, endlich das Ganze 1859 – im Jahre der Aufführung – herauszugeben hätten. Hierzu hat mich die reine Verzweiflung getrieben: Härtels sollen mir somit die Mittel zur Herstellung eines Grundstückes nach meine Sinne verschaffen. [...]

Übrigens bin ich hier während meiner Kur grenzenlos gleichgültig gegen mein Werk geworden: weiß Gott, wenn man mir nicht große Lust zur Arbeit macht, laß ich's liegen. Was soll ich armer Teufel mich denn mit solchen furchtbaren Lasten schinden und plagen, wenn mir die Gegenwart nicht einmal den Arbeitsplatz gewähren kann? Ich habe es Härtels gesagt: können sie mir nicht zu einem erhöhten, freien Wohnhaus, wie ich's brauche, verhelfen, so laß ich den Quark liegen. –

192. Richard Wagner an *Franz Liszt*
Mornex, um den 22. Juli 1856

Du, Franz! Da habe ich einen göttlichen Einfall! –

Du mußt mir einen Erard'schen Flügel verschaffen!! – Schreib an die Witwe –

Du besuchtest mich alle Jahre dreimal (!) und da müßtest Du durchaus einen besseren Flügel als den alten hinkenden haben. Mache ihr hundert tausend Flausen weis, binde ihr auf, es sei für sie ein Ehrenpunkt, daß in meinem Hause ein Erard stünde. –

Kurz – denke nicht nach, sondern verfahre unverschämt genial! Ich muß *einen Erard haben*. Will man mir ihn nicht schenken, so sollen sie mir ihn pumpen – auf ellenlange Termine! –

Richard Wagner an *Otto Wesendonk*   193.
Zürich, 1. September 1856

Ich fühle mich einmal wieder sehr und tief gedemütigt; am nächsten meinem Herzen liegt eine gründliche Resignation, da ich mir in allen meinen Bestrebungen recht töricht vorkomme. Wohl kann ich mir bezeugen, daß ich von der Welt nichts mehr verlange, als eine Werkstatt und ungestörte Muße, drin zu arbeiten: Glück und Wonne begehr' ich nicht; aber gerade was ich brauche, sollte ich eigentlich nicht von der Welt fordern, denn sie ist nicht dazu da, dergleichen Überhebungen über sie zu begünstigen. Das fühle ich recht deutlich: – warum lasse ich nicht von unstatthaften Zumutungen ab? Da will ich ein Werk schaffen, das dem Käufer nicht einmal die Nahrungskosten des Autors während des Schaffens wert dünkt! Und das ist nun das Fazit alles Beifalles und Ruhmes, die ich mir errungen! Kann etwas bittrer, und doch – wie die Welt nun einmal ist – gerechter sein? – Am ersten dazu gemacht, die Welt dem Künstler gegenüber in einem würdigeren Sinne zu vertreten, waren nun wohl von je die Fürsten, weil sie über die eigentlichen Bedürfnisse des Lebens und die Notwendigkeit ihrer Beschaffung erhaben waren. Geht man aber genau alle diese Schutzverhältnisse durch, so gewahrt man dort so viel Drückendes, Verletzendes, Eitles und Unechtes, wie sonst überall auch, und trotzdem, auf den möglichst glücklichen Ausnahmefall hin es wieder zu wagen, bin ich am allerwenigsten gemacht, weil mir's auf die Äußerlichkeit, die dort einzig im Sinne liegt, es eben ganz und gar nicht ankommt.

Sie wollen mir nun »*entre nous*« nach Kräften Musikverleger und Fürsten ersetzen? Ach Gott, wenn ich in Ihrer Lage wäre und es vermöchte, würde ich gewiß ganz dasselbe tun, denn Geben ist seliger denn Nehmen, das ist so recht aus dem Grunde meiner Art, der ich von dem Geben (in meiner Weise) eigentlich ganz von Kräften gekommen bin. Ich danke Ihnen für Ihr schönes Anerbieten kaum, da ich sicher weiß, daß das Gefühl, ein solches Anerbieten stellen zu können, eine Wonne sein muß, die sich selbst mehr belohnt, als jede Dankesbezeugung dies vermöchte. Käme es dazu, daß Sie Ihre Absicht mit mir ganz ausführen könnten, so dürften Sie, wenn ich je in der Geschichte der Kunst eine Rolle spielen sollte, wahrlich keine geringe Stelle ebenfalls einnehmen, und diese Ihnen mit Energie und voller Rückhaltslosigkeit zu wahren, sollte mir eine wahre Herzensgenugtuung sein. Haben Sie Lust, sich mit mir so hoch zu stellen?

194. Richard Wagner an *Otto Wesendonk*
Zürich, 10. September 1856

Sie sind ein lieber, guter Mensch, und glauben Sie, daß ich das Außerordentliche Ihrer Teilnahme tief erkenne. Fast verzweifle ich aber, ob mir zu helfen sei! Mein Leben ist ein Meer von Widersprüchen, aus dem ich wohl nur mit meinem Tode aufzutauchen hoffen darf. Was taten Sie nicht alles schon für mich, um mir zu helfen und meiner Lage Ruhe zu geben! und immer stellt sich alles wieder als ungenügend heraus. Besondere Bedürfnisse, eigentümliche Rücksichten, die ich in meiner nächsten Häuslichkeit zu nehmen habe, unerwartete Störungen usw. erschweren mir, nach jedem Versuche hierfür, eine sichere Norm zu gewinnen für mein Auskommen. Zürich selbst ist mir durch die nächsten sozialen Beziehungen, die mich, ohne daß ich ihnen *meine* Richtung geben kann, bis in mein Haus beherrschen, höchst drückend und belästigend geworden.

[...] Ich fühle, es ist Zeit, mit diesem Teile meiner Vergangenheit abzuschließen, und ich würde dies – aufrichtig habe ich's zu gestehen – mit größter Kälte im Herzen tun, wenn ich nicht gerade *hier* ein Band geknüpft hätte, wie eigentlich nie zuvor im Leben. Dies ist das Band des Dankes und der herzlichsten Freundschaft an Ihr Haus. Glauben Sie meiner Wahrheitsliebe, daß ich Ihnen hierin nichts Eitles sage. Die grenzenlose Nachsicht und immer von neuem unermüdlich sich bewährende Teilnahme, die Sie mir schenken, muß, bei so mancher Verschiedenheit des Wesens, einen Grund tieferer Sympathie haben, wie sie nur selten und höchst ausnahmsweise aus dem Leben hervorgeht. Sehen Sie in dieser meiner Beteuerung den – einzigen Grund meines Schwankens darin, was ich tun soll, und nach welcher Seite hin ich mich zu entscheiden hätte. Nach gänzlicher Ruhe und Zurückgezogenheit geht mein Seufzen und Wünschen: diese in der nächsten Nähe einer mir so wohltätig wert gewordenen Familie, wie der Ihrigen, genießen zu können, sicher zu sein, Schutz und Teilnahme für Leid und Freud stets in diesen vertrautesten Beziehungen zu finden, wäre ein Glück, das mir kein anderes ersetzen könnte. – Aber – kann ich diese ganze Last meines Daseins auf Sie wälzen? Muß ich nicht nach den wiederholten Erfahrungen von der großen Schwierigkeit meiner Lage erkennen, daß diese Last Ihnen zu schwer werden würde?

Richard Wagner an *Jakob Sulzer*   195.
Zürich, 28. Oktober 1856

Als ich das letzte mal in Geldangelegenheiten mit Dir verkehrte, glaubte ich aus Deinem Briefe ersehen zu müssen, daß Du einerseits die mir gebrachten Opfer schwer empfändest, anderseits mit mir im höchsten Grade unzufrieden wärest. Nun glaubst Du wohl, daß ich mindestens so viel Empfindlichkeit besitze, mir gebrachte Opfer für unerträglich zu halten, sobald sie nicht aus Sympathie dargebracht sind. Mein Verhalten in Geldsachen wird wohl so lange ich lebe zu meiner schwachen Seite gehören; ich bedarf hierin grenzenloser Nachsicht, wie ich sie am Ende nur von dem erwarten kann, der andererseits vollen Ersatz aus meinen besseren Eigenschaften zu ziehen vermag. Sehe ich diese Möglichkeit abgeschnitten, so fühle ich mich meinem materiellen Wohltäter gegenüber unsäglich elend; und so fühle ich mich Dir gegenüber.

Auf Abhülfe dieses unerträglichen Verhältnisses sinnend, verfiel ich, weil es mir sehr nahe zu liegen schien, darauf, Wesendonk zu ersuchen, meine nächsten Einnahmen zur Wiedererstattung meiner im Jahre 1853 von Dir, wie ich weiß, unter großen Opfern empfangenen Darlehen, zu bestimmen, sowie die Last der Verwaltung meiner Einnahmen Dir nicht mehr ferner zuzumuten. Ich tat dies in der offen ausgesprochenen Hoffnung, mein altes freundschaftliches Verhältnis zu Dir hierdurch zu reinigen und aus ihm den Punkt zu entfernen, der mir durch Deine unverholen kund gegebene Mißbilligung meines Wesens unerträglich geworden war.

Gewiß hältst Du mich nun nicht für so albern, gemeint zu haben, auf diese Weise mich überhaupt vom Gefühl der tiefsten Verpflichtung gegen Dich zu befreien, und gewiß habe ich nicht nötig, Dir zu versichern, daß ich die Pflege dieses Gefühles in mir als einer tröstlichen und erquicklichen Bereicherung meiner Lebenserfahrung bis in mein Grab erhalten werde.

196. Richard Wagner an *Julie Ritter*
Zürich, 24. Dezember 1856

Für mich, meine verehrte Freundin, hat jetzt die Entscheidung, die mein künftiges Benehmen gegen Karl[3] mir anzeigt, aber eine

---

3 Anläßlich eines Besuches von Franz Liszt bei Wagner in Zürich, im Oktober 1856, war es zwischen Liszt und Karl Ritter zu einem Streit gekommen, in dem Wagner sich nicht völlig neutral verhalten konnte.

weitere Folge! Halten Sie es für möglich, daß ich ferner noch das übergroße Opfer annehmen kann, das Sie und Ihre liebe Familie durch die jährliche, bedeutende Geldunterstützung mir bringen? Daß Sie mir ein wahres Opfer, im vollsten Sinne des Wortes bringen, weiß ich, und vermag es zu beurteilen; ja vielleicht ist es noch größer, als ich beurteilen kann. Dieses Opfer brachten Sie und die Ihrigen mir, um mir eine für meine Lage als Künstler unerläßlich notwendige Unabhängigkeit und Muße zu fernerer künstlerischer Tätigkeit zu sichern. Der einzige und wirkliche Grund meiner Unabhängigkeit war und ist auch *nur* dieses Jahrgeld: was mir sonst zufloß, war nur geeignet, mir meine Unabhängigkeit in manchem zu verannehmlichen, meiner, im Grunde bürgerlich bodenlosen Lage den Schein der Behaglichkeit zu geben. Immer aber war es einzig jenes Jahrgeld, was mich für alle Fälle sicher hielt und es mir möglich machte, nach keiner Seite meinen freien künstlerischen Geist zu Zugeständnissen zwingen zu lassen. Ich sage Ihnen aufrichtig, daß ich in diesem Augenblicke nicht die geringste Aussicht habe, diese ungemein wertvolle Unterstützung auf irgend eine andre Weise zu ersetzen; dennoch – sehe ich ein, daß ich ihr von jetzt an entsagen muß. Erfahren Sie unumwunden, daß ich ein solches Opfer nur anzunehmen imstande war, solang ich eine gänzlich ungetrübte Sympathie, eine so starke Sympathie, daß sie selbst meine Schwächen und Fehler nachsichtig mit einschloß, als die Quelle wußte, aus der es floß. Ich habe keinen Grund, Zweifel in Ihre unvergleichliche Freundschaft für mich zu setzen; aber es ist unmöglich, daß mein fortaniger dauernder Bruch mit Ihrem Sohne nicht unser Verhältnis in der Weise trüben sollte, daß mit dem jedesmaligen Empfange des Unterstützungsgeldes mir nicht ein – stillschweigender – Vorwurf fühlbar werden sollte. Schon oft – ich muß es Ihnen gestehen – hat Karl mir das Gefühl der Abhängigkeit auf eine peinliche Weise geweckt, und mich mit einer trüben Ahnung davon erfüllt, daß ich – zur Last fallen könnte; ja, ich gehe so weit, zu glauben, daß manches in Karls Benehmen gegen mich einzig aus dem Bewußtsein meines abhängigen Verhältnisses zu erklären sein dürfte. Manches in meiner äußeren Lebensweise mag ihn, in eben diesem Bewußtsein, oft sogar zu der Bitterkeit verleitet haben, die ich wiederholt von ihm empfinden mußte, trotzdem ihn dann und wann wiederum eine gewisse generöse Laune anwandelte, durch die er mich allerdings irremachen konnte. Dem sei nun wie ihm wolle, gewiß ist es, daß vollste Reinheit und Klarheit in der Stimmung solcher, die durch ein Unterstützungsverhältnis aneinander geknüpft sind, etwas fast so Unmögliches ist, als es dem Abhängigen ein notwendigstes Erfordernis ist, wenn er sich – bei einiger Zartheit der Empfindung – nicht gedrückt fühlen soll. Was mich betrifft, so ist mir dieses drückende Gefühl gegen Karl bereits zum Bewußtsein gekommen, und Ihren Sohn fortan von dieser Familie auszuscheiden, deren mir ein so nahestehendes und liebgewordenes Mitglied er war, wird mir wohl unmöglich sein.

In dieser peinlichen Lage nehme ich nun Zuflucht zu Ihrer Güte, Ihrer so starken, aber gewiß auch besonnenen Freundschaft: überlegen Sie sich, beraten Sie sich, und zwar gänzlich ohne Rücksicht auf meine Lage und die Veränderungen, denen sie unterworfen werden müßte [...]

Wenn ich auf mein vergangenes Leben blicke, so erkenne ich hier und da ein aufblitzendes, zuckendes, verschwindendes Licht; nur einmal traf mich die dauernde, lebensstärkende Wärme, wie sie mir aus Ihrer Freundschaft zuströmte. Nie zuvor hatte ich eine nur im entferntesten dem ähnliche Erfahrung gemacht, was ich durch Sie und Ihre Liebe erfuhr: nur Sie waren es, die mich meinem Leben, meiner Kunst erhalten hat. Ermessen Sie, ob ich je aufhören kann, Sie für den innig verehrten Schutzengel meines Daseins zu halten. –

»Des Vaters Stahl fügt sich wohl mir:
Ich selbst schweiße das Schwert.«

So weit war ich gerade gekommen, und eben sann ich dem
Motive nach, das nun die schnell eingetretene Wendung, den
Beginn der wunderbaren Schmiedearbeit Siegfrieds bezeichnen
soll, da unterbrach mich Ihr Brief, mit der *vertrauten* Nachricht,
und nun urteilen Sie, wie es für *heute* mit meiner Arbeit steht!
Wohl kann ich aber nun das »heute« aufgeben, da ich jetzt ein so
langes, schönes und arbeitgünstiges »morgen« vor mir sehe, das ich
nun der seltensten Freundschaft und treuesten Teilnahme danke!
[...] Sie wissen, wie ich Ihnen schon vor 5 Jahren diesen größten Wunsch mitteilte, und ihn als das Verlangen eines freundlichen, ruhigen Landwohnsitzes mit Gärtchen bezeichnete. Dies
mußte als etwas Erreichbares erscheinen, und Sie selbst boten mir
dazu die Hand. Die Zeit her belehrte mich nun, wie schwierig
auch dies sei, und fast mußte ich auch diesen Wunsch für uner-
reichbar halten, wenngleich ich ihn, immer wieder darauf hinge-
drängt, nie ganz aufgeben konnte. [...] Wollen Sie nun wissen,
wie ich *heute* die – wirklich ganz unverhoffte – Nachricht des
Gelingens Ihrer Bemühungen um dies Grundstück aufnahm? –
Eine tiefe, tiefe Ruhe bemächtigte sich meiner; bis auf den Grund
meines Wesens wurde ich von einer wohltätigen Wärme erfaßt,
ohne die mindeste Aufwallung zu erregen. Aber es ward mir auf
einmal so sonnig hell vor den Augen, daß ich die ganze Welt ruhig
verklärt vor mir liegen sah, bis mir eine ernste Träne dieses Bild in
tausend, wunderbaren Brechungen zeigte. Liebster, ich habe so
etwas eben noch nicht erlebt! eine so *gründlich* fördernde Macht
der Freundschaft ist eben noch nie in mein Leben eingetreten: und
was ich nun empfand, war nicht eigentlich die Freude über das
erworbene Gut, sondern die herrliche Wärme, die mir das Gefühl
Eurer Freundschaft gab, das Bewußtsein, getragen zu sein, was
plötzlich jeden Druck, jede Last von mir nahm. – O, ihr guten,

lieben Menschen! Was soll ich Euch sagen? Wie mit einem Zauber-
schlage ist plötzlich alles um mich her anders! Alles Schwanken
hat ein Ende: ich weiß, *wo* ich nun hin gehöre, *wo* ich weben und
schaffen, *wo* Trost und Stärkung, Erholung und Labung finden
soll, und kann nun getrost allen Wechselfällen meiner künstlerischen Laufbahn, Anstrengungen und Mühen entgegensehen, denn
ich weiß, wo ich wieder Ruhe und Erfrischung finde, im wirklich-
sten Sinne an der Seite, im Schoße der rührendsten, treuesten
Freundschaft und Liebe! Ihr sollt dafür mit mir zufrieden sein –
gewiß, das sollt Ihr! – Denn für dieses Leben – gehöre ich Euch,
und meine Erfolge, ja meine Heiterkeit und Produktivität, sollen
mich freuen, ich will sie pflegen und lieben, um Euch damit
Freude zu machen!

198. Richard Wagner, *Mein Leben* (1865-1880)
      (Bericht über das Jahr 1857)

Die Herrichtung des Häuschens, die mich nun mit dem anbre-
chenden Frühjahre leidenschaftlich beschäftigte, ging nicht ohne
manche Verdrießlichkeit vor sich. Das Häuschen, welches nur zur
Sommerbewohnung eingerichtet war, mußte durch Beschaffung
von Heizung und durch sonstige Vorkehrungen erst noch für den
Winter tauglich gemacht werden. Ward auch von seiten des Besit-
zers hierfür das Nötigste geleistet, so blieb doch immerhin genug
übrig, was, sowohl bei der perennierenden Meinungsdifferenz zwischen mir und meiner Frau über alles und jedes, als auch bei meiner im Grunde doch immer gänzlich vermögenslosen bürgerlichen Lage, nie gänzlich endende Schwierigkeiten herbeiführte. In
der letzteren Beziehung trat zwar immer von Zeit zu Zeit eine
Wendung ein, welche recht gut geeignet war, einem sanguinischen

Temperamente ein zuversichtliches Vertrauen auf die Zukunft zu geben: trotz der schlechten Aufführungen meiner Oper brachte mir der »Tannhäuser« aus *Berlin* doch unerwartet gute Einnahmen zu. Jetzt hatte sich denn auch auf eine sonderbare Weise in *Wien* für mich etwas Luft gemacht. Immer nämlich blieb ich dort noch von dem Hofoperntheater ausgeschlossen, und mir war versichert worden, daß, solange es einen kaiserlichen Hof gäbe, an eine Aufführung meiner »hochverräterischen« Opern in Wien nicht zu denken wäre. Diese sonderbare Lage veranlaßte den Direktor des *Josephstädter* Theaters, meinen alten Rigaschen Direktor *Hoffmann*, in einem von ihm erbauten großen Sommertheater in *Lerchenfeld* außerhalb der Linien von Wien mit einer besondern Operntruppe den »Tannhäuser« zu wagen. Er bot mir für jede Vorstellung, die ich ihm erlauben würde, eine Tantieme von 100 Franken. Als *Liszt*, den ich hiervon benachrichtigte, die Sache bedenklich fand, schrieb ich ihm: ich sei gesonnen, mich in dieser Angelegenheit auf den Standpunkt *Mirabeaus* zu stellen, welcher, da er von seinen Standesgenossen nicht zu der Notablen-Versammlung gewählt wurde, sich den Wählern in Marseille als *Marchand de drap* vorstellen ließ. Das gefiel denn wieder *Liszt*; und ich zog nun wirklich durch das Lerchenfelder Sommertheater in die österreichische Kaiserstadt ein. [...] Für jetzt brachte mir das energische Einschreiten meines alten Rigaschen Theaterdirektors in Wien für zwanzig Vorstellungen, welche er vom »Tannhäuser« im ganzen ermöglichte, wirklich 2000 Franken ein; und es war mir vielleicht verzeihlich, nach einem so eigentümlichen, meine Popularität offen konstatierenden Vorgange auf unberechenbare Wirkungen meiner Arbeiten, selbst nach der Seite des Gewinnes hin, für die Zukunft zu vertrauen.

Richard Wagner an *Julie Ritter*
Zürich, 6. Mai 1857

Das Häuschen ist nun höchst sauber und freundlich her- und eingerichtet worden, und – seit acht Tagen sitze ich drin. Leider war der Aus- und Einzug mit großen Unannehmlichkeiten verbunden; meine Frau wurde, infolge einer Erkältung krank; ich mußte sie mühsam von jeder Beschäftigung mit dem Auszug und der Einrichtung abhalten und dafür alles selbst übernehmen. Böses Wetter und große Kälte – bei noch nicht vollständig eingerichteter Heizung – kamen dazu; frierend kauerten wir zwischen den wüst umherstehenden Möbeln usw. zusammen und warteten unser Schicksal ab: – – Da kam, als erstes Ereignis im neuen Hause, Ihr Brief an! Mit großer Sorge öffnete ich ihn, und mit hellen Tränen im Auge las ich es, welch herrliche, erhabene Liebe Sie, teure Frau mir schenken. Dieser Brief erwärmte uns durch und durch, und erhellte uns unsren Einziehungstag in unser Asyl zum strahlenden Sonnen-Festtag! [...] Beharren Sie noch eine Zeitlang, und bis zur Änderung meiner Lage in diesem Punkte, in Ihrer Unterstützung, so sage ich Ihnen dagegen, daß sie immer noch das Einzige, *Sichere* ist, was mir zufließt, und mir gerade jetzt wieder eine sehr große Beruhigung gewährt, da ich – aus tief in dem Verhältnisse liegenden Gründen – nach dem großen Freundschaftsdienst, den mir Wesendonk gebracht, vor meinem Ehrgefühle es nie verantworten können würde, die Hilfe meines *Nachbars* für meinen Lebensunterhalt je wieder in Anspruch zu nehmen.

Richard Wagner an *Franz Liszt*   200.
Zürich, 28. Juni 1857

Mit *Härtels* werde ich nun keine Not mehr haben, da ich mich endlich dazu entschlossen habe, das obstinate Unternehmen der Vollendung meiner Nibelungen aufzugeben. Ich habe meinen jungen Siegfried noch in die schöne Waldeinsamkeit geleitet; dort hab' ich ihn unter der Linde gelassen und mit herzlichen Tränen von ihm Abschied genommen: – er ist dort besser dran als anderswo. – Soll ich das Werk wieder einmal aufnehmen, so müßte mir dies entweder sehr leichtgemacht werden, oder ich selbst müßte es mir bis dahin möglich machen können, das Werk im vollsten Sinne des Wortes der Welt zu *schenken*. Wirklich bedurfte es endlich nur noch dieser Auseinandersetzungen mit Härtels – als erster Berührung mit derjenigen Welt, die mir die Realisation meines Unternehmens doch ermöglichen soll –, um mich zur letzten Besinnung zu bringen und mich die große Chimäre der Unternehmung einsehen zu lassen. Du bist der einzige (von Bedeutung), der mit mir an die Möglichkeit glaubte, vielleicht aber doch nur, weil auch Du Dir die Schwierigkeiten nicht bestimmt genug noch vorführtest: diese Härtels, die nun aber sogleich positives Geld herausrücken sollen, sehen sich die Sache genauer an und haben nun ganz gewiß recht, die einstige Aufführung dieses Werkes für unmöglich zu halten, wenn jetzt schon der Autor – ohne *ihre* Hilfe – nicht einmal zur Vollendung desselben gelangen sollte.

201.   Eduard Devrient an *Therese Devrient*
Zürich, 1. Juli 1857

Zürich im Giebelstübchen von Wagners Landhause, das alles erfüllt, was man sich, d.h. was wir uns von einem Orte der Zurückgezogenheit wünschen würden, ja unsere bescheidenen Wünsche weit übertrifft. Was Du Dir an ländlich erscheinendem Luxus denken kannst, ist hier erfüllt, und möbliert hat es Wagner, dekoriert und ausgestattet, daß man nichts weniger in diesen Räumen sucht als einen verschuldeten Flüchtling. Ich bin überaus herzlich aufgenommen, der Regentag hat uns gestern auf das Zimmer und Gesprächstausch angewiesen. Abends kam erst Herr Wesendonk, ein langer, blonder Mann, verständig und voll Interesse, [. . .], dann kam auch die Frau, eine zarte, für Höheres empfängliche und danach langende Frau. Es sind Leute von Kunstbedürfnis, die darum etwas Erkleckliches zu tun bereit sind. Wagner hat ein fast beispielloses Glück, an solche Menschen zu geraten. Am Abendtische haben wir wieder einmal tüchtig disputiert, über Kunstkultur, Vervollkommnung oder Nichtvervollkommnung des Menschengeschlechts. Die frühere optimistisch republikanisch, sozialistische Ansicht Wagners ist sehr ins Gegenteil umgeschlagen [. . .]
Ich ging mit Wagner in den neuangelegten Garten hinaus, der seine und die Villa Wesendonks umgibt und sich über die Anhöhe hinzieht mit prachtvoller Aussicht rundum, und rechts der Kamm des Uetli, links der See, darüber Zürich, vorn in der Ferne die Alpen und rund am See Dorf an Dorf. Wohlhabenheit, Betriebsamkeit, sichere Behaglichkeit leuchtet dieser prachtvollen Gegend aus den Augen. Wesendonk zeigte uns seine der Vollendung nahe Villa, die mit fürstlichem Luxus ausgestattet ist. Der Mann hat vor zwanzig Jahren mit 500, von seinem Kommisgehalt ersparten Dollars in New York ein Seidenwarengeschäft angefangen und ist nun längst Millionär.

Therese Devrient an *Eduard Devrient*   202.
Karlsruhe, Juli 1857

Aber, es mag nun recht oder unrecht sein, Wagner beneide ich! Es muß ja himmlich dort sein, nur eins wäre mir nicht recht, ich schämte mich, von Wohltaten so glänzend zu leben; daß die Reichen talentvolle, ausgezeichnete Menschen unterstützen, finde ich ganz in der Ordnung, z.B. alles, was jetzt für Otto Ludwig geschieht, ist ganz das Rechte und darf ihn keinen Augenblick verletzen, aber wie es Wagner treibt, finde ich es abscheulich...

Eduard Devrient an *Therese Devrient*   203.
Stachelberg, 8. Juli 1857

Du, liebes Herz, denkst Dir Wagners Verhältnisse doch allzu abhängig. Dem Wesendonk zahlt er eine Miete, freilich nicht ganz die Hälfte von dem, was das Haus wert ist, aber Wesendonk kauft die Nachbarschaft und den Umgang mit Wagner, auf den er nun einmal sehr viel gibt, nicht zu teuer. Die andere Unterstützung von der alten Frau Ritter scheint wankend geworden zu sein, vielleicht auszubleiben, seitdem der junge *Ritter*, durch Liszt beleidigt, Wagners Haus und Zürich verlassen hat. Wie nun diese elegante Haushaltung bestehen soll von den Honoraren seiner Opern – das sieht man mit besorgten Augen an. Die Berliner Tantième von »Tannhäuser« hat ihm bis jetzt viel eingetragen, er nennt das Hülsenfrüchte, aber wie weiter? –

204.
Richard Wagner an *Otto Wesendonk*
Zürich, 1. Oktober 1857

So, lieber Freund, da haben Sie auch Ihren ersten Mietzins von mir. Mit der Zeit hoffe ich's dahin zu bringen, Ihnen die wirkliche Mietentschädigung bieten zu können: vielleicht ist's nicht gar fern mehr; dann sollen Sie sagen –

> »Hei, unser Held Tristan,
> Wie der Zins zahlen kann!!« –

Und so für heute, wie für immer, noch meinen herzlichsten Dank für alles Gute und Freundliche, was Sie mir erwiesen!

205.
Richard Wagner an
Hermann Härtel (Breitkopf & Härtel)
Zürich, 4. Januar 1858

»Tristan und Isolde« soll jedenfalls in der ersten Hälfte der nächsten Wintersaison, also noch Ende dieses Jahres, die erste Aufführung erleben: ich hoffe immer noch, es werde dies unter meiner persönlichen Mitwirkung in Karlsruhe der Fall sein. [...] Sie haben gewiß schon vermutet, daß ich mich an Sie und Ihre geehrte Firma zuerst deshalb wenden würde, und ich tue dies hiermit, indem ich Ihnen »Tristan und Isolde« zum Verlag anbiete. [...]
Vermutlich ist es Ihnen erwünscht, wenn ich eine bestimmte Forderung stelle? Da wir hier auf dieselbe Schwierigkeit wie beim Anerbieten der »Nibelungen« stoßen würden, so will ich mich

diesmal daran halten, daß Sie bei der Beurteilung meiner damaligen Forderung sich nicht eigentlich an den Betrag derselben, sondern an das Objekt des Kaufes stießen [...] Damals forderte ich für jedes der einzelnen Werke fünfhundert Louisdor; mit ungleich größerem Vertrauen, keine übertriebene Forderung zu stellen, glaube ich nun, für den »Tristan« jene Forderung um etwas erhöhen zu können, und schlage Ihnen daher ein Honorar für mich von sechshundert Louisdor oder zwölftausend Francs vor, die ich mir jedoch bis zur Vollendung des Ganzen voll und bar erbitten müßte, und zwar so, daß ich bei Ablieferung der Partitur eines jeden der drei Akte ein Dritteil, also viertausend Francs, erhielte.

Richard Wagner an *Franz Liszt*   206.
Zürich, um den 11. Januar 1858

Nun kommt der *Freund* dran –: ohne ihn weiß ich mir nicht mehr Rat! –

[...] Ich bin am Ende eines Konfliktes, in welchem alles, was dem Menschen heilig sein kann, inbegriffen ist: ich muß mich entscheiden, und jede Wahl, die ich vor mir habe, ist so grausam, daß bei meiner Entscheidung ich den *Freund* zur Seite haben muß, den so einzig mir der Himmel geschenkt hat.

Doch wünsche ich nicht, daß Du zu mir nach *Zürich* kommst, weil meine Wahl mich notwendig zunächst von hier fortdrängt. [...] Ich möchte *mit Dir* meine ganze Lage beraten, um in dem, was ich ergreife, die volle Zustimmung meines einzigen Freundes zu haben. [...] – Nun kommt ein anderes widerwärtiges Fatum. Ich würde auf der Stelle abreisen, wenn ich nicht jetzt gerade auf das Eingehen von Geldern wartete; gerade jetzt läßt mich alles im Stich; nach Wien habe ich an Haslinger eine Vollmacht schicken müssen, um meinen dortigen Direktor zur Zahlung ziemlich beträchtlicher, mir schuldiger Gelder zu zwingen: vor einem Monat kann ich mit Sicherheit auf keinen Erfolg rechnen. Aus Berlin, wo man im letzten Quartal den Tannhäuser gerade nur 1 mal gab, erhielt ich zum ersten Mal blutwenig, wogegen ich im Winter von dort viel zu beziehen gewohnt war. Von Härtels, denen ich vor einigen Tagen die Offerte des Tristan nebst Bedingungen erst zukommen lassen konnte, kann ich – im günstigen Falle ihrer Annahme – so sehr bald noch keinen Vorschuß fordern, da ich ihnen erst Ende Februar Manuskript zuschicken könnte. Meiner Frau Hauskasse ist im letzten Schwinden; sehnlich erwartet sie durch mich Geld zur Bezahlung der starken Neujahrsrechnungen. Unter solchen Umständen, und da ich hier absolut ohne Ressource bin, stecke ich in der Qual, meine nötige Abreise nicht ausführen zu können, was ich selbst dann nicht könnte, wenn ich eben nur das nötige Reisegeld erhielt', weil ich meine Frau nicht so ohne Mittel, selbst auf kurze Zeit, zurücklassen kann. Ich bedarf demnach bestimmt 1000 fr. um fort zu können. Da ich zu Ostern spätestens von Härtels mir einen starken Vorschuß auf den ersten Akt geben lassen, ja vielleicht diesen schon früher fordern kann, so verspreche ich gewiß, bis dahin das Geld zurück zu bezahlen. Nun sieh doch um Himmels Willen, von wem und wie Du mir das Geld schaffst: es ist von entsetzlichster Notwendigkeit, daß ich in dieser Zeit mich bewegen kann. Denke Dir – wo ich *wohne*! – Schick mir das Geld, und wenn's vom jüdischesten Juden wäre.

Richard Wagner an *Franz Liszt* 207.
Zürich, 13. Januar 1858

Jetzt habe ich mir von dem armen Teufel, dem Semper, grade das Reisegeld nach Paris geborgt und denke morgen schon oder doch spätestens übermorgen fortzugehen. Nun bitte ich dich, schleunigst zu sehen, ob du mir ein tüchtiges Honorar für den Rienzi von Seiner Weimarischen Majestät sofort auswirken kannst: du vergibst dir nach dieser Seite hin nicht gern etwas, ich bin aber weniger zart und sündige du einmal auf mich hin. Ich denke, die Gelegenheit wäre da, sich in Weimar einmal recht nobel gegen mich zu bezeugen, reibe du ihnen das unter die Nase und mache ihnen begreiflich, wie wert es mir sei, wenn sie *sofort* nobel gegen mich wären. Kurz in diesem mit Recht erwarteten bedeutendem Honorare liegt diesmal glücklicherweise die Chance für die Erfüllung meiner dringenden Bitte, mich baldigst mit soviel Geld wie möglich zu versehen: Nütze sie und beute sie zu meinem Vorteil so gut aus als du kannst! Schicke das Geld dann nach *Paris*, poste restante. Wenn es genug ist, behalte doch davon, was ich brauche, und schicke das übrige an meine Frau, die ich leider in großen Ängsten verlassen muß, da das Eintreffen sonst erwarteter Gelder – wie mich mein Harren seit 6 Wochen schon belehrt hat – so satanisch ungewiß ist.

208. Franz Liszt an *Richard Wagner*
Weimar, 15. Januar 1858

Franz und Freund sind bei Dir liebster Richard,

In Weimar ist es mir unmöglich zehn Taler aufzutreiben – ich habe aber sogleich nach Wien geschrieben, und in acht Tagen soll Dir die benannte Summe (1000 frs.) durch meinen Schwiegersohn M. Emile Ollivier (avocat au barreau et député de la ville de Paris) eingehändigt werden. Besuche ihn also Ende nächster Woche; er wohnt rue *St. Guillaume* No. 29 Faubourg St. Germain.

209. Richard Wagner an *Franz Liszt*
Paris, um den 19. Januar 1858

Du lieber herrlicher Mensch! Und ich sollte unglücklich sein, wenn ich das höchste Glück erreicht – einen solchen Freund mein zu nennen? – Solcher Liebe teilhaftig zu werden? –

Ach, wie haben mich Deine Zeilen schön gestimmt und süß beruhigt! Ich kenne auf einmal kein Leiden mehr –! O mein Franz! könnten wir immer zusammen leben! – Oder soll das Lied immer recht behalten. –

> »Es ist bestimmt in Gottes Rat,
> daß von dem Liebsten, was man hat,
> man auf der Welt soll scheiden?« –

Richard Wagner an *Minna Wagner* 210.
Paris, 23. Januar 1858

Du glaubst nicht, wie es mich kränkt, daß ich Dich so mit Geld im Stiche lassen mußte; selbst die kleine Berliner Einnahme ist noch nicht angekommen? Es ist doch unglaublich! ... Zunächst schicke ich Dir aber sogleich, was mir Liszt schickt; nämlich die beiliegenden 500 fr. Er hat durchaus vor der Aufführung des Rienzi das Honorar nicht verlangen wollen, und schießt mir daher aus eigener – wie er sagt – sehr leerer Tasche für jetzt diese 500 fr. darauf vor. Ich schicke Dir dieses ganz, damit Du doch etwas hast; ich für meinen Theil habe mir vorläufig, und weil ich selbst auf Liszt mich nicht einzig verlassen wollte (sehr recht!) von *Präger* aus London 200 fr. geborgt, die ich erst gelegentlich zurückzuzahlen brauche.

Richard Wagner an *einen unbekannten Helfer* 211.
Zürich, 16. März 1858

HOCHGEEHRTER HERR!
Ich sage Ihnen meinen herzlichen Dank für die fortgesetzte rücksichtsvolle Freundlichkeit, die Sie mir zuwenden. Ihr letzter Brief ist mir vor einigen Tagen von Paris, was ich nun schon länger verlassen, hierher nachgesandt worden, und da ich unter andren daraus ersehe, daß für mich wieder etwas Geld bei Ihnen deponirt ist, so bin ich unbescheiden genug Sie zu bitten, mir diese Wenigkeit ebenfalls hierher zu schicken. Geld kann ich leider immer gebrauchen! – Kommt noch etwas für mich ein – und hierzu

geben Sie mir durch Ihre geneigten Mittheilungen Aussicht – so bitte ich Sie nur, mit der Uebersendung an mich fortzufahren; ich bleibe für jetzt wieder ruhig in Zürich.

Da unser Freund Liszt jetzt bei Ihnen schon eingetroffen sein wird, so grüßen Sie ihn doch sehnsüchtigst von mir, und sagen Sie ihm, wie sehr ich Sie beneide, ihn bei sich zu haben. Mir gehe es traurig genug, um nicht viel davon mitzutheilen! Desto mehr solle es mich aufrichten, wenn ich von ihm und seinem Wirken viel Erfreuliches höre, wozu ich, wenn er keine Zeit zum Schreiben haben sollte, Sie, geehrtester Herr, recht herzlich veranlaßt haben möchte. –

Auf ihn kann ich mich allein auch nur berufen, wenn ich wünsche, Ihnen einigermaßen meinen Dank für Ihre großen Gefälligkeiten abzutragen. In seinem Namen ging ich Sie darum an, und Er möge nun persönlich Sie dafür entschädigen, was leider ganz außer meiner Macht steht, Ihnen zu erwidern! –

212. Richard Wagner an *Louis Schindelmeißer*
Genf, 21. August 1858

Um Dir in Kürze meine äußere Lage[4] anzudeuten und Dich dadurch auf meine innere schließen zu lassen, teile ich Dir nur mit, daß ich Zürich und mein dortiges Asyl seit kurzem für immer verlassen habe! ... Dein Brief kam mir hierher nachgeschickt: da ich ... Geld und Geld brauche, ergreife ich auch Dein Anerbieten, um mir durch Deine Freundschaft zu helfen. Höre also! Allerdings glaubte ich, den »Tristan« für nächste Wintersaison

---

4 Wagner hatte das von Wesendonk gemietete Landhaus am Zürcher See am 17. August 1858 verlassen, nachdem die nachbarschaftliche Beziehung der Ehepaare Wagner und Wesendonk unhaltbar geworden war.

liefern zu können, und engagierte deshalb *Härtels*, den Druck der Partitur sofort, während meiner Arbeit, in Angriff zu nehmen. So ist denn der erste Akt wirklich schon gestochen: aber damit hat es nun für jetzt sein Bewenden! Seit diesem Frühjahr kamen solche Qualen und Leiden über mich, daß ich mit Mühe in lichten Zwischenzeiten nur den zweiten Akt skizzieren konnte. Weiter aber bin ich nicht, und vor dem Winter nächsten Jahres kann für die Theater vom »Tristan« nicht die Rede sein. Also – herzlichen Dank für Dein Anerbieten ...

Richard Wagner an *Minna Wagner*   213.
Venedig, 14. September 1858

Was das Gerede unter denjenigen betrifft, die noch die laufenden Jahresrechnungen zu fordern haben, so hoffe ich ihnen bald den Mund zu stopfen: da der Rienzi in Dresden so glücklich heraus ist (Tichatschek schrieb mir, er sei an *einem* Abende 14mal gerufen worden!) so zweifle ich nun nicht an baldigen guten Einnahmen, um die ich mich bereits bemühe, und die mich in den Stand setzen sollen, Alles bald zu tilgen. Schon freute ich mich, daß aus dem Erlös des Verkauften Dir ein kleiner Zuwachs zu Deiner Kasse entstanden sei; nun hast Du arme Frau tüchtig davon zahlen und sie gar wohl anreißen müssen? Sage mir ja, wie viel Du noch hast, und ob Du bequem bis Ende Oktober auskommst, wo Du dann jedenfalls wieder Geld bekommst [...]
Übrigens haben sich die Züricher alle widerlich genug blamirt; Heim meldete mir, daß, um sich meinen unerwarteten Fortgang zu erklären, man auf die Idee gekommen sei, ich verließe Zürich wegen übermäßiger Verschuldung. So recht es uns nun am Ende auch sein konnte, wenn man den wahren Grund nicht errieth, so

war doch dieser Glaube immer albern und gemein genug, zumal denn doch Verschiedene hätten auftreten können, denen ich in diesem Jahre bedeutende Summen für die Einrichtung baar und richtig ausbezahlte. Doch scheint ein panischer Schreck über diejenigen, die ihre Jahresrechnung zu fordern hatten, gekommen zu sein, und Heim konnte mir den Flügel nicht schicken, weil von diesen Eseln gerichtlicher Beschlag auf unsre Sachen gelegt worden war.

214.   Richard Wagner an *Ignaz Heim*
                Venedig, 16. September 1858

Aus Ihrer Nachricht sehe ich mit Überraschung, daß mein Fortgang von Zürich verschiedene Geschäftsleute, denen ich die laufende Jahresrechnung noch schulde, zu der Meinung veranlaßt hat, ich habe dabei im Sinne gehabt, sie um das ihrige zu betrügen, demzufolge sie gerichtlichen Beschlag auf meine zu gelegentlicher späterer Versendung verpackten Mobilien und Effekten gelegt haben, so daß es Ihnen unmöglich sei, meinen zum Arbeiten mir nöthigen Flügel mir hierher nachzusenden.

Der Grund weshalb ich Zürich für jetzt mit einem andren Aufenthalt vertausche, ist Ihnen bekannt; auch wissen Sie, daß es mir daran lag, geräuschlos mich zu entfernen, weshalb ich alle üblichen Abschiedsbesuche unterließ. Aus dem selben Grunde zog ich es auch vor, mit denjenigen, von denen ich zu Neujahr Rechnungen zu erwarten hatte, keine Rücksprache erst zu nehmen, da ich mir vornahm, noch vor Neujahr Sie, lieber Freund, falls ich dann nicht selbst in Zürich wäre, zu ersuchen, die Rechnungen für mich einzufordern und zu zahlen. Nachdem ich neun Jahre in Zürich gelebt und stets meine oft großen Posten bar und richtig bezahlt hatte, konnte ich mir nicht vermuten, daß dieselben, die von mir oft bedeutende Summen erhielten, mich im zehnten Jahre plötzlich für einen Betrüger und ehrlosen Menschen halten würden, sondern ich glaubte, es verstehe sich ganz von selbst, daß auch ohne besondere Erklärung meinerseits diese Herren mich jetzt noch für ebenso gut als sonst halten würden. – Dies zur Erklärung meines Benehmens.

Was nun die Herren betrifft, welche Beschlag auf meine Sachen gelegt haben, so ersuche ich Sie, dieselben davon in Kenntnis setzen zu wollen, daß ich vermöge dieser schriftlichen Bekräftigung ihre resp. Geldforderungen an mich ebenso anerkenne, wie jede andre mir seiner Zeit zugesandte, richtig befundene Rechnung, und mich verpflichte, bis spätestens Neujahr 1859 alles richtig bezahlt zu haben, zu welchem Zwecke ich ihnen verspreche, die Gelder pünktlich an Sie, zur Weiterbezahlung, einzusenden.

Auch sollen meine Möbel bis dahin, also auch bis zur Tilgung aller meiner in Zürich hinterlassenen Schulden, dort verbleiben; einzig nur meinen Flügel von Erard, sowie eine längliche Kiste ›R. W. No. 37‹ mit Musikalien und meine Betten wünsche ich jetzt schon geschickt zu erhalten und hoffe, zur Ehre meines Andenkens an Zürich, Sie werden keine Schwierigkeiten dagegen finden.

Richard Wagner,   215.
Tagebuch seit meiner Flucht aus dem Asyl
26. September 1858

Selbst zum Tagebuch komme ich jetzt nicht, so widerwärtig viel Briefe voll Sorgen und Besorgungen habe ich zu befördern. Wie törig bin ich doch! Diese stete, unedle Sorge fürs Leben, – und im Grunde einen so tiefen Ekel vor dem Leben, das ich mir immer nur künstlich zurechtlegen muß, um es nicht stets in seiner Widerlichkeit vor mir zu sehen! Wer da immer wüßte, was zwischen mir und meiner endlich möglichen Arbeitsruhe liegt! – Doch, ich will aushalten, denn ich muß. Ich gehöre nicht mir, und meine Leiden und Bekümmernisse sind die Mittel eines Zweckes, der all dieser Leiden spottet. Straff! Straff! – es muß sein!

216. Richard Wagner an *Minna Wagner*
Venedig, 28. September 1858

Um nun von meinem hiesigen Leben zu reden, so will ich – an den letzten Punkt anknüpfend – gerade nicht behaupten, daß es sehr wohlfeil sei, wie das *en garçon* nicht gut anders ist, wogegen die Einrichtung eines ganzen Hausstandes doch immer auch seine großen ersten Anschaffungskosten macht. An eine kleine unmöblirte Wohnung war gar nicht zu denken; die giebt es nur im Geschäfts-Quartier der inneren Stadt, wofür mich Gott bewahren sollte. Sonst giebt es nur die Möbelwohnungen, die von Speculanten in den dazu aufgekauften Palästen der verarmten alten Nobili eingerichtet sind für die Fremden, welche Venedig auf kürzere oder längere Zeit besuchen. Ich mußte froh sein, endlich etwas der Art für mich zu finden, und nach langem Suchen mich darein ergeben, mehr zu zahlen, als ich zuvor glaubte.

Es ist, wie alle solche Wohnungen, in einem großen alterthümlichen Palaste, mit weiten Hallen und Räumen. Zum Wohnzimmer habe ich einen großmächtigen Saal, auf den großen Canal heraus; dazu ein sehr geräumiges Schlafzimmer mit einem kleinen Kabinettchen darneben zur Garderobe. Altes schönes Decken-Gemälde, herrlicher Fußboden mit prachtvollem Mosaik ausgelegt; schlecht überstrichene Wand (ehemals gewiß reich tapeziert) alterthümlich, scheinbar sehr elegante Möbel von rothem Baumwollen Sammet, sehr zerbrechlich, miserabel gepolstert; alles nicht recht gehend, Thüren nicht ordentlich schließend, alles etwas caput. Ein großes Paradebett ließ ich gleich hinausbringen und dafür eine kleinere eiserne Bettstelle beschaffen mit Elastique. Bettwäsche so, so; Kopfkissen mit Wolle gestopft, für die kältere Zeit ein Fußbettchen von 3 Zentnern Gewicht. Der Wirth, ein Oesterreicher, ist glücklich mich bei sich zu haben, und thut Alles mögliche um mich zufrieden zu stellen; einige Bequemlichkeiten erzeugte ich mir selbst, arrangirte mir ein passables Ruhebett, Fauteuil u.s.w. Jetzt geht es ganz gut, und der Flügel muß in meinem großen Saale herrlich klingen.

Richard Wagner,   217.
Tagebuch seit meiner Flucht aus dem Asyl
Venedig, 3. Oktober 1858

Ein recht schweres Leben habe ich doch! Wenn ich denke, welchen ungeheuren Aufwand von Sorge, Ärger und Qual ich brauche, um mir von Zeit zu Zeit nur etwas freie Muße zu verschaffen, möchte ich mich eigentlich schämen, auf diese Weise mich dem Dasein immer noch aufzudrängen, da mich die Welt, genau genommen, doch eigentlich nicht will. So immer und ewig im Kampf für die Herbeischaffung des Nötigen zu sein, oft ganze lange Zeitperioden gar nichts andres bedenken zu dürfen, als wie ich es anzufangen habe, um für eine kurze nächste Zeit mir Ruhe nach außen und das Erforderliche für das Bestehen zu erschwingen, und hierzu so ganz aus meiner eigentlichen Gesinnung treten zu müssen, denjenigen, durch die ich mich versorgen will, ein ganz andrer erscheinen zu müssen, als ich bin, – das ist doch eigentlich empörend; und dazu muß gerade ich gemacht sein, wie kein anderer, um das so recht einzusehen. Alle diese Sorgen stehen demjenigen so gut und natürlich an, dem eben das Leben Selbstzweck ist, und der in der Sorge für die Herbeischaffung des Nötigen gerade die Würze für den imaginären Genuß des endlich Beschafften findet; deshalb kann auch im Grunde niemand recht begreifen, warum unsereinem das so absolut widerwärtig ist, da es doch das Los und die Bedingung für alle ist. Daß jemand einmal das Leben eben nicht als Selbstzweck ansieht, sondern als unerläßliches Mittel für einen höheren Zweck, wer begreift das so recht innig und klar? – Es muß mit mir doch eine eigene Bewandtnis haben, daß ich das alles nun so lange schon, und namentlich jetzt immer noch aushalte.

218.   Hans von Bülow an *Karl Klindworth*
Berlin, 10. Oktober 1858

Er ist sehr zufrieden mit der Wahl seines Aufenthaltes. Sein Wirth ist ein Wagnerenthusiast. Sogar die Polizei ist höflich gegen ihn. Sie sandte ihm einen Paß mit der Adresse »al illustrissimo Sgr. Ricciardo (sic) W.« zurück. Auf dem Markusplatz bei der Parade werden stets Stücke aus seinen Opern gespielt und die Offiziere schicken ihm früh morgens das Programm ins Haus. – Lohengrin hat bleibenden Succeß in Wien. (Hier kommt er etwa Ende November heraus.) Nur mit dem Gelde ist er wieder recht knapp und leider ist wenig Aussicht vorhanden, daß er diesen Winter zu sonderlich brillanten Einnahmen gelangen wird.

Richard Wagner an *Franz Liszt*
Venedig, 26. Oktober 1858

Aus München schreibt man mir soeben wegen des Rienzi ab, weil er religiöse Bedenken erwecke. – Ich brauche Geld, viel Geld, um in meiner schwierigen Lage mich ehrlich zu verhalten, und sehe mich überall hin um, wo ich ein »Geschäftchen« machen könnte. An die Kasseler Intendanz habe ich so eben den »Lohengrin« angeboten. Kannst Du mich dort unterstützen, so tu's! –

Nach Coburg, wo ich so auffallend vernachlässigt werde, möchte ich doch aber nicht gerne selbst schreiben. Hast Du nicht einen Kanal, um doch dahin zu wirken, daß man mir bald den Lohengrin (oder auch den Holländer) abkaufte? Sieh zu und hilf mir – in altgewohnter Weise!

Franz Liszt an *Richard Wagner*
Weimar, 5. November 1858

Deine Andeutungen in bezug der Kassler, Gothaer und andrer Städte Aufführungen des Lohengrin, fliegenden Holländer und Rienzi sollen nicht unbenützt bleiben, und ich bedarf Dir wohl keine neue Versicherung zu geben, daß, was in meinen Kräften dafür zu tun liegt, geschehen wird. Zunächst erhältst Du ein Schreiben von meinem Chef und Freund, Dingelstedt, den Rienzi betreffend. Die Oper soll im Januar hier zur Aufführung kommen. Sei so freundlich und beantworte das Schreiben Dingelstedts mit einiger *Höflichkeit*, und laß Dir diese Bemerkung nicht verdrießlich sein. Es ist mir daran gelegen, in Sachen der Aufführungen Deiner Werke Dingelstedt etwas mehr zu gewinnen und mit ihm dabei in gutem Einvernehmen fortzuwirken. Nicht nur des Tristans wegen, der keine[r] Schwierigkeit begegnet und, wie ich hoffe und sehnlichst erwarte, mit Deiner Rückkehr in Deutschland verbunden sein wird, sondern auch hauptsächlich im Hinblick auf die Aufführung der Nibelungen, die unser höchstes Ziel bleibt, ist mir die freundliche Kooperation von D. wichtig. Das Honorar, was er für den Rienzi aus der Theater-Kasse anbieten kann (25 Louisd'or) ist ein sehr geringes; doch rate ich Dir es anzunehmen und behalte mir vor, Dir später ein kleines *douceur* von der Großherzoglichen Chatouille auszuwirken.

221. Richard Wagner an *Julie Ritter*
Venedig, 19. November 1858

Mein plötzlicher Fortgang von Zürich hat mich nun wieder in eine sehr veränderte Lage gesetzt. Die soeben ganz abgezahlte Einrichtung wurde nutzlos; einige tausend Francs, die ich zum Leben bereit hatte, mußten für die Kosten der unvorhergesehenen Veränderungen verwendet werden; zu Neujahr zu bezahlende laufende Rechnungen wurden dringend, und mein Luftschloß von Wohlbestelltheit ging schnell in eine – periodisch – sehr mißliche Realität über. Für künftiges Jahr sehe ich aber, namentlich durch das Erscheinen des Tristan, guten und mehr als hinreichenden Einnahmen entgegen; somit war ich eben für jetzt nur sehr bedrängt, zumal meine Hoffnungen auf schnelle Verbreitung des Rienzi zunichte wurden. Jetzt also war mir zu helfen, und Ihr so liebevolles Anerbieten, für nächstes Jahr mir noch einmal das Jahrgeld bereit zu halten, hat mir – durch Karls Vermittelung – aus aller Beklemmung geholfen. Ich nehme also Ihre freundliche Hilfe für das nächste Jahr noch einmal in Anspruch, und glaube Ihnen dagegen die gutbegründete Versicherung geben zu können, daß mit diesem nächsten Jahre Sie mich in einer Lage angekommen sehen dürfen, in der ich Ihnen für immer danken kann.

Richard Wagner an *Franz Liszt*   222.
Venedig, 21. November 1858

Von außen geht es mir ziemlich miserabel. Mit dem Rienzi will es, trotz des andauernden neuen Dresdener Erfolges, gar nicht flecken. Der erste Schreck kam aus München, von wo ich schon nur noch meine 50 Louisd'or Honorar erwartete, als man mir anzeigte, daß das Lese-Comité das Sujet aus *religiösen* Rücksichten für unzulässig hielt. Schade um die schöne Religion. Daß die jetzt so aufkommt, daran bist Du auch mit Schuld; warum komponierst Du den Pfaffen so schöne Messen!! Aus Hannover erwartete ich ebenfalls nur noch das Honorar und begriff die Verzögerung nicht, als ich dann erfahre, daß Niemann, nachdem er Tichatschek im Rienzi gehört, sich nicht getraue, die Partie mit gleicher Stimm-Ausdauer durchzuführen. Somit – aufgegeben! Einzig Breslau ist leichtsinnig genug und – wagt. [...]
Dingelstedt, der mir 5½ Zeilen geschrieben hat, frug mich um meine Honorarforderung. Du weißt wohl, was ich ihm geantwortet. Hätte mir der Unmensch doch lieber sogleich Geld geschickt. Gott, was seid ihr alle für wohlbestallte Menschen; in die Lage eines so armen Teufels wie ich, der jede Einnahme wie einen Lotteriegewinn zu betrachten hat, kann sich – scheint es – keiner versetzen. Tritt ihm doch etwas sanft auf den Fuß! –

Richard Wagner an *Franz Liszt*
Venedig, 31. Dezember 1858

O liebster! liebster Franz! –

Du antwortest mir viel zu pathetisch! Laß mich Dir meinen letzten Brief ganz humoristisch realistisch kommentieren! –

Was Dingelstedt! Was Großherzog! Was Rienzi! – Alles dummes Zeug. – Ich brauch' Geld. Hätte nur der unglückliche Nachtwächter allenfalls die lumpigen 25 Louisd'ors sogleich geschickt, so war mir alles gleich. Aber nun noch diese Ankündigung »nach der ersten Aufführung« – (alberner Kerl!). Du sprichst über mich viel zu zart mit den Leuten. Sag Ihnen, Wagner macht sich den Teufel aus Euch, Euren Theatern und seinen eignen Opern; er braucht Geld; das ist alles! Hast denn auch Du mich nicht verstanden? Habe ich Dir denn nicht deutlich und bestimmt gesagt, daß ich um jeden Preis mir Geld zusammenzutreiben suche? Dich nicht gebeten, in Coburg usw. meine Opern (Lohengrin oder fliegenden Holländer) zu vermitteln? [...]

Nun gut! Ich habe jetzt nicht 10 Gulden mehr; kann die Miete nicht zahlen; kann meiner Frau nichts schicken, die mir vor 14 Tagen schrieb, daß sie nur noch wenig habe. – Dies alles aber ist vorübergehend. Nächste Ostern, und wenn der Tristan fertig, habe ich mehr, als ich brauche. Nur jetzt läßt mich alles sitzen. Alles! Alles! Nirgends her sehe ich einer bestimmten Einnahme entgegen. – [...] Es ist, um verrückt zu werden! Ich sehe, Du *kennst* die Not gar nicht – Glücklicher! –

Oder macht man mir Vorwürfe, daß ich nicht schlechter lebe? Mein Franz, wenn Du den 2. Akt von Tristan sehen wirst, so wirst Du zugeben, daß ich viel Geld brauche. Ich bin ein großer Verschwender; aber wahrlich, es kommt etwas dabei heraus. – Das weißt Du. Aber denk nur daran. Und glaube nie, daß ich Querelen mit Dingelstedt, Herzog oder sonstwem wirklich ernst nehme. Ich brauche von der Welt nur Geld: sonst habe ich *alles*. – Den Übermutsparoxismus hast *Du* zu verantworten, durch Deine Freude über den 1. Akt des Tristan. Wenn Du den zweiten kennen wirst, so wirst Du mir auch verzeihen, wenn ich heute nichts andres schreie als – Geld! Geld! – Gleichviel wie und woher. Der Tristan zahlt alles wieder! – Wenn ich ganz verrückt werde, telegraphiere ich Dir noch mit meinem letzten Napoleon! –

Adieu! Gut Neujahr!

Schick Dante und Messe! Aber zunächst – Geld! Honorar – für Gott weiß was! Sag Dingelstedt, er wär' ein Esel, so lang er wäre. Und dem Großherzog, seine Dose sei versetzt – wahr! Er soll sie mir einlösen. –

Aber nur sonst mir nie ernsthaft und pathetisch schreiben! Das ganze Pack ist zu nichts da, als nur auf sie zu – Gott! Ich hab doch schon letzthin gesagt, daß Ihr langweilig seid. Hat denn das gar nichts gefruchtet?

Besserung zu Neujahrs! Das wird eine schöne Geschichte werden! Oh! Oh!

Gute Nacht!

Eduard Hanslick, *Aus meinem Leben* (1894)　　224.

Das getreueste Porträt von Wagners Charakter gibt wohl das Buch von Ferdinand Praeger, »Wagner, wie ich ihn kannte«. Der vor einigen Jahren in London verstorbene Verfasser war ein glühender Verehrer und Förderer von Wagners Musik [...] »Er nahm«, sagt Praeger, »von seinen Freunden die hingebendsten Opfer an, ohne die geringste Anerkennung und Dankbarkeit zu zeigen. Er kümmerte sich nicht darum, ob seine schroffe, beißende Kritik die tiefsten Wunden schlug, und doch war er selbst aufs empfindlichste gereizt und verletzt durch den geringsten Tadel. Seinen Hang zum Luxus nennt Wagner selbst sardanapalisch. Er hatte von Entsagung keine Idee. In seinen Bequemlichkeiten, Stoffen, kostbaren Essenzen u. dgl. kannte er keine Einschränkung, mochte auch seine Barschaft nicht entfernt dazu ausreichen.«

Malwida von Meysenbug,
Memoiren einer Idealistin (1876)

Ein Genius, wie der seine, konnte nur frei in den Höhen seiner Ideale schaffen, ohne herabsteigen zu müssen zu Konzessionen an den schlechten Unverstand der Menge. Um das aber in Ruhe zu können, hätte er frei sein müssen von jeder pekuniären Not, und das war er nicht. Gänzlich mittellos, verstand er es auch nicht, den Verlegern und den deutschen Theatern gegenüber, die durch seine bereits so populär gewordenen Werke große Einnahmen hatten, seine Interessen zu wahren. Er hatte dem praktischen Leben gegenüber jene Hilflosigkeit des Genius, die so rührend ist, weil sie mit einer tiefen Naivetät der Begriffe über die Verhältnisse des gewöhnlichen Lebens zusammenhängt, die nur von der Bosheit und Mittelmäßigkeit mißverstanden werden können. Tausend Pläne, wie ihm zu helfen sei, kreuzten sich in meinem Hirn, und es war wieder einer von den Fällen, wo ich die eigne Mittellosigkeit mit bitterem Schmerze empfand und mich mit Leidenschaft nach dem Glück sehnte, das darin liegen muß, aus reichen Mitteln dem Genius die Bahn zu ebnen, auf der er Unsterbliches schafft. Ist das doch die einzige Art, den ungeheuren Wert, den das an sich so wertlose Metall in der Welt erlangt hat, zu heiligen, wenn man es zu edlen Zwecken verwendet – indem man die toten Mächte der Materie im Dienste der Lichtgeister braucht.

Franz Liszt an *Richard Wagner* 226.
Weimar, 4. Januar 1859

Um nicht mehr der Gefahr ausgesetzt zu sein Dir durch »*pathe-tisch, ernste*« Redensarten lästig zu fallen, schicke ich den 1. Akt des *Tristan* an Härtel zurück, und werde mir ausbitten, die übrigen erst nach ihrem Verlagserscheinen kennen zu lernen. –

Da die *Dante*-Sinfonie und *Messe* nicht als Bank-Aktien gelten können, wird es überflüssig sie nach Venedig zu senden. Als nicht weniger überflüssig erachte ich auch fernerhin telegraphische Not-Depeschen und verletzende Briefe von dort zu erhalten. –

In *ernster getreuester*
Ergebenheit verbleibt Dir

F. Liszt.

Richard Wagner an *Franz Liszt* 227.
Venedig, 7. Januar 1859

Du wirst vermutlich noch einmal meinen Brief durchlesen und gefunden haben, auf was sich mein scherzhafter Vorwurf »Du antwortetest mir viel zu pathetisch und ernst« bezog. Es kann Dir dann aus den strikten Ausdrücken meines – obwohl etwas lieder-lich abgefaßten – Briefes nicht entgangen sein, daß ich unter Dei-ner Antwort die Art und Weise verstand, wie Du mein Verhalten gegen Dingelstedt in betreff des Rienzi aufgefaßt. [...] Die große Pein des Augenblickes hätte mich, zu anderer Zeit, wahrscheinlich vollkommen schweigsam und zurückhaltend gestimmt. Die längst mit unglaublicher Spannung erwartete und ersehnte Wohltat Deiner Sympathie-Bezeugung für den Tristan aber flammte mich zu einer ganz konvulsivischen Ausgelassenheit um. Du warst mir auf einmal wieder so weit in das Innerste nahegetreten mit Deiner Freude über meinen ersten Akt, daß ich in solchem Augenblick Dir das Tollste zumuten zu können glaubte. Ich sagte das auch, wenn ich nicht irre, mit den Worten – »an meinem Übermutsparoxismus ist Deine Freude über den Tristan schuld« –. Liebster, in diesem Augenblicke konnte ich an die Möglichkeit eines Mißverständnisses nicht denken. Wie und weil mir aber eben alles, alles so sicher und unfehlbar zwischen uns war, ging ich auf der andren Seite ins Zeug hinein, machte Dir Vorwürfe, mich mit dem Gelde sitzenzulassen, meine Politik oder Demonstration gegen Dingelstedt viel zu ernst und pathetisch zu verstehen, in bezug auf welchen mir an gar nichts in der Welt als eben nur an einem bißchen Geld liege: das alles, was bei Euch in der Nähe, in euren Stellungen usw. ernst und bedenklich erschiene, existiere für mich eben gar nicht, sondern diese Theater mit all ihrer öffentlichen Kunst hätten für mich nur den einzigen Beziehungsgrund, den des Geldes. – *Den des Geldes* – ! ja. – Und Du machst mir einen Vorwurf daraus? Wie? Du *beklagst* mich nicht deswegen? Glaubst Du, ich hätte nicht gern auch *Deine* Stellung zu den Aufführungen der eigenen Werke, der Du dabei auf kein Geld zu sehen hast?

228.   Richard Wagner an *Hans von Bülow*
Venedig, 23. Januar 1859

Liszt hat mir einen traurigen Jahresantritt bereitet. Er hat einen ganzen Brief von mir, der lediglich gegen Dingelstedt gemünzt und außerdem in einem gewissen Humor, den sonst alle meine Freunde bereits verstehen, abgefaßt war, auf eine Weise mißver-

standen, und in so verletzter Art mir darauf geantwortet, daß ich
– mit Karl, der den Gegenstand genau kannte – mich eine Zeitlang vor Verwunderung nicht fassen konnte. Alles, was ich vermochte, um ihm zu einem richtigen Verständnis jenes meines Briefes nachträglich noch zu verhelfen, geschah im redlichsten Eifer,
ihn von einem Wahne zu befreien, der ihn glauben machen
mußte, ich habe ihn und seine Freude am Tristan verspottet. Darauf hat er mir aber noch nicht geantwortet; es sollte mir leid thun,
wenn sein Stolz ihn davon abhalten sollte, sobald einzugestehen,
daß er in einem entscheidenden Punkte gegen einen Freund sich
so auffallend durch sein Mißverständniß habe täuschen lassen.

Richard Wagner an *Hans von Bülow*   229.
Venedig, 3. Februar 1859

Mir ist heute von der Polizei meine Ausweisung angezeigt worden,
Sachsen hat nicht eher in Wien Ruhe gelassen. Ich werde mich
zwar noch hinzuhalten suchen, um wenigstens noch etwas von
meiner Arbeit fertig zu bringen. Doch ist nun die Ruhe wieder
fort.

Das Nöthigste war mir für alle Fälle, mit etwas Geld versehen zu
sein. Schon habe ich schmerzlichst auf die wenigen Thaler vom
Tantième-Rest gewartet, um im Speisehaus zu bezahlen. Heute
habe ich's mir geborgt. Es ist nun einmal so. Ich habe zunächst
keine bestimmte Aussicht auf eine Geldeinnahme. Zu Ostern wird
mir's jedoch besser gehen. Bis dahin findet sich mehreres zusammen. Deshalb kam ich auf den Wunsch, Du bätest Herrn Gold-
stein bis dahin mit der Rückerstattung der 150 Thlr. zu erwarten.
Ich verpflichte mich jedenfalls ihn von der nächsten Berliner Tantième zu bezahlen.

230. **Richard Wagner an *Mathilde Wesendonk***
Venedig, 22. Februar 1859

Sie wissen, wie ich unwillkürlich zum Buddhisten geworden bin. Auch mit der buddhistischen Bettlermaxime habe ich's unbewußt immer gehalten. Und das ist eine sehr stolze Maxime. Der Religiöse kommt in die Städte und Straßen der Menschen, zeigt sich nackt und besitzlos und gibt so durch sein Erscheinen den Gläubigen die kostbare Gelegenheit, durch Gaben und Spenden an ihn das edelste, verdienstlichste Werk zu üben: somit ist seine Annahme die ersichtlichste Gnade, die er erweist, ja, in dieser Gnade liegt der Segen, die Erhebung, die er den Gebern spendet. Er bedurfte der Gaben nicht, denn freiwillig hatte er alles von sich gegeben, eben um durch die Annahme von Almosen die Seelen erquicken zu können. [...]

Wesendonks Anerbieten danke ich sehr. Möge Sie und ihn meine Korrespondenz nach Moskau usw. nicht zu sehr bekümmern; es ist mein Los, mir auf diese Weise helfen zu müssen, wobei das Unergiebige der Hilfe mich weniger leiden macht als eben der Weg dazu, den mir doch aber niemand ersparen kann. Freilich wird sich einst die Nachwelt wundern, daß grade ich genötigt war, meine Werke zur Ware zu machen: als Nachwelt kommt die Welt nämlich immer erst etwas zu Verstand und vergißt dann mit kindischer Selbsttäuschung, daß ja auch sie die Mitwelt ist, als welche sie immer stumpfsinnig und gefühllos bleibt. So ist es aber einmal, und wir können nichts daran ändern. Das sagen Sie mir ja auch über die Menschen überhaupt. Und an mir ist auch nicht viel zu ändern: ich behalte meine kleinen Schwächen, wohne gern angenehm, liebe Teppiche und hübsche Möbel, kleide mich zu Haus und zur Arbeit gern in Seide und Samt und – muß dafür denn auch meine Korrespondenzen führen!

Richard Wagner an *Minna Wagner* 231.
Venedig, 23. März 1859

Somit, liebster Mutz, stehen wir nun ganz auf eigenen Beinen, und, wie Du siehst, wird es ganz gut gehen. Die 100 Louisd'or genieße recht heiter und unbesorgt; sie reichen hoffentlich aus bis zu unsrem Wiedersehen, wenn nicht, so sorge ich schon für weiteres: Du siehst, daß ich gern für Dich sorge, denn es macht mir große Freude. Laß Dir ja nichts abgehen. Nimm Dir auch eine noch hübschere Wohnung in Schandau: Du *kannst* es ja: bedenke daß ich Dir über 100 Thaler monatlich hiermit gebe. Ich will, Du sollst Dich recht frei und reichlich bewegen. Also – miethe eine schönere Wohnung. Ich wohne ja auch gern schön und kann nicht zugeben, daß meine Frau es schlechter hat. Nimm auch wöchentlich ein paar mal, oder so oft Du sonst willst, den Wagen und fahre die schönen Partien nach dem Kuhstall und die andren Gegenden. Ich bitte Dich dringend: genieße diesen Sommer nach Herzensgrunde, und unterlasse aus keiner Sorge etwas, was Dich erheitern und Dir wohlthun könnte.

Richard Wagner an *Minna Wagner* 232.
Luzern, 9. April 1859

So, liebste Minna, bin ich denn einmal wieder eingerichtet. Ich bin ungemein zufrieden und befinde mich sehr behaglich. Schöner kann man aber auch unmöglich wohnen; nach allen Seiten hin dieser wunderbare Anblick, sehr hübscher großer Salon, alle Bequemlichkeit, vortreffliche Bedienung, und – der einzige Mensch im ganzen Hause. Was will ich mehr?

233. Richard Wagner an *Otto Wesendonk*
Luzern, 24. August 1859

Um Gottes willen, bester Freund, nehmen Sie es nicht als Beleidigung auf, wenn ich Sie dringend bitte, das mir angebotene Geld hiermit wieder zurückzunehmen!

Ich kann, wenn ich ehrlich bin, kein Darlehen annehmen, denn ich kenne meine – vermutlich nie sich ändernde Lage und Verfassung.

Ein Geschenk darf ich aber noch viel weniger akzeptieren, und zwar – seien Sie versichert – von *niemand*, nicht etwa nur von Ihnen, dem ich bereits so ansehnliche Opfer danke.

Haben Sie besten Dank für Ihre freundliche Gesinnung, und seien Sie herzlich von mir gegrüßt.

234. Richard Wagner an *Otto Wesendonk*
Luzern, 28. August 1859

Liebster Freund! Können wir denn nicht ein *Geschäft* machen?

Sie wissen, daß ich für die Herausgabe meiner »Nibelungen« bisher von *Härtels* nichts andres erlangen konnte, als die Bereiterklärung, die Herstellung der Herausgabe selbst zu übernehmen, mit dem Anerbieten, den aus dem Vertrieb resultierenden Gewinn mit mir zu teilen. Vor einem halben Jahre ließ ich nun dem *Großherzoge von Weimar* den Erwerb des Eigentumsrechtes meiner Partituren für die Herausgabe antragen: er sollte mir für jede Partitur dasselbe zahlen, was *Härtels* mir für den »Tristan« bewilligten, und dafür seinerseits in meine Rechte auf den Gewinnanteil der Herausgabe eintreten. Hierauf erhielt ich einen mäkelnden, ausweichenden Bescheid (den *Liszt* dem Einflusse *Dingelstedts* zuschrieb), und ließ die Sache ruhen.

Dennoch ist mir die Möglichkeit, schon jetzt diese Partituren honoriert zu erhalten, von so großer Wichtigkeit, und meine Lust, das Ganze zu vollenden, hängt so sehr mit davon ab, daß mir aus der Teilnahme für dieses Werk überhaupt dazu Lust gemacht werde, daß in diesen Tagen guter und vertrauensvoller Stimmung mir der Gedanke angekommen ist, das von Weimar zurückgewiesene Anerbieten heute an Sie zu stellen. [...]

Wollten Sie nun mein Anerbieten annehmen, so würde ich auf einer rechtsgültigen Verkaufsschrift bestehen, ungefähr nach dem Schema des beiliegenden Entwurfes. Für die Feststellung des Preises jeder Partitur beziehe ich mich auf das, was ich von *Härtels* für den »Tristan« erhalte. Sie zahlen mir zweihundert Louisdor sofort für die Partitur, und weisen mir einen Gewinnanteil bis zur Höhe von ferneren 100 Louisdor aus dem Ertrage zu, so daß ich, die für alle Zeiten gültige Abtretung meines Eigentums in das Auge fassend, für jede Partitur mir 300 Louisdor, oder besser 6000 Francs bedingen würde. Demnach hätten Sie mir sofort für die zwei fertigen Werke, 1. das »Rheingold«, 2. die »Walküre« 12000 Francs auszuzahlen, nach Vollendung des »jungen Siegfried« wieder 6000 Francs, und ebensoviel nach Vollendung des letzten der 4 Stücke. – Des weiteren würden, mit Feststellung Ihres Eigentumsrechtes, die fertigen Partituren möglichst bald (etwa nach dem Erscheinen des »Tristan«) zur Besorgung des Stiches und der Herausgabe an *Härtels* übergeben werden. An dieser Herausgabe liegt mir, Sie wissen es, sehr viel, und da hierzu viel Zeit erfordert wird, so wäre mir schon aus diesem Grunde Ihre Annahme meiner Offerte sehr angenehm, weil ich sonst immer noch zögern zu müssen glaubte, die Partituren *Härtels* zu überlassen. Es versteht sich, daß ich die hierauf bezüglichen Schritte bei den Verlegern, in Ihrem Namen mit, selbst übernehme.

Was meinen Sie zu diesem Antrag, den ich heute einmal nicht als Bitte ansehen will?

Überlege ich mir, welche Opfer Sie bereits brachten, mir und meinen Arbeiten förderlich zu werden, so muß ich fast bestimmt

glauben, sowohl Ihrem Vermögen, als Ihrer Neigung hätte ich
hiermit keine zu große Zumutung gestellt. Einzig dürfte mich
bedenklich machen, daß Sie durch Ihre früheren Opfer sich bereits
ein Recht auf meine Werke verschafft haben: und hiergegen –
hätte ich wirklich nichts einzuwenden, sondern müßte mich
Ihnen auf Gnade ergeben.

235.   Richard Wagner an *Otto Wesendonk*
Zürich, 8. September 1859

Laut Kontrakt vom 7. September *a.c.* von Herrn Otto Wesendonk
für die Partituren des »Rheingoldes« und der »Walküre« sechstausend Franken in bar und sechstausend Franken in einem Wechsel *c.*
2. November auf Ulr. Zellweger & Co. in Paris erhalten.

236.   Richard Wagner, *Mein Leben* (1865-1880)
(Bericht über das Jahr 1859)

Endlich mußte ich mich doch auch im Betriff meiner Frau zu
einem Entschlusse bewogen fühlen. Wir waren jetzt ein ganzes
Jahr über getrennt gewesen; nach den harten Belehrungen, die sie
von mir empfangen und welche, ihren Briefen nach, nicht ohne
großen Eindruck auf sie geblieben waren, durfte ich wohl annehmen, daß ein erneuetes Zusammenleben mit ihr, welches anderer-

seits schon die Beseitigung der großen Schwierigkeit ihrer Erhaltung mit einem besonderen Umstande zu gebieten schien, von jetzt an erträglich verlaufen würde. Ich kam also mit ihr überein, sie solle sich im Spätherbst mit mir in Paris vereinigen; bis dahin wollte ich für die Ermöglichung einer Niederlassung daselbst sorgen, wozu ich unser in Zürich verbliebenes Mobiliar mit allem Hausrate dorthin zu dirigieren übernahm. – Zur Ausführung dieses Vorhabens waren mir durchaus finanzielle Hilfsmittel vonnöten, für welche ich in irgendwelchen mir bevorstehenden Einnahmen keine Quelle ersehen konnte. Was ich zuletzt durch den Großherzog von Weimar im Betreff der Nibelungen zu vermitteln gesucht hatte, nämlich das Eigentumsrecht für die Herausgabe derselben akquirieren zu lassen, bot ich jetzt *Wesendonk* an. Dieser ging nun ohne Widerspruch auf meinen Wunsch ein und war bereit, für jeden der fertigen Teile meines Werkes mir ungefähr dasjenige Honorar, welches von einem spätern Verleger dafür zu erhoffen war, gegen das hierfür ihm abgetretene Eigentumsrecht auszuzahlen.

Richard Wagner an *Minna Wagner* 237.
Paris, 13. September 1859

So bin ich denn wieder einmal eingezogen, um in 4 Wochen wieder auszuziehen. Ich gestehe, mir schwindelts völlig vor dem Kopfe von diesem ewigen Aus- und Einpacken, Aus- und Einziehen. [...]
Hier habe ich nun noch keinen Menschen gesehen, sondern eben nur mich ausgeruht und von Neuem aufgeregt, und ein Garni für mich zu suchen. Ich fand ein sehr angenehm gelegenes, was auch – verhältnismäßig – nicht zu theuer ist, weil jetzt noch

keine Fremden hier sind. Deshalb erhielt ich es auch nur auf *einen* Monat; weil von dann ab es nur für den ganzen Winter vermiethet wird, und dann – *furchtbar theuer* – : so daß ich den Gedanken, zur Noth mit Dir nur im Garni zu wohnen, sogleich ganz aufgegeben habe. Dagegen habe ich Hoffnung ein *unmöblirtes* Logis nicht übermäßig theuer zu finden: und jedenfalls, da jetzt auch die Miethzeit ist, wird nichts andres übrig bleiben, als ein solches zu miethen. [...] Sonach will ich mich umsehen; ich denke Mad. Herold soll mir dabei gut behülflich sein. Trotzdem ich noch sehr betäubt bin, ist mir's doch, als ob es uns gefallen würde. Die Nähe der Champs Elysées ist für Promenaden und Fippsel'n unbezahlbar. Kein Pflaster – wenig Geräusch. Nun, wir wollen sehen. Und nächstens mehr hierüber.

238. Richard Wagner, *Mein Leben* (1865-1880)
(Bericht über das Jahr 1859)

So machte ich mich denn in meinem leidenschaftlichen Eifer, für den Hauptpunkt der Wohnung zu sorgen, ohne weiteren Nachweis selbst auf, um mir endlich in einer der früheren Anlage nach noch unvollendeten Seitenstraße der *Champs-Elysées*, nahe der *Barrière de l'étoile*, nämlich der *rue Newton*, ein hübsches pavillonartiges Häuschen mit kleinem Gärtchen aufzufinden, welches ich für 4000 Francs jährlich zur dreijährigen Miete erhielt. Jedenfalls hatte ich hier vollkommene Stille und gänzliche Entfernung von Straßengeräusch zu erwarten. Schon dies allein nahm mich sehr für diese neue Akquisition ein. In diesem Häuschen hatte zuletzt der bekannte und damals vom kaiserlichen Hofe protegierte Auteur *Octave Feuillet* gewohnt. Mich verwunderte es nur, daß das Gebäude, trotzdem ich hier auf keine alte Konstruktion traf, innerlich bereits so sehr vernachlässigt war. Der Eigentümer war in keiner Weise dazu zu bewegen, für die wohnliche Herstellung desselben etwas zu tun, selbst nicht, wenn ich ihm den Mietpreis erhöht hätte. Der Grund hiervon ward mir allerdings nach kurzer Zeit klar: das Terrain selbst war nämlich infolge der Neubautenpläne für Paris der baldigen Demolierung verfallen; noch war es jedoch nicht an der Zeit, den Eigentümern diese Absicht offiziell anzukündigen, weil dadurch sogleich die Ansprüche derselben auf Entschädigung Gültigkeit erlangt haben würden. Demzufolge blieb auch ich im guten Glauben, daß, was ich zur inneren Säuberung und Herrichtung des Grundstückes verwenden würde, mir auf eine Reihe von Jahren sich als ergiebig erweisen dürfte; somit schritt ich unverzagt zu den hierfür nötigen Bestellungen, ließ mein Mobiliar von Zürich kommen und glaubte nun, da das Schicksal mich einmal zu solcher Wahl gezwungen hatte, mich für zeitlebens als Pariser Niedergelassener ansehen zu dürfen.

Richard Wagner an *Hans von Bülow*   239.
Paris, 7. Oktober 1859

Ich habe mir nun ein ganzes kleines Häuschen auf 3 Jahre mieten müssen: anders war an kein Bleibens in Paris zu denken, eben der nachbarlichen Klaviere willen. Es ist nicht wohlfeil, und schon die Einrichtung, Übersiedelung und Ausbesserung meiner Möbel kosten mich rasendes Geld, wofür ich noch kaum weiß, woher es auftreiben? Es ist ein Elend mit mir; hätte ich nur eine russische Fürstin. Doch das macht alles nichts aus. Ich sehne mich wieder stark nach häuslicher Ordnung, um – *arbeiten* zu können: das ist und bleibt einmal das einzige, was mir, wenngleich verzehrend, doch immer wieder Lebenskraft und Geduld gibt.

240. Clemens Mathieu, *Erinnerungen eines Tapezierers an Richard Wagner*
(Paris, Herbst 1859)

Bevor für diese Wohnung die Möbel aus Zürich kamen, wollte er in dem Absteigequartier wenigstens ein Zimmer nach seinem Geschmack einrichten. Deshalb begab er sich zu einem in der Nähe wohnenden Tapezierer und suchte ihm in schlechtem Französisch seine Wünsche darzulegen. Gehilfe bei diesem war ein einer Emigrantenfamilie entstammter Deutscher, Clemens Mathieu. Ihn hieß sein Meister zu Wagner gehen. Nach einer Woche hatte Mathieu (wir folgen dessen Aufzeichnungen) das Zimmer nach Wagners eigenhändigen Skizzen ausgestattet: die Wände bekleidete roter Seidenstoff, seidene Rosen schmückten den Fries. Gepuffte Seide verhüllte den Plafond, der durch Rosengirlanden in vier Dreiecke geteilt wurde, die sich in der Mitte in einem Rosenbukette trafen. Die Nische im Hintergrund, bestimmt, das Bett aufzunehmen, war auf das raffinierteste ausgestattet. Zwei Rosengirlanden bildeten die Eingangsbögen, deren Mitte wieder durch ein Rosenbukett betont wurde. In den Ecken der Hinterwand fiel ein Vorhang herab. Natürlich verbargen sich auch die Wände dieses Alkovens in gepuffter Seide, in deren Wolken je ein Spiegel eingebettet lag. Von dem mit Rosengirlanden umrankten Plafond der Nische leuchtete ebenfalls ein Spiegel herab. Das Ruhebett selbst, in seiner Breite ein Doppelbett, war aus feinster Seide gefertigt und mit Eiderdaunen gefüllt; Rosenketten betonten seine Kanten. Von der übrigen Einrichtung war besonders bemerkenswert ein großer, mit kostbarstem Seidenbrokat gepolsterter Lehnstuhl, eine sogenannte Causeuse, ebenfalls mit Eiderdaunen gefüllt.

Richard Wagner an *Hans von Bülow*   241.
Paris, 16. Oktober 1859

Ach Gott! ich habe einmal wieder eine Finanz-Operation nöthig. Ich hatte mich, wie ich hoffte, für meinen neuen Anfang in Paris genügend mit Geld versehen, und habe namentlich für die Zukunft so vorsichtig Alles eingerichtet, daß ich nicht glaubte, so gänzlich in meiner Berechnung für dießmal zu Schanden zu werden. Doch frißt mir diese Uebersiedelung und Einrichtung Alles auf; ich hab' fast nichts mehr in der Tasche, sehe unendlichen Rechnungen für Nachschaffungen, Reparaturen und Arbeiten in den nächsten Tagen schon entgegen, und kann mit Sicherheit vor mehreren Monaten auf keine genügenden Einnahmen rechnen. [...]

Gewiß giebt es manchen vermögenden Freund meiner Kunst, der sich ein Vergnügen daraus machen würde, mir in solchen Fällen zu helfen: allein ich lebe zu einsam und hab' zu wenig Verkehr, weswegen ich denn auch diesmal wieder auf Dich und Deinen Freund zurückkomme. Ich bin bereit, eine völlige Cession meines von Wien für den Tristan zu zahlenden Honorares (5000 Fr.) – wie für Lohengrin – auszustellen, die Zinsen zu zahlen, und jede sonstige in meiner Macht stehende Sicherheit zu bieten.

Richard Wagner an *Joseph A. Tichatschek*
Paris, 19. Oktober 1859

Ich bin in einer abscheulichen Lage. Du kannst Dir nicht denken, was mich das letzte Jahr, seit wir uns zum letzten Male sahen, gekostet hat. Zu alledem nun noch die unerhört sich steigernden Ausgaben für meine Übersiedlung nach Paris, und gerade *jetzt* – gar keine Einnahmen. Meiner Frau lasse ich nicht das Mindeste merken und gebe mir alle denkliche Mühe die schlimme Periode zu überstehen. Nächstes Jahr bringt mir der *Tristan* viel ein und vor Allem wird es sich auch mit dem *Tannhäuser* in Paris machen: gerade *jetzt* aber weiß ich mir nicht zu helfen. Da habe ich denn nun eine sichere Einnahme von über 5000 francs für etwa nächstes Frühjahr in Aussicht, die ich jetzt gern im Voraus erhalten möchte: nämlich das Honorar für *Tristan* von Seiten *Wiens*. Sie brennen dort darauf, die Oper bald zu haben, doch kann ich sie jetzt nicht hergeben, ehe ich sie nicht selbst ... aufgeführt habe. Für Lohengrin haben sie mir bereits über 5000 fr. (nämlich 2000 fl alter Währung effectiv) gezahlt. Auf rein geschäftlichem Wege ist mir's nun unmöglich gewesen, dieses Geld durch Vorschuß im Voraus zu erheben. Ich sehe also, ich muß zu befreundeter Hülfe meine Zuflucht nehmen. Da höre ich denn nun immer, wie man mich armen Teufel in Dresden liebt und hoch hält: laß uns versuchen, liebster Freund, der Sache einmal auf den Zahn zu fühlen. Kennst Du jemand, der im Stande wäre, mir die 5000 fr. vorzuschießen? Gewiß ist jemand da, nur ich kenne ihn nicht. So sei denn nicht böse, daß ich Dir diese Sorge an's Herz lege. Sollte es wirklich unmöglich sein, auf eine – nach allem Vorhergegangenen – so sichere Einnahme hin, mir diese am Ende doch erschwingbare Summe sogleich zu verschaffen? Da ich wirklich in großer und wachsender Verlegenheit bin (denn ich kann und will mir gegen Niemand hier etwas merken lassen), so lege ich Dir sogleich eine Verschreibung bei, die vielleicht für's erste genügen würde. Siehe doch um Himmelswillen zu, was Freundschafts-Bemühung vermag. [...]

Aber vor Allem *meine Frau* darf nicht eine Ahnung davon haben: es würde sie schrecklich aufregen, mich in solcher Verlegenheit zu wissen. Somit darf auch *Deine Frau* nichts davon wissen. –

Franz Liszt an *Hans von Bülow* 243.
Weimar, 21. Oktober 1859 (im Original französisch)

Schon lange fühle ich mich [Wagner] gegenüber in zweierlei Unrecht, das ebenso unfreiwillig ist wie es sich mir schwer verzeihen läßt.

Das *erste*: jenes, nicht zu der sehr schätzenswerten Klasse der Rentiers (eines großen Kalibers) zu gehören, mich infolgedessen überhaupt nicht in der Lage zu befinden, seinen Geldverlegenheiten, die ihm die Nerven heftig aufregen und ihn alles geistige Gleichgewicht verlieren lassen, *vorzubeugen*. – Das *zweite*: daß es mir an dem Einfluß und den Überzeugungsmitteln fehlt, die bei den besagten Rentiers so sehr unentbehrlich sind wie bei noch höher gestellten Persönlichkeiten, die fähig wären, sein Los dauerhaft zu verbessern.

Man weiß, daß ich nicht versäumt habe, für seine Interessen einzutreten, und ich könnte sogar sagen, zu *arbeiten*, soweit das Maß seiner Würde, die ich bewahren mußte, es zuließ. Aber unglücklicherweise haben meine Bemühungen bis jetzt nur zu sehr geringfügigen Ergebnissen geführt, im Vergleich zu den Ansprüchen, die er stellt. –

Abgesehen von diesen beiden Nachteilen, an denen ich an erster Stelle zu leiden habe, könnte ich mich Wagner gegenüber keines anderen mit Bewußtsein schuldig bekennen. Wenn es ihm beliebt, die zu edlen Freundschaften passende Gesinnungsart ganz und gar anzuwenden (– und vielleicht auch ein wenig von diesem »Schamgefühl« zu empfinden, das er mir mit einer Art entgegenkommender Großzügigkeit beimißt), dann wird er bemerken, worauf er jetzt nicht kommt: daß man den sehr unerquicklichen *Ärger*, der mir infolge des Mißerfolges meiner Verwendung für ihn geblieben ist, ebenso wie die *Zurückhaltung*, die mich der geringe Nutzen meiner Opferwilligkeit zu wahren verpflichtet, mehr berücksichtigen könnte.

Um nichts im Unklaren zu lassen, muß ich noch einmal auf den Vorfall der verspäteten Sendung meiner »Dante-Sinfonie« zurückkommen. Zu diesem Thema glaube ich Ihnen schon anvertraut zu haben, daß meine scheinbare Nachlässigkeit durch mehrere Briefe und Telegramme, die mir Wagner zur Zeit der Veröffentlichung meiner Partitur aus Venedig schickte, veranlaßt und motiviert worden war. – Diese Briefe und Telegramme sagten alle mit einem *Rinforzando*, das nichts Einschmeichelndes für das Ohr hatte: – »Daß der Teufel alle Gefühle der Bewunderung, Begeisterung, Anhänglichkeit und Zuneigung hole, die man gierig strebt, mir von rechts und links zu bezeugen. Was habe ich mit dem Ruhm, den Erfolgen, mit meinen Freunden und ihren *Phrasen* zu schaffen? Geld ist es, was ich brauche; schicken Sie mir schnell Geld, viel Geld und nichts als das!« –

Sie werden zugeben, daß dergleichen Geständnisse die künstlerischen Mitteilungen wenig fördern und sich besonders gegen Herzensbeziehungen richten. Außerdem schien diese Anwandlung von Geldbeutel-Zynismus im letzten Frühjahr weniger erklärlich als in anderen Fällen, denn Wagner hatte damals gerade sein Honorar für den *Lohengrin* aus Wien sowie mehrere andere Geld-Zuschüsse bekommen. Daher habe ich nach reiflicher Überlegung (– und da Wagner mir früher zehnmal geschrieben hatte, daß er mich niemals mit seinen endlosen Geldfragen belästigen würde! –) nicht gezögert, ihm dieses zu antworten: »Um nicht mehr der Gefahr ausgesetzt zu sein Dir durch ›*pathetisch ernste Redensarten*‹ lästig zu fallen, schike ich den 1ten Act des Tristan an Härtel zurük, und werde mir ausbitten die übrigen Acte erst nach deren Verlags Erscheinen kennen zu lernen. – Da meine *Dante-Sinfonie* und die *Messe* nicht als Bankactien gelten können, wird es überflüssig diese leeren Papiere nach Venedig zu senden. Als nicht minder überflüssig erachte ich auch fernerhin telegraphische Noth-Depeschen und verletzende Briefe von dort zu erhalten.

In *ernster*, getreuester Ergebenheit
verbleibt Dir
F. Liszt«

Dies ist das einzige Mal, wo ich während dieser zehn Jahre unserer Vertrautheit in dieser *Tonart* an Wagner geschrieben habe. Ich brauche *Ihnen* nicht zu sagen, daß ich ihm gegenüber stets alle Formen gewahrt habe, als Fundus des Respektes und der *unterwürfigen* und untergeordneten Zuneigung, die ich seinem Genie schulde. Zur gleichen Zeit, als ich ihm den zitierten Brief nach Venedig schickte, schrieb ich an den Großherzog und die Großherzogin, um sie baldigst um eine Unterredung zum Thema Wagner zu bitten, und legte ihnen respektvoll dar, wie sehr es wünschenswert wäre, daß Ihre Hoheiten das Interesse, das sie ihm entgegenbringen, wirksamer machen usw. usw. usw. –

Diese Präzedenzfälle, hoffe ich, werden bei Ihnen, teuerster Freund, die *Unterlassungssünde* entschuldigen, die ich begangen zu haben zugebe, indem ich das *ungebundene* Widmungsexemplar der *Dante-Sinfonie* an Wagner schickte, der es zurückerbeten hatte.

Was die »überschwenglichen Zeilen« betrifft, die ich da hinzugefügt habe, steht es ihm frei, darüber zu denken und zu reden, was ihm gutdünkt. Ich für meinen Teil brauche sie überhaupt nicht in Abrede zu stellen, denn sie stimmen vollständig mit dem überein, was ich hundertmal öffentlich und unter vier Augen gesagt habe. Ich halte Wagner, ebenso wie Dante, Virgil, für »lo mio *maestro*, e'l mio autore« und bin überzeugt, daß, wenn alle Musiker künftig nichts Besseres zu tun hätten, als in seine Schule zu gehen, ich mehr als andere die Verpflichtung habe, nicht unter denjenigen zu bleiben, die am wenigsten davon profitieren.

Richard Wagner an *Hans von Bülow*
Paris, 21. Oktober 1859

Stelle Dir meine Situation nie lumpenhaft vor; sie ist oft sehr schwierig, da das Leben auf das rücksichtsloseste oft und störend (wie die letzten 15 Monate) in meine Vorkehrungen eingreift, und schnell niederreißt, was ich – um häusliche Ruhe und Annehmlichkeit zu genießen – mir eben aufbaue; stets aber sind und bleiben meine Einnahmen (trotz alledem) genügend, die Kosten meiner Lebensweise zu decken: nur veranlaßt das Ungeordnete Beider öfter empfindliche, ja periodisch höchst peinigende Crisen, in denen ich allerdings sehr wünschte, daß ein befreundeter vermögender Mann, die Ausgleichung übernehme. Zur endlichen Ausgleichung kommt's aber doch, und ich habe von Niemand Geschenke mehr nöthig. Gegenwärtig weiß ich zwar noch nicht, wie ich mir – und zwar in Angesicht nicht unbedeutender Einnahmen im nächsten Jahre – helfen soll, da die Kosten meiner Uebersiedelung und Einrichtung meine Berechnungen wenigstens um das 4fache übersteigen. Demnach bitte ich Dich, meine letzte Anfrage wirklich mehr – wie Du richtig bemerkst, – einer – dem Exilirten nachzusehenden – optimistischen Ueberschätzung meiner Beziehungen zur Heimath u.s.w., als einem persönlichen Elende zuzuschreiben, dem Du Dich auf so sonderbare Weise aufzuopfern hättest.

Richard Wagner an *Otto Wesendonk* 245.
Paris, 27. Oktober 1859

Mein lieber Freund! Es macht mir Sorge, Euch über mich beunruhigt zu haben. Was soll ich tun? Kann ich aufrichtig sein, ohne zu klagen? Oder soll ich auch dort, wo ich einzig gern mich rückhaltlos gebe, mich freundlicher Täuschung befleißigen? [...]

Weiß Gott, dies Paris war nicht meine Wahl; ich ergriff es nur mit der Sicherheit eines, der eben keine Wahl hat. Nach der Beendigung des »Tristan«, als ich – Sie entsinnen sich – bereits von Luzern aufbrechen wollte, trat mir mein Vorhaben, das ich – wie alle solche Lebensphasen – für gewöhnlich nur aus halb verschwommener, undeutlicher Ferne überblickte – plötzlich in schärfsten Umrissen bestimmt vor mein Auge, und ich erkannte mich so schlecht dafür ausgerüstet, daß ich – wie ich Euch schrieb – machtlos die Hände fallen ließ und nicht anders glaubte, als mich aller Bemühungen entschlagen zu müssen, um völlig apathisch abzuwarten, was mit mir werden sollte. Aus diesem unerträglichen Zustande wandte ich mich endlich an Sie. Sie griffen großartig ein: so sollte es denn gehen. Und nun, Freund, geht es doch nicht. Die Rechnung war ohne Wirt gemacht, und mit dem beruhigenden Sicherheitsgefühle, mit dem ich die Pläne für mein Auskommen entwarf, ist's aus. Diese Übersiedelung, die Neu- und Wiedereinrichtung reißt alle meine Berechnungen danieder, und der Tag, wo ich dieses Häuschen mietete und die zwei letzten Termine – verlangter Sicherheit wegen – vorausbezahlte, ist für mich der Ausgang unabsehbarer Sorgen geworden. Kaum würden Sie sich nicht wundern und gewiß nur noch meine Enthaltsamkeit anerkennen müssen, wenn ich Ihnen detaillieren wollte, in welches endlose Malheur ich geraten bin. Nun, das ein andermal! – Nur soviel heute, daß ich in der letzten Zeit mit wahrer Wehmut meinen Plan, durch unser Nibelungengeschäft mein Auskommen einzig zu bestreiten, bis dahin, wo aus den währenddem zurückgelegten anderweitigen Einnahmen mir ein neuer andauernder Fonds entstanden sei, total scheitern sehen mußte; wenigstens ist dies mit

»Rheingold« und »Walküre« gänzlich unmöglich geworden. Hören Sie das mit Fassung an und seien Sie mir nicht bös, wenn ich Ihnen sage, daß ich in wachsender Sorge für meine nächste Zukunft mich nach Hilfsquellen umsah, die aus meinen andren Werken fließen sollten.

246.   Richard Wagner an *Otto Wesendonk*
Paris, 7. November 1859

Von Herrn Otto Wesendonk in Zürich habe ich am heutigen Tage *sechstausend Francs* für die im Laufe des Jahres 1860 zu vollendende Partitur des »Siegfried« ausgezahlt erhalten.

247.   Richard Wagner, *Mein Leben* (1865-1880)
(Bericht über das Jahr 1859)

Sowohl bei der Auswahl als der Einrichtung des Häuschens in *rue Newton* war ich mit besonderer Berücksichtigung des künftigen Zusammenlebens mit *Minna* ausgegangen; mein Wohnraum war von dem ihrigen durch eine Treppe geschieden, und ich hatte Sorge dafür getragen, daß auch der ihr zugeteilten Wohnung es nicht an Behaglichkeit fehle. Vor allem aber auch war ich in die seit meiner letzten Wiedervereinigung mit ihr in Zürich gepflegte Neigung verfallen, welche es mir eingab, durch besondere Annehmlichkeit der Ausstattung bis dahin, wo mir die Liebe zum Luxus vorgeworfen werden sollte, die Räume mir freundlich einzurichten, gleichwie um hierdurch das Zusammenleben mit der immer mir fremder werdenden Frau zu einer erträglichen Möglichkeit zu gestalten. Außerdem bot sich in dem Häuschen der *rue Newton* auch die Gelegenheit, einen Salon herzurichten, und mochte ich hierfür auch keineswegs ausschweifend verfahren, so fand es sich doch endlich, daß ich zu den ungeheuren Beschwerden eines nicht endenwollenden Verkehrs mit den so unzuverlässigen Pariser Arbeitern auch noch in zuvor nicht berechnete Unkosten geriet. Doch tröstete ich mich damit, daß, da es nun einmal so sein sollte, *Minna* durch den Einzug in dieses Haus, welches sie fortan zu bewirtschaften hatte, in gute Stimmung geraten würde.

Richard Wagner an *Minna Wagner* 248.
Paris, 10. November 1859

Um Dir keinen Anlaß zur Aufregung zu geben, will ich Dich denn auch bei Deiner Ankunft mit Nichts überraschen und Dir lieber jetzt schon sagen, daß ich wirklich ein kleines Häuschen für sich gemiethet habe. Ein solches in Paris zu finden war eine große Seltenheit, und ich zahle sie mit 1000 fr. *mehr* als ich für eine andere und genügende Wohnung (da ich nicht in eine sehr hohe Etage – um Deinetwegen schon – ziehen konnte) zu zahlen gehabt haben würde. Ich entschied mich erst dazu, nachdem ich eingesehen hatte, daß ich *ohne* dem gar nicht an eine Niederlassung in Paris denken konnte, da keine andre Etagen-Wohnung mir Garantie gegen einst mich umgebende Klavierspieler bot. Entschloß ich mich nicht dazu, so konnte ich Dir noch keinen Vereinigungspunkt bieten. Andrerseits war mein Bedürfniß häuslicher

Ruhe und Stätigkeit groß. Endlich aber überlegte ich mir, was die letzte Lebensweise für uns Beide gekostet hat, und fand, wenn wir diese fortführen wollten, daß mich dieß weit theurer zu stehen kommen würde, als eine angenehme Niederlassung in Paris. So ergriff ich das Letztere, und bitte Dich nun, mir es durch nichts schwer zu machen. Die Gesellschafterin findet unter 4 Menschen als fünfte leicht ihre Nahrung, und der Lohn sagt nichts gegen den Vortheil. Gebrauchen wir selbst die Summe, die Du nanntest, so brauchen wir noch kaum so viel, als mich das letzte Jahr kostete. Bedenke das. Und das habe ich erschwungen, und werde es jetzt, unter bei weitem günstigeren Umständen, noch viel leichter erschwingen. Im schlimmsten Falle brächte ein Ausflug nach Amerika alles in's Gleichgewicht. Doch auch das wird nicht nöthig sein.

249. Richard Wagner an *B. Schott's Söhne*
Paris, 11. Dezember 1859

Gegen ein sofort zu zahlendes Honorar von zehntausend Franken verkaufe ich Ihnen die Partitur und den fertigen, sehr gelungenen Klavierauszug meines dramatischen Musikwerkes »Das Rheingold« mit dem Recht, dieses Werk in Deutschland, Frankreich und England in jeder Weise zu veröffentlichen, so daß nur das Recht, theatralische Aufführungen davon zu veranstalten, mir vorbehalten bliebe. An den Verfasser des Klavierarrangements, Herrn Charles *Klindworth* in London, hätten Sie einzig noch das übliche, bogenweise zu berechnende Arbeitshonorar zu bezahlen. Von dem Texte hätten Sie das Recht, eine wohlfeile Ausgabe zum Zweck des Verkaufes bei theatralischen Vorstellungen zu veranstalten, jedoch mit dem ausdrücklichen Vorbehalt, sich hierüber mit demjenigen

Buchhändler zu vereinigen, dem ich andererseits meine größere dramatische Dichtung »Der Ring des Nibelungen« zur besonderen Herausgabe als reines Literaturwerk, in kostbarerer Exemplarbestellung, zu überlassen mir vorbehalte. Von dieser dramatischen Dichtung, die ich mit nächstem bei einem bedeutenden Verleger herauszugeben gedenke, bildet das »Rheingold« einen an sich ganz vollständigen und selbstbestehenden Teil.

Richard Wagner an *Otto Wesendonk*   250.
Paris, 12. Dezember 1859

Das mir bisher feindselige große Musikhandelshaus B. Schott's Söhne in Mainz hat sich mit dem Wunsche an mich gewandt, eines meiner großen dramatischen Musikwerke in Verlag zu erhalten. Ich habe ihm das »Rheingold« angeboten, rund und nett. Ich frage Sie nun um Ihre Zustimmung, für den Fall, daß Schott's mindestens 60000 fr. zahlten, und möchte Sie, falls Sie zustimmen – was mir erwünscht wäre – ersuchen, mir gegen die Bedingung, daß die Firma Schott an Sie oder Ihre Firma sofort 6000 fr. zahlt, den Auftrag und die Erlaubniß zum definitiven Verkauf des Verlagsrechtes des »Rheingoldes« (zu) erteil(t)en. Ich denke, daß mir hierfür Ihre briefliche Erklärung genügen würde.

251. Richard Wagner, *Mein Leben* (1865-1880)
(Bericht über den Winter 1859/60)

Sogleich faßte ich den Plan, falls *Schott* auf meine Forderung einginge, die hieraus sich ergebende so unerwartete Einnahme zur Betreibung meiner Pariser Unternehmung zu verwenden. Durch das hartnäckige Schweigen des kaiserlichen Kabinetts ermüdet, gab ich jetzt an meine Agenten den Auftrag, mit Signor *Calzado* für das Italienische Opernhaus zu drei Konzerten abzuschließen sowie das nötige Orchester und die erforderlichen Gesangskräfte anzuwerben. Als dies im Gange war, ward ich wiederum durch zögernde Gegenanerbietungen von *Schott* geängstigt ...

252. Richard Wagner an *Gustav Schmidt*
Paris, 6. Januar 1860

Schott's wollten ein neues dramatisches Musikwerk von mir haben. Ich habe ihnen das »Rheingold« angeboten, und – für *Deutschland, Frankreich und England* – 10000 Francs dafür gefordert. Unter dem Vorwande, wohlfeile Ausgaben veranstalten zu wollen, boten sie mir 7500 fcs dagegen. Ich blieb auf meiner Forderung stehen. Seit gegen 14 Tagen habe ich keine Antwort. Es wäre mir unlieb, wenn sie ganz absprängen, 1., weil ich gern sehe, wenn das »Rheingold« bald erscheint; 2., weil ich in diesem Augenblick furchtbares Geld gebrauche. Ich habe 3 große Concerte vor, deren Kosten enorm anwachsen: ich muß mich schleunig nach Geld umsehen, um in keine schreckliche Verlegenheit zu geraten. Somit folgende Bitte:

Fahren Sie schnell einmal nach Mainz hinüber und sprechen Sie *Schott's*. Sehen Sie, wie sie disponiert sind. Möglich, daß sie schließlich in meine Forderungen willigen wollten. Somit nichts vergeben. Finden Sie sie aber abgeschreckt, so geben Sie zu verstehen, daß mir an dem Abschlusse liege, und *Sie* von mir beauftragt seien, für mich mit ihnen abzuschließen. Für diesen Fall suchen Sie 8000 fr zu retten: wenn durchaus nicht anders, so schließen Sie auf 7500 fcs ab: dieß aber unter der Bedingung *sofortiger Übersendung* der vollen Summe an mich nach *Paris*. Mein Geheimnis können Sie schließlich verraten und gestehen, daß ich zu dem Opfer bereit wäre aus dem Grunde, meine Concerte in *Paris* so bedeutend wie möglich hinstellen zu können.

An Bülow schreibe ich zugleich, daß er Ihnen den *Klavierauszug* und die Partitur des »Rheingolds« sofort zuschicke. Alles ist bereit. Vor allem aber *schnell Geld*!

Richard Wagner an *B. Schott's Söhne*   253.
Paris, 7. Januar 1860

Empfangen Sie meinen aufrichtigen Dank für Ihre zuletzt erklärte Bereitwilligkeit, auf alle meine für die Abtretung meines »Rheingoldes« gestellten Bedingungen eingehen zu wollen. Ich läugne Ihnen nicht, daß ich hierin einen Beweis großen Vertrauens in mich und den Werth meiner Arbeiten erkenne, für den ich mich Ihnen zu voller Erkenntlichkeit verpflichtet fühle. [...]

Jedes der folgenden zum Cyclus meiner »Nibelungendramen« gehörigen Werke soll von mir zuerst Ihnen angeboten werden, und ich verpflichte mich zum Voraus, für keines derselben mehr als für das »Rheingold« zu beanspruchen. Sollten Sie jedoch bei diesem ersten Werke erweislich kein gutes Geschäft gemacht haben, so werden Sie mich sogar auch zu einer Ermäßigung der Forderung bereit finden. – Nur um eines bitte ich Sie: verbinden Sie mich auf das Äußerste, und übersenden Sie mir die volle Summe von 10000 fr. *sofort*, ja – *umgehend*.

Hierüber folgende Erklärung. Ich gestehe, Ihre schließliche Gewährung meiner Forderung – nach Ihren letzten Erklärungen – vorausgesehen zu haben. Die Möglichkeit, in nächster Zeit über die in Rede stehende Summe verfügen zu können, hat mich zum definitiven Angriff einer Unternehmung bestimmt, die ich für meine zukünftigen Erfolge in *Paris* für entscheidend wirklich halten muß, und der ich deshalb eine bedeutende Summe möglicherweise mich zu opfern entschlossen habe, sobald sie eben mir zu Gebote steht. Es handelt sich zunächst um 3 große Concerte, die ich in der Salle Ventadour mit dem vollendetsten Aufwand künstlerischer Kräfte zu geben bereit bin. Die Kosten und Entschädigungen hierbei sind enorm, und ich bin bereits soweit gegangen, Alles zu übernehmen in der Hoffnung – von Ihnen nicht im Stich gelassen zu werden.

Somit verpflichten Sie mich auf alle Zeiten und erfüllen Sie meine Bitte: schicken Sie mir ohne Bedenken umgehend die volle Kaufsumme für das »Rheingold«.

254.   Heinrich Esser an *Franz Schott*
Wien, 18. Januar 1860

Mit vielem Vergnügen ersehe ich aus Ihrem Brief vom 14. d. M., dass Sie mit Wagner handelseinig geworden sind. Ohne Zweifel haben Sie eine gehörige Summe für die Ihrem Eigentum verfallene Oper bezahlen müssen – denn Wagner versteht es, Geschäfte zu machen und kennt alle Kniffe, um seine Zwecke durchzusetzen.

Dass er das von Ihnen erhaltene Geld für seine projektierten Konzerte verwendet, möchte ich bezweifeln, denn diese würde er wahrscheinlich nicht geben, wenn nicht irgend ein Protektor hinter ihm stünde, der für ein mögliches Defizit Garantie leistet. Dagegen glaube ich, dass er zum Leben Geld braucht, und dass ihm der Verkauf seiner Oper sehr zur rechten Zeit kam, um ihn vor der Bedrängnis zu retten.

Richard Wagner, *Mein Leben* (1865-1880) 255.
(Bericht über das Jahr 1860)

Sehr befriedigt, sowohl von der Ausführung des Konzertes als der Aufnahme, die es gefunden, hatte ich an den folgenden Tagen die entgegengesetzten Eindrücke zu überwinden, welche durch die Auslassungen der Presse hierüber in mir hervorgerufen wurden. [...] Vor allem beängstigte es mich aber, daß das vollständig gefüllt erscheinende Haus keine größere Einnahme, als es sich fand, abgeworfen hatte. Wir hatten zwischen fünf- und sechstausend Franken eingenommen, aber über 11000 Franken Unkosten gehabt. Die letzteren hätten nun zum Teil ersetzt werden können, sobald bei dem zweiten, weniger kostbaren Konzerte eine möglichst gesteigerte Einnahme erwartet werden durfte. *Belloni* und *Giacomelli* hingen aber die Köpfe; sie glaubten sich der Einsicht nicht verschließen zu dürfen, daß das Konzert nicht der Genre des Franzosen sei, welcher durchaus das dramatische Element, d.h. Kostüme, Dekorationen, Ballett und dergleichen verlange, um sich befriedigt zu fühlen. [...]

Mein *Schott*sches Honorar, von welchem ich allerdings einen Teil auf die Bedürfnisse meiner jetzt wiederum erschwerten häuslichen Existenz zu verwenden hatte, war daraufgegangen, und ich hatte mich nach Subsidien umzusehen.

Malwida von Meysenbug, *Gestalten* (1901)

Wagner hatte damals bitter unter pekuniärer Not zu leiden. In schweren Augenblicken hatte er mir mit der Offenheit, wie man sie einer langjährigen Freundin zeigt, über seine Verhältnisse gesprochen, und die Sorge um ihn und sein Geschick lag schwer auf meiner Seele. Die Konzerte, so groß ihr Erfolg in der Anerkennung des musikalischen Publikums gewesen war, hatten ein Defizit hinterlassen, das Wagner außerstande war zu berichtigen. Daß ich eine sehr wohlhabende Freundin bewegen konnte, wenigstens zum großen Teil helfend einzuschreiten, war mir eine innige Genugtuung, aber ich wollte, es solle gründlicher geholfen werden. Ich plante, eine große Sammlung zu veranstalten, die, zur Deckung des Defizits und darüber hinaus, dem Meister als Huldigung dargebracht werden sollte. Zwei junge, sehr reiche Enthusiastinnen erklärten sich bereit, die Sache in die Hand zu nehmen und mit Eifer zu betreiben, da ich genötigt war, Paris zu verlassen und nach London zurückzukehren.

257. Richard Wagner an *Malwida von Meysenbug*
Paris, 20. Mai 1860

Ich bitte Sie, Madame S. (eben jene hilfreiche Freundin) bestens von mir zu grüßen und zu sagen, wie ganz besonders leid es mir tut, das mir so freundlich vorgeschossene Geld ihr noch nicht zurückschicken zu können, da in meiner Lage sich noch nicht das Mindeste geändert hat. Von keiner Seite her habe ich irgendeine erleichternde Mitteilung erhalten. Ich überlasse es daher Madame

S., da sie leider bei meiner Lage so stark interessiert ist, von sich aus eine Anfrage nach Paris zu richten. Einzig wäre es mir lieb, wenn unter allen Umständen wirklich der Anschein aufrecht erhalten würde, als sei ich bisher von dem mir mitgeteilten Vorhaben, für den Verlust bei meinen Konzerten mich zu entschädigen, ununterrichtet geblieben. Ich konnte Madame S., die ich für sehr reich hielt und vollkommen imstande, den mir nötigen Ersatz aus eigenen Mitteln zu leisten, in einer besonders dazu disponierten Stimmung sehr leicht um ein Darlehn, das ich in mehreren Jahren zurückbezahlen zu können volle Aussicht habe, ersuchen. Zu einer Sammlung für mich in der Absicht, die verlorene Summe als ein *Geschenk* mir wieder zuzustellen, hätte ich jedoch in keiner Weise auffordern können, da ich sehr wohl weiß, wie wenig demjenigen, der sich an die *Geld*hilfe anderer wendet, eigentlicher Glaube beigemessen wird und wie von diesem Augenblick an seine Lage, sei sie welche sie wolle, nur noch nach *einem* Maßstabe beurteilt wird. Das Außerordentliche wird eben stets außerordentlich und nicht begriffen bleiben. Demnach ersuche ich Madame S. herzlich, den Anschein zu bewahren, als sei sie, während des Pariser Aufenthalts, durch Sie, der ich im Vertrauen die Mitteilung meiner Verluste gemacht hätte, ohne mein Wissen hiervon benachrichtigt worden. Glücklicherweise wird hierdurch der zarten Fürsorge meiner teilnehmenden Freundin in nichts zu nahe getreten.

Richard Wagner an *Hans von Bülow*
Paris, 21. Mai 1860

Was mich betrifft, so lebe ich von einem Tag zum andren hin, grade so wie es meine Mittel mir gestatten [...] Im Uebrigen kann ich Dir nicht angeben, wie und von was ich in dieser Zeit gelebt habe: nur muß ich Dir Unrecht geben in Deiner Beurtheilung der Frommann, die wirklich sehr recht hat um mich besorgt zu sein; nur muß man ihr dieß nicht zugeben, darin hast Du wieder Recht. Aber thörig, wie ich mit meinen Pariser Conzerten, hat wohl noch nie ein Mensch gehandelt, der einiger Maaßen Anspruch auf ein gutes Renommé als Oekonomist macht. Sei versichert, es hat ein Jeder Recht, der mir etwas vorzuwerfen hat: nur, wie gesagt, muß man dieß nicht gleich zugeben.

Richard Wagner, *Mein Leben* (1865-1880)
(Bericht über das Jahr 1860)

Die großen Unkosten, in welche die gegebenen drei Konzerte mich gebracht, waren endlich niemandem, der sich um mich bekümmerte, unbekannt geblieben; auch *Malwida* hatte bald erraten, in welchen Schwierigkeiten ich mich befand, da nach keiner Seite eine Aussicht sich eröffnen wollte, welche als ein praktischer Erfolg meiner bisherigen Unternehmungen und als ein Ersatz der ihnen gebrachten Opfer angesehen werden konnte. Ganz aus eigenem Antriebe fühlte sie sich verpflichtet, an eine Hilfe für mich zu denken, und suchte diese in der mir zu verschaffenden Bekanntschaft einer Mme *Schwabe*, der Witwe eines reichen englischen

Kaufmannes, in deren Hause sie als Erzieherin der älteren Tochter ein Unterkommen gefunden hatte. Sie verhehlte sich und mir nicht, welch üble Zumutung mir mit der Pflege dieser Bekanntschaft gestellt war; dennoch hielt sie sich an die von ihr angenommene Gutmütigkeit dieser ziemlich grotesken Frau sowie an die Eitelkeit derselben, welche mir die Auszeichnung des Besuches meines Salons gewiß zu vergelten suchen werde. In Wahrheit waren alle meine Subsistenzmittel zu Ende; und diese schlimme Lage zu verleugnen erhielt ich den Mut einzig durch den Abscheu, den ich empfand, als ich erfuhr, man gehe unter den Deutschen von Paris damit um, durch eine anzustellende Sammlung mich für die Unkosten meiner Konzerte zu entschädigen. Bei der Nachricht hiervon schritt ich sofort mit der Erklärung ein, daß jene Annahme meiner Bedürftigkeit infolge von Verlusten auf einem falschen Gerüchte beruhe und ich jede Bemühung in diesem Sinne ablehnen müsse. Mme *Schwabe*, welche sich regelmäßig in meinen Soireen einfand und ebenso regelmäßig beim Musizieren einschlief, fand sich nun aber veranlaßt, durch die sorgsame *Meysenbug* mir ihre persönliche Hilfe anbieten zu lassen. Diese erstreckte sich auf etwa 3000 Franken, welche mir in diesem Augenblick allerdings auf das äußerste nötig waren; da ich das Geld nicht geschenkt annehmen wollte, stellte ich der Dame, welche dies in keiner Weise verlangte, freiwillig über die empfangene Summe einen Wechsel auf ein Jahr aus, welchen sie in der Annahme, einzig meinem Gefühle dadurch Genüge zu tun, nicht aber ihrerseits Rechte auf Wiedererstattung sich zu sichern, gutmütig akzeptierte. Als späterhin wirklich die Zeit der Fälligkeit dieses Wechsels erschien, wendete ich mich, da andererseits meine Lage mir die Einlösung desselben durchaus unmöglich machte, an die in Paris verbliebene *Meysenbug*, um bei der seitdem wieder auswärts sich befindenden Besitzerin des Papiers sich für die Erneuerung desselben durch Verlängerung auf ein neues Jahr zu verwenden: diese entgegnete mir nun mit ernstlicher Überzeugung, ich solle mir doch selbst diese geringe Mühe ersparen, da die *Schwabe* die mir übergebene Summe nie anders als eine freiwillige Beisteuer zum Gelingen meiner Pariser Unternehmung, für welches sie ernstlich Interesse zu empfinden sich geschmeichelt hätte, angesehen habe. Wir werden späterhin erfahren, welche Bewandtnis es damit hatte.

Richard Wagner an *Franz Liszt*
Paris, 16. Juni 1860

Dingelstedt glaubt mir – einem von ihm soeben erhaltenen Brief zufolge – die verlangten 1000 fr. für Rienzi abschlagen zu müssen, und bietet mir dagegen 30 Louisd'or.

Ich komme dadurch in eine üble Lage. Auf der einen Seite brauche ich – wie immer – sehr nötig Geld und kann meine Frau entschieden *nicht* zur Kur nach Soden schicken, wenn die verhoffte Subvention mir nicht zuteil wird. Andrerseits muß ich verzweifeln, jemals auf einen grünen Zweig zu kommen, wenn ich – durch mein stetes Bedürfnis bestimmt – auch hier wieder zur Nachgiebigkeit mich bequemen muß. Ich habe nun an Dingelstedt sehr offen und ohne alle Schroffheit meine Ansicht über diese »Honorar«-Frage auseinandergesetzt und habe schließlich somit auf meiner Forderung bestanden.

Nun möchte ich gern jeden Tag schon meine Frau abreisen lassen. Die schlimmste Wendung, die daher meine Sache in Weimar nehmen könnte, wäre diese, daß man einfach meine Forderung abwiese, und ich *gar nichts* hätte, um für meine Frau sorgen zu können.

Somit habe ich Dir meine Lage genau bezeichnet. Findet Dein diplomatisches Genie einen Ausweg (sobald meine Forderung auch gegen den Großherzog nicht durchgesetzt werden kann), so würdest Du mir damit sehr dienen. Ich vermute, Du stehst mit Dingelstedt wie mit dem G.H. in hinreichend gutem Vernehmen, und hoffe daher – im schlimmsten Fall – auf einen Ausweg. Daher, laß Dir auch diese Lumperei schönstens empfohlen sein!

Seit dem Zerschlagen meiner Petersburger Unterhandlungen kann ich nicht länger anstehen, Ihnen zu berichten, daß Sie es waren, der, ohne es zu wissen, mir aus der ersten furchtbaren Not half, in die mich meine drei Pariser Konzerte brachten.

Als sich die Notwendigkeit herausstellte, sofort die Unkosten jener Konzerte, welche sich schließlich über elftausend Francs beliefen, zu schaffen, – in eben dieser Zeit, wo andrerseits mir gemachte Hoffnungen, für diese Konzerte sofort entschädigt zu werden, mir gänzlich zunicht wurden, und alles auf die äußerste Spitze gespannt war, antworteten mir die Musikverleger, die sich wegen des »Rheingoldes« an mich gewandt hatten, auf meine an sie gestellten Bedingungen ganz unerwartet mit der sofortigen Zusendung des geforderten Honorares in einem Wechsel auf Paris.

Zu gleicher Zeit schrieb man mir aus Petersburg, der Direktor der kaiserlichen Theater werde alsbald nach Paris kommen, um mich gegen bedeutende Vorteile zu nächstem Winter für Petersburg zu gewinnen zu suchen.

Sie waren fern, und meine Lage war unerhört: die Konzerte – einmal angekündigt, *mußten* fortgesetzt werden.

Ich verwendete das »Rheingold«-Honorar in der Voraussetzung, aus den Vorteilen des angekündigten Petersburger Engagements Sie sofort entschädigen zu können. Dann auch erst sollten Sie von dem Vorgefallenen unterrichtet werden.

Auch diese Aussicht ist mir nun neuerdings verschlossen worden. Somit kann ich nicht länger anstehen, Sie nun in Kenntnis zu setzen.

Jede Möglichkeit, Sie durch andre Mittel bald entschädigen zu können, muß ich als illusorisch von mir weisen. Mir bleibt nichts übrig, als Ihnen eine Quittung über den Empfang des zwischen uns stipulierten Preises für das letzte Stück der »Nibelungen« zuzustellen, wodurch die 6000 Francs für das »Rheingold« als an

Sie zurückgezahlt gelten können. Ich werde auch dieses Stück noch ausführen; denn wäre mir dies nicht noch vorbehalten, so begriffe ich nicht, welche Bestimmung mich jetzt noch am Leben erhält, wo ich täglich herzlich nach dem Tode verlange.

Es ist sehr möglich, daß Sie mir Vorwürfe zu machen haben; unmöglich aber, daß Sie mir dieselben nicht bis auf eine spätere Periode aufsparen, wo sie nicht mehr dazu dienen können, die größte Lebensbitterkeit, die man empfinden kann, zu vermehren.

(Beilage.)

Von Herrn Otto Wesendonk habe ich für das vierte Stück meines Bühnenfestspieles »Der Ring des Nibelungen«: »*Siegfrieds Tod*«, das kontraktlich stipulierte Honorar von *sechstausend Francs* bar ausgezahlt erhalten und bekenne mich dagegen verpflichtet, die Komposition dieses Werkes sobald als möglich auszuführen.

Paris, 1. Februar 1860.   Richard Wagner.

Anmerkung von Otto Wesendonk:

Gegen obige Quittung habe ich das erste Stück des Rings des Nibelungen freigegeben, welches Rich. Wagner an Schott in Mainz verkauft hat.

Zürich, 23. November 1860.   Otto Wesendonk.

262. Richard Wagner an *Malwida von Meysenbug*
Paris, 22. Juni 1860

Ich habe in meinem Leben mit vielem Ungemach zu kämpfen gehabt, und die höhnische Beigabe gänzlicher Vermögenslosigkeit zu einer so obstinaten Geistesdisposition, wie die meinige, hat zu jeder Zeit mir üble Konflikte bereitet. Keiner begreift dies recht, und doch ist's mit Händen zu greifen, wenn mir jetzt z.B. jemand aufmerksam zusieht, jetzt, wo ich alles zu ergreifen hätte, was mir Erleichterung meiner Lebenslast verspricht und doch so wenig mich zu Konzessionen verstehen kann, daß ich gestern dem Direktor der hiesigen Oper erklärte, der Tannhäuser werde so gegeben, wie er ist (ohne Ballett im zweiten Akt) oder er werde gar nicht gegeben. Was diese Obstination heißt, können Sie gerade jetzt, wie Sie meine Lage kennen, am besten beurteilen. Denn ich muß gestehen, daß seit den acht Jahren, wo meine Opern in Deutschland gegeben werden, ein Zustand wie mein jetziger mir unbekannt geblieben ist; immer nahm ich etwas ein und konnte bestehen, so wie ich nun einmal lebte. Eben jetzt aber sind meine älteren Opern gänzlich erschöpft, meine neuen verhindert, enorme Verluste und – niemand, der mir hilft! Alles, was ich verlange, ist Kredit während einer Stockung! Unmöglich! Ich vertraue mich und ernte dafür nichts als Preisgebung. In den Journalen lese ich, ich habe 10000 Franks bekommen, und der Hohn, mit dem man dies begleitet, ist alles, was ich davon habe. Mein russischer General kommt an, es findet sich, daß für nächsten Winter von Petersburg nicht die Rede sein kann, weil ich zur selben Zeit dort sein müßte, wo ich hier nötig bin, somit – verstummt! Nun hatte ich von einem Tag zum andern Forderungen an mich abzuhalten, die peinlichsten Stockungen im Hause, Aufregung und Schlaflosigkeit meiner Frau. Sie soll nach Soden ins Bad reisen, und ich kann ihr kein Geld dazu schaffen. Und so geht es fort und wird mindestens ein halbes Jahr noch dauern, wenn es überhaupt *dauern* kann. Und das begegnet mir, dem man von allen Seiten immer von neuem wieder berichtet, welchen Enthusiasmus ich da und dort wieder errege...

263.   Richard Wagner, *Mein Leben* (1865-1880)
              (Bericht über das Jahr 1860)

Fast war ich auch auf diesem Wege nur in neue Widerwärtigkeiten
geraten, ohne mir eine irgendwie ausreichende Hilfe zu gewinnen,
als eines Tages Graf *Paul Hatzfeld* bei mir erschien, um mich zu
bitten, Mme *Kalergis*, welche soeben in Paris angekommen sei, zu
besuchen und von ihr Mitteilungen in Empfang zu nehmen. Ich
sah die Dame seit meinem Aufenthalte mit *Liszt* im Jahre 1853 in
Paris zum ersten Male wieder und wurde von ihr mit der Erklärung empfangen, daß sie um so mehr bedauere, bei meinen im vergangenen Winter gegebenen Konzerten nicht zugegen gewesen zu
sein, als sie dadurch die Gelegenheit verloren habe, mir zur rechten
Zeit in beschwerlichen Umständen behilflich zu sein. Sie erfahre,
daß ich hierbei große Verluste erlitten habe, welche man ihr auf
10000 Franken angebe, und sie ersuche mich nun, den Ersatz hierfür von ihr anzunehmen. Hatte ich zuvor es für schicklich erachten müssen, dem Grafen *Hatzfeld*, da man mit jener widerwärtigen
Kollekte sich auch an die preußische Gesandtschaft gewandt hatte,
jene Verluste geradeswegs zu leugnen, so fand ich jetzt nicht den
mindesten Grund dafür, vor der großherzigen Frau mich zu ver-
stellen. Es war mir, als ob sich nur etwas erfüllte, was ich von je
erwarten zu dürfen mich berechtigt wähnte.

Franz Liszt an *Richard Wagner* 264.
Weimar, 7. Juli 1860

Einzigster!

Mme. Kalergis Intervenierung in Deiner Konzert-Angelegenheit bringt mir eine *große* Freude. Derartig schöne und edle Züge begegnet man leider nur zu selten! – Willst Du so freundlich sein, meiner gnädigen Gönnerin die einliegenden Zeilen zukommen zu lassen?

Richard Wagner an *Otto Wesendonk* 265.
Paris, 6. Dezember 1860

Mein Freund! Können Sie, trotz der amerikanischen Krisis, mir mit – Francs aushelfen? Es wird mir leicht fallen, zu Ostern das Geld zurückzuzahlen. Durch meine Krankheit hat sich denn doch der »Tannhäuser« verzögert: ich habe alles erschöpft und bin selbst aufs äußerste erschöpft; das ersehen Sie wohl daraus, daß ich mich endlich doch wieder an Sie wende, den ich für immer verschonen sollte. Doch bin ich sicher, Ihnen das Gewünschte eben bald zurückgeben zu können: und dies erleichtert mir meinen Schritt etwas. – Eines aber bitte ich vor allem: ist es Ihnen augenblicklich wirklich beschwerlich, oder müßte Sie die Gewährung meiner Bitte in die mindeste üble Laune versetzen, – so ignorieren Sie sie gänzlich, und antworten Sie mir gar nicht darauf.

266. Richard Wagner an *Otto Wesendonk*
Paris, 16. Dezember 1860

Herzlichen Dank, Bester, für den freundlichen Wortbruch, der mich für die ersten Tag etwas bedenklich machte. Nun, auch nach dieser Seite wird sich wohl bald nun Genesung einstellen!

267. Minna Wagner an *Ernst Benedikt Kietz*
Paris, 1. Februar 1861

Die Aufführung des *Tannhäuser* findet *unwiederruflich* und *spätestens* d. 20ten d. M. hier statt. Wollen Sie nun noch den beiden letzten Generalproben beiwohnen, so müssen Sie spätestens d. 15ten hier sein, aber ja nicht später, lieber je früher je besser. Für zwei Plätze falls Sie Ihr Freund von dort begleiten sollte, wird für die Aufführung bestens gesorgt werden. –

Eben auch muß gesagt werden, daß Sie Ihre Auslage des Reisegeldes von dort hierher von uns wieder zurückerstattet wird.

Hans von Bülow an *Richard Wagner* 268.
Berlin, 30. März 1861

Ich bilde mir ein, daß Deines Bleibens in Paris keinesfalls noch lange sein wird.[5] Nun bitte ich Dich, zunächst nach Karlsruhe zu gehen, Deine Ankunft durch den bad[ischen] Gesandten in Paris vorher melden zu lassen und den Herrschaften ohne weiteres Deinen Besuch zu machen. Ich erwarte Alles von dem magnetischen Eindruck Deiner Persönlichkeit auf die Großherzogin, die Dich fanatisch verehrt und liebt [...] Eigenhändig hatte ich für alle Hoheiten Programme geschrieben mit Text und kurzgefaßter Vorerklärung. Man war mir so dankbar, daß man mir ziemlich unverblümt zu verstehen gab, man wünsche meine Übersiedelung nach Karlsruhe – als Nachfolger des binnen kurzem zu pensionierenden Strauß. *Ich habe abgelehnt.* Nun war jedes Mißtrauen (dieses war stark vorhanden) in die Uneigennützigkeit meiner wiederholten Besuche am Karlsruher Hof geschwunden. Jetzt werden Kalliwoda (dieser in höchstem Entzücken, befreit vom Alp der Angst seiner Verdrängung durch mich am Kapellmeisterstuhl) und Genossen für die von mir, *ohne Dich im mindesten zu kompromittieren* ausgesprochene Idee arbeiten, die ich ihnen diktiert habe: »der Großherzog ernennt R. W. zum Generalmusikdirektor mit 5000 fl. Jahrgehalt: R. W. hat keine andere Verpflichtung als die der Leitung einiger Konzerte und derjenigen Opern von sich oder Gluck pp. deren Aufführungen er hierdurch eine festliche Weihe geben will«.

---

5 Wagners »Tannhäuser«, in der neuen Pariser Fassung an der Großen Oper am 13. März 1864 erstaufgeführt, endete durch die Störungen der Aristokraten vom Jockey-Club in einem beispiellosen Theaterskandal und wurde nach der dritten Aufführung, gemäß Wagners Willen, abgesetzt.

Minna Wagner an *Natalie Planer*
Paris, 5. April 1861

Was nun den *Tannhäuser* betrifft, so kann ich Dir versichern, daß er nicht durchgefallen ist, sondern Richards Eigensinn wieder einmal schuld ist, daß er nicht mehr als drei Mal aufgeführt worden ist. Du weißt, daß an der großen Oper keine Oper ohne Ballet gegeben wird, und hätte sich R. entschließen können eines im zweiten Ackt vielleicht vor dem Sängerkrieg hineinzucomponiren, so wäre diese Oper eine wahre Ruhm- und Geldquelle geworden.

Eduard Devrient, *Tagebuch*
Karlsruhe, 8. Mai 1861

Wagner im Gasthofe besucht. Der arme Mann, der, wie er mir selbst sagt, in den letzten Jahren gar nichts erworben und in Paris ein immenses Geld gebraucht hat, alles aus den Mitteln seiner Freunde, die er zurückzuerstatten eifrig bedacht sein müsse, dieser arme Mann saß im grünen Sammetschlafrock, mit violettem Atlas gefüttert, und türkischen Hosen vom selben Stoffe und einem weiten braunen Sammetbarett, das ungeschickt aufgesetzt, seinem spitzen Advokatengesicht drollig stand. Ich ließ ihn nun nicht im Dunkeln über die geringen Aussichten, welche er auf außerordentliche Geldopfer des Großherzogs habe, weder für die Aufführung des »Tristan«, noch gar für das Ehrengehalt, das er sucht, eigentlich verlangt, damit er ganz sorgenfrei in seiner Häuslichkeit – natürlich in Sammet und Atlas und seinem luxuriösen Komfort, den ich von Zürich her kenne – leben und komponieren und tun und lassen könne, was ihm gefällt. Er schwankt zwischen Nachgiebigkeit an die Verhältnisse und den anspruchsvollsten Plänen und Entwürfen ins Blaue hinein. Schließlich hat er den drohenden Plan, wenn ihm alles mißlingt, sich jedenfalls in Karlsruhe niederzulassen, wo er zwischen Paris und Deutschland bequem und überdies wohlfeil lebe. Dann würde es ihm ein Vergnügen sein, dann und wann teilzunehmen an den Arbeiten und besonderen Unternehmungen des Theaters. Welch eine Hagelwolke voll Beunruhigung und Widrigkeit zieht da wieder über meine alten Tage herauf!

Richard Wagner an *Karl Tausig*   271.
Paris, 8. Juni 1861

Du weißt, daß Seitens meiner Gönner aus der hiesigen höheren diplomatischen Welt, und unter der hauptsächlichen Mitwirkung der Fürstin Metternich, das Project mir von den vorzüglicheren deutschen Theatern Aufführungen meiner Opern zu meinem Vortheil zu erwirken, in Angriff genommen worden ist, und daß man namentlich unter dem Vorgange von Berlin, mir durch den Ertrag dieser Einnahmen eine Summe von 8 bis 10000 Thalern zu Gebote stellen zu können hofft, welche dazu bestimmt sein soll, mich für den Nichterfolg meines Tannhäusers in Paris zu entschädigen. Andrerseits weißt Du aber auch, daß ich seit länger ganz mittellos bin, und meine zunächst so sehr gewünschte Uebersiedelung nach Deutschland, die nur durch gleichzeitige Abtragung dringender hiesiger Verpflichtungen zu bewerkstelligen ist, nicht ausführen kann, ohne sofort in den Besitz von 2000 Thalern zu gelangen. Da ich ohne mir empfindlich zu schaden, meine hiesigen Gönner nicht drängen darf, und den Erfolg ihrer Bemühungen mit Ruhe abwarten muß, so liegt mir für den Augenblick nichts dringender am Herzen, als einen bei diesem Unternehmen unbetheiligten Freund meiner Kunst zu finden, der mir schnell möglichst jene nöthige Summe vorschösse. Glaubst Du Jemand zu kennen, dem es möglich wäre, mir diesen großen Dienst zu leisten, so würde ich Dich autorisiren, meine so eben bezeichnete Lage unverhüllt zu erkennen zu geben und mein Anliegen vorzubringen. Die Summe selbst, solltest Du mir sie verschaffen können, würde ich als einen Vorschuß auf jene mir in Aussicht gestellten Einnahmen wieder zurück zu erstatten mich verpflichten, und zwar im Maaße des Einganges eben dieser Einnahmen.

272.   Richard Wagner an *Minna Wagner*
Wien, 4. September 1861

Im Uebrigen bin ich wirklich sehr betreten darüber, daß für jetzt mein Aufenthalt in Wien mir doch weit kostspieliger fällt, als ich dieß angenommen hatte, und hieran ist namentlich der höchst unangenehme Umstand schuld, daß meine Sänger alle zerstreut auf dem Lande wohnen, was mir für Fuhrwerk u.s.w. böse Ausgaben verursacht. Auch habe ich keinen regelmäßigen Tisch, und für den Augenblick allerdings keine andere Erleichterung als daß ich für Wohnung nichts zu zahlen habe. Könnte ich Einladungen auf das Land annehmen, so wäre dieß etwas anderes. Doch hoffe ich mit dem Herannahen des Herbstes auf Erleichterung, namentlich wenn Alles wieder in der Stadt wohnt.

Richard Wagner an *Hans von Bülow*   273.
Wien, 24. September 1861

In Weimar dünkte ich mich noch so sicher durch meine Berechnung meiner Lage, die leider so ganz Wagnerisch war, daß sie
durch zwei kleine Faktoren total umgestoßen werden konnte.
1. Die *Kolatschek*sche Gastfreundschaft, somit eine fast kostenlose
Existenz in Wien – unmöglich: somit meine finanzielle Lage
gänzlich geändert. 2. Statt der Aufführung des »Tristan« Anfang
Oktober (mit allen Folgen) höchst problematisch, ob überhaupt
diesen Winter, während die Möglichkeit, sie doch noch im
Dezember herauszubringen, mich für jetzt noch krampfhaft hier
fesselt. Somit – volles altes Elend!! –

Am wunderlichsten ist mir's, daß ich nirgends und niemals einmal Gastfreundschaft finden soll: Keines mag mich! . . .

So bin ich denn nun 25 Jahre verheiratet, anerkannt, geliebt,
bewundert; kehre in mein deutsches Vaterland zurück – und –
mein ganzes bißchen Zukunft hängt – oder baumelt am schlaffen
Stimmbande eines fatigierten Tenoristen, der mich heute noch
nicht leben und nicht sterben läßt; – treibe mich wieder in Gast-
höfen herum und bilde mir ein, Opernkomponist zu sein! –

Richard Wagner an *Minna Wagner*   274.
Wien, 26. September 1861

In der zweiten Hälfte des Oktober kommen Metternich's noch auf
einige Zeit nach Wien. Dann will ich denn einmal sehen, ob ich
durch sie etwas Rechtes erreichen kann. Hier ist jetzt seit Jahren
eine Stelle vacant, die mir famos passen würde: nämlich die eines

Kaiserl. Hofcomponisten mit 4000 Gulden Gehalt, wofür weiter nichts zu thun, als daß man seine Compositionen selbst aufführt. Das geht mir jetzt sehr durch den Kopf, nämlich, daß eine solche Stelle hier nichts Neues ist, und demnach nur wieder zu besetzen wäre. Nun, bei Gott, es dürfte mir endlich auch einmal so etwas passiren.

275.   Richard Wagner an *B. Schott's Söhne*
Wien, 30. Oktober 1861

Der Wunsch, mich an eine leichtere, minder angreifende und somit auch schneller zu beendende Arbeit zu machen, wird namentlich auch durch meine Lage, in welcher ich immer noch gegen die Schwierigkeit der Aufführung meiner ernsteren Werke zu kämpfen habe, mit wachgerufen, und ich betrachte es somit als einen glücklichen, meiner Stimmung und meinen Verhältnissen sehr gut entsprechenden Einfall, sofort die Ausführung eines meiner früheren Pläne zu einer populären komischen Oper in die Hand zu nehmen. Bereits habe ich dazu einen vollständigen Entwurf verfaßt. Die Oper heißt »Die Meistersinger von Nürnberg«, und der – jovial-poetische – Haupteheld ist Hans Sachs. Der Stoff hat außerordentlich viel Gemütlich-Drolliges, und ich rühme mich, mit diesem gänzlich von mir erfundenen Originalplan etwas ganz Unerwartetes, Eigentümliches getroffen zu haben. Der Stil derselben, in Gedicht wie Musik, soll durchaus leicht populär sein, und für seine schnellste Verbreitung über alle Theater soll mir namentlich auch der Umstand bürgen, daß ich diesmal weder eines sogenannten ersten Tenors noch einer großen tragischen Sängerin bedarf.

Ich muß nun gestehen, daß, so wie dieser Plan meiner augenblicklichen Stimmung, die durchaus der Aufheiterung und Beschäftigung mit etwas Leichterem bedarf, vorzüglich schmeichelt, so ist dieses Vorhaben mir plötzlich auch durch meine Beziehungen zu Ihnen... besonders lieb geworden. Ich verpflichte mich, dieses Werk, »Die Meistersinger von Nürnberg, große komische Oper in drei Akten«, bereits für nächsten Winter zur Aufführung vollkommen fertig zu liefern. Sowie ich das Gedicht vollendet habe, verspreche ich Ihnen, dies sofort vorzulegen; aus dem Charakter desselben werden Sie zu entscheiden haben, ob Sie den Verlag der Oper selbst übernehmen wollen. Als einstweilen erhaltenen Vorschuß auf das Honorar behalte ich für jetzt die von Ihnen gütigst mir vorgestreckten 3000 Fr., deren richtigen Erhalt ich hiermit bezeuge...

Richard Wagner, *Mein Leben* (1865-1880) 276.
(Bericht über das Jahr 1861)

Nun galt es aber vor allen Dingen, mich der Mittel des Unterhaltes während der Zeit der Ausführung meines Werkes zu versichern. Ich verfiel auf Musikalienhändler *Schott* in Mainz, welchem ich gegen die nötigen Vorschüsse die Ausführung der »Meistersinger« in Aussicht stellte. Vom Triebe beseelt, mich nur für so lange wie möglich mit Geld zu versehen, erbot ich mich, ihm nicht nur das literarische Eigentumsrecht, sondern auch das dramatische Aufführungsrecht meines Werkes für 20000 Franks zu überlassen. Eine gänzlich abschlägige Depesche *Schotts* zerstörte zunächst alle Hoffnungen. Als ich mich genötigt sah, auf andere Mittel zu denken, beschloß ich sofort, mich nach Berlin zu wenden. Von dorther, wo *Bülow* immer freundschaftlich besorgt für mich bemüht war, hatte dieser mir die Möglichkeit gemeldet, durch ein großes, von mir dirigiertes Konzert eine recht bedeutende Summe gewinnen zu können; da ich zugleich mich sehnsüchtig nach einem Unterkommen bei Freunden umsah, schien mir Berlin jetzt als letzte Rettung zu winken. Bereits wollte ich eines Abends abreisen, als mittags zuvor seiner ablehnenden Depesche ein Brief *Schotts* nachfolgte, welcher mir allerdings tröstliche Aussichten eröffnete: er bot mir nämlich an, sofort den Klavierauszug der »Walküre« zu übernehmen und mir hierfür, bis auf spätere Abrechnung, 1500 Gulden vorzuschießen. *Cornelius'* Freude über die hierdurch von ihm für gerettet erachteten »Meistersinger« war unaussprechlich.

277.   Heinrich Esser an *Franz Schott*
Wien, 4. November 1861

Übrigens geht Wagner in einer beständigen Aufregung umher und denkt nicht daran, die ihm von Seite der hiesigen Direktion gegebene Zusage fahren zu lassen. Die Fürstin Metternich, welche kürzlich hier war und einer Aufführung des »Fliegenden Holländer« beiwohnte, hat ihm hoffentlich ein fürstliches Geschenk gemacht, damit er wieder eine Zeitlang flott ist.

Richard Wagner an *Minna Wagner* 278.
Wien, 26. November 1861

Doch hatte ich zwei Nächte vorm Hochzeitstage sehr angenehme Träume: hör': 1. Du empfingst mich in einer höchst behaglich eingerichteten Wohnung; ich erkannte unsre alten Sachen, und sagte: siehst Du, wie gut es war, daß ich nichts verkaufen lassen wollte: jetzt machts doch Freude! – 2. Ich war ein ganz junger Mensch und hörte im Zimmer nebenan meinen Vater zu meiner Mutter sagen: »denke Dir der Richard hat 7000 Gulden gewonnen!« Ich rechnete dieß schnell in Franken aus, trat hinein, umarmte meinen Vater, und wurde von beiden Aeltern um des Gewinnes wegen beglückwünscht. –

Ich gestehe, daß diese Träume mir etwas gute Laune machten. Möge es Dir eben so gehen. Du siehst, ich bin doch mit den Gedanken dabei, was uns noth thut!

Richard Wagner, *Mein Leben* (1865-1880) 279.
(Bericht über das Jahr 1861)

Trotzdem gingen meine Unterhandlungen mit dem höchst sonderbaren Menschen, als welchen ich nun Franz *Schott* zu begreifen hatte, ungemein schwierig vor sich. Ich bestand durchaus auf der Ausführung meines ersten Vorschlages, welcher darauf ausging, mich für zwei Jahre sukzessive mit den nötigen Fonds zu versehen, um ungestört mein Werk ausführen zu können. Seine Abneigung hiergegen beschönigte er damit, daß es seinem Gefühle widerstehe, mit einem Manne wie mir gleichsam einen Handel zu treiben, indem er mir mein Werk für irgendeine Summe auch zur Ausbeutung meiner Autorenrechte im Betreff der theatralischen Aufführungen abkaufen solle; er sei Musikverleger und wolle nicht mehr sein. Ich stellte ihm dagegen vor, daß er mir nur immerhin in der verlangten Form die nötigen Vorschüsse machen solle, wogegen ich die Zurückzahlung des Teiles, welcher als Honorar für das literarische Eigentum zu rechnen sei, durch die zukünftigen, ihm bis dahin gleichsam verpfändeten Theatereinnahmen gewährleiste. Sehr langsam war er endlich dazu zu bringen, auf von mir »zu liefernde musikalische Kompositionen« im allgemeinen Vorschüsse zu machen, was ich denn endlich gern annahm, jedoch immer darauf bestehend, daß ich mich im ganzen auf eine sukzessive Zahlung von 20000 Franken verlassen könnte. Da ich nach meiner Auslösung aus meinem Wiener Gasthof jetzt sofort wieder Geld bedurfte, stellte mir nun *Schott* Wechsel auf Paris aus.

280.　　　Richard Wagner an *Franz Schott*
Mainz, 3. Dezember 1861

Ich bekenne hiermit von Herrn Franz *Schott* die Summe von Zehn Tausend francs als Vorschuß auf meine zu liefernden Arbeiten empfangen zu haben.

Lieber Hornstein!

Ich höre, Sie sind reich geworden. – Wie traurig ich mich befinde, können Sie leicht aus meinen Mißerfolgen entnehmen. Ich suche mich durch Absperrung und eine neue Arbeit zu retten. Um diesen Weg zu meiner Erhaltung mir zu ermöglichen, d.h. um mich der peinlichsten Verpflichtungen, Sorgen und Nöten zu überheben, die mir alle Geistesfreiheit rauben, bedarf ich eines sofortigen Vorschusses von zehntausend Francs. Damit kann ich dann von neuem mein Leben ordnen und wieder produzieren.

Mir diese Summe zu verschaffen wird auch Ihnen schwerfallen; möglich aber, wenn Sie *wollen* und Opfer nicht scheuen, wird es Ihnen jedenfalls sein. Dies aber verlange ich und bitte Sie daher darum, gegen das Versprechen, im Laufe dreier Jahre ebenso bemüht zu sein, von meinen Einnahmen das Darlehen Ihnen zurückzuerstatten.

So zeigen Sie, ob Sie ein rechter Mann sind!

Sind Sie dies für mich – und warum sollte dies nicht endlich einmal von einem zu erwarten sein? –, so treten Sie mir durch Ihre Hülfe dann sehr nahe, und Sie müßten sich dann gefallen lassen, nächsten Sommer auf einem Ihrer Güter, am liebsten im Rheingau, für etwa drei Monate mich bei sich aufzunehmen.

Ich will Ihnen für heute nicht mehr sagen. Nur was die zu leistende Hülfe betrifft, will ich erwähnen, daß mir schon eine viel ermöglichende Erleichterung geschieht, wenn ich sofort selbst nur sechstausend francs zu meiner Verfügung habe; ich hoffe mich dann so arrangieren zu können, daß ich die fehlenden viertausend francs etwa erst im März nötig hätte. Gründlich, wie es andrerseits meine Stimmung so nötig bedarf, hilft mir aber nur sofort die ganze Summe. –

Sehen wir denn, und hoffen wir, daß auch einmal die Sonne ein wenig in mein Leben scheint. Ich bedarf jetzt eines Gelingens, sonst – geht's wohl nicht mehr!

282. Robert von Hornstein, *Memoiren* (1908)
(über die Züricher Zeit 1853/1854)

Ich muß noch bemerken, daß ich gegen Ritter und seine Frau öfter mein Bedauern aussprach, daß ich nicht imstande wäre, mich für die Einladungen bei Wagner zu revanchieren. Jedesmal bekam ich von Ritter die Antwort: »Das erwartet sich Wagner jetzt gar nicht. Der kennt Deine Verhältnisse und kommt später schon nach. Er wartet einen günstigeren Zeitpunkt ab.«

Sehr unangenehm wirkte es auf mich, daß diese Aufmerksamkeiten nicht nur auf den freundschaftlichen Gefühlen basierten, sondern auf einer sehr übertriebenen Vorstellung meiner künftigen Vermögensverhältnisse. Ich gab dieser Empfindung Ausdruck.

»O, daß Wagner Dich sehr gern hat und Dein Talent sehr hoch schätzt, ist außer Frage«, meinte Ritter. »Aber daß er diese Hintergedanken hat, liegt zu sehr in seiner Natur, als daß er eine Ausnahme zu machen imstande wäre.« ...

283. Eduard Hanslick, *Aus meinem Leben* (1894)

Hornstein war eine bequeme Natur und von Haus aus sehr wohlhabend. Er ließ bald die Flügel hängen und scheint in den letzten dreißig Jahren seines Lebens nichts mehr veröffentlicht zu haben. Sehr unterhaltend wußte er von seinem Umgang mit R. Wagner in Zürich zu erzählen. Als Wagner seines Aufenthalts bei Wesendonk in Zürich überdrüssig geworden, schrieb er an Hornstein, er wünsche auf dessen Landgut mit Muße an seinen »Nibelungen« zu arbeiten. Hornstein hatte nicht bloß, wie *Gregorovius* in Zürich, von Wagners »Heldentaten des Egoismus« erzählen hören, er kannte sie aus eigener Anschauung. Die Ehre, einen so kostspieligen und explosiven Gast zu beherbergen, mochte er seiner Familie doch nicht zufügen und entschuldigte sich in artigster Weise. Hierauf erwiderte ihm Wagner in einem kurzen, gereizten Brief, Hornstein werde es noch bitter bereuen, daß er diese Gelegenheit, durch Wagners Aufenthalt berühmt zu werden, sich habe entgehen lassen.

Richard Wagner an *Robert von Hornstein*   284.
Paris, 27. Dezember 1861

Lieber Herr von Hornstein!

Ich glaubte Unrecht zu tun, eine Antwort, wie Sie mir sie geben, ungerügt zu lassen. Wird sich auch wohl schwerlich der Fall ereignen, daß ein Mann meinesgleichen sich wieder an Sie wendet, so dürfte Ihnen doch das Innewerden der Unziemlichkeit Ihrer Zeilen schon an und für sich guttun.

Sie mußten mich in keiner Weise belehren wollen, auch nicht darüber, wer wirklich reich sei, und mir es selbst überlassen, warum ich mich an die von Ihnen gemeinten Gönner und Gönnerinnen nicht wende.

Wenn Sie auf keinem Ihrer Güter eingerichtet sind, mich zu empfangen, so hatten Sie die von mir Ihnen gebotene auszeichnende Gelegenheit zu ergreifen, sofort da, wo ich es wünschte, das Nötige herrichten zu lassen. Daß Sie mir in Aussicht stellen, es mich einmal wissen zu lassen, wann Sie dort eingerichtet sein würden, ist demnach beleidigend.

Den Wunsch, den Sie in bezug auf meinen Tristan schließlich aussprechen, hätten Sie unterdrücken sollen: nur wenn Sie meine Werke gänzlich ignorierten, konnte Ihre Antwort hingehen.

Hiemit sei dies abgetan. Auf gegenseitige Diskretion rechne ich, wie ich sie anbiete.

285. Richard Wagner, *Mein Leben* (1865-1880)
(Bericht über das Jahr 1862)

So verfiel ich denn endlich darauf, in der Umgegend von *Mainz* unter dem finanziellen Schutze *Schotts* mir einen ruhigen Aufenthaltsort auszusuchen. Dieser hatte mir von einem hübschen Landgute des jungen Barons von *Hornstein*, in jener Gegend gelegen, gesprochen; ich glaubte diesem wirklich eine Ehre zu erweisen, als ich ihm nach München um die Erlaubnis, auf seinem Gute im Rheingau für einige Zeit Unterkunft zu suchen, schrieb. Dagegen war ich nun höchst betroffen, als Antwort ebenfalls nur den Ausdruck des Schreckens über meine Zumutung zu empfangen. Jetzt beschloß ich denn geradeswegs nach Mainz zu gehen, wohin ich bereits unser sämtliches, in Paris seit nun bald einem Jahre zurückgestelltes Mobiliar und Hausgerät dirigierte.

Richard Wagner an *Franz Schott*

Paris, 1. Januar 1862

Das neue Jahr bricht plötzlich wieder mit neuen Sorgen über mich herein: das erste, wozu ich die Feder anzusetzen habe, ist ein abermaliger Ruf zur Hülfe!

Meine Aufnahme in das *Metternich*'sche Haus, in Aussicht auf welche ich einzig mich nach *Paris* gewandt hatte, wird – mit großem Bedauern! – mir soeben als unausführbar angekündigt, da der Vater der Fürstin, Graf *Schandor*, aus Krankheitsrücksichten hier bleibt und das für mich bestimmte Appartement inne behält. – Bis jetzt habe ich mich nothdürftig in einem kleinen Zimmer eines Hotels beholfen, mit Mühe gelangte ich, unter allerhand Entbehrungen, zur nöthigen Arbeitslaune, *nun* aber hat ein längerer Aufenthalt in *Paris* gar keinen Sinn mehr für mich, und die lange Sylvesternacht über habe ich mir den Kopf zerbrochen, wohin ich armer Heimatloser mich nun wenden soll, um in Ruhe und Bequemlichkeit meine Arbeit fördern zu können. [...]

Um nun aber das neuerdings wieder mir so unselig gewordene *Paris* verlassen zu können (wozu es mich jetzt mit fast dämonischem Eifer drängt!) muß ich leider noch den Schmerzenskelch der Vergangenheit vollends leeren, einen unerläßlichen Rest von Verpflichtung erfüllen, wegen meiner Möbel ein Arrangement treffen und mich in Stand setzen, ohne Gastfreundschaft (wie ich sie von jetzt an im *Metternich*'schen Haus zu erwarten hatte) auszukommen. Mein bester Herr *Schott*, ich brauche dazu *dreitausend francs* und muß Sie inständigst bitten, diese Summe mir noch in Vorschuß zu geben. Ich gelange dadurch dann auf den Boden, der mich leichter dann weiter trägt, komme für einige Zeit noch aus und gewinne Ruhe zur Arbeit, wie Aussicht auf anderweitiges Gelingen! – Da ich Ihnen meine Bedürfnisse bereits in *Mainz* offen bezeichnete, werden Sie höchstens nun dadurch überrascht sein, daß ich schon jetzt mich zu neuer Hülfe gedrängt sehe. Davon liegt die Ursache aber nun eben in der oben erklärten unerwarteten Nöthigung. Doch hoffe ich, soll es nun besser werden, und auch daß ich ferner es Ihnen leichter machen kann. –

Jedenfalls ist mir aber Eines an dieser Wendung erwünscht, nämlich: daß sie mich jetzt schon in Ihre Nähe bringt! Sie glauben wohl, daß der kurze Aufenthalt in *Mainz* einen ernsten und tiefen Eindruck auf mich hinterlassen hat? Wie soll es mich nun freuen und ermuntern, wenn ich bald jede Woche Ihnen etwas von mir bringe und zu hören gebe, *und wir so gewissermaßen das Werk gemeinschaftlich zu Stand bringen*!

287. Franz Schott an *Richard Wagner*
Mainz, 5. Januar 1862

Ihre Zeilen vom 1. haben mich einerseits sehr gefreut, andererseits aber unangenehm berührt. Erfreut durch die Nachricht, demnächst schon nach *Wiesbaden* übersiedeln zu wollen, und unangenehm berührt, daß Sie den Winter nicht in *Paris* zubringen können, infolge dessen weitere Vorschüsse schon jetzt nöthig werden sollen.

Meine *Frau*, welche Sie freundlichst grüßen läßt, wird sich selbst oder durch Bekannte nach einer passenden Wohnung umsehen, und da im Winter es an greifbaren Wohnungen in *Wiesbaden* nicht fehlt, so ist es nicht nöthig, eine solche vor Ihrer Ankunft fest zu nehmen. Die bequemsten können Sie dann einsehen und dann selbst die beste wählen.

Der zweite Punkt, der Vorschuß, ließ sich aber zu meinem größten Bedauern nicht so leicht erledigen, indem die Geschäftsverhältnisse seit Ihrem Hiersein noch ungünstiger geworden sind, und es mir demnach nicht möglich ist, noch weitere Verpflichtungen einzugehen. Ich muß daher sehr wünschen, daß Sie sich auch ohne meine Hülfe von *Paris* losmachen können, und bitte Sie, sich versichert zu halten, daß, sobald mir es die Umstände erlauben, ich nicht ermangeln werde, Ihnen das Benöthigte nach Kräften zu übermitteln.

Richard Wagner an *Cäcilie Avenarius*   288.
Paris, 7. Januar 1862

Mißlingen jeder meiner Unternehmungen – Abschlag von allen Seiten – Nichtwissen, was mit mir anfangen, überall! Keine Sicherheit, keine Einnahmen, Not und Sorge – keine Heimat, keine Familie, nichts!

Richard Wagner an *Franz Schott*   289.
Paris, 7. Januar 1862

Glauben Sie mir, daß ich mir voll bewußt bin, wie sehr ich Ihre Freundschaft und gute Meinung von mir auf die Probe stelle.

Wenn ich nicht so viel Fähigkeit und Productionskraft in mir fühlte, gewiß, die unaufhörlichen Widerwärtigkeiten, unter denen ich jetzt so fortgesetzt zu leiden habe, würden mich gänzlich zum Schweigen bringen, so daß ich keine Opfer mehr für mich in Anspruch nähme! Doch ist auch möglich, daß ich bald am Ziele der Hindernisse bin; ich will die Hoffnung noch nicht verlieren.

Einstweilen schöpfe ich nur aus meiner Arbeit Kraft und kann nur durch sie mich erhalten.

Sehen Sie, was Sie bis Ende dieses Monats zu Stand bringen, so lang kann ich mich noch auf meinem kleinen Zimmer – ohne Flügel – gedulden. Ich bin Mitten in der Ausführung meines Gedichtes, das zu meiner großen Freude mir viel bedeutender geräth, als ich selbst vermuthete.

Ich komme dann, wenn Sie es mir möglich machen (denn leider muß ich diese Bedingung beibehalten!) – mit meinem fertigen Gedichte, schicke hoffentlich den Flügel im Voraus, besuche auf dem Wege das *großherzogliche* Paar in *Karlsruhe*, und hoffe dann auf neuem heimatlichen Boden in einem Zuge die Musik auszuführen. Somit – sehen Sie zu, lieber Herr *Schott*, was Sie bis Ende des Monats zu Stande bringen; es ist der letzte Kampf mit einer schrecklichen Vergangenheit, den ich zu bestehen habe. Stehen Sie mir nach Kräften bei!

290.   Richard Wagner an *Minna Wagner*
Biebrich, 9. Februar 1862

In Karlsruhe sprach ich den Großherzog eine volle Stunde: [...] es [freute] mich, daß er wiederholt bekannte, daß er sich verpflichtet fühle, für meine geistige Ruhe und Sorglosigkeit einzustehen. Ich sagte ihm darauf sehr ruhig, das hätte ich ihm bestimmt in meinem Briefe angegeben, und wiederholte ihm daher einfach: da ich ohne ererbtes Vermögen sei, stünden mir nur zwei Wege offen, mich zu erhalten: 1., solche Arbeit zu liefern, die mir in Kürze ein Vermögen, von dessen Zinsen ich leben könnte, verschaffte, was bei der elenden Art, wie man in Deutschland honorirt würde, unmöglich sei oder 2., eine Kapellmeisterstelle annehmen, was hoffentlich Er am letztesten von mir verlangen würde, da man zu einem Kapellmeisterdienst andre Leute besser gebrauchen könnte, als produzirende Dichter und Componisten meiner Art. Hiergegen erhob der Großherzog denn auch nicht eine Spur von Einspruch, sondern behauptete, ich müßte so gestellt sein, daß mir in keiner Weise die mindeste Verpflichtung auferlegt würde; es müßte Alles in meinem freien Belieben stehen, ob ich mich um eine Aufführung kümmern wollte oder nicht. Nur das sehe er ein, daß ich ruhig und sorgenlos leben müßte. Nun, sagte ich, das ist ganz einfach: diejenigen, die das einsehen, sollen zusammentreten, und mir eine jährliche Pension zahlen. Das schiene aber Niemand begreifen zu wollen: Liszt habe mit gesagt, er habe dieß dem GH. von Weimar mitgetheilt, aber kein Gehör gefunden; etwas Aehnliches hätte ich bereits ihm mitgetheilt, und er hätte es auch nicht möglich gefunden. Was bleibe mir nun übrig, als mich elend durch das Leben durchzuschlagen, von der Hand zum Munde zu leben, und froh zu sein, wenn ich einen Verleger fände, der mir etwa für meine Arbeit so viel vorauszahle, daß ich eben nur während der Arbeit leben könnte? – Nein, rief er, das darf nicht so fort gehen. Ich werde mich sofort an die Spitze stellen, und hoffe durch mein Beispiel noch einige Ihnen befreundete Fürsten zu bestimmen, mit mir vereinigt, dafür zu sorgen, daß Ihnen eine feste Pension versichert wird. Sagen Sie mir ganz aufrichtig: wie viel glauben Sie als jährlichen, festen Zuschuß nöthig zu haben? – Gott, sagte ich, wenn ich es sicher und fest habe, ist schon mit Wenigem gedient, und können Sie mir 1500 bis 2000 Gulden unter diesen Bedingungen zusichern, so weiß ich woran ich bin, richte mich darnach ein, und werde mit meinen übrigen zufälligen Einnahmen dann auskommen. Dieß war ihm denn sehr lieb zu hören, und er übernahm, dafür zu sorgen, daß mein Wunsch auf das baldigste erfüllt werde. [...] Außerdem war ihm mein Plan einer Niederlassung in Biebrich sehr recht: er wünschte durchaus volle Unabhängigkeit für mich, und er würde es mir um desto höher anrechnen, wenn ich ihn dann und wann erfreute.

291. Richard Wagner an *Minna Wagner*
Biebrich, 14. Februar 1862

Die Zeit wird kommen, wo man, beim Ueberblicke eines Lebens, wie des meinigen, mit später Scham einsehen wird, wie gedankenlos man mich fortgesetzt der Unruhe, der Unsicherheit preisgiebt, und welch ein *Wunder* es ist, daß ich unter solchen Umständen solche Werke, namentlich auch wie mein jetziges geschaffen habe. Doch, so lange es währt, denkt jeder nur an sich, und hält, was ihm etwa unangenehmes passirt, für die Hauptsache.

292. Richard Wagner an *Franz Schott*
Biebrich, 26. Februar 1862

Ich bin in großer Betrübniß, Ihnen abermals Noth machen zu müssen. Vergebens hatte ich mir berechnet, bis etwa Ostern mit meiner reservirten Baarschaft auskommen zu können; meine häuslichen Angelegenheiten haben neuerdings eine Wendung genommen, die mir zwar für den Verlauf ein wohlfeileres Auskommen verspricht, zunächst aber Baarauslagen nöthig macht, welchen meine Kasse für den Augenblick nicht gewachsen ist. Ich muß namentlich auch meiner *Frau*, welche Samstag zurückreisen will, einige ausreichende Baarschaft zustellen, und sehe mich daher – mit großem Widerstreben – genöthigt, unter den bekannten und Ihnen aufrichtig eröffneten Voraussetzungen schon jetzt Sie um einen einigermaßen genügenden Vorschuß abermals anzugehen. Ich meine doch mindestens einige Hundert Gulden zu meiner Disposition haben zu müssen, um ohne Herzbeklemmung der weiteren Entwicklung meiner Lage entgegen sehen zu können.

Glauben Sie, verehrtester Freund, diese Bitte kommt mir heute recht hart an; ich weiß, wie peinlich es Ihnen selbst für den Augenblick ist, unvorhergesehenen Ansprüchen genügen zu sollen! Jedoch ist mir für den Augenblick ebenfalls jede anderweitige Hülfe verschlossen, und – aufrichtig gesagt – möchte ich meine jetzige Lage doch nicht gern gar zu weit mittheilen.

Nun, die Zeit wird kommen, wo Ihnen Alles mir erwiesene Freundliche erwidert wird! Ich sehe dies mit Sicherheit voraus! Zürnen Sie mir also heute nicht und helfen Sie mir, so gut Sie können! –

Richard Wagner an *Peter Cornelius*   293.
Biebrich, 4. März 1862

Die Kluft zwischen mir und der sogenannten Kunstwelt wird immer weiter. Freund, ich kann mit niemand mehr sprechen! Wenn ich so einem Kapellmeister oder Theaterdirektor oder selbst einem Menschen wie dem *Raff* begegne, muß ich nur gleich mein Kreuz schlagen und mich in irgendeinen Winkel zu retten suchen, wo ich mir angehören kann. Was soll ich mit den *Schotts* anfangen? Es ist mir, als ob ich sie doch alle betrügen müßte und würde! Meine einzige Ausflucht ist noch der junge *Großherzog von Baden*: hier ist doch angebornes nobles Gefühl, glücklicherweise mit einer offenen, freien Intelligenz vereinigt. Der Mann weiß, wie es mit mir steht, und ist nicht anders der Meinung, als daß ich bei meinen Arbeiten nie nach einem Kreuzer zu fragen haben darf. Nun ist er eben nicht reich und mächtig genug.

294. Richard Wagner an *Hans von Bülow*
Biebrich, 21. März 1862

Würdest Du wohl ein Anleihen von Zweihundert Thaler – rück-
zahlbar im Juni oder Juli – mir vermitteln können? Ich bekomme
von Schott nichts eher heraus, dann aber bin ich seiner weiteren,
ausreichenden und ersetzenden Vorschüsse versichert. – *Hundert
Thaler* sofort von Dir an meine Frau (3. Bürgerwiesenstraße. Dresden) abzuschicken, wären das Allerdringendste, andre hundert
Thaler an mich hierher! Sieh zu! Ich hab's gräulich schwer.

295. Richard Wagner an *Hans von Bülow*
Biebrich, 29. März 1862

Tausend Dank, mein lieber Hans! Obwohl Du mir erfülltest, um
was ich Dich bat, hast Du doch mehr gethan, als ich billigerweise
eigentlich erwarten konnte. Für die Wiedererstattung zur rechten
Zeit ist mir nicht bange, da Schott nicht an Bereitwilligkeit nach-
gelassen hat, sondern (es) nur jetzt ihm zu früh war.

Sieh, so ein Räuberleben bin ich nun genöthigt zu führen! Ich
läugne nicht, daß ich im Bewußtsein dessen, was ich leisten könnte
und würde, wenn die Sorgen mir gänzlich abgenommen und das
mir gebührende, anständig gemächliche Leben gesichert wäre, bis
zu Raubanfällen schreiten könnte, sobald ich dadurch mein Ziel
erreichte. – Als ich Anfang Februar den Großherzog von B. wieder sprach, mußte ich von dessen angelegentlicher Sorge für meine
Lage, sowie von seiner ausgesprochenen Einsicht der Nothwendigkeit, auch seinerseits für die mir gebührende Ordnung meiner

Lebenslage zu sorgen, vollständig gerührt werden. Er erklärte es für seine Pflicht, für das Zustandekommen einer unter mehreren Souveränen zu collectirenden ausreichenden Pension ohne alle Verpflichtung für mich zu sorgen.

Anfang März (9.) war ich wieder in Karlsruhe und las den Herrschaften die Meistersinger vor. Da erwähnte er nichts. Im Mai hoffen sie, werde ich hinkommen um den Lohengrin zu dirigiren: vielleicht bis dahin? – Ich gestehe, der Gedanke, daß ich auch nach dieser Seite hin mir vergebene Hoffnungen mache, und im Ernst nichts ordentlich betrieben würde, überschleicht mich oft mit größter Bitterkeit. Wirklich weiß ich nicht, wie es mit mir werden soll. – Einerseits ist meine künstlerische Empfindlichkeit immer verletzbarer geworden, so daß ich an Betheiligungen bei Aufführungen meiner Werke, an Zuthunhaben mit Theatern, Directoren, und wie all der Schofel heißt, mit immer decidirterem Widerwillen denke, und nur einen Wunsch festhalte, all mein Dasein u. Schaffen gegen eine ausreichende Lebensrente verkaufen, arbeiten und *nie* mit Aufführungen mich abgeben zu dürfen: Andrerseits wird mir durch die Stupidität meiner Verehrer nicht die mindeste Aussicht eröffnet, je anders als durch Speculationen auf Theater selbst nur Vorwand zu Einnahmen zu suchen. Und doch sollte man glauben, es existirten genug vermögende Menschen, die, wenn sie vollkommen erführen, um was es sich handelt, Interesse oder Eitelkeit genug besäßen, sich zu dem mir nöthigen Schritte zu vereinigen. Wie sie ausfinden und unterrichten, ohne mir Hohn und Schmach zuzuziehen, das ist das Geheimniß.

296. Richard Wagner an *die Gräfin Pourtalès*
Biebrich, 31. März 1862

Ich bedarf einer wahren Freundeshilfe, um mir mein von allen erdenklichen Angriffen der Sorge bedrängtes Leben für einige Zeit so weit zurechtzulegen, daß ich die Ruhe und Stimmung zur Ausführung meiner »Meistersinger« gewinne. Die Gedankenlosigkeit und Stumpfsinnigkeit, mit denen ein nur für künstlerisches Schaffen bestimmtes Leben wie das meinige der Unmöglichkeit, seiner Bestimmung zu entsprechen, preisgegeben wird, nötigt mich, mein Widerstreben dagegen, daß ich einer so zarten, rein auf die Kunst gewendeten Teilnahme, wie die Ihrige für mich es ist, eine unfreiere Sorge aufnötige, zu besiegen, um gerade da Hilfe zu suchen, wo ich einzig auf das Verständnis meines wahren Bedürfnisses rechnen darf.

297. Richard Wagner an *Franz Schott*
Biebrich, 31. März 1862

Mit Bedauern erfahre ich, daß meine finanzielle Lage Ihnen nach einer Seite hin Sorge macht, deren Ersprießlichkeit mir zweifelhaft dünken muß. Mit der unumwundensten Anerkennung für die von Ihnen mir erwiesenen großen und schätzenswerthen Dienste und mit dem Bekenntniß meiner größten und ernsthaftesten Verpflichtung dafür habe ich Ihnen doch nicht verheimlichen dürfen, daß ich bei der *Unsicherheit* sonstig mir eröffneter Aussichten bis zur Vollendung meiner gegenwärtig unternommenen Arbeit keiner Erwerbsquelle mich bedienen kann und daher auf Vorschüsse auf die im nächsten Winter von den Theatern für mich zu erwartenden Einnahmen angewiesen bleibe. Sie selbst haben mir, sobald nur in Ihrem Geschäfte die Zeit der Einnahmen wieder eingetreten sein würde, in Würdigung meiner schwierigen Lage und in unverkennbar persönlich freundschaftlichem Wohlwollen fernere Vorschüsse auf jene Honorare in tröstliche Aussicht gestellt.

Erlauben Sie mir nun, um in diesem für meine Ruhe so wichtigen Punkt jeder Unsicherheit vorzubeugen, Sie um eine freundliche Erklärung darüber anzugehen, ob es Ihnen möglich sein wird, am 1. Mai Tausend Gulden, am 1. Juli aber Zwei Tausend Gulden noch für mich bereit zu halten? Ich kann einer ununterbrochenen Beschäftigung meiner Arbeit nicht entgegensehen, wenn ich hierüber keinerlei Versicherung erhalte, da die Berechnung meiner durch besondere Familien-Umstände besonders erschwerten Lage bis zum Spätherbst sich herausstellenden Bedürfnisse sich auf die genannten Summen, die ich Ihnen allerdings schon bei meinem ersten Besuche in *Mainz* bezeichnete, beläuft.

Könnten Sie nun, mein verehrtester Freund, jene Zusage mir nicht geben, so bin ich dann wie Sie allerdings sehr richtig sich vorzustellen haben, genöthigt, die gleichen Vorschüsse auf die gleichen Einnahmen (soweit sie nicht durch Sie bereits in Beschlag genommen sein sollten) durch anderweitige Vermittlung mir zu verschaffen. Es wird dies keine Schwierigkeit haben, weil leicht begreiflich ein geschäftlich hierbei gänzlich Unbetheiligter fragen wird, warum der Verleger des Werkes, sobald er zugleich ein so vermögender Mann ist, wie mein geehrter Freund, da ihm der Betrieb des Gegenstandes außerdem so nahe liegt, sich von dieser letzten ausreichenden Unterstützung des Autor's zurückziehe?

298. Franz Schott an *Richard Wagner*
Mainz, 4. April 1862

Und es ist doch möglich (entschuldigen Sie diese Bemerkung), daß Sie die Oper garnicht vollenden, oder daß dieselbe den erwarteten Erfolg nicht haben, daß sie nur auf einigen Bühnen gegeben wird etc. Es ist mir gewiß peinlich, Sie auf diesen Punkt aufmerksam machen zu müssen, allein als Kaufmann darf ich nicht die nötige Vorsicht außer acht lassen. Zudem sind noch mindestens Fl. 2000 für Herstellung des Klavierauszuges und der Partitur zu berücksichtigen. Freilich muß man immer das Beste hoffen, und ich würde Ihnen auch noch die Fl. 3000 zusichern, wenn es mir die Verhältnisse erlaubten. Inzwischen werden Sie es nicht unbillig finden, mich gegen eine weitere Geldaufnahme auf das zu schaffende Werk aussprechen zu müssen. Ich bitte Sie davon abzustehen, wenn Sie wirklich diese Absicht haben sollten, was ich mir, wie gesagt, nicht erklären kann. Halten Sie sich versichert, daß ich Ihrem neuen Werke den größten Erfolg wünsche und daß ich meinerseits auf jeden Gewinn verzichte, sowie auch, daß es mich sehr freuen würde, Ihnen nach dem 1. Juli den fraglichen Betrag zur Verfügung stellen zu können.

299. Richard Wagner an *Franz Schott*
Biebrich, 2. Mai 1862

Wie ich [...] Ihre bisher mir geleistete Hülfe Ihnen persönlich garnicht genug anrechnen und Ihnen nur versichern kann, daß Sie mich dadurch ungemein zu Dank verpflichtet haben, so nehme ich dann auch jetzt mit nicht minderer Erkenntlichkeit die in

Ihrem letzten Schreiben mir in Aussicht gestellte Möglichkeit, von Ihnen *nach* dem 1. Juli noch die mir benöthigte Summe von 3000 Fl. vorschußweise noch zugestellt zu erhalten, als verhoffte Basis meines Bestehens in Betracht, und wünsche einzig, daß es Ihnen gegenwärtig gestattet sein möchte, mir darüber, ob Sie mir etwa *Ende* Juli diesen großen Freundschaftsdienst leisten könnten, eine einigermaßen beruhigende Zusicherung zu geben, wobei ich zur etwaigen Fixierung meiner Verpflichtungen jedenfalls annehme, bis dahin einen nicht unbeträchtlichen Teil des neuen Manuscripts Ihnen bereits zugestellt zu haben. Auch was den Zeitpunkt der Zahlung betrifft, wäre es schön, wenn Sie nur einigermaßen bestimmt sich auslassen könnten. Auf diese Weise nämlich wird es mir möglich werden, mich so zu arrangiren, daß ich keinerlei Verpflichtungen eingehe, die irgendwie mit Ihren Ansprüchen collidiren könnten.

Richard Wagner an *Minna Wagner* 300.
Biebrich, 21. Mai 1862

Meine Lage, genau genommen, ist so verwahrlost und hilflos, daß ich, an eine dauernde und bequeme Niederlassung für *mich* zu denken, für höchst ungerechtfertigt halten muß. Meine Aussichten in die Zukunft sind vorläufig die der vollkommensten Unsicherheit und möglichen gänzlichen Verlassenheit, woran vielleicht nur ein neuer großer Erfolg etwas ändern kann. Gräfin *Pourtalès,* die mir jetzt mit den nötigsten Geldmitteln großmütig ausgeholfen hat, beschwört mich ebenfalls, doch möglichst wenig oder besser gar nichts von den Höfen mir zu erwarten, *trotz* der sicheren Zuverlässigkeit des *Großherzogs von Baden.* Somit betrachte ich mich nach Beendigung meiner neuen Oper als hilflos in die Welt geschleudert, und nur die Vornahme einer neuen Arbeit konnte und könnte in Zukunft dergleichen vorübergehende Niederlassungen wie meine jetzige nötig und somit verantwortlich machen.

301. Wendelin Weißheimer
Erlebnisse mit Richard Wagner, Franz Liszt und vielen anderen Zeitgenossen (1898)

Kaum waren v. Bülows abgereist, als für Wagner die Periode der pekuniären Verlegenheiten hereinbrach, da Schott nicht eher weiterzahlen wollte, bis Wagner die bereits erhaltenen Vorschüsse auf die »Meistersinger« durch Manuskript ausgeglichen habe. Im Hinblick auf die damaligen Verhältnisse und vom gewöhnlichen Geschäftsstandpunkt aus beurteilt war diese Handlungsweise Herrn Schott um so weniger zu verübeln, als selbst Höherstehende, Mächtigere, trotz aller Bewunderung für Wagner, ihn ohne materielle Hilfe ließen. Zum Beleg dessen muß ich Wagners Frühjahrsreise nach Karlsruhe anführen, wohin er von den Allerhöchsten Herrschaften berufen war, um bei Hof sein Meistersingergedicht vorzulesen. Seine Königliche Hoheit der *Großherzog Friedrich* und Ihre Königliche Hoheit die *Frau Großherzogin* geruhten zwar, dieser Vorlesung mit dem lebhaftesten Interesse zu folgen und Wagner huldvollst zu danken, ließen jedoch den deutlichen Hinweis auf seine bedrängte Lage und die Notwendigkeit der Hilfe, ohne welche er sein Werk nicht beendigen könne, leider unberücksichtigt. Statt der gehofften Hilfe hatte er noch die Reise- und Aufenthaltsspesen zu tragen! Ganz entmutigt kam er zurück und machte seinem Unmut über das gänzliche Fehlschlagen seiner Erwartungen in nicht wiederzugebenden Ausdrücken Luft, indem er noch hinzufügte, ohne das von *mir* Mitgenommene wäre er in die größte Verlegenheit gekommen. Ich hatte ihn nämlich in der Bahn von Mainz bis Osthofen begleitet, als er sich auf jener hoffnungsvollen Reise nach Karlsruhe befand. Da er fast ganz ohne Geld war, schüttete ich ihm vor dem Aussteigen vorsichtshalber noch den Inhalt meines Portemonnaies in seinen Hut. »Man kann nie wissen, wie es geht«, sagte ich – »doch guten Erfolg!« Dann sprang ich hinaus, da sich der Zug schon wieder in Bewegung setzte.

Nun war also eingetroffen, was längst vorauszusehen war: Schott zahlte nicht mehr, und Wagner saß auf dem Trockenen!

Richard Wagner an *Otto Wesendonk*   302.
Biebrich, 21. Juli 1862

Lieber Freund! Nach einer sehr niederschlagenden Konferenz mit meinem Verleger, dem ich leider noch nicht viel Vollendetes von meiner neuen Arbeit übergeben konnte, und der deshalb mit allerhand Ausflüchten mir entgegnete, bleibt mir nichts übrig, als mich noch einmal nach Ihnen umzusehen und Sie zu fragen, ob es Ihnen irgend möglich sein dürfte, mir mit – Gulden auszuhelfen? Sie begreifen, daß nur die äußerste Bedrängnis mich zu der Unzartheit bewegen kann, Sie nochmals um Hilfe anzugehen. Ich weiß wirklich nicht mehr, wie ich der stets größeren Erschwerung meinen Lebensbedingungen gegenüber noch an ferneres Bestehen denken können soll. Die bezeichnete Summe bedarf ich unumgänglich, um für jetzt und die nächsten Monate zu bestehen, namentlich auch, um meiner sehr leidenden Frau Unterstützung und Mittel zu ihrer bevorstehenden Niederlassung in Dresden verschaffen zu können. Alles aber noch in der Hoffnung, daß es mir möglich wird, mit den Meistersingern zustand zu kommen.

303.   Richard Wagner an *Otto Wesendonk*
Biebrich, 26. Juli 1862

Lieber Wesendonk! Bereits wirkte der Entschluß, mich um Hilfe an Sie gewandt zu haben, sehr beruhigend auf meine Lage und Stimmung, weil ich aus der Erfahrung Ihre – trotz aller mir gebrachten Opfer – ungeschmälerte Langmut und Ausdauer betreffs Ihrer Teilnahme für meine sonderbaren und ebenso anhaltenden Lebensmühen kenne.

Ihre Erfüllung meiner Bitte hätte nun fast vollständig genügt, mir wieder zur nötigen Lebens- und Arbeitslust zu verhelfen, wenn Ihr Brief nicht zugleich mir die erdrückendste Teilnahme für Ihre neuen Sorgen um das Gedeihen Ihrer armen, so unausgesetzt leidenden Frau zugewälzt hätte...

304.   Richard Wagner, *Mein Leben* (1865-1880)
(Bericht über das Jahr 1862)

Nach längerem Hinhalten verweigerte mir endlich *Schott* mit Bestimmtheit, fernere Subsidien mir auszahlen zu wollen. [...] alles schien mir davon abzuhängen, daß ich *Schott* bald einen fertigen Akt der »Meistersinger« übergeben könnte. Hierin war ich bis zu der Szene, in welcher Pogner Walther von Stolzing den Meistersingern vorstellen will, gelangt, als mich, ungefähr Mitte August und noch während *Bülows* Anwesenheit, ein an sich geringer Unfall traf, welcher mich jedoch für zwei volle Monate zum Schreiben unfähig machte. Mein mürrischer Hausherr hielt sich eine Bulldogge namens »Leo« als Kettenhund, dessen grausame

Vernachlässigung von seiten seines Herrn mich zu fortgesetztem Mitleiden stimmte. So wollte ich ihn eines Tages von seinem Ungeziefer reinigen, wozu ich ihm, damit er die hiermit beschäftigte Magd nicht ängstige, beim Kopfe festhielt: trotz des großen Vertrauens, welches der Hund zu mir gewonnen hatte, schnappte er einmal unwillkürlich auf und verwundete mich, anscheinend sehr geringfügig, am Vordergelenk des rechten Daumens; keine Wunde war zu sehen, nur stellte es sich bald heraus, daß die innere Knochenhaut durch die Quetschung in einen entzündlichen Zustand geraten war. Als der Schmerz beim Gebrauche des Fingers immer mehr überhand nahm, ward mir verordnet, bis zur völligen Genesung meine Hand namentlich zum Schreiben nicht mehr zu gebrauchen. Hatten mich die Zeitungen schon von einem tollen Hunde gebissen werden lassen, so war der Fall, wenn auch nicht so schrecklich, doch immerhin geeignet, mich über menschliche Gebrechlichkeit ernstlich nachdenken zu lassen. Ich brauchte also zur Vollendung meines Werkes nicht nur Gesundheit des Geistes, gute Einfälle und sonstige erlangte Geschicklichkeit, sondern auch eines gesunden Daumens zum Schreiben, da ich hier nicht ein Gedicht zu diktieren, sondern eine undiktierbare Musik aufzuschreiben hatte.

Richard Wagner an *Franz Schott*   305.
Biebrich, 21. August 1862

Ich bin trostlos! Mit den zwei Mittelfingern der rechten Hand vermag ich eben nur die Feder zu wenigen Zeilen zu führen; an die Aufzeichnung von Noten kann ich seit nun 4 Wochen, wo mich das scheinbar kleine Unglück am rechten Daumen traf, nicht denken. Um die jetzige Zeit rechnete ich mit Bestimmtheit darauf,

Ihnen die Partitur des ersten Actes der »Meistersinger« übergeben zu können. [...]

Tragen Sie mir mein seltsames Mißgeschick nicht nach und – helfen Sie mir, trotzdem ich heute noch so sehr im Rückstand bin. –

Sie wissen, daß ich die mir nöthige Summe noch auf dreitausend Gulden berechne. Ich weiß, daß ich damit zurecht komme, und verspreche auf das Förmlichste nach Empfang dieser letzten Vorschußsumme keine neuen Vorschüsse von Ihnen mehr anzusprechen. Im Gegentheil soll von dann an nur noch die Wiedererstattung durch Manuscripte oder Theaterhonorare zur Rede kommen.

Um prompt abzuschließen, wäre es mir das Wünschenswertheste, wenn Sie die erbetenen 3000 fl. mir sofort zustellen könnten. Fällt Ihnen dies zu schwer, so helfen Sie mir aber bereits auch dadurch, daß Sie sofort wenigstens die Hälfte mit 1500 fl. mir zustellen. Den größten Theil hiervon muß ich jetzt meiner *Frau* zur Übersiedlung der Möbel und Einrichtung in *Dresden* zu Gebote stellen; das Übrige beanspruche ich selbst auf das Dringendste. Die andere Hälfte von 1500 fl. könnten Sie mir dann erst Ende September, vielleicht auch von dann ab nur in Theilzahlungen zu Gebote stellen.

306.   Richard Wagner an *Franz Schott*
Biebrich, 24. August 1862

Es ist rein unmöglich, daß Sie mich so ohne Hülfe lassen! Es ist mir und es wird Jedem undenklich sein, daß Sie an der Spitze eines solchen Geschäftes nicht die Mittel finden sollten, einem musikalischen Autor, wie ich es bin, selbst unter erschwerendsten Umständen das Nöthige zur Disposition zu stellen, um ihn seiner Arbeit ruhig zu erhalten. Niemand wird Ihnen das glauben, sobald er nicht annehmen soll, es fehle Ihnen durchaus der Wille hierzu!

Wessen Hülfe sollte ich unter diesen nothwendigen Voraussetzungen in Anspruch nehmen? Dennoch kann ich mich darauf berufen, aus meiner Lage, sowie aus meinen Bedürfnissen zur rechten Zeit Ihnen kein Hehl gemacht zu haben. Ich habe mir seit einem halben Jahre mit äußerster Anstrengung ohne Sie geholfen, und gewiß! wäre es mir irgend möglich, ich hätte es ferner ebenso gethan. Bestimmen Sie, was ich Ihnen leisten soll, aber daß Sie ohne Mittel sein sollten, einträgliche Leistungen selbst im Voraus zu honoriren, das wird und kann [...] kein Mensch vom Chef der Firma »Schott« glauben!

Richard Wagner an *Wendelin Weißheimer*   307.
Biebrich, 24. August 1862

Es ergeht mir recht übel! Aus dem beigelegten Briefe ersehen Sie, welch traurigen Verlaß ich auf *Schott* habe. Somit muß ich ernstlich daran gehen, mir Geld aufzunehmen. Bei wem?

Ich bitte, reden Sie ausführlich mit Ihrem lieben Vater. Soll ich zur Ruhe kommen und die gerade jetzt wieder außerordentlichen Schwierigkeiten meiner Lage in der Art überwinden, daß ich für meine fernere Zukunft das einzig mir gedeihliche Wohnungsverhältniß gründe, so ist es eben jetzt die höchste Zeit, daß mir prompt und sicher die nötigen Geldfonds zu Gebote gestellt werden. Ich hatte von Schott 3000 Gulden verlangt, wovon ich die Hälfte *sofort* wohl für die Niederlassung meiner Frau, und was damit zusammenhängt, zu verwenden gehabt haben würde. Woran mir vor Allem liegt, ist die Zeit bis zur Vollendung meiner neuen Oper mir sorgenlos gesichert zu sehen: der Erfolg derselben, wenn sie einmal fertig und aufgeführt ist, ist für meine weiteren Lebensverhältnisse unrechenbar, und ich thue wohl recht, für weiter hinaus jetzt nicht zu sorgen. Allein, will ich bis dahin ohne neue Unterbrechung durch Geldsorgen gelangen, so muß ich jetzt noch auf etwas mehr als die von Schott zuletzt geforderte Summe Bedacht nehmen, namentlich da die von mir so sehr ersehnte definitive Niederlassung auch für mich in diese Zeit noch fallen und unausbleiblich besondere Kosten noch verursachen würde.

Soll jetzt mit einem Zuge meine Lage vollkommen beruhigt werden, so bedarf ich eines General-Anleihens von etwa 5000 Gulden – dies in völliger und genügender Form zu Stande zu bringen, ist mein Zweck. [...]

Sehen Sie, was Sie über Ihren lieben Vater vermögen! Immerhin wird ihm ein solches Geschäft fremdartig erscheinen: dennoch habe ich auf ihn – einzig Vertrauen.

Zunächst, liebster Freund, bedarf ich auf das Dringendste 1500 Gulden. Ich muß Anfangs nächsten Monats den größten Theil dieser Summe meiner Frau zur Verfügung stellen und sonst für den Transport der Möbel u.s.w. verausgaben. Ich selbst bin in diesem Augenblicke auf das Aeußerste reduziert und bedarf zu allernächst 500 Gulden für meine eigene Situation. Zeigt Ihr lieber Vater sich gütig für mich, so treffen wir wegen der weiteren Zustellungstermine des ganzen Anleihens dann nähere Bestimmungen.

308. Wendelin Weißheimer
Erlebnisse mit Richard Wagner... (1898)

Meinem Vater leuchtete Wagners Vorschlag nicht übel ein, und ich hatte ihn schon beinahe dafür gewonnen, als leider mein zweitältester Bruder *Julius* dazukam, der entschieden von einem solchen Unternehmen abriet. Nun wollte sich mein Vater die Sache weiter überlegen und meinte, ich möge nach Worms zu Onkel Bandel fahren, um zu sehen, ob dieser nicht vielleicht gesonnen sei, sich mit einer Hälfte des Betrags daran zu beteiligen. Ich suchte meinen reichen Onkel Bandel auf. Derselbe hatte zwar Geld für eine Masse Oelbilder zweifelhaften Wertes, die er in den weiten Gängen und im hohen Treppenraum seiner Eulenburg aufgehängt hielt, aber für die »Meistersinger« wollte er nicht einmal 3000 Gulden geben! O Kurzsichtigkeit der Menschen! Hätte er geahnt, was er damit hätte »verdienen« können, so würde sich der sonst so schlaue Spekulant später im Grabe herumgedreht haben.

Richard Wagner an *Hans von Bülow* 309.
Kissingen, 1. September 1862

Mir geht's lieblich! Der biedre Schott eifrigst erkrankt, als ich hier ankomme! Madame mich gar nicht zum Gemahl vorgelassen! – Das genügt! –

– Fortsetzung –

Ich bitt' Dich um Alles in der Welt, spann' Kroll an, er möge mir so viel als möglich auf ähnliche Weise, wie früher verschaffen, – *mindestens* die 200 Thaler wieder. Auf so lange wie möglich. Zur Noth 1. Januar acceptabel als Rückzahlungstermin. –

Ich gehe direct nach Frankfurt, um dort mein Schicksal zu erwarten. Nach Biebrich unmöglich! – Was Dir gelingt, dirigire demnach nach Frankfurt, *Schwan*. Gut! Schön! was weiter? –

310. Wendelin Weißheimer
Erlebnisse mit Richard Wagner... (1898)

Wenn Beethoven einmal den Besuch Rossinis abwies, so zierte dies den ersteren keineswegs; denn immerhin stand hier Genie dem Genie gegenüber! – Wenn jedoch der Musikverleger Schott, sonst ein sehr braver Mann, aber kein Genie, sich vor einem der *Genial-sten* verleugnet (denn Wagner sah Schott auf dem Balkon, eh' er klingelte!), so darf eine solche Handlungsweise bei gewissenhafter Berichterstattung hier nicht unerwähnt bleiben.

311. Richard Wagner an *Wendelin Weißheimer*
Kissingen, 1. September 1862 (Telegramm)

S. krank. Nicht vorgelassen. Unmöglich nach B. zurück. Frankfurt. Von da Dienstag 5 Uhr Mainz *café* Paris. Erwarte Sie. Strengen Sie das Aeußerste an.

Wehwalt.

Der bezeichnete Dienstag fiel auf den letzten Osthofer Markttag, den ich, trotz der vielen Gäste im Haus, selbstverständlich im Stich ließ, um, mit einer Vollmacht meines Vaters an unsern *Bankier Bamberger* versehen, nach Mainz zu reisen. Dort fand ich im Café Paris Wagner bereits meiner harrend. Wie war er erfreut, als er mich kommen sah! »Ich wußt' es ja, *Sie* lassen mich nie und nimmer im Stich!« rief er, dann setzte er mich über den Betrag des momentan Unentbehrlichsten in Kenntnis, wovon er für die nächste Zeit leben sollte und seine Wohnung bezahlen mußte, – denn *ohne* Zahlung konnte er in dieselbe nicht wieder hinein!! Während ich zu Herrn Bamberger ging, die erforderliche Summe auf Rechnung meines Vaters zu holen, war Wagner nach der Rheinbrücke gegangen, wo er mich erwartete, um dann mit dem »Schiffchen« nach Biebrich zu fahren, das ihm jetzt wieder offen stand. Als ich ihm die Summe einhändigte, fiel er mir weinend um den Hals...

Richard Wagner an *Franz Schott*   313.
Biebrich, 3. September 1862

Es wird mir nun ganz übermäßig schwer werden, mich ungestört meiner Arbeit zu erhalten. Ein Großes und Entscheidendes können Sie immer noch dazu beitragen und dadurch verhüten, daß ich in die Lage gerate, meine Arbeit zunächst ganz aufgeben zu müssen. Ich bitte Sie daher herzlich, mir sofort wenigstens eintausend Gulden zur Disposition zu stellen. Ist Ihnen dies möglich, so seien Sie versichert, daß ich aushalte, für meine weiteren Bedürfnisse, ohne Sie fernerhin anzugehen, Rat schaffen werde und somit bis zur Vollendung ununterbrochen an meiner Arbeit bleibe...

314.   Richard Wagner an *Minna Wagner*
Biebrich, 3. September 1862

Es ist mir sehr hart gegangen, und Alles hätte ich mir eher träumen lassen, als daß Schott – wie er sagt, wegen des gänzlichen Ausbleibens seiner eigenen Einnahmen aus Amerika und Rußland – mich jetzt so gänzlich würde sitzen lassen. Ich reise selbst nach Kissingen, wo er zur Kur ist, traf ihn soeben von heftigen Fieber erkrankt, und konnte gar nicht einmal vorgelassen werden. Ich habe nun Anstalten getroffen, das nöthige Geld auf andren Wegen aufzunehmen, und glaube mit Sicherheit darauf rechnen zu können, Dir in den nächsten Tagen wenigstens etwas zu Deinem Unterhalt, und in Kurzem auch das Nöthige zur Einrichtung mit den Möbles zukommen zu lassen.

315.   Mathilde Maier an *Edgar Istel*
undatiert

Herr Schott, der sein Wagner gegebenes Wort, ihm die Mittel zu seinem Unterhalt bis zur Vollendung der Meistersinger vorzustrecken – *brach*, weil der Meister durch den Biss eines Hundes in den rechten Daumen einige Wochen *nicht schreiben* konnte (Schott scheint in ihm eine Art von Handarbeiter gesehen zu haben), trägt die Schuld, dass die Meistersinger etwa 4-5 Jahre verspätet erscheinen mussten! Welch erbärmliche Kurzsichtigkeit und armselige Kleinkrämerei für einen so reichen Verleger! Durch ihn wurde der Meister zu jenen ihm so schrecklichen Konzertreisen gezwungen, die, weit entfernt seinem Geldbedürfnis aufzuhelfen, ihn nur noch immer tiefer in Schulden verstrickten, da er bei allem, was er unternahm, die Ursache, die ihn zur Unternehmung zwang, vergass und nur noch bedacht war, mit den kostbarsten Mitteln Ausserordentliches zu leisten!

Richard Wagner an *Wendelin Weißheimer*   316.
Biebrich, 7. September 1862

Nun suche ich, wie es geht, immer für die fatale nächste große Ausgabe (der Uebersiedelung meiner Frau) das nöthigste zu schaffen, immer noch hoffend, daß mit der Zeit auch weiterer Rath kommt, und ich doch für die »Meistersinger« aushalten kann. An Hans von B[ülow] habe ich mich gewandt, mir mindestens *etwas* auf kürzere Zeit zu verschaffen. Er thut gewiß sein möglichstes, um mir ein paar 100 Gulden aufzutreiben. Sehen Sie doch nur um des Himmels willen, ob *Ihnen* nicht noch etwa 300 Gulden möglich werden sollten. Ich hätte dann von Ihnen – und – um auf unser wohlbesprochenes und motivirtes Projekt zurückzukommen – vielleicht wäre diese Summe dem Papa eher begreiflich für das Operngedicht, was ich Ihnen (Sie wissen: unter allen Umständen) zu liefern verspreche.

Vielleicht – gelingt es mir doch so, den Frieden für die »Meistersinger« zu erzwingen! – Lassen Sie sich daher inständigst gebeten sein! –

Einmal in Wiesbaden, wollte ich es nicht versäumen, *alles* aufzubieten und auf gut Glück für Wagner sogar auf den – *Bettel zu gehen*! So schwer mir dies auch wurde, so überwand ich's doch und sprach in der Nähe des Kurhauses zu diesem Behuf allerhand distinguiert aussehende Persönlichkeiten an, welchen ich den in der Nähe wohnenden großen Mann schilderte, der in verzweifelten Umständen dahin lebe und *darben* müsse, während sich andre vielleicht eine besondere Ehre daraus machen würden, ihm hilfreich beizustehen. Natürlich holte ich mir dabei verschiedene Körbe, mit Ausnahme eines Herrn, der sich die Sache überlegen wollte und mir daher auf morgen Rendezvous im Kurhaus gab. Ihm zu lieb blieb ich in Wiesbaden und versäumte die Hauptprobe in Frankfurt. Dieses Opfer war zu groß und auch vergeblich; denn jener Herr *kam nicht* zur verabredeten Stunde.

318. Richard Wagner an *Franziska Ritter*
Frankfurt, 8. September 1862

Liebste Fränze!

Du bist gescheit und hast das Herz auf dem rechten Flecke. Der 1000 Thaler-Mann ist gefunden, wenn Du ihn zum Stehen bringst. Hör'! Geh' zu Dr. X! er ist reich, mein Jugendfreund, und liebt mich. Bereits hat er meiner leichtsinnigen Jugend Opfer gebracht: jetzt möge er sie edleren Interessen bringen. – Sag' ihm, ich sei bereit, im Februar in Leipzig ein grosses Concert zu geben, wenn *er* jetzt meiner elenden Lage ein Ende macht durch sofortigen Vor-

schuss von 1000 Thlr. Er soll sich an die Spitze eines Comités für
dieses Concert stellen: ein Ehrengeschenk meiner Vaterstadt für
mich wäre dabei vielleicht nicht ohne *Sinn* ins Auge zu fassen.
Von dieser Februar-Einnahme zahle ich sogleich die 1000 Thlr.
zurück. Reicht sie nicht aus, so ergänze ich den Rest aus meinen
folgenden Berliner Concert-Einnahmen.

Theile ihm mit, was die Familie Ritter so lange für mich gethan
hat, und wie es Euch leid thue, jetzt nichts mehr thun zu können.
Kurz! Weiche nicht! Er *muss*! Findet endlich die Grösse der
Summe Anstoss, so gehe, im Nothfall, bis auf 600 Thaler herab.
Erreichst Du 1000 Thlr., so erhält Sascha sogleich seine 100 davon
zurück. Im allerschlimmsten Falle müsste X 200 Thlr. vorschies-
sen, welche sogleich meiner Frau – 16. Walpurgisstrasse Dresden
– zugeschickt werden müssten. In allen Fällen wäre diese Sendung
sogleich von Leipzig aus zu vollziehen.

Nun sieh' zu! –

Richard Wagner an *Hans von Bülow*   319.
Frankfurt, 8. September 1862

Hans! Du bist ein einziger Mensch! Heute war Montag: wie
hübsch hast Du berechnet, daß mich Montags früh endlich einmal
eine angenehme Nachricht treffen sollte! Da Du es jedenfalls
berechnet, wollte ich Anfangs schwanken, es für ein gutes Omen zu
nehmen! – Dann aber fand ich, daß grade in dieser Berechnung
eines Freundes das schönste und rührendste liege, dessen wir
armen Unglückskinder uns zu gewärtigen haben. –

Also – acceptirt! –

Das Opfer des Verkaufs Deines Karlsruher Ringes wollte mich
Anfangs zögernd machen: da fiel mir aber ein, welch schöne Gele-

genheit Du da mir zugleich bietest, mich Dir sinnreich zu revanchiren. Statt des Karlsruher Ringes erhältst Du seiner Zeit einen Ring von mir: und der ist Dir doch am Ende lieber, als der Deinige. Sieh, so hast Du auch das wieder gut gemacht!

Wer sonst noch ungeliebte Kostbarkeiten besitzt, soll sie jetzt getrost mir opfern, – im vollem Ernst! Wie ich nun bin, habe ich plötzlich wieder den vollen Glauben gewonnen, ich werde das Zeug Alles schön und herrlich einlösen und ersetzen. –

So geht mir's! –

320.   Richard Wagner an *Otto Wesendonk*
Biebrich, 24. September 1862

Bester! Einzigster!

Heute spreche ich zu Ihnen als Räuberhauptmann: machen Sie sofort mir noch … Gulden möglich, so rette ich die Meistersinger, an die ich mich wie mit dem Krampf der Verzweiflung anklammere. – Ich setze Alles, was ich im deutschen Reich an Freunden besitze, zu diesem Zwecke in Contribution: Jeder muß mir etwas geben, bis ich mein Arbeitsgeld zusammenhabe. Endlich zahlt dann auch Schott, der jetzt wirklich schwer erkrankt ist, und ich setze den heiligsten Point d'honneur hinein, *dieses Collectiv-Anleihen* dann sofort pünktlich wieder zu bezahlen. Auch über diese Summe wenigstens sollen Sie sicher sein, sie bis Ostern zurück zu erhalten. Habe ich sie aber jetzt sogleich – so gewinne ich eben *Zeit*, brauche nichts aufzugeben, und sammle während dem andre kleinere Freundesanleihen ein. *So – werden* die Meistersinger am 22sten Mai 1863 fertig! Dieß schwör' ich! –

Sie begreifen, in welch' toller Stimmung ich bin – und verzeihen Sie mir?? –

Seien Sie brav!

Richard Wagner an *Otto Wesendonk* 321.
Biebrich, 29. September 1862

Wesendonk! – Sie sind ein einziger Mensch! Nachdem ich Ihnen zuletzt geschrieben, ward ich plötzlich – zum erstenmal seit dieser abscheulichen Krisis – ruhig und heiter. Ich dünkte mich auf einmal geborgen! – So – daß ich gestern (noch ohne Nachricht von Ihnen) wieder arbeiten konnte: seit Monaten zum erstenmal!

Richard Wagner an *Wendelin Weißheimer* 322.
Biebrich, 12. Oktober 1862

…ein ruhiges Wort über das finanzielle Projekt in Bezug auf dieses Conzert. Sie boten mir den Ertrag desselben an. Gewiß ist das eine eigene Sache, und wie ich die Einnahme eines Conzertes, welches immerhin von *Ihnen* veranstaltet und auf *Ihren* Namen gegeben wird, *mir* schenken lassen soll, begreife ich nicht recht. Aber – ich nehme diese Einnahme als ein Darlehen von Ihnen an und erstatte Ihnen dieselbe in irgend welcher Ihnen dienenden Weise wieder – selbst vielleicht aus meinen eigenen späteren Conzerteinnahmen. Denn – auf der andern Seite bin ich für alle meine Hoffnungen auf Hülfe *einzig* und *allein* auf diese möglich mir in Aussicht gestellte Einnahme in Wahrheit angewiesen.

Mir ist, seitdem Sie mich verlassen, auch nicht von Einer Seite her nur in irgend etwas geholfen worden. Meine Frau, die ich in die allergrößte Verlegenheit gesetzt habe, war genöthigt, auf kürzeste Frist in Dresden sich Geld aufzunehmen, wofür ich gut sein muß. Wie ich hier Ende des Monats fortkommen will, ist mir noch ein

335

Räthsel. Unter solchen Umständen bleibt die Aussicht auf Ihr Darlehen bezüglich der Leipziger Conzerteinnahme wirklich und wahrhaftig meine einzige Hoffnung.

323.   Richard Wagner an *Franz Schott*
Biebrich, 20. Oktober 1862

Sie irren sich, mein bester Herr Schott! Sie irren sich sehr in der Weise, wie ein Mensch meiner Art zu behandeln sei. Durch Hunger kann man viel erzwingen, aber nicht Arbeiten höherer Art. Oder glauben Sie, wenn mich des Nachts die Sorgen nicht schlafen ließen, werde ich tags Heiterkeit und gute Einfälle für meine Arbeit haben? Die »Meistersinger« waren jetzt der Vollendung unmittelbar nahe, wenn Sie, seit ich mich dazu hier niederließ, die gehörige Sorge für mich getragen hätten. Sie hatten genug getan – und erkenne ich dieses stets an! –, mich zur Unternehmung einer solchen Arbeit in den Stand zu setzen: – nun mußten Sie auch weiter gehen, und... mich auch guter Laune dabei erhalten. Kostete es Ihnen Opfer, so waren diese hier oder nirgends angewandt, während Sparsamkeit oder Ängstlichkeit alles lähmte. Seit Ende August – nun bald zwei Monate – lassen Sie mich geradezu in der Lage eines Ertrinkenden. Endlich erklären Sie sich doch zu einiger Hilfe bereit: wiederum gewinnen Sie es nun schon 14 Tage lang über sich, mich schmachten zu lassen! –

Nun, auch Sie beklagen sich über fehlende Ruhe: ob Sie zu Ihrer Ruhe dazu beitragen, daß Sie die meinige mir unmöglich machen, müßte ich Ihnen schon gönnen, kann es aber kaum denken.

Gut denn! Sie werden wissen, wie Sie nach Ihrer Art zu handeln haben: ich bin und bleibe meinen Verpflichtungen eingedenk, wünsche jedoch, Ihnen meine Schuld statt in Manuskripten in barem Gelde abtragen zu können – was Ihnen am Ende auch genehm sein würde? Das Mögliche wird geschehen, und können Qualen zum Guten führen, so wird ja auch meinerseits wohl etwas Gutes herauskommen, denn – gequält bin ich! –

Diesen Erguß einer schlaflosen Nacht glaubte ich nach den ewigen Gesetzen der Gerechtigkeit Ihnen nicht ersparen zu dürfen...

Franz Schott an *Richard Wagner*   324.
Mainz, 21. Oktober 1862

Den mitgeteilten Erguß einer Ihrer schlaflosen Nächte, bester Herr Wagner, muß ich wohl mit Stillschweigen übergehen, denn, wenngleich ich weiß, wie ich mich gegen Künstler zu benehmen habe, will ich Ihnen doch nicht sagen, was ich von einem Künstler verlange.

Ich hatte wohl die Absicht, Ihnen einen kleinen Betrag zu senden, allein ich konnte mich um so weniger dazu entschließen, weil man mir sagte, daß Sie Geld eingenommen und momentan nicht mehr in Verlegenheit seien.

Den gewünschten größeren Betrag kann ich Ihnen nicht zur Verfügung stellen. *Überhaupt kann ein Musikverleger Ihre Bedürfnisse nicht bestreiten: dies kann nur ein enorm reicher Bankier oder ein Fürst, der über Millionen zu verfügen hat.* Findet sich dieser nicht, so müßte man an das *deutsche Volk* appelieren, in welchem Falle ich die Bemühungen Ihrer *Wiesbadener* Freunde nach Kräften unterstützen würde...

Richard Wagner an den
Direktor eines Bankhauses
Biebrich, 22. Oktober 1862

Hochgeehrter Herr!

Ihre werthe Antwort auf meine vor einiger Zeit an Sie gerichtete Bitte, belehrte mich, wie sehr ich auch Ihnen *bereits verpflichtet* bin. Mußte diese demgemäß *ablehnend* ausfallen, so ließ sie mir dennoch, selbst im Ausdrucke dieser Ablehnung, das Bewußtsein, in Ihnen schon früher einen sympathisierenden *Gönner* gefunden zu haben.

Wenn sich seitdem meine Lage in nichts bessern konnte, ich vielmehr dadurch, daß ich allernächstens mich zu Unternehmungen (wie dem Versuch, endlich eine neue Oper von mir in *Wien* zur Aufführung zu bringen) aufmachen und alle andere Arbeit liegen lassen muß, in die niederdrückendste augenblickliche Verlegenheit gesetzt bin, so erlaube ich mir, auf die sonst sehr zu beachtende Gefahr hin, Ihnen überlästig zu werden, Sie dennoch *noch einmal* um Hülfe anzugehen.

Da ich bei meinen Unternehmungen, – zu denen auch *Concerte* gehören – wirklich nächstens auf Einnahmen *rechnen* kann, außerdem auch eine anderwärtige tröstliche Aussicht mir eröffnet ist, so suche ich für jetzt nur auf kürzere Zeit das Nöthigste, und bemühe mich, gegen einen Wechsel auf drei Monate mir 1500 bis 2000 fl. zu verschaffen. In der *Kunstwelt* so ziemlich gut, bin ich in der *Finanzwelt* jedoch gar nicht angeschrieben, und ein sehr wohlwollender Gönner – das sehe ich wohl ein! – muß es sein, der selbst einen solchen Wechsel mir auszahlen soll.

Wäre es Ihnen nun irgend möglich, noch einmal mich einer ganz unsäglich *peinlichen* Lage (in die ich namentlich durch Zerwürfnisse mit meinem *Verleger* gerathen bin) zu entreißen, so würde ich Sie herzlich ersuchen, mich gütigst wissen lassen zu wollen, ob und wann ich in diesen Tagen Ihnen meinen Besuch machen dürfte, um dieses, mich erlösende, – für Sie so kleine – Geschäft zu Stande zu bringen.

Richard Wagner an *Wendelin Weißheimer* 326.
Biebrich, 27. Oktober 1862

Ihrer soeben empfangenen Nachricht zufolge darf ich nun vielleicht heute noch auf die unglücklichen 100 Thaler rechnen. Ich
reise dann sofort ab. An Ihren lieben Vater wende ich mich nicht,
da – was er mir etwa noch schicken würde – doch nicht aus-
reichte, um mich für länger vollständig von hier loszumachen. Ich
muß – so steht es – daher von meinem Leipziger (Dresdner) Ausflug sogleich wieder hierher zurückkehren, um, wenn es mir dann
gelungen ist, mir das nöthige Geld zu verschaffen, hier erst gründlich hinter mir aufzuräumen. Bedenken Sie, daß von *keiner* Seite
her mir eine Anleihe geglückt ist, ich die Fortschaffung der
Möblen meiner Frau, neue Herrichtung dahier, u.s.w. zu überstehen hatte, und daß ich somit alles persönliche bisher unberichtigt
lassen mußte. Mit meinem größeren, auf längere Abwesenheit
gerichteten Gepäcke könnte ich demnach hier gar nicht abreisen,
ohne ärgerliches Aufsehen zu verursachen. Ich nehme daher nur
kleines Gepäck zu einem kürzeren Ausflug mit.

Richard Wagner an *Minna Wagner* 327.
Biebrich, 28. Oktober 1862

Morgen reise ich nach Leipzig wegen *Weißheimers* Konzert, welches erst am 2. November stattfindet. Erlauben es mir die Pro-
ben..., so komme ich noch vorher auf einen Sprung zu Dir.
Doch habe ich in Leipzig außerdem viel zu tun, namentlich in
Verlagsangelegenheiten, und fürchte meine Zeit zu zersplittern,

weshalb ich Dich bitte, mich erst *nach* dem Konzert zu erwarten. Leider kann ich auch dann nur höchstens zwei Tage bei Dir bleiben, da ich *nicht* von Dresden aus direkt nach Wien gehen kann (wo man mich andrerseits dringend erwartet), sondern – erst noch einmal nach *Biebrich* zurück muß. Es ist mir nämlich nicht möglich gewesen, irgendwelches Geld aufzutreiben, so daß ich hier vieles unberichtet hinterlasse, weshalb ich den Beteiligten gegenüber meine gegenwärtige Reise nach Leipzig nur als einen flüchtigen Ausflug bezeichnen konnte... Mein Gepäck für den Winter mitzunehmen, hätte daher ärgerliches Aufsehen gemacht.

328. Wendelin Weißheimer, *Erlebnisse...* (1898)

Trotz täglicher Inserate im »Leipziger Tageblatt« und andern Blättern, trotz der Preise, wie sie bei Außerabonnementskonzerten im Gewandhaus üblich, trotz der erstmaligen Wiederanwesenheit Wagners in Sachsen und – seiner Geburtsstadt (!), trotz der Mitwirkung Hans v. Bülows u. a. *ein fast leerer Saal*!! Was heute unglaublich dünkt – die braven Leipziger von dazumal haben's fertig gebracht, Wagner seine neueste Komposition vor leeren Bänken dirigieren zu lassen. Und auch die wenig Erschienenen rührten keine Hand, als er ans Pult trat! Da zeigte sich die wahre Gesinnung der Leute – nachträglich sollte es das Eintrittsgeld gewesen sein, das sie fern gehalten (lächerlich!) – nein! nicht die paar Groschen *mehr*, nicht das Geld: – *die Gesinnung war's*! Und dazu noch eine recht gut vorbereitete und bedächtig ausgeführte *Demonstration* dieser Gewandhäusler! Was nützte es dann, daß Wagner sein Vorspiel da capo spielen lassen mußte, daß die Tannhäuser-Ouvertüre mit Jubel und Orchestertusch aufgenommen wurde? Der »Tannhäuser« hatte damals schon seinen Weg gemacht, und die »Meistersinger« wären auch ohne die Leipziger Erstaufführung des Vorspiels weiter gekommen. Der Konzertzweck war also verfehlt, da nur wenig Publikum erschienen war, und die paar hundert Thaler, die eingegangen, nicht hinreichten, die Kosten zu decken. Statt Wagner alle Taschen zu füllen, mußte ich schleunigst meinen Vater um Hilfe anrufen, damit nur das Defizit gedeckt wurde. Wagner zeigte sich hierbei äußerst taktvoll. Anstatt niedergeschlagen zu sein über die erlittene Einbuße, hegte er Besorgnis, ob mein Vater am Ende nicht etwa denken müsse, »wir seien Schwindler, da fast immer das Entgegengesetzte einträfe«. Ich schrieb seine Aeußerung sogleich nach Osthofen, worauf eine so reizende Berichtigung kam, daß er sich beruhigte.

Richard Wagner, *Mein Leben* (1865-1880)   329.
(Bericht über das Jahr 1862)

Bülows waren jetzt leider bereits nach Berlin zurückgereist; wir hatten uns noch einmal bei großer Kälte und unter unfreundlichen Umständen, da sie Rücksichtsbesuche zu machen hatten, auf der Straße wiedergesehen, wo bei unserem kurzen Abschiede der allgemeine Druck, welcher uns belastete, sich mehr als die flüchtige gute Laune der letzten Tage auszusprechen schien. Auch meine Freunde begriffen wohl, in welcher gänzlich verlassenen und widerwärtigen Lage ich mich befand: ich war wirklich so töricht gewesen, von der Leipziger Konzerteinnahme mir wenigstens das für den Augenblick Nötigste zu versprechen. In diesem Betreff setzte es mich für das erste in Verlegenheit, meine jetzt fällige Hausmiete in Biebrich meinem Wirte nicht pünktlich auszahlen zu können, da ich anderseits alles daransetzte, mir dieses Asyl für ein neues Jahr zu erhalten, und ich es außerdem hierbei mit einem eigensinnigen, grämlichen Menschen zu tun hatte, den ich überhaupt für die Fortgewähr der Wohnung nur durch Vorausbezahlung zu gewinnen vermeinte. Da zu gleicher Zeit auch *Minna* wieder mit ihrem Vierteljahresgeld zu versorgen war, so kam mir eine Hilfe, welche mir jetzt der Regierungsrat *Müller* im Auftrage des Großherzogs von Weimar zuführte, wirklich wie vom Himmel gesandt. In meiner Not hatte ich, nachdem *Schott* gänzlich aufgegeben gewesen war, mich auch an jenen alten Bekannten mit der Bitte gewandt, dem Großherzog meine Lage mitzuteilen, um diesen, etwa als Vorausbezahlung von Honoraren für meine neuen Opern, zu einer Unterstützung zu bewegen. Sehr auffallend und unerwartet kam mir auf diese *Weise* durch die Übermittelung *Müllers* jetzt die Summe von 500 Talern zu. Ich glaubte mir erst späterhin diese Großmut daraus erklären zu können, daß auch dieses freundliche Benehmen gegen mich vom Großherzoge mit einer bestimmten Absicht auf seinen Freund *Liszt* ausgeübt worden war, da er diesen um jeden Preis wieder nach Weimar zu ziehen wünschte und darin gewiß nicht irrte, daß er ein verpflichtendes und generöses Benehmen gegen mich als von vorzüglicher Wirkung auf unseren beiderseitigen Freund in Anschlag brachte.

330.   Richard Wagner an *Hans von Bülow*
Wien, 22. November 1862

Da wär' ich einmal wieder: Kaiserin Elisabeth! Ganz wie vor'm Jahre! – Tristan – Ander –: was willst Du mehr? Im Januar soll der Teufel losgehen: dann – zweite Hälfte – fange ich hier auch mit meinen Conzerten an. Ich weiß Dir wirklich nichts Besseres zu schreiben, als Dir wegen des Berliner Conzert-Projectes zuzureden. (Oder wünschest Du, daß ich Dir etwas Detail von meinem lieblichen Daseinchen gebe? Etwa wie ich mich in Biebrich arran-

girt? u.s.w.) – Aber doch, ja! Etwas Weimarisches! Großherzog ist
mobil geworden. Gott weiß, wie das Franziscus von Rom aus
angefangen hat! Er hat mir, im Verein mit seiner Gemahlin, ein
discretes Geldgeschenk gemacht, das wirklich sehr ansehnlich zu
nennen wäre, wenn es nur eben diesmal ganz meiner Lage entspro-
chen hätte. Noch einmal so viel, und Alles wär gut: um dieser
Dupplication Willen hatte und habe ich aber noch viel unüber-
standene Noth. Das Schlimmste ist, daß ich nun aber nach Weimar soll, und dort Kapellmeister werden dürfte, könnte u.s.w. Da
giebts denn Noth abzuwehren, und ich bin nun heute endlich
dazu gekommen, einmal an Franz zu schreiben. Der weiß durch
diesen Brief Alles, und in seine Hände habe ich Alles gelegt.
Schick', sei so gut, den Brief ab: ich glaub', die hiesige Post ist
untauglich für Rom. War's nicht so? –

Heinrich Esser an *Franz Schott* 331.
Wien, 1. Dezember 1862

Wagner hat mir im Vertrauen mitgeteilt, dass Sie nicht mehr
imstande gewesen seien, ihm weitere Vorschüsse zu machen. Den
Grund hierfür suchte er in Verlusten, welche Sie durch amerika-
nische Geschäfte erlitten, sowie in der Errichtung eines Geschäftes
in Paris durch Ihren Bruder und in – Ihrer Krankheit, welche hoffentlich nicht mehr existiert. Wahrscheinlich meinte er damit, dass
Sie nicht die nötige Energie hätten, um sich auf die Höhe seiner
künstlerischen Ideen emporzuschwingen. Übrigens finde ich es
sehr begreiflich, dass Sie es endlich für gut hielten, Ihren Säckel für
den unverbesserlichen Verschwender zuzuschliessen und ich finde
dies umso begreiflicher, da Sie mir die Summe nennen, welche Sie
bereits dem alles verschlingenden Loche geopfert haben, welches

sich in Wagners Geldtasche befindet. Jetzt will er hier und in Berlin grosse Konzerte geben, welche, wie ich fürchte, so kostspielig werden, dass kein Profit dabei herauskommen wird.

332.   Richard Wagner an *Hans von Bülow*
Wien, 3. Januar 1863

– So auch wieder in Wien! Ruhm, großen Beifall, Enthusiasmus – und Deficit! Tausig läuft herum, Geld zur Bezahlung eines Theiles meiner letzten Conzertkosten aufzutreiben. – Viel Schuld hatte der Neujahrstag Mittag: doch hauptsächlich sind es die Kosten, und die verhältnißmäßig geringen Preise der Plätze. – [. . .]

Am 11ten will ich *hier* noch ein Conzert riskiren. Dann – also zwischen 12. und 19. – wäre es mir lieb, wenn sich die *Breslauer* Intention realisire. Suche doch das schnell und freundlich mit Damrosch abzumachen; die 40 bis 50 Ld'or sollten mir himmlische Dienste thun. In diesen Tagen will ich noch den hiesigen hannöverischen Gesandten daran bekommen, den König von Hannover zu bestimmen, daß er mich einlade, mein Wiener Conzert bei ihm zu wiederholen, gegen anständiges Fixum. –

Fände sich dann keine neue gute Chance für mich, so bliebe mir dann nichts übrig als Mitte Februar nach Petersburg zu gehen, wo ich für 2 Conzerte der philharmonischen Gesellschaft 2000 Silberrubel fix habe. –

So steht es mit Richard Wagner! Und dafür bin ich da! –

Daß sich die Aufführung dieses seines »Schmerzenskindes«, wie er den Tristan nannte, auch im Januar nicht hatte erreichen lassen, bildete für Wagner eine Quelle peinlicher Sorge und Verlegenheiten, denen sich jetzt auch wieder pekuniäre zugesellten. Er war schon zwei Monate im Hotel, hoffte immer auf das Tristanhonorar, das ihm nach der ersten Aufführung ausgezahlt werden mußte, diese kam und kam nicht, – da wurde der Wirt besorgt und sandte Rechnung auf Rechnung. Der geforderte Betrag war ein recht beträchtlicher, da außer den Aufenthaltskosten auch noch das ziemlich ausgedehnte und splendide Diner zu bezahlen war, welches Wagner nach den Konzerten für die Hauptmitwirkenden und Freunde veranstaltet hatte. Es war daher eine recht große Verlegenheit, als Wagner *nicht* zahlen konnte. Als ich am Abend mit Tausig bei ihm war, jammerte und klagte er über seine elende Lage. Wir hörten ihm teilnahmsvoll zu und saßen niedergedrückt auf dem Sofa, während er in nervöser Hast auf- und abging. Plötzlich blieb er stehen und sagte: »Halt, jetzt hab' ich's, was mir fehlt, und was ich brauche«, lief an die Thür und klingelte energisch. Tausig raunte mir zu: »Was hat er vor? Er sieht ja gerade aus wie Wotan, der endlich zu einem großen Entschluß gekommen!« Langsam und zögernd kam der Kellner endlich zum Vorschein – diese Leute merken ja bald, wie der Wind weht – und war nicht weniger erstaunt als wir beide, als Wagner befahl: »Bringen Sie gleich zwei Flaschen Champagner in Eis!« »Um Gottes willen – in dieser Lage!« riefen wir, als der Kellner wieder gegangen war. Er aber hielt uns eine eifrige Auseinandersetzung über die Unentbehrlichkeit des Champagners gerade in verzweifelten Situationen: nur *dieser* helfe über deren Peinlichkeit hinweg. Als das köstlichteure Naß auf den Tisch kam, getrauten wir uns kaum, davon zu trinken; mehrmals mußte er uns dazu animieren; der Champagner wollte eben an jenem Abend nicht munden; trotz seiner vorzüglichen Qualität, und trotzdem Wagner gerufen hatte: »Trinkt nur mit, *wir* sind die Sieger, und *unser* ist die Welt!« –

In Wagners Umgang folgte Ueberraschung auf Ueberraschung. Als ich am folgenden Morgen in sein Zimmer trat, zeigte er mir 1000 Gulden, die ihm die Kaiserin – wohl auf Veranlassung Dr. Standhartners – gesandt hatte! Und immer jammerte er noch: »Ich armer, geplagter Mann!« – worauf ich bemerkte: »Ja, sagen Sie mir doch, welch anderm Sterblichen in solcher Not plötzlich 1000 Gulden ins Haus fliegen?!« Darauf ließ er dann das Jammern sein.

334.   Eduard Hanslick
Richard Wagner und Wendelin Weißheimer
(1900)

Die beiden Konzerte Wagners erregten unbeschreiblichen Jubel und brachten ihm eine Einnahme von 3000 Gulden. Außerdem schickte ihm die Kaiserin auf Veranlassung Dr. Standhartners 1000 Gulden. Und immer jammert er noch: »Ich armer, geplagter Mann!« Da Anders Erkrankung den »Tristan« ins Unbestimmte hinausschob, reiste Wagner nach Petersburg, wo seine Aufführungen von glänzendstem künstlerischen und pekuniären Erfolg gekrönt waren. Auch Wagners Konzerte in Prag und in Pest (er selbst rühmt ihren »unglaublichen Erfolg«) hatten große Summen eingebracht. »Aber eine Summe, mit welcher jeder andere einige Jahre sorgenfrei leben und schaffen konnte, ward von Wagner in wenigen Wochen verbraucht.«

Richard Wagner an *Hans von Bülow* 335.
St. Petersburg, 6. März 1863

Was soll ich Dir schreiben? Es kommt mir Alles doch nicht recht
der Mühe werth vor; das Bischen äußerlich Andre ändert doch
nichts an dem Charakter der Erscheinungen und Erfahrungen, in
Bezug auf welchen von Unser Einem nun einmal nicht viel Neues
mehr zu gewinnen ist. Meine Anstrengungen sind so groß, und die
Ab- und Umwege so ermüdend, daß ich diesmal wenigstens einzig
darauf bedacht bin, mir etwas dafür zu gewinnen. [...] Außerordentliche Umstände werden mir wohl auch hier nicht zu Hülfe
kommen. Die Kalergischen Briefe sind nicht eingetroffen. Trotzdem werde ich wohl so ziemlich alle die Connaissancen machen,
die irgend zu machen sind, – fast keine! Eine große Person, die
plötzlich mir Reichthümer zuwendete, wird mir nie begegnen:
auch hier nicht. Aber, was so in der Sache liegt, das wird sich
machen: mühsam, verhältnißmäßig gering, für meine elende Situation aber immer doch ergiebig genug.

Richard Wagner an *Mathilde Maier* 336.
Wien, 5. Mai 1863

Ein Baron von Rochow, großer Verehrer von mir, rechnet sich
zum Glück, mir sein Landhaus in Penzing, eine halbe Stunde von
Wien, mit einem großen parkartigen Garten und herrlichen großen Bäumen, auf Lebenszeit, oder solange ich wünsche gegen verhältnismäßig sehr geringe Miethe zur Verfügung zu stellen! –
  Die Umgegend, wie Alles um Wien, ist wundervoll; ganz in der

Nähe habe ich den großen Garten von Schönbrunn mit dem herrlichen zoologischen Garten zur Morgenpromenade. Für den Winter, je nach Bedürfnis, jeden gewünschten Umgang leicht: der einzige Ort, an welchem ich mich mit Aufführungen meiner Werke je abgeben werde, ist mir wie unmittelbar zur Hand; das Reisen zu solchen Zwecken, mit Gasthofleben u.s.w. hört auf. –

Gewiß, mein theueres Kind! nur der Hinblick auf Dich konnte mich nur einen Augenblick diesem Anerbieten gegenüber schwankend machen. Doch habe ich diesem Gefühle eine volle Woche Raum gegeben. Endlich siegte die tiefinnere Lebensnöthigung, zu häuslicher Ruhe *um jeden Preis* zu gelangen: ich habe gemiethet, und um meine Möbel nach Biebrich telegraphirt.

337.   Heinrich Esser an *Franz Schott*
Wien, 10. Mai 1863

Dass Richard Wagner eine Summe von 25000 Francs von Petersburg mit zurückgebracht habe, wie eine hiesige Zeitung meldete, das scheint mir eine Übertreibung zu sein, doch mag er wohl jetzt über eine Summe von 7-8000 Gulden zu disponieren haben, und ich will wünschen, dass dies hinreichend sein möge, um ihn zwei Jahre lang ausser Sorgen zu setzen und ihm die Musse zu verschaffen, seinen »Hans Sachs« zu vollenden. Übrigens ist Wagner, wenn er Geld in der Tasche hat, wie ein kleines Kind, und scheint gar nicht daran zu denken, dass dies Alles einmal ein Ende nehmen könne. Hierzu kommt, dass er behauptet, er könne gar nicht arbeiten, wenn er sich nicht in behaglichen Räumen bewege, wenn er nicht einen grossen Garten zu seiner eigenen, alleinigen Benutzung zur Verfügung habe, kurz, wenn er nicht als Grandseigneur lebe.

Das sehr freundliche Haus eines alten Herrn Baron von *Rackowitz* in *Penzing*, in welchem mir der ganze obere Raum nebst dem ausschließlichen Genuß eines nicht unbeträchtlichen schattigen Gartens zur Verfügung gestellt wurde, bot mir gegen eine Jahresmiete von 1200 Gulden ein sehr erfreuliches Unterkommen. – Als den Hausmeister lernte ich *Franz Mrazek*, einen sehr zutulichen Menschen kennen, welchen ich mit seiner Frau *Anna*, einer sehr begabten und einschmeichelnden Person, sofort in meine Dienste nahm, in welchen sie für längere Jahre hindurch unter wechselnden Schicksalen verblieben. Jetzt hieß es denn wieder Geld ausgeben, um mir das langersehnte Asyl für Ruhe und Arbeit behaglich herzurichten. Aus Biebrich ließ ich den letzten Rest des mir erhaltenen Hausrates sowie die zu dessen Vervollständigung angeschafften Mobilien mit meinem Erardschen Flügel mir zuschicken. Bei schönstem Frühlingswetter zog ich am 12. Mai in die freundliche Wohnung ein und verlor zunächst manche Zeit durch die Aufregung, in welche ich durch die Sorge für die Einrichtung meiner behaglichen Wohnräume geriet. Hier begründeten sich meine Beziehungen zu *Philipp Haas & Söhne*, welche mit der Zeit bedenkliche Verhältnisse annehmen sollten. Für jetzt versetzte mich jede Bemühung um meine von mir so hoffnungsreich angesetzte Niederlassung in die beste Laune.

339. Richard Wagner an *Hans von Bülow*
Penzing, 18. Mai 1863

Hier bin und hoffe bald etwas zur Ruhe zu kommen. Am Rhein entstanden unerträgliche Zögerungen und Ungewißheiten. Hier machte es sich ganz leicht, wie von selbst. Ich bewohne eine schöne Wohnung in einem durchaus ruhig gelegenen, hübschen Landhause eines alten ungarischen Barons, den ich nicht merke: wunderschöner Garten, mit herrlichen hohen Bäumen und stetem Schatten, abgezäumt ganz zu meiner alleinigen Benutzung. Vorläufig Miethe für 5 Jahre. Gegenwärtig Einrichtung u. Uebersiedelung. Viel Unruhe, mit Aussicht auf baldiges Behagen. [...]

Könntest Du wohl erfahren, ob in der Berliner Hoftheaterkasse etwas für mich liegt, oder nächsten Quartalschluß liegen wird? Vergangenes Mal habe ich mich nämlich gar nicht gemeldet. – Meine Frau macht mir mit Geld noth: ach, ich hab's schwer, und möcht' es doch endlich ein bißchen hübsch haben. –

340. Bertha Maretschek-Goldwag
Bericht über Wagners Zeit in Penzing

Als er nämlich nach Penzing übersiedelte, wo er, wie Sie wissen, längere Zeit in einer Villa lebte, mußte ich ihm die ganze Wohnung einrichten. Bis auf ein einziges Zimmer boten sich keine Schwierigkeiten dar, denn alle Räume wurden zwar mit Eleganz, aber doch in der allgemein üblichen Weise ausgestattet. Nur ein einziger Raum, ungefähr in der Größe eines Kabinettes, wurde nach den genauesten Angaben Wagners mit verschwenderischer

Pracht dekoriert. Die Wände wurden mit Seide ausgeschlagen und ringsherum wurden Girlanden angebracht. Vom Plafond herab leuchtete eine wundervolle Ampel mit gedämpftem Licht. Den ganzen Boden bedeckten schwere, ungemein weiche Teppiche, in denen der Fuß förmlich versank. Das Meublement dieses Boudoirs – so möchte ich diesen Raum benennen – bestand aus einem kleinen Sofa, einigen Fauteuils und einem kleinen Tisch. Alle diese Sitzgelegenheiten waren mit kostbaren Decken und Kissen, die er zumeist zum Aufstützen der Ellenbogen benutzte, bedeckt. Ich hatte sie alle angefertigt. Das Zimmer durfte nie von jemandem betreten werden, Wagner hielt sich darin immer ganz allein auf, und zwar immer am Vormittag. Ohne daß ich ihn darum gefragt hätte, sagte er mir einmal, daß er sich in einem solchen Zimmer besonders wohl fühle, weil ihn die Farbenpracht sehr zur Arbeit anrege. Die Ausstattung dieses Zimmers war ganz allein mein Werk. Ich stand auf der Leiter, brachte die Girlanden an und legte an alles selber Hand an. Wagner war von allen meinen Arbeiten stets so entzückt, daß ich in der Folge alles für ihn besorgen mußte.

Richard Wagner an *Mathilde Maier* 341.
Penzing, 25. Mai 1863

So hätte ich mir denn nur zu meiner Stille um mich herum zu gratulieren gehabt, wenn diese nicht durch die Handwerker in meiner Wohnung gestört worden wäre. Es geht damit sehr langsam: aber hübsch soll's doch werden; ich bedarf das: denn ich werde nicht viel dann mehr auf die Straße kommen. Von meiner Wohnung, und wie sie sein wird wenn sie fertig ist, gebe ich Dir als Beilage eine Beschreibung.

Möglich, daß wenn dann Alles nach meinem Sinn ist, es mir sehr gefallen wird: wenigstens muß ich mich über mich selbst wundern, wenn ich bemerke, mit welchem ernsten Eifer ich das Alles selbst angebe. [. . .]

a) *Speisezimmer.*
   Dunkelbraun mit kleinen Rosenknospen (sehr einfach).
b) *Arbeitssalon.*
   Glatt Lilas, einfarbig, mit granatfarbenen Sammettapeten-streifen mit Goldleisten, in den Ecken.
c) *Arbeitszimmer.*
   Mattbraun-grau, mit lilas Blumen. Dunkelbraune Sammet-streifen.
d) *Theezimmer.*
   Glatt grün mit Violettsammetstreifen u. Goldleisten in den Ecken.
e) Neurothsammet ohne Muster.
f) *Schlafstube.*
   Lilas glatt mit grünen Sammetstreifen und Goldleisten. Vio-lette Bettgardinen.
g) *Garderobe.*
   Mattgrün mit dunkelrothen Blumen.

Nachtrag

b) *Musiksalon.*
   Braune Wollengardinen mit persischem Muster. Ebenso Kanapé. Fauteuils mit granat. Plüsch.
c) *Arbeitszimmer.*
   Alte braune Gardinen. Altes Ruhebett.
d) *Theezimmer.*
   Alte grüne Gardinen. Divan braun Wolle mit gelbem Seiden-muster.
e) *Kleiner Salon.*
   Neurothe Damastgardinen.
f) *Schlafstube.*
   Violette halbseidene Gardinen.
g) *Garderobe.*
   Alte braune Gardinen.

Überall Portièren.

Richard Wagner am *Otto Wesendonk* 342.
Penzing, 6. Juni 1863

Bei alledem verliere ich die alte Lust noch nicht, meine endlich erwählte Wohnung mir so behaglich wie möglich herzurichten. Wollt Ihr etwas dazu beitragen, so wird mir das von niemand willkommener sein: das wissen Sie! Denn eigentlich seid Ihr doch die einzigen, denen ich auf dieser Erde gewissermaßen angehöre: das ist nun einmal so geworden, und ich kann nichts wieder neu beginnen. Daß ich Euch gehöre, habt Ihr Euch mit Schmerzen und Opfern jeder Art erworben.

Was sagten Sie zu dem Schweizer Landhaus, das mir die Großfürstin Helene von Rußland geschenkt? Sie hatten wohl schon Sorge, mich wieder auf den Hals zu bekommen? Glücklicherweise steht das Landhaus da, wo die 50000 Francs stehen, die ich in Rußland gewonnen haben soll. Wie willkommen muß das meinen deutschen Gönnern sein, nun zu wissen, daß ich so herrlich versorgt bin, und daß ihnen das keinen Pfennig kostet! – Das ist nun auch noch mein Geschick, daß ich eigentlich immer beneidenswürdig erscheine!

Wendelin Weißheimer, *Erlebnisse*... (1898) 343.

Privathilfe war für ihn durchaus unzureichend, selbst was er durch Konzerte zusammenbringen konnte, reichte nur für den Augenblick hin. Es mußte daher ein Krösus kommen, der ihm seine Schatzkammer öffnete. Wo sollte der aber herkommen? – Vom Himmel! – Kaum von einer großen Kunstreise zurückgekehrt, die ihm eine Summe einbrachte, mit welcher jeder andre einige Jahre sorgenfrei leben und schaffen konnte, will er wieder in Darmstadt konzertieren, das heißt, Geld verdienen. Gleich nach Empfang des Briefes von Schindelmeisser stieg in mir die Befürchtung auf, daß die letzte große Einnahme statt nach Jahren am Ende schon in wenigen Monaten aufgezehrt worden sei, und nun wurde jene Befürchtung zur Gewißheit, da er sie selbst bestätigte. – Wie hatte mir im Herbst Hans v. Bülow unter anderm geschrieben? »Unglaublich übrigens, was in vierzehn Tagen an »Geld« konsumiert werden kann!« Und gar jetzt! Wiederum spricht er von der vollständigen Einrichtung eines Hauses! Nun – das Landhaus des Barons v. Rochow in Penzing wird wohl nicht ganz leer gestanden haben und beanspruchte gewiß keine so beträchtliche Summen, um in stand gesetzt zu werden. Das leidige Faktum stand also fest: Wagner war wieder ein »Finanzgenie« im – Ausgeben gewesen.

344.   Richard Wagner an *Hans von Bülow*
Penzing, 22. Juni 1863

Endlich geht auch wieder die Sorge für meine Subsistenz an: wenn nicht Wunder passiren, muß ich für nächsten Winter doch wieder an eine russische Expedition denken: ich habe mich hier in einer großen Wohnung vollständig, mit Geräth und Allem einrichten müssen; es macht mir Freude, so ein letztes Hauswesen (dieß schwör' ich) nach meinem Sinne mir herzurichten, aber die Sorge mir nun dauernd den Genuß und die Ruhe zur Arbeit zu erhalten, läßt mich ängstlich wieder in die Zukunft blicken. Jetzt wäre es so der rechte Zeitpunkt, mich mit einer anständigen Pension zu bedenken, denn nun kann ich alle Bedürfnisse berechnen und im Ganzen besser und wohlfeiler auskommen als früher.

Täglich geht mir dieß natürlich leidenschaftlich durch den Sinn.

Bei der ganz gewiß begründeten Annahme, daß eine genügende Anzahl wohlgesinnter und hinreichend vermögender Menschen vorhanden ist, die, vereinigt, leicht das mir Nöthige leisten könnten, denke ich abermals daran, die richtige Person zu wählen, die sich an die Spitze stelle und Andre auffordere. Ich kenne zu dieser Initiative noch Niemand geeigneter als die Kalergis, und am Besten wäre es, wenn ihr Cosima schriebe und sie ernstlich aufforderte. Die K. bringt jedenfalls diesen Sommer in deutschen Bädern zu: sie hätte da volle Gelegenheit für mich zu wirken.

(An die Großfürstin Helene müßte sie sich jedenfalls mit wenden.)

Die verwittwete preußische Gesandtin Gräfin Pourtalès könnte man ihr sogleich als kräftige Gehülfin empfehlen; ja, vielleicht wäre diese selbst zur Initiative geeignet. Die Idee ist, daß eine kleinere Anzahl discreter und vermögender Freunde meiner Kunst sich finde, welche durch Zeichnung eines jährlichen Beitrages – nach Verhältniß – mir die genügenden Mittel zu einem unabhängigen, anständigen Auskommen sichert. Ein Banquier müßte Cassirer sein; vielleicht Sina. (Auch Wesendonk wäre als Beitragender nicht zu übergehen.) – Es kostet doch am Ende nur einmal den Versuch: und ich meine, Cosima eröffnete ihn durch einen Brief an die Kalergis.

Richard Wagner an *Hans von Bülow* 345.
Penzing, 17. August 1863

Daß *Cosima* erst nach Rom berichten zu müssen glaubte, hat mich sehr niedergeschlagen: wie soll Franz *jetzt* auf einmal begreifen, was er nie begreifen durfte? – »Weil Cosima mit Mad. Kalergis nicht vertraut genug sei?« – Aber, bin *ich* denn nicht der Gegen-

stand, der Beide sogleich vertraut machen müßte? Würde ich denn
sonst dazu gerathen haben? – Es muß nur Jemand sein, der das
Project an Mad. Kalergis bestimmt mittheilt, und weil *ich* das
nicht thun kann, sollte dies eine Freundin thun, deren Theilnahme für mich so leicht begreiflich sein würde.

346.   Richard Wagner an *Editha von Rhaden*
Penzing, 14. September 1863

Wer nach meinem Tode einen Überblick über meine verschiedenen Lebenslagen erhält, wird erstaunen, daß es meiner Mitwelt
nicht möglich war, einem produktiven Menschen wie mir, der
bereits bei Lebenszeiten vielseitig die wärmste Anerkennung für
seine Kunstschöpfungen fand, die einfach zur Erhaltung seiner
Produktivität nötige Pflege zuteil werden zu lassen. Mein Gedanke
war immer, es müßte dies einer Vereinigung vermögender Kunst-
freunde möglich fallen. Keiner Anregung hierzu wurde entspro-
chen; einige Fürsten mochten mich etwa als ihren »Kapellmeister«
haben, nicht aber als das, was ich bin.

Heinrich Esser an *Franz Schott*
Wien, 11. November 1863

Es hat mich überrascht, durch Sie zu vernehmen, daß Richard Wagner jetzt *Karlsruhe* unsicher macht. Ich hatte keine Idee, daß er sich in jene Gegenden begeben hat, um sich Geld zu verschaffen, wo doch meiner Ansicht nach wenig zu holen ist. Wenn Sie wirklich nach *Karlsruhe* gehen, so schließen Sie nur Ihre Säcke fest zu und überziehen Sie Ihr Herz mit einem doppelten Panzer, sonst verschwindet wieder etwas in dem Schlunde, der nie auszufüllen ist und so große Summen zu verschlingen vermag.

Richard Wagner, *Mein Leben* (1865-1880)
(Bericht über das Jahr 1863/64)

Von durchaus andren Folgen war dagegen meine erneuete Begegnung mit *Henriette von Bissing* in Breslau gewesen. Diese war mir hierher nachgefolgt und im gleichen Gasthofe wie ich abgestiegen. Sie schien namentlich wohl auch durch mein krankhaftes Aussehen bestimmt, einem großen Mitgefühl für mich und meine Lage Raum zu geben. Ohne Scheu stellte ich ihr die letztere dar und bezeichnete hierbei die seit meinem Fortgange von Zürich im Jahre 1858 eingetretene Störung einer mir und meinem Berufe einzig förderlichen gleichmäßigen Lebensordnung sowie mein bis jetzt ebenso oft wiederholtes als stets vergebliches Ringen nach Gewinnung einer förderlich andauernden Ordnung meiner äußeren Verhältnisse. Meine Freundin scheute sich nicht, dem, wie sie es bezeichnete, kindischen und unüberlegten Benehmen der Frau

Wesendonk gegen meine Frau eine Schuld beizumessen, welche sie nun selbst zu sühnen sich berufen fühle. Sie stimmte meiner Niederlassung in Penzing bei und wünschte nur, daß ich durch keinerlei Unternehmung nach außen ihre wohltätige Wirkung auf mich beeinträchtigen möchte. Von meinem Plan, notgedrungenerweise schon diesen Winter Rußland des Geldes wegen zu bereisen, wollte sie durchaus nichts hören, und übernahm es dagegen, aus ihrem eigenen, allerdings sehr bedeutenden Vermögen mir die nicht geringe Summe zu verschaffen, welche mich auf längere Zeit unabhängig erhalten sollte. Für einige Zeit müßte ich mir noch zu helfen suchen, so gut und schlimm es eben ginge, da sie wohl nur mit vielleicht nicht unbedeutender Mühe das versprochene Geld mir zur Disposition würde stellen können. [...]

Das neue Jahr 1864 trat jedoch mit bald immer ernsterer Miene an mich heran. Ich erkrankte an einem schmerzlich sich steigernden katarrhalischen Leiden, welches *Standhartners* Fürsorge häufig in Anspruch nahm. Noch ernstlicher wurde ich aber durch die Wendung bedroht, welche die Mitteilungen der Frau *von Bissing* jetzt nahmen. Wie es schien, konnte sie ohne Hilfe ihrer Hamburger Familie, der des Schiffsreeders *Sloman*, das mir versprochene Geld nicht erheben und hatte dagegen von hier aus die heftigsten, wie es schien, auch mit Verleumdung gegen mich gewürzten Abmahnungen zu bekämpfen. Bereits beunruhigten mich diese Umstände derart, daß ich wünschte, der Hilfe dieser Freundin gänzlich entsagen zu dürfen. [...]

Einstweilen blieb mir nichts andres übrig, als durch immer neue Wechsel auf kurze Frist zur Bezahlung von alten, ebenfalls auf kurze Frist lautenden Wechseln zu denken. Ich geriet hierdurch in ein wirtschaftliches System, welches, da es auf offenbaren und unaufhaltsamen Ruin hinausgeht, nur durch die Annahme einer endlich noch rechtzeitig eintretenden gründlichen Hilfe geklärt werden konnte. In diesem Betreff mußte ich mich endlich gedrängt fühlen, von meiner Freundin die bestimmte Erklärung zu erbitten, nicht ob sie mir sofort helfen *könne*, sondern ob sie überhaupt mir helfen *wolle*, da ich den Verfall meiner Lage nicht mehr aufzuhalten imstande sei. Sie mußte durch mir unbekannte Vorstellungen sich im höchsten Grade gepeinigt fühlen, als sie es über sich gewann, mir ungefähr so zu antworten: »Sie wollen endlich auch wissen, ob ich *will*? Nun denn, in Gottes Namen: *nein*!« Für dieses mir damals ganz unerklärliche und einzig durch die Schwäche ihres nicht unabhängigen Charakters verständlich Dünkende erhielt ich wenige Zeit hierauf durch ihre Schwester, Frau Dr. *Wille*, eine sehr überraschende Aufhellung: mit großer Pein über meine Fragen darnach gestand mir diese nämlich in größter Aufregung, ihre Schwester habe sich gesagt: »Und wenn ich Wagner rette, so liebt er doch am Ende nur die Wesendonk!«...

Peter Cornelius an *Susanne Cornelius* 349.
Wien, 11. Januar 1864

Ich habe die besten Weihnachten gefeiert – bin so gesund und heiter, wie nie früher. Der unsinnige Wagner hat einen großen Baum angesteckt und mir darunter einen königlich reichen Tisch gestellt! Denke Dir: einen wundervollen, schweren Paletot – einen eleganten grauen Schlafrock! – roten Schal, blaue Zigarrentasche und Feuerzeug – schöne Seidentücher, prachtvolle goldne Hemdknöpfe – den Struwelpeter – eleganten Tintenwischer mit goldner Devise – feine Halsbinden – eine Meerschaumzigarrenspitze mit seinen Initialen – kurz, was nur immer eine orientalische Phantasie ersinnen kann.

350. Richard Wagner an *Mathilde Maier*
Wien, 23. Januar 1864

Es fällt mir recht schwer, Dir von mir jetzt zu schreiben. Während einerseits es gewiß ist, daß eine gründliche Veränderung mit mir vorgehen, und die neue Lage auf wirkliche Dauer berechnet sein muß, so vermag ich andererseits noch mit keinerlei Sicherheit abzusehen, *wie* dies alles zu bewerkstelligen sein wird. Mir bleibt für den Augenblick eben nur noch diese große Ungewißheit, die dadurch eine acute Bedeutung erhält, daß der Augenblick selbst sehr kritisch ist u. meine aufmerksame Sorge im höchsten Grade in Anspruch nimmt. Somit lebe ich in großer Spannung; nur der Wille zu einer gründlichen Änderung meiner Lebenslage, mit Verzicht auf alle Hoffnung auf Glücksfälle u.s.w. sowie mit dem Vorsatze nüchterner Beschränkung, ist gewiß und dauernd.

351. Richard Wagner an *Editha von Rhaden*
Penzing, 14. März 1864

Ich bin in keiner Katastrophe, sondern in der Entwickelung meines Endes begriffen. Zum erstenmal habe ich versucht, mir allein eine wirkliche Niederlassung zu gründen; nur sehr günstige äußere Verhältnisse hätten mir die Dauer derselben ermöglichen können. Ich stehe dagegen im Begriff, sie gänzlich aufzugeben, da ich auf keine Weise die Mittel zur Bestreitung der Kosten derselben erschwingen kann [...] es bleibt mir kein anderer Ausweg: auf einiges Gedeihen und nötige Ruhe zum Arbeiten kann ich mir nur Hoffnung machen, wenn ich jeder Notwendigkeit auf Geldverdienst enthoben bin, und dies kann ich nur durch Ergreifung und

Erhaltung persönlicher Armut und Besitzlosigkeit erreichen. Nur meine Frau kann ich mit mir nicht in die gleiche Lage bringen. Für die ihr jährlich nötigen tausend Taler muß ich sorgen. Oh, könnte mir diese letzte Sorge abgenommen werden! Ich lege sie feierlich an Ihr edles, gefühlvolles Herz und bitte Sie demütigst, sie unserer innigst verehrten Frau *Großfürstin* vorzutragen! Mir ist, als würde sie sich erbarmen; es ist meine heiligste Bitte – ich glaube – meine letzte! Um sie bestimmt zu fassen, bitte ich, daß Ihre Kaiserliche Hoheit mir in Berücksichtigung dessen, daß sie hierdurch zu einer entscheidenden Ordnung meiner Lebenslage im wichtigsten Grade beitragen könne, vom 1. April dieses Jahres eine Pension von eintausend Talern in der Weise aussetze, daß dieselbe in vierteljährlichen Raten von 250 Talern am 1. April, 1. Juli, 1. Oktober und 1. Januar jedes Jahres an meine Frau, Minna Wagner, 16 Walpurgisstraße in Dresden, nach direktem Auftrage Ihrer Kaiserlichen Hoheit ausgezahlt werde. – Diese gnädigste Pension soll jedoch mit dem Tode meiner Frau erlöschen.

[...] Ich danke auch noch mit wärmstem Herzen für die wohlempfangene letzte Unterstützung Ihrer Kaiserlichen Hoheit: der Betrag der mir zugekommenen Summe half und hilft mir gegenwärtig, eine letzte traurige Lebenswendung zu überstehen...

Richard Wagner, *Mein Leben* (1865-1880)   352.
(Bericht über das Jahr 1864)

Es stellte sich mir klar heraus, daß unter den eingetretenen Umständen an eine Aufrechthaltung meiner Lage in Wien sowie meiner Haushaltung in Penzing nicht mehr zu denken war, da sich mir nicht nur keinerlei Aussicht auf wenn auch nur vorübergehenden Gelderwerb zeigte, sondern auch meine Wechselschulden, die sich nach dem genügend bekannten Wuchersysteme bis zu einer bedenklichen Höhe gesteigert hatten, in der Art drohend mich bedrängten, daß ohne eine außerordentliche Hilfe selbst meine Person davon betroffen wurde. In dieser Lage wendete ich mich mit vollster Offenheit, zunächst jedenfalls nur um Rat, an den kaiserlichen Landgerichtsrat *Eduard Liszt*, den jungen Oheim meines alten Freundes *Franz*. Dieser hatte sich mir bereits bei meinem ersten Aufenthalt in Wien als warm ergebener und zu jeder Dienstleistung erbötiger Mann bekannt gemacht. Für die Auslösung meiner Wechsel konnte er natürlich keinen anderen Weg ersehen als die Dazwischenkunft eines reichen Gönners, welcher die Gläubiger abfinden würde. Er glaubte eine Zeitlang, eine mir sehr geneigte, zugleich reiche Kaufmannsfrau, Madame *Schöller*, würde die Mittel hierzu besitzen und anzuwenden willig sein. Auch *Standhartner*, für den ich keinen Hehl hatte, vermeinte in diesem Sinne für mich etwas erwirken zu können. Hierdurch ward meine Lage wiederum auf einige Wochen im Schwanken erhalten, bis es sich herausstellte, daß meine Freunde mir höchstens so viel bieten konnten, daß ich eine durchaus notwendig dünkende Flucht nach der Schweiz ausführen könnte, wo und von wo aus ich, mit bis dahin geschützter Person, für die später zu ermöglichende Einlösung der von mir ausgestellten Wechsel Mittel finden müßte. Dem Gerichtsmanne *Eduard Liszt* schien dieser Ausweg namentlich auch deshalb erwünscht, weil er dadurch in die Lage gelangen könnte, den an mir ausgeübten unerhörten Wucher bestrafen zu lassen. [...] Es galt jetzt meine Verreisung als eine kurze und auf schnelle Wiederkunft berechnete auszuführen. *Standhartner*, in der größten Sorge, meinen Fortgang nicht bemerkt werden zu lassen, ließ mich in seine Wohnung zum Mittagessen kommen, wohin mein Diener *Franz Mrazek* mir meinen Reisekoffer zustellte. Von ihm, seiner Frau *Anna* und dem guten Hunde *Pohl* nahm ich sehr beklommenen Abschied. Standhartners Stiefsohn *Karl Schönaich*, dieser unter Schmerzen und Weinen, sowie *Cornelius*, der dagegen in frivol aufgelegter Laune war, begleiteten mich nach dem Bahnhof, wo ich am 23. März nachmittags abfuhr, um zunächst mich in München, wie ich hoffen durfte, unbeachtet, von den schrecklichen Aufregungen der letzten Zeit während zweier Tage zu erholen.

Lieber, verehrter Freund! –
Gestatten Sie mir, mich in Ruhe noch über das Nöthigste zu berathen, und hierfür ohne Umschweife zu verfahren.

Wie es mir ganz von selbst überaus wichtig ist, so geräuschlos und ehrenvoll wie möglich meinen Fortgang von Wien zu gestalten, so liegt mir noch besonders viel aus dem Grunde der Besorgnis für meine künstlerische Zukunft daran, meine Wiederkehr, und namentlich mein öffentliches Auftreten in Wien, in vielleicht nicht gar zu ferner Zeit, mir ohne Beklemmung offen und möglich zu erhalten.

[...]

Somit gelte die Uebereinkunft, *dass ich nicht Wien verlasse, sondern nur einen Wohnungswechsel beabsichtige!* –

Ich hoffe, Sie sind dieser Ansicht vollkommen geneigt, und bitte Sie daher sie Freund Standthartner gleichfalls zur Berathung und Genehmigung vorzulegen, worauf Sie dann Beide gemeinschaftlich in diesem Sinne das Publikum, erforderlichen Falles sogar durch Journalnotiz, belehren würden.

Ich werde mich in diesem Sinne nun auch an meine Rechnungs-Gläubiger wenden, und nöthigenfalls zur Bestätigung meiner Aussagen sie an Sie zu verweisen mir erlauben. – (Diess habe ich, wie gesagt, noch nicht für nöthig gehalten.)

Diese Uebereinkunft könnte nun bloss dadurch gestört werden, dass meine Gläubiger, namentlich die Wucher-Gläubiger, durch meine Abreise erschreckt, den Kopf verloren, und etwa Beschlag auf mein Mobiliar u.s.w. gelegt hätten. Das werde ich ja nun erfahren. Zu unsren Voraussetzungen gehörte es eigentlich nicht: und hoffentlich ist es Ihren bisherigen Unterhandlungen gelungen, die Leute zu anständigem Betragen zu nöthigen.

Um nun über diesen Punkt meiner Wechselschulden noch ganz in das Reine zu kommen, ist es aber nöthig dass ich Ihnen noch folgenden genauen Bescheid gebe.

Durch *Emanuel Kellner*, Josephstadt, Schmiedegasse N: 4. sind negoziirt: [Im Dezember 1863: für Ende Februar und Ende April zusammen] fl. 7400, wofür ich baar erhalten habe – fl. 5000, sage *fünftausend Gulden* Oest. W. – Am 1 März übergab ich Herrn Kellner fl. 100 zur Besorgung der nöthigen Prolongation.

Ferner:

Durch *Joseph Glauber*, Teinfaltstrasse, No: 17 – Ende Januar 1864 gegen 3 Wechsel auf 30 April d. J., von welchen der eine – mir bekannter Weise – in den Händen eines Herrn *Schwarz*, 13. Opernring sich befindet – sind negoziirt: fl. 4500, zu je 1500 fl. Für die zwei ersten dieser Wechsel erhielt ich baar fl. 2000, nämlich fl. 1000 für je fl. 1500 geschrieben; für den dritten jedoch sogar nur fl. 900, da mir Glauber zwar wiederholt versprach, noch fehlende 100 fl. mir zu überbringen, trotz wiederholter Mahnung aber diess nicht ausgeführt hat. (Jedenfalls ist Glauber der am wenigsten Rücksicht Verdienende: leider sind die drei durch ihn besorgten Wechsel durch Herrn *Tausig* girirt. Sie wissen dies bereits.)

Für die Einlösung der Ihnen ebenfalls bereits notifizierten Wechsel, welche ich meinem Tapezierer, *Ferdinand Schweikart*, Mariahilfer Hauptstrasse, 64. Thür 11. ausstellte, müsste durch meine Freunde wohl gütige Sorge getragen werden.

– Leider habe ich erst an Freund Dr. Standhartner mitgetheilt, dass ich eine Ehrenschuld, in Form eines Wechsels von fl. 200 an den Lohndiener *Franz Goltsch*, Hôtel Kaiserin Elisabeth, Ihnen zu nennen vergessen hatte. Ich versprach dem Manne, diesen Wechsel Ende dieses Monates März einzulösen: die Summe von fl. 200 hat er mir wirklich verschafft, und er erwartet von meiner ihm genügend bekannt gewordenen Generosität ein Geschenk, welches nicht wohl unter fl. 20 ausfallen kann. –

So wäre ich mit dieser schlimmen Sündenbekenntniss zu Ende! Sie wissen, theuerster Freund, in welcher so ganz hülflosen Lage ich für diese Zeit mich selbst befinde, und wie es mir nicht möglich ist, *jetzt* auch nur das Geringste zur materiellen Ordnung dieser Schuldangelegenheiten beizutragen. Ich muss daher alle Hoffnung für ein künftiges, mir erträgliches Gedeihen darauf setzen, dass es erstlich Ihren energischen Bemühungen gelingen möge, das möglichst vortheilhafteste Arrangement mit den genannten Gläubigern in der Art zu erwirken, dass mein Ruf nicht allzusehr darunter leide, um mir eine Rückkehr nach Wien nicht unmöglich zu machen.

Richard Wagner an *Mathilde Maier* 354.
Mariafeld, 5. April 1864

Ich bin krank, und grenzenlos unlustig zu Allem u. Jedem. Wirklich, dieser letzte mißglückte Versuch, mir – von jeder aufreibenden persönlichen Beziehung fern – rein sächlich ein Asyl zu gründen, die unerhörten Fälle von Mißgeschick und Ungunst der Verhältnisse u. Zufälle, das gänzliche Ausbleiben auch nur des mindesten Lichtscheines, diese letzte Nöthigung, von meinen Diener, meinem Hunde, meinem kleinen Besitze – mich wie ein Dieb fortzuschleichen – ich glaube, das hat mich gebrochen. Weiß Gott! will ich nur noch vegetiren, so wäre mir das kleine Stübchen in der Karthause ein wahres Elysium: ich verlange dann garnichts weiter. [...]

Von Wien habe ich noch – gar keine Nachricht, – was mich in abscheulicher Spannung erhält! – O Ruhe! Ruhe! – Doch nun genug: es ist vier Uhr vorbei, und da kommt das Fieber wieder etwas. – Die Nacht träumte ich (im Fieber) Friedrich der Große hätte mich zu Voltaire an seinen Hof berufen.

355.
Eliza Wille an *François Wille*
Mariafeld, 10. April 1864

Er kam denn auch in einem erbarmungswürdigen Zustand, durchaus wie Einer, der ein Asyl sucht. Wir logierten ihn also *in das andere Haus*, und seitdem ist er da... Ich schlug ihm gleich vor, sich irgendwo in Pension zu geben; er sagte aber, seine einzige Hoffnung sei die auf ein ruhiges Asyl, wo er fertig machen könne, was seine Zukunft wieder begründen könne, und weil Du mir doch gesagt hast, wenn er allein lebe und Wesendonk etwas tun, könne er vielleicht bei uns ein Unterkommen finden, hatte ich nicht die Fähigkeit, in seiner trostlosen Lage ihn fortzuweisen... [...] Er wolle uns keinen ... kosten, er habe von Theatern u. dergl. so viel zu erwarten, daß er 200 francs monatlich besitze. Ich hatte gleich an H. Wesendonk geschrieben – der sagt, er wolle mir 100 francs den Monat zustellen – Frau Wesendonk hat alle nötigen Meubles geschickt. [...] Wagner sitzt jetzt also in den schönen Stuben des andern Hauses, krank und miserabel durch und durch...

356.
Richard Wagner an *Josef Standhartner*
Mariafeld, 12. April 1864

Mein Freund, ich werde Alles bezahlen, auch die Zinsen, bis auf den letzten Kreutzer, und das bis heute über ein Jahr! Aber – mit dem letzten Kreutzer werde ich wohl auch meinen letzten Seufzer ausgeathmet haben. So sehe ich's, – und so wird's sein! *Wenn* ich es erlebe! –

[...] Mir könnte doch nur *Einer* helfen – nicht Viele, – nämlich: der *Rechte*; er existirt gewiß, – aber wie ihn finden? Endlich müßte man aber doch versuchen, ihn zu finden. Mir geht der reiche Instrumentmacher *Streicher*, der immer eine halbe Million baar bei sich liegen haben soll, nicht aus dem Sinn. Ich möchte ihm selbst schreiben: es handelt sich nach meinem Sinn um eine ehrliche Anleihe auf 1 Jahr. Erkundigungen über seinen Charakter wären nöthig: dann bäte ich um seinen völligen Namen. –

– Was soll ich noch schreiben? Mir ist elend zu Muthe. Ich weiß nur, daß ich heute über 1 Jahr das Geld für meine Schulden haben werde: davon, ob für jetzt meine Angelegenheiten so geordnet werden können, daß ich den Muth u. die Lust erhalte, noch etwas für mein Leben überhaupt zu thun, hängt vorläufig Alles ab. – Weiter kann ich nichts sagen. –

An Meistersinger –!! gar nicht zu denken. Nie! Nie! –

Eliza Wille,   **357.**
Erinnerungen an Richard Wagner (1887)

Ich sehe ihn noch in dem Sessel sitzen, der an meinem Fenster steht, wie damals, und ungeduldig zuhören, als ich ihm eines Abends von der Herrlichkeit einer Zukunft sprach, die doch ganz gewiß vor ihm liege. Die Sonne war eben in Glorie untergegangen, Erde und Himmel leuchteten und strahlten.

Wagner sagte: »Was reden Sie von der Zukunft, wenn meine Manuskripte im Schrein verschlossen liegen! Wer soll das Kunstwerk aufführen, das ich, nur *ich* unter Mitwirkung *glücklicher* Dämonen zur Erscheinung bringen kann, daß alle Welt wisse, so ist es, so hat der Meister sein Werk geschaut und gewollt?« – –

In Erregung ging er in der Stube auf und ab. Plötzlich vor mir stillestehend, sagte er: »Ich bin anders organisiert, habe reizbare Nerven, Schönheit, Glanz und Licht muß ich haben! Die Welt ist mir schuldig, was ich brauche! Ich kann nicht leben auf einer elenden Organistenstelle, wie Ihr Meister Bach! – Ist es denn eine unerhörte Forderung, wenn ich meine, das bißchen Luxus, das ich leiden mag, komme mir zu? Ich, der ich der Welt und Tausenden Genuß bereite!«

358. Richard Wagner an *Peter Cornelius*
Mariafeld, April 1864

Mein Zustand ist sehr unheimlich; er schwankt auf einer schmalen Zunge: ein einziger Stoß, und es hat ein Ende, so daß nichts mehr aus mir herauszubringen ist, nichts, nichts mehr! –

Ein Licht muß sich zeigen: *Ein Mensch* muß mir erstehen, der *jetzt* energisch *hilft – dann* habe ich noch die Kraft, die Hilfe zu vergelten: sonst nicht, das fühle ich! – [. . .]

Vielleicht aber – hilft alles nichts mehr! Wahrlich, ich fühl's, es geht tief innerlich mit mir zu Ende. Meine Kränklichkeit hilft nach Kräften zu dieser Stimmung. Ich bin jetzt wieder so matt und von meinem Blasenleiden höchst geplagt. . . . Wie gesagt: *Ein gutes*, wahrhaft hilfreiches Wunder muß mir jetzt begegnen; sonst ist's aus! –

Euer furchtbares Schweigen scheint mir anzudeuten, daß dieses liebliche Wunder jetzt unterwegs ist! – . . .

Während Wagner, auf der Flucht vor seinen Gläubigern, sich Zürich näherte, war bereits hinter ihm sein Stern aufgegangen. Der bayrische Kabinettssekretär, Herr *v. Pfistermeister*, erschien in Wien im Auftrag des jungen Königs Ludwig, um ihm Wagner zu bringen. Er eilt in die Villa Wesendonk nach Zürich. Wagner war inzwischen nach Stuttgart abgereist, Pfistermeister fliegt ihm nach, erreicht ihn und bringt ihn nach München zum König. Für Wagner beginnt, nach langen Kämpfen und Irrfahrten, das goldene Zeitalter.

Richard Wagner, *Mein Leben* (1865-1880)   360.
(Bericht über das Jahr 1864)

…am Abend des 3. Mai […] wurde hier, ziemlich spät, die Karte eines Herrn an mich abgegeben, welcher sich »Sekretär des Königs von Bayern« nannte. Sehr unangenehm davon überrascht, daß mein Aufenthalt in Stuttgart schon Durchreisenden bekannt wäre, ließ ich hinaussagen, ich sei nicht anwesend, worauf ich mich alsbald in meinen Gasthof zurückzog, um hier wiederum von dem Wirte desselben davon benachrichtigt zu werden, daß ein Herr aus München mich dringend zu sprechen wünsche, welchen ich nun für den anderen Morgen um zehn Uhr beschied. Stets auf Übles mich vorbereitend, verbrachte ich eine unruhige Nacht, nach welcher ich andren Tags Herrn *Pfistermeister*, Kabinettssekretär S.M. des Königs von Bayern, in meinem Zimmer empfing. Dieser äußerte mir zunächst seine große Freude darüber, mich nach allem vergeblichen Aufsuchen in Wien, endlich sogar in Mariafeld am Züricher See durch glückliche Nachweisungen geleitet, hier angetroffen zu haben. Er überbrachte mir ein Billett des jungen Königs von Bayern, zugleich mit einem Porträt sowie einem Ring als Geschenk desselben. Mit wenigen, aber bis in das Herz meines Lebens dringenden Zeilen bekannte mir der junge Monarch seine große Zuneigung für meine Kunst und seinen festen Willen, mich für immer als Freund an seiner Seite jeder Unbill des Schicksals zu entziehen.

361.   Wendelin Weißheimer, *Erlebnisse…* (1898)

Im Hotel [in Stuttgart] brauchte er für die paar Tage kein Geld und – *hatte* auch keins, wie sich beim Verlassen des Hotels und beim Billetkauf herausstellte, denn er bezahlte seine Hotelrechnung nicht in bar, sondern gab an Zahlungsstatt dem Oberkellner eine reiche *russische Dose*, welche er in St. Petersburg von einer hochstehenden Persönlichkeit zum Geschenk erhalten. Natürlich hatte sie einen vielfach höheren Wert, als der Betrag der Rechnung erforderte; denn der Oberkellner, die Dose nur flüchtig besehend und ihren hohen Wert sofort erkennend, machte eine tiefe Verbeugung und begleitete uns unter tausend Bücklingen bis vor den Ausgang. Schnell fragte ich Wagner, weshalb er mir die Dose nicht vor einer Stunde zum Versilbern übergeben habe, worauf er meinte, nun sei er doch so wie so aller Geldsorgen überhoben. Daß er darin irrte, zeigte sich sogleich im Bahnhof. Der königliche Abgesandte hatte bereits in einem Coupé erster Klasse Platz genommen und sah mit sichtlicher Ungeduld dem Kommen Wagners entgegen, der sich etwas verspätet hatte. Schnell stieg er zu ihm ein, und ich verabschiedete mich von beiden Herren, da ich an den Rhein zurückzukehren gedachte. Kaum war ich einige Schritte entfernt, so kam Wagner im Fluge hinter mir her, rufend: »Um Gottes willen, Pfistermeister hat mir ja kein Billet gelöst; springen Sie schnell, eins zu holen.« Im Galopp eilte ich zur Kasse und vermochte auch noch glücklich, dem bereits im Gang befindlichen Zug nachspringend, das Billet Wagner in das Coupé zu werfen: *ich* hatte ihm das Billet zu seinem Glück gekauft! *So* – und nicht anders – kam Richard Wagner nach München.

Richard Wagner, *Vorwort zur Herausgabe der Dichtung des Bühnenfestspiels Der Ring der Nibelungen* (1862)

362.

Ein so bedeutendes und erfolgreiches Ergebnis habe ich fürwahr im Auge, wenn ich zunächst an die Beschaffung der Mittel zu einer ersten Aufführung des vorliegenden »Bühnenfestspieles« denke. Da ich Erfahrung und Fähigkeit genug besitze, um den artistischen Teil einer solchen Aufführung zum Gelingen zu bringen, so könnte es sich nur um die Beschaffung der materiellen Mittel dazu handeln.

Mir stellen sich zwei Wege dar.

Eine Vereinigung kunstliebender vermögender Männer und Frauen, zunächst zur Aufbringung der für eine erste Aufführung meines Werkes nötigen Geldmittel. – Bedenke ich, wie kleinlich die Deutschen gewöhnlich in solchen Dingen verfahren, so habe ich nicht den Mut, von einem hierfür zu erlassenden Aufrufe mir Erfolg zu versprechen.

Sehr leicht fiele es dagegen einem deutschen Fürsten, der hierfür keinen neuen Satz auf seinem Budget zu beschaffen, sondern einfach nur denjenigen zu verwenden hätte, welchen er bisher zur Unterhaltung des schlechtesten öffentlichen Kunstinstitutes, seines den Musiksinn der Deutschen so tief bloßstellenden und verderbenden Operntheaters bestimmte...

Wird dieser Fürst sich finden? –

»Am Anfang war die Tat.«

363.   Richard Wagner an *Mathilde Maier*
München, 5. Mai 1864

Das Herz zerspringt mir, ich muß mich einem theuren Wesen mittheilen. Sieh hier das Bild eines wundervollen Jünglings, den das Schicksal zu meinem Erlöser bestimmt. Der ist es, den wir erwarteten, der vorhanden sein mußte, aber den so schön zu finden ich in tiefes Staunen gerathe. Er ließ mich aufsuchen, überall sandte er mir nach. Unsere gestrige Zusammenkunft war eine große, nicht enden wollende Liebesszene. Er ist vom tiefsten Verständnisse meines Wesens u. meines Bedürfnisses. Er bietet mir Alles, was ich brauche, zum Leben, zum Schaffen, zum Aufführen meiner Werke. Nur sein Freund soll ich sein: keine Anstellung, keine Functionen. Er ist das vollendete Ideal meiner Wünsche. [...]

Und dieß jetzt – jetzt – in dieser schwärzesten Todesnacht meines Daseins!! Ich bin wie zerschmettert!

Richard Wagner an *Hans von Bülow* 364.
Wien, 11. Mai 1864

Der »Fürst« meines Vorwortes zum Ringe des Nibelungen ist gefunden: himmlisch, wunderbar schön, erfülltes Ideal!

Die kgl. bayerische Kabinettskasse an 365.
Richard Wagner
München, 13. Mai 1864

Die
Koeniglich Bayerische
Cabinets-Kassa

beehrt sich ganz ergebenst mitzutheilen, daß Seine Majestaet der König, und zwar auf so lange [als] Allerhöchstdieselben nicht anders verfügen werden, dem Herrn Adressaten einen vom 1sten laufenden Monats beginnenden und in monatlichen Raten zahlbaren Bezug von jährlich *viertausend Gulden* süddeutscher Währung aus diesseitiger Kasse zu bewilligen geruhten. –

Richard Wagner an *Mathilde Maier*
Starnberg, 18. Mai 1864

Nachdem mein zukünftiges Verhältnis zu dem jungen König, wie ganz von selbst sich verstehend, spielend leicht geordnet war, (er stellte mir sofort nach unserer ersten Zusammenkunft einen für München enormen Jahresgehalt (von 4000 fl.), freie Wohnung, und die sofortige Auszahlung des Betrages eines vollen Jahresgehaltes zur Bestreitung der Übersiedelung zur Verfügung) – reise ich – am Montag vor 8 Tagen – nach Wien, um dort meine Angelegenheiten, welche durch die unglaublichste Kopflosigkeit bevollmächtigter Freunde in abscheuliche Verwirrung gerathen, zu ordnen. Mit Franz u. Anna (welche mir eine rührende, ja ergreifende Anhänglichkeit bewiesen haben) sowie mit ihrem drei Monate alten Kindchen u. dem alten Jagdhunde Pohl, kehrte ich Ende der Woche nach München zurück, und zog nun an den Starnbergersee, wo ich mich, in einem schön u. einsam gelegenen Landhause, so gut wie möglich für den Sommer herzurichten beschäftigt bin. Der junge König ist eine Viertelstunde von mir auf seinem Schlößchen »Berg«, welches er jetzt für kurze Zeit, u. im Sommer abwechselnd bewohnt, und schickt täglich zu mir, um mich zu sich zu holen. Aus seinem Briefe kennst Du ihn u. seine Beziehungen zu mir. Ich habe nicht eine Spur von Verpflichtung übernommen: ich soll Ruhe, Entfernung aller Sorgen, Arbeitsmuße haben, – nichts weiter. Will ich etwas aufführen, so schafft der König alles herbei, was ich brauche: das ist Alles. [...]

Du kannst Dir wohl denken, wie leicht es mir in dieser Fülle edelsten Glückes wird, jeder Eifersucht, jedem Neid auf das Friedlichste zu begegnen. Alles kennt nun meinen enormen Einfluß auf den König: die Betroffenheit beginnt aber schon zu weichen. Niemand trete ich zu nah, keinen verdränge ich: der König verachtet mit mir das Theater; wie thörig wäre ich, wollte ich nur im Mindesten mich damit abgeben. Nur in Einem hielten wir (der Cabinetsrath u. ich) für gut, die Wahrheit zu verschweigen, um den Neid nicht zu unmäßig zu steigern: dem Publikum wird ein bei weitem *geringerer* Gehalt angegeben, als der ist, den ich wirklich beziehe. Dieser Punkt wäre daher auch der einzige, den ich Deiner Discretion, lieb Kind, herzlich empfehle: es ist in vieler Hinsicht gut, wenn diese festgehalten wird.

Bertha Maretschek-Goldwag 367.
(Bericht über Wagner in München und Tribschen)

Mit dem heimlichen Abgange Wagners kam ich in arge Verlegenheit. Ich hatte zwar Kredit in allen guten Geschäften, aber meine Rechnungen für Wagner beliefen sich auf Tausende, und ich wußte nun nicht, wie ich zu Geld kommen werde. Frau Vreneli und Franz, die ja auch ohne Geld zurückgeblieben waren, trösteten mich und meinten, der Herr werde so bald wie möglich von sich hören lassen, ich möge nur das Vertrauen nicht verlieren. Ich ging nun zu dem Advokaten Dr. von List im Schottenhof, an den mich die beiden Dienstleute gewiesen hatten, und dieser sagte mir auch wiederholt, ich möge keine Sorge haben, ich werde in kürzester Zeit Geld bekommen. So geschah es auch. Ich war wohl eine der ersten, vielleicht die allererste, deren Guthaben berichtigt wurde. Schon glaubte ich, daß es mit meiner Wirksamkeit für Wagner vorbei sei, als ich plötzlich aus München die Weisung erhielt, sofort dahin zu kommen. Wie Sie wissen, wohnte Wagner in der Brienner-Straße. Ich fuhr zweimal nach München, um die dortige Wohnung Wagners nach dem mir bekannten Muster einzurichten. Ich richtete also auch hier ein Kabinett ein, so wie ich es vorher geschildert hatte, und wohnte zu diesem Zweck längere Zeit im Hause Wagners.

Aus Wien hatte ich Waren im Werte von etwa zehntausend Gulden mitgebracht. Auf Geheiß Wagners mußte ich incognito reisen und in Salzburg, wo die Zollrevision vor sich ging, gab ich an, daß alle die Seidenhemden, Schlafröcke, Decken und so weiter für eine Gräfin in Berlin bestimmt seien. Meine Rechnungen wurden glatt liquidiert.

368. Richard Wagner an *Hofrat v. Pfistermeister*
München, 6. Juni 1864 (Konzept)

Was der König für mich that, ist, namentlich auch unter den Umständen, unter denen Er es that, so bedeutend und wichtig, und ist mit anderen Thaten ähnlicher Art so gar nicht zu vergleichen, dass Er sehr richtig auch das Gefühl davon hat, und deshalb wiederholt gegen mich die Annahme kund that, dass Er mich nun in Wirklichkeit jeder ferneren gemeinen Sorge enthoben wissen dürfe. Ihnen, h[ochgeehrter] F[reund], habe ich von Anfang an nicht verschwiegen, welcher Opfer es noch bedürfe, um meine, durch jahrelange unerhörte Behinderung in allen Unternehmungen übel verschuldete Lage wirklich zu reinigen. Wir kamen überein, zu finden, dass durch die von Sr. Maj. mir erwiesene Wohlthat eines für meine Bedürfnisse genügenden Jahresgehaltes mir auch die Mittel geboten seien, meine Schulden zu bezahlen, indem ich von nun an alle meine anderweitigen zufälligen Einnahmen hierauf zu verwenden in den Stand gesetzt sei. Worauf es aber ankam, war, sofort als Vorschuss auf meine, erst mit der Zeit und unregelmässig eingehenden Einnahmen die [zur] ganze[n] Deckung meiner hinterlassenen Schulden nöthige Summe zur Verfügung erhalten zu können. Da ich, aus früherer Erfahrung dazu berechtigt, die volle Gewissheit hege, aus dem allmählich ermöglichten Verkauf meiner jetzt noch unaufgeführten Werke an die deutschen Theater, im Laufe einiger Jahre mindestens den Betrag dieser Summe, die ich nach nochmaliger genauer Ueberrechnung auf 16000 fl. anschlagen muss, gewinnen zu können, so liegt es mir auch nur daran, dieses Geld als wiederzuerstattendes Darlehen, in keiner Weise aber als Geschenk zu erhalten. Würde eine solche Anleihe auf reinem Privatwege zu ermöglichen sein, so müsste ich diess sehr wünschen; gewiss zweifeln Sie aber mit mir, dass ganz ohne eine Garantie seitens meines gnädigen Beschützers ein so bedeutendes Darlehen mir zu verschaffen sein würde. Es tritt also der für mich so empfindliche Fall ein, dass ich entweder den gütigen König über die Beruhigung meiner Lage, die er voraussetzt, täuschen, oder zu den mir erwiesenen, so reichlichen, Wohlthaten, eine neue in Anspruch nehmen muss. Denn ich sehe ein, dass eine zu übernehmende Garantie dem selbst zu leistenden Darlehen ganz gleich kommt, und begreife, in welch misslichem Lichte mich leicht diese übergrossen und gewiss unerwarteten Ansprüche erscheinen lassen können.

Aus diesem niederdrückenden Gefühle kann mich nur *eine* Vorstellung ganz erheben: eine grossartige Auffassung meines wahrhaftigen Verhältnisses zu Unsrem theuren König [...]

Vermögen Sie mir Ihre Zustimmung zu meiner Auffassung zu geben, und hegen Sie gleich mir den Glauben, dass dem hohen Sinne unsres theuren Königs ganz angemessen sein würde, wenn Ihm die Angelegenheit nach dieser Auffassung vorgelegt würde, so hätte ich Sie nun herzlich zu bitten, durch diese ausführlich[e] Darstellung genau von meiner Ansicht unterrichtet, bei gelegener und schicklich befundener Veranlassung Sr. Maj. von meiner Lage und meinem Wunsche diese letzte genaue Kenntniss zu geben. Als werther Freund werden Sie sich aber von Neuem mir dadurch bewähren, dass Sie nichts in dieser Angelegenheit thun, sobald Sie in Wahrheit die Interessen des Königs beeinträchtigt, oder in meinem Wunsche einen Misbrauch Seiner mir bezeigten Huld erkennen zu müssen glaubten. Denn gern gestehe ich zu, dass ich im Grunde genommen ausser der Welt stehe und lebe; wie ich in dieser Stellung Andren erscheine, muss mich oft mit Bangen erfüllen.

377

369.   Hofrat v. Pfistermeister an *Richard Wagner*
München, 9. Juni 1864

Noch ehe ich Ihr freundliches Schreiben vom Gestrigen erhielt, fand ich auf ungesuchte Art Gelegenheit, Sr. Maj. dem Könige in der zartesten Weise Ihren Wunsch vom 6ᵗ vorzutragen. Herzlich freue ich mich, daß unser vortrefflichste[r] junge[r] König gerne u. ohne Mißbehagen darauf eingieng. Ich soll Ihnen mittheilen, daß Sie die besprochenen 16000 fl. entweder selbst hier bei der K. Kab. Kasse erheben oder dortselbst eine Anweisung auf Wien besorgen lassen können. Der König will Sie frei von Sorgen wissen u. nimmt Ihnen gerne die augenblickliche Last ab.

370.   Richard Wagner an *Minna Wagner*
Starnberg, 25. Juni 1864

Mein äußeres Verhältnis zu ihm ist gänzlich unbestimmt; er ist froh, mich in seiner Nähe zu haben, sorgt für meine Wohnung und überließ es mir, mit seinem vertrauten Cabinetsekretär einen Gehalt auszumachen, den ich regelmäßig beziehen sollte. Bei dem ungeheuern Aufsehen, welches meine Berufung machte, bei dem Schreck und Neid, hielten wir es für angemessen, nicht über das hinauszugehen, was der vorige König an Dichter wie Geibel u.s.w. bezahlte. Doch bin ich nicht beschränkt; nur ich selbst beschränke mich, um von vornherein mein Verhältnis so rein wie möglich zu erhalten. Bedarf ich es, so steht mir auch mehr zu Gebote. Für diesmal bin ich glücklich, durch die reiche Berliner Tantième in den Stand gesetzt zu sein, ohne irgend wen zu beschweren, Dich, liebe Minna zu versorgen, und auch die für Dich gemachten Schulden sogleich zu bezahlen. Ich habe heute die Berliner Theaterkasse angewiesen, an Deine Adresse nach Dresden 400 Thaler abzuschicken; Du empfängst demnach nicht nur die verheißenen 200 Thr. zur Vervollständigung Deines Halbjahresgeldes, sondern auch andere 200 Thaler, wovon ich Dich herzlich bitte, an Pusinelli 100 Thr. und ebenso 100 Thr. an die gute Frau Pauline in meinem Namen, und mit meinem aller-allerwärmsten Danke sofort zurückzuzahlen. Wie froh bin ich, auf diese Weise Dich nun wieder jeder Sorge und üblen drückenden Vorstellung enthoben zu wissen: für die Zukunft wird es mir nun immer möglich werden, pünktlich Dich mit dem Nöthigen zu versorgen, da *ich* für mein Leben nun nichts weiter mehr gebrauche, andere Einnahmen weiter verwenden kann, und mir im Falle der Noth immer eine freundlich gewogene Zuflucht offen steht. –

Heinrich Esser an *Franz Schott* 371.
Wien, 7. September 1864

Mein ehemaliger Freund Richard Wagner hat also endlich den so lange ersehnten Fortunatus-Säckel wirklich gefunden. Möge er ihn nicht missbrauchen!

Richard Wagner an *Ludwig II.*
Starnberg, 26. September 1864

Mein erhabener, innig geliebter König!

Eurer Majestät gänzlich unerwarteter, wie unverdienter Gnade verdanke ich es, in eine neue hoffnungsvolle Lebenslage versetzt worden zu sein. Die Entschlüsse, welche unter so günstiger Einwirkung in mir reifen mussten, gedenke ich soeben meinem huldvollen Beschützer vorzulegen, und in Folge dessen ein wirkliches unterthänigstes Gesuch an Eure Majestät zu richten.

In der höchsten Reife meiner Kraft, stehe ich in meinem zwei und fünfzigsten Lebensjahr: ist mir erlaubt, gerade jetzt die Summe meiner Leistungen von mir zu erwarten, so darf ich doch auch nicht zögern, gerade hierauf meine Kräfte zu richten.

Ich habe beschlossen, jede andere Arbeit, so vortheilbringend sie mir ihrer leichteren Ausführbarkeit wegen sein könnte, für jetzt zur Seite zu legen, um dagegen einzig und sofort die Vollendung der Composition meines grossen Nibelungenwerkes in Angriff zu nehmen.

Hiermit glaube ich zugleich dem erhabenen Sinne meines, für das Höchste begeisterten huldvollen Beschützers zu entsprechen, und in dieser Voraussetzung ersuche ich Eure Majestät, mir den völligen Auftrag zur Vollendung meiner Tetralogie »Der Ring des Nibelungen«, sowie zur planmässigen Vorbereitung und endlichen Aufführung dieses Werkes in München, allergnädigst ertheilen zu wollen. Eure Majestät würden zu diesem Zwecke mir eine geeignete Niederlassung in München, sowie die Mittel, in der hierfür erforderlichen Zeit, ohne Nöthigung anderem Erwerbe nachzugehen, frei und unabhängig leben zu können, anzuweisen geruhen.

Richard Wagner an *Hans von Bülow*   373.
Starnberg, 30. September 1864

Die mir vorbehaltene, und nun eigentlich schon gemiethete Wohnung ist ein (leider sehr beneidetes und kostspieliges) Grundstück,
zwei Häuser vor den Propyläen (Briennergasse 21) mit sehr elegan-
tem Wohnhaus, wunderschönem Garten, Gartenhaus für eine
kleine Familie bewohnbar, u.s.w. Da es sehr theuer ist, war und ist
an den Kauf – namentlich sobald – nicht zu denken. Doch mie-
thet es mir der König einstweilen. Etwas geringeres ließ sich eben
nicht finden; jedenfalls würde ich von dort nur in ein eigens für
mich gebautes Haus wieder umsiedeln; vielleicht finden sich aber
die Wege, schon dieß Grundstück mir bis zu meinem Tode zu
erhalten, nach dem ich mich im Grunde herzlich sehne, und der
hoffentlich die Aufführung meiner Nibelungen krönen wird.

Richard Wagner an *Ludwig II.*   374.
München, 6. Oktober 1864

Meine Stimmung ist erhaben und begeistert wie nie. Jetzt erst, da
es zur That werden soll, kann ich den ganzen Umfang, die weithin
reichende Grösse meines Vorhabens erfassen. – Ich begehre drei
Jahre voller königlicher Gnade, und am zweiundzwanzigsten
Geburtstage meines hohen Herrn ist das Werk aufgeführt und
durch Ihn der deutschen Nation erschlossen.

Richard Wagner an
Hofsekretär Julius von Hofmann
München, 8. Oktober 1864

Infolge Allergnädigster Zustimmung Sr. Majestät des Königs zu meinem Wunsch, für drei Jahre ausnahmsweise mir Alles gewährt zu wissen, was mich in die angenehme und unabhängige Lage versetzen könne, die übernommene Aufgabe, mein Nibelungenwerk in dieser Zeit zu vollenden und aufzuführen, würdig zu lösen, bezeichne ich Ihnen genau die Punkte, durch deren Erledigung ich mich der Erfüllung meiner Wünsche versichert halte.

1. Uebernahme des Miethzinses für das ehem. Jochmussche Grundstück mit fl. 3000 jährlich laut Contract in halbjährigen Pränumerandozahlungen.

vom 1. October d. J. bis 1. Oct. 1867 gerechnet.

2. Eine außerordentliche Zulage von jährlich fl. 2000 zu dem mir bereits angewiesenen Gehaltsbezuge.

3. Ein sofort zu überweisendes Geschenk von 15000 Gulden, theils zur Verwendung für eine schöne, meinen Wünschen entsprechende Einrichtung des gemietheten Grundstückes, theils zur Erledigung hinter mir liegender Miethsverbindlichkeiten und nöthig gewordener Entschädigungen sowie zur Befriedigung einiger zwar alter, neuerdings aber für mein Gemüth beunruhigend wieder aufgetretener Verpflichtungen. Ihnen persönlich gebe ich die wohlerwogene und bestimmte Erklärung, daß durch diesen, nur für die außerordentlichen drei Jahre meiner höchsten Kraftanstrengung mir erbetenen Zuschuß (welcher im Ganzen etwa den Erwerb dreier Monate einer heutigen berühmten Sängerin oder Tänzerin oder das Petersburger Honorar für eine bestellte neue Verdi'sche Oper ausmacht) ich alle meine ordentlichen Bedürfnisse und Wünsche vollkommen zu befriedigen vermag, und in keinerlei Weise neue Ansprüche zu erheben versprechen kann.

Mein erhabener, geliebter König und Herr!

Als Columbus zu seiner grossen Entdeckungsreise ausziehen sollte, setzte er den König Ferdinand und den ganzen Hof in Erstaunen durch die Forderungen, an die er den Antritt einer Unternehmung knüpfte, für deren Ausführung er kaum erst die mit den unsäglichsten Mühen seines halben Lebens gesuchte königliche Autorisation erlangt hatte, und welche aller Welt immer noch als durchaus chimärisch erschien. Man schlug es ihm ab, und er war im Begriff, den Wanderstab von Neuem zu ergreifen. – Was gab dem Manne diese unbegreifliche Energie, auf Bedingungen zu bestehen, die Jedem nur die unerhörte Habsucht eines Menschen aufzudecken schien, der lieber sein so lang erstrebtes Unternehmen aufgab, als einen Punkt seiner Forderungen nachliess? – Ein königliches Weib begriff ihn einzig: Isabella von Castilien erkannte gerade an der Grösse dieser Forderungen die Grösse der Ueberzeugung von der Wahrheit der Idee, die in Columbus' Geiste bereits die neue, unermesslich reiche, mit keinem Preis zu bezahlende Welt leben liess. Sie rief ihn zurück, und verpfändete die Diamanten ihrer Krone, um jede Forderung des Columbus zu befriedigen. – Vielleicht hätte ihn noch derjenige begriffen, der Zeuge der unerhörten Seelenleiden gewesen wäre, welche der Held auf dieser Entdeckungsfahrt, aller Welt verborgen, schweigend im tiefsten Innern ausstand; er hätte begriffen, dass dieser Mann mit Allem, was Königsgunst gewähren kann, im Voraus gerüstet sein musste, um *ein* hohes Gefühl seines Werthes als Gegengewicht in die Waagschale seiner Leiden legen zu können.

So, mein huldreicher König, trieb mich eine innere Noth, mich Eurer Majestät Gnade zu reichster Spende zu empfehlen, um mein Werk vollenden zu können. Was in der grossen Isabella Brust für Columbus sprach, hat Eurer Majestät Herz für mich und meine Unternehmung gestimmt. Sie sah die neue Welt des Entdeckers vor sich, und half sie aus den Wogen des Meeres aufsteigen zu lassen: So sieht mein König das Werk, das aus dem Boden einer ehrlosen Kunstöffentlichkeit der Gegenwart emporsteigen soll.

Dafür segne ich Eure Majestät, und bete die Macht an, die Sie zum Herrn meines Lebens machte! –

Ich habe reich und reichlich gefordert, um auf Alles gerüstet zu sein, Allem vorgesorgt zu wissen, und jeder Möglichkeit, nochmals fordern zu müssen, völlig vorgebeugt zu haben. Denn ich habe hiermit Eurer Majestät zu erklären für nöthig befunden, dass nie und unter keinen Umständen nun je mehr ein Wunsch für mein persönliches Interesse, in irgend welcher Form an Allerhöchstdieselbe gelangen kann und soll.

377.   Ludwig II. an *sein Hofsekretariat*
München, 11. Oktober 1864

Der Komponist Richard Wagner hat es übernommen für Mich ein neues musikalisches Werk »Die Nibelungen« auszuarbeiten und soll dafür drei Jahre lang einen unter Einrechnung des am 10. Mai lfd. Jrs. ihm in widerruflicher Weise bewilligten Bezugs auf 9000 fl. jährlich sich stellenden Bezug und ein einmaliges als sofortige Anzahlung zu betrachtendes Honorar von 15000 fl. aus meiner Kabinettskasse erhalten.

Mein Hofsekretariat hat hiernach mit Richard Wagner einen Vertrag zu schließen, wodurch mir der Besitz der bezeichneten Komposition gesichert wird.

Richard Wagner an *Hofsekretär v. Hofmann* 378.
München, 14. Oktober 1864

Alles was Sie dazu beitragen könnten, die gestern besprochene Angelegenheit zu beschleunigen, würde mich ungemein verbinden, da – in Folge des von Herrn von Pfistermeister vorigen Montag gegebenen Avis – ich die Voreiligkeit begangen habe, für morgen Vormittag einige Zahlungen, wie Miethentschädigungen, Miethvorauszahlung, Vorschüsse an Arbeiter u.s.w. den Betreffenden in Aussicht zu stellen.

Mit der herzlichen Bitte um gütige Entschuldigung für dieses gewiß recht unschickliche Anliegen, gebe ich mir die Ehre mit der größten Hochachtung Ihrem Wohlwollen mich zu empfehlen...

Ein neuer Orpheus
Karikatur im Münchener Punsch, 1865

Der alte Orpheus setzte Felsbrocken in Bewegung, der neue lockte
Metallstücke an. Und noch dazu nach einer *unendlichen* Melodie!

Anonymus (Oskar von Redwitz)
Richard Wagner und die öffentliche Meinung
Augsburger Allgemeine Zeitung, 19. Februar 1865

Richard Wagner versteht es einmal nun und nimmer so überreiche Gnade, so überaus großmüthige Freigebigkeit, wie deren sich wohl kaum ein Künstler an einem Fürstenhof rühmen konnte, in ein dankbar ergebenes Herz aufzunehmen. Seine Ansprüche an das tägliche Leben und seinen Comfort scheinen so ausgesucht sybaritischer Art, daß wahrlich ein orientalischer Grandseigneur sich nicht scheuen dürfte in seiner Behausung vor den Propyläen dauernd einzukehren und sich mit ihm als Gast zu Tisch zu setzen. Der unschöne Charakterzug des Undanks für empfangene Wohlthaten, der sich bei Wagners Auftreten gegen seinen frühern huldreichen königlichen Mäcen, den edeln Friedrich August von Sachsen, in solcher Nacktheit offenbarte, und gegen den seine politische Verirrung in unserer Beurtheilung als völlig verzeihlich zurücktritt, dieser Mißbrauch fürstlicher Gunst und Freigebigkeit reizt nun auch hier das bayerische Volk seit Monaten zu verhaltenem und lautem, mehr als gerechtem, Mißmuth. Oder ist das einer wahrhaft großen und edeln Künstlernatur würdig daß Wagner bei seinen hiesigen Einkäufen für seine luxuriöse Hauseinrichtung nur allein z.B. für Teppiche mit Tausenden um sich warf, in der prahlenden Rolle eines modernen Krösus aus dem Säckel seines freigebigen Wohlthäters?

Und all dieser Verschwendung gieng die andere, hier sehr wohlbekannte, Thatsache voraus daß sein königlicher Gönner den altgewohnten Conflict der Wagner'schen Ausgaben mit seinen Einnahmen in Wien mit einer so unglaublich hohen Summe ins reine gebracht hatte, daß Mozart und Beethoven, Wagners doch viel größere Vorgänger, wahrhaftig jedem Fürsten herzlichst dankbar gewesen wären wenn er ihnen nur die Zinsen dieses Schuldcapitals huldreich für jedes Jahr ihres sorgenvollen Lebens ausbezahlt hätte.

Richard Wagner

Zur Erwiderung des Aufsatzes Richard Wagner und die öffentliche Meinung in Nr. 50 der Allg. Ztg.

Augsburger Allgemeine Zeitung, 22. Februar 1865

Nachdem die Großmuth Sr. Maj., des Königs mir die nöthigen Mittel angewiesen die mich bestimmen sollten überhaupt in München zu leben und ungestört meinen im übrigen auf Ertrag von auswärts berechneten Arbeiten nachgehen zu können, ertheilten mir Se. Majestät im vorigen Herbst den besondern Auftrag der musikalischen Ausführung meines ganzen Nibelungenwerks, eines Cyclus von vier vollständigen musikalischen Dramen, deren jedes den vollen Umfang und die Bedeutung einer meiner früheren Opern hat. Für diese Bestellung, deren Annahme mich nöthigte auf längere Jahre jede Arbeit welche auf sofortige Verbreitung und Honorirung durch die deutschen Theater berechnet seyn konnte beiseite zu legen, wurden mir im Namen Sr. Maj. unter vertragsmäßigen Bedingungen Vergünstigungen zugewiesen welche das nicht überschritten was bayerische Könige bereits bei ähnlichen Bestellungen auf Werke der Kunst und Wissenschaft gewährt hatten. Somit im Recht mich nicht als Günstling, sondern als ganz im Verhältniß seiner Arbeit wohlbezahlten Künstler zu betrachten, glaube ich zunächst niemandem Rechenschaft von der Verwendung meines Verdienstes ablegen zu müssen, es sey denn daß ich mich dafür zu entschuldigen hätte für meine Arbeit denselben entsprechenden Lohn gefunden zu haben welchen Maler, Bildhauer, Architekten, Gelehrte u.s.w. wiederholt und häufig fanden...

Ludwig Schnorr von Carolsfeld
Aufzeichnungen (1865)

König Ludwig schenkte Wagner ein Ölbild von sich und äußerte dabei den Wunsch, Wagner möge dem Maler Joseph Bernhardt sitzen zu einem Porträt für ihn den König. Wagner wünschte dem aber enthoben zu sein, da es ihm unmöglich wäre einem Maler, den er und der ihn nicht kenne, zu sitzen. Nach einiger Zeit trifft Wagner bei Pecht, den er kennt, ein Porträt, was ihm gefiel, und er machte mit Pecht aus, daß dieser ihn porträtieren und im Fall des Gelingens sie den König damit überraschen wollten. Eines Tages findet denn auch der König in seiner Stube dies Bild aufgestellt und ist so entzückt von der Ähnlichkeit, daß Wagner dieselbe Stunde noch ein Briefchen bekömmt, in welchem der König ihm dankt und sagt, daß er das Bild in seinem Kabinett aufgehängt habe. Acht Tage drauf kömmt Pfistermeister zu Wagner und frägt ihn, wie es denn mit dem Porträt stände von wegen der Bezahlung. Auf Wagners Bemerkung, daß er sich nicht erlauben dürfe, dem König damit ein Gegengeschenk zu machen, weil er sich ihm dadurch gleichstelle, beschließen sie, daß Pfistermeister sich mit Pecht darüber einigen solle. Währenddem geht dieser aber zum König und meldet, daß Wagner 1000 Gulden für das Bild wünsche. Der König hatte aber das Bild als Geschenk Wagners angesehen, wie es Pfistermeister wußte, und war sehr erschrocken über diese Wendung.

Karikatur auf das Wagner-Porträt von Pecht
Münchener Punsch, 1865

1000 fl.

Anonymus
Morgenstündchen eines
neudeutschen Komponisten
Münchener Punsch, 26. Februar 1865

Prachtvolles Schlafzimmer; Sammettapeten, Seidenvorhänge, Wollteppiche, Spiegelplafond mit Fresken von Pecht und Kaulbach. Gegen das Fenster zu ein kleines Orangenwäldchen, wo von Zeit zu Zeit eine eben zeitig gewordene Frucht abfällt. Der Waschtisch befindet sich in einer Felsengrotte mit wohlriechendem Moos, Efeu und Buchs bepflanzt. Aus dem Fels entspringen zwei Quellen, eine kalte und eine warme, die sich in zwei kristallene Lavoirs ergießen. Links und rechts wachsen die feinsten Schwämme, in perlmutterfarbigen Muscheln sind Pariser Seifen versteckt. Ein hinter prismatische Gläser gestelltes Flämmchen läßt über der ganzen Gruppe einen Regenbogen erscheinen, der jedoch, da sich die Morgensonne mit rosenfarbigen Strahlen von besonderer Schönheit ins Zimmer drängt, etwas erbleicht.

Rumorhäuser, der große Komponist, erwacht, streckt sich, aber nicht nach der Decke, sondern nach der Länge, blickt umher und reißt an einem Glockenzug. Man hört sogleich das Trompetensignal aus »Lohengrin«.

Kammerdiener, in Schuhen und Strümpfen tritt ein.

Rumorhäuser: Trab' nicht so, du weißt, daß ich keinen Lärm ausstehen kann. Meine Ohren werden von Tag zu Tag empfindlicher. Bring' mir Socken.

Kammerdiener (verneigt sich entschuldigend, schleicht auf den Zehen hinaus und kommt bald darauf mit einer silbernen Platte zurück, auf welcher sechs Paar Socken verschiedener Farbe liegen).

Rumorhäuser (besehend): hm! keine Auswahl. *Mehr Socken!* (legt sich zurück.)

Kammerdiener (tritt mit Vorsicht wieder ab, kommt bald darauf mit einer noch größeren Platte zurück, auf welcher zwölf neue und verschiedenfarbige Socken liegen).

Rumorhäuser (besieht wieder): hm! Gefällt mir nichts davon. Ich will die gestrigen wieder anziehen! – (Es geschieht.) – Man bringe mir den *Katalog* meiner *seidenen Schlafröcke.* – (Der Katalog kommt.) Ich wünsche den veilchenblauen mit gelb ausgenähter Ornamentik, in welchem ich neulich die große Tenor-Arie für den Riesen Fafner komponiert habe; so was Hohes gibt's nicht mehr, es ist die Zugspitze unter allen Arien. (Er steht auf.) Mein braunes Hauskäppchen, dasjenige, auf welches mir die Fürstin Vitzlibutzli mit grüner Seide den Lorbeerkranz gestickt hat.

(Rumorhäuser ist in die Morgentoilette geschlüpft und geht hin und her.)

Kammerdiener: Wer hat heute die Gnade Herrn Direktor den Kaffee bringen zu dürfen?

Rumorhäuser: Kannst du dir gar nichts merken, du Böotier? Trink' ich den Kaffee schwarz, so bringt ihn der Mohr, trink' ich Melange, bringt ihn der Mulatte, und will ich ihn weiß, so darfst du ihn mir vorsetzen. Wir wollen später sehen. Jetzt will ich mich waschen. (Tritt ans Felsengrotten-Boudoir und betrachtet das Bächlein.) Was ist das? Warum sehe ich denn so wenig Goldfische! Was ist denn das für eine Lumperei? Das Wasser muß lustig sein, lebendig. Mehr Goldfische her!

Kammerdiener: Herr Direktor entschuldigen, sie sind eben sehr schwer zu bekommen.

Rumorhäuser: Ach was – schwer zu bekommen. Für mich gibt's keine Schwierigkeit. Man schicke einfach in den k. Wintergarten und lasse sagen: *Ich brauche Goldfische,* dann ist's in Ordnung.

Kammerdiener (verneigt sich): Gut.

Rumorhäuser: Ist das Nebenzimmer in Ordnung und gehörig geheizt? Hat es diejenige Temperatur, welche ich bedarf, um ein Duett zu komponieren? Donnerwetter, auf was bin ich da getreten? Was ist das für ein Schandteppich? In dem Gewebe sind ja lauter Knoten und Knöpfe, daß man sich die Füße ruiniert.

Kammerdiener: Pariser Ware – durch Schneider und Diß bezogen – von Steinmetz gespannt. –

Rumorhäuser: Was Pariser Ware, wer wird sich denn heutzutage noch auf einem Pariser Teppich Hühneraugen hole? Wozu haben wir jetzt die bequeme Verbindung mit dem Orient? Ich habe nie andere als indische oder höchstens persische Teppiche leiden können. Bis morgen will ich auf einem andern Boden stehen, verstanden? Überhaupt, Ihr einfältigen Europäer, Ihr müßt Euch etwas asiatisieren, sonst kommen wir nicht aus miteinander. (Er wäscht sich.)

Kammerdiener: Das ist eben das Wunderbare, daß Euer Gnaden bei allem orientalischen Geschmack doch der echte Repräsentant deutscher Kraftmusik sind.

Rumorhäuser: Wir Deutschen stammen ja von Asien her, wir gehören zur *indogermanischen Rasse,* verstehst du?

Kammerdiener: So, so; daß ich zu einer Rasse gehören muß, hab' ich mir schon gedacht, und daß es die hintergermanische ist, freut mich zu wissen.

(Rumorhäuser geht ins Nebenzimmer und betrachtet den großen Blumentisch.)

Rumorhäuser: Hm! Nicht übel. Kamelien, Azaleen, Veilchen, Nelken, alles Mögliche für diese Zeit. Nur etwas mehr Lorbeerbäume soll man mir hereinstellen, ich sehe mir nie genug Lorbeer. Sag' auch dem Hofgärtner, hinter den Vorfenstern da sollen Alpenrosen wachsen und Edelweiß.

Kammerdiener: Das wird kaum gehen, wegen der Temperatur.

Rumorhäuser: Es *muß* gehen! Wer so lange Opern komponiert wie ich, den geniert keine Temperatur (wirft sich in ein Sofa). Dort an der Wand hängt ein Glockenzug, nicht wahr? Ich wünschte statt dessen einen andern Mechanismus. Wenn ich ziehe, soll's an eine *große Trommel* schlagen, das stört mich weniger im Komponieren als das Geklingel. Theatermaschinist Penkmaier ist mit dem Vollzug meiner Anordnung beauftragt. Jetzt aber wünsche ich – schwarzen Kaffee.

Kammerdiener: Also der Mohr! (springt hinaus.)

Rumorhäuser (summt neue Arien vor sich hin).

Für Tenor: Oho! Ohe! Ha, Hi! Ha, Ho!
          Ollaho! Ollahe! Ha, Hu!
          Heijoh, Hollahehahi!
Für Sopran: Eia pupeia,
          Tralala, walala
          Wugala weia!

Mohr tritt mit Frühstück und Pfeife ein, auf der silbernen Platte liegt auch die Allg. Zeitung, Hauptblatt Nr. 50

Rumorhäuser (läßt sich die Pfeife anzünden, schlürft vom Kaffee und nimmt die Zeitung): Richard Wag – wie? Richard Wagner und – und was? – und die öffentliche Meinung (blättert um und liest). Ha, schändlich! Und was für ein Stil! – Schulden in Wien – erbärmlich! Sybaritismus – lächerlich! Volksliebe – man traut seinen Augen nicht – *so was kann nur in München vorkommen*!

(Wirft dem Mohren die Pfeife an den Kopf, geht ins Schlafzimmer zurück und riegelt die Türe hinter sich zu.)

Kammerdiener eilt auf den Lärm bestürzt herein und räumt zusammen.

Rumorhäuser (von innen): Man rufe meinen langjährigen Freund Pecht.

383. Richard Wagner an *Franz Schott*
München, 10. März 1865

Seit meiner Berufung nach München habe ich durch die übertriebensten Gerüchte über mein finanzielles Wohlergehen nach jeder Seite zu auf das empfindlichste zu leiden. Während ich so gestellt bin, daß ich eben nur von jetzt an gerade sorgenfrei leben und existieren kann, die Wiedererstattung früherer Opfer und Verpflichtungen mir aber immer erst noch durch endlich eintretende Einnahmen von den Theatern usw. vorbehalten muß – läßt man es sich nicht nehmen, daß ich hier nach Belieben eben nur über die Kasse des *Königs von Bayern* zu verfügen hätte, und beunruhigt mich auf das unverständigste. – Dies hat nun folgende Wirkung: einerseits erregt es mir einfach die Verlegenheiten der drängenden Forderungen, andrerseits die Meinung, daß ich über Schätze verfüge und dem Lande zum Schaden gereiche. Der Erfolg wird sein, daß ich mein Leben satt bekomme, für mein Glück danke und aus der Welt verschwinde. Doch läßt es sich vielleicht noch machen; – ich wünsche es. Auch Ihnen kann nicht daran gelegen sein, mich aufs äußerste getrieben zu sehen. Ich gebe Ihnen Veranlassung, auch Ihrerseits mir zur definitiven Ordnung meiner Lage, worauf eben wie im Sturm alles hindrängt, behilflich zu sein. Ich kann gerade jetzt und für einige Zeit den König unter keiner Form um Geld angehen, wenn ich nicht neues Öl in das Feuer schütten will; andrerseits muß ich lärmende Schuldforderungen von mir fernhalten ...

Richard Wagner an *Bertha Goldwag* 384.
München, 11. März 1865

Liebste Fräulein Bertha!

Ihr Brief hat mich sehr erschreckt, und setzt mich in eine sehr üble Lage. Der Tod Ihres Vaters betrübt mich herzlich, und ebenso bekümmert mich die dadurch für Ihre Familie herbeigeführte Bedrängniss. Sie begreifen, wie sehr mich diess nach meinen letzten Erklärungen über meine jetzige eigene Klemme überraschen und erschrecken muss. Ich will nun suchen, zu thun was ich kann, bin leider aber eben *gerade jetzt* (nur auf kurze Zeit) in der Lage, meine Ansprüche an die königliche Gunst mit besonderer Vorsicht geltend zu machen, dahingegen eine völlige Verschwörung im Gange war, die zwar glücklicher Weise gänzlich zunichte geworden ist und in meinen Beziehungen zu Sr. Majestät nicht das mindeste geändert hat, in Folge dessen ich aber gerade jetzt noch zur grössten Vorsicht verpflichtet bin. –

Nun bitte ich Sie, zu sehen, wie Sie irgend sich helfen können –

nur eben für einige, kurze Zeit –; im übrigen bezeichnen, wie viel und bis wann? zur äussersten Zeit absolut es nothwendig hätten. Wenn ich nur irgend es ermögliche, soll Ihnen auch von meiner Seite geholfen werden, nur versprechen Sie sich nicht *viel*. Könnten Sie nur ein *wenig* warten: nächsten *Juni* würde ich soweit sein, mit grösserer Gewissheit Ihnen Alles versprechen zu können, was Sie nöthig haben.

Könnten Sie sich gar nicht bis dahin helfen? –

Gott, wie leid thut mir das! – Sie selbst aber sind wahrlich etwas daran Schuld, da Sie mir immer so sehr freundlich versicherten, Sie seien nicht pressiert. Darauf habe ich mich leider verlassen. –

385. Robert von Hornstein, *Memoiren* (1908)

Auch ernstere Dinge kamen vor. Eine Frau Konsul Schwab in Paris hatte R. Wagner große Summen geborgt. Als sie hörte, daß Wagner über die Kgl. Kabinetskasse verfüge, wollte sie ihr Geld wieder haben; man sprach von 40000 Francs, sogar ebenso viel Gulden. Da sie das Geld gutwillig nicht bekam, nahm sie den Advokaten Friedrich v. Schauß, den späteren Parlamentarier zu ihrem Sachwalter. Der war so schlau, einen Verhaftsbefehl gerade für den Tag sich auszuwirken, an dem Wagner den »Fliegenden Holländer« in Gegenwart des Königs dirigieren sollte. In seiner Bedrängnis wandte er sich an den König. Die Kabinetskasse bekam den Befehl, die ganze Summe sofort auszubezahlen.

Richard Wagner an *Staatsrat v. Pfistermeister* 386.
München, 15. Mai 1865

Durch den Ueberbringer dieser Zeilen erfahren Sie, mit welcher Freundlichkeit und Rücksicht ich hier behandelt werde. Es ist mir unmöglich, diese Tage zu überleben, wenn nicht eine mächtige helfende Hand sich auch heute schützend über mich breitet. Ersparen Sie mir die zugedachte Schmach und Gott lohne es Ihnen.

Quittung des Advokaten Freytag 387.
für die Kgl. Bayerische Kabinettskasse,
München, 16. Mai 1865

Der Unterzeichnete bestätigt hiemit, von der Königlichen Cabinets-Cassa dahier heute in der Streitsache der Frau Julie Salis Schwabe gegen Herrn Compositeur R. Wagner wegen Wechselforderung zum Zwecke der Erlegung bei Gericht und hierdurch zu erwirkende[r] Aufhebung der gegen Herrn Beklagten verfügten provisorischen Mobiliar-Sperre die Summe von 2400 f /:zweitausendvierhundert Gulden:/ erhalten zu haben.

388.
Richard Wagner an *Hans von Bülow*
München, Frühjahr 1865

Kannst Du mir auf 8 Tage mit 250 *Thalern* aushelfen? –

Ich komme dann Nachmittag und hole das Geld selbst; – es wäre mir lieb, wenn Du es in Cassenscheinen bereit hieltest, da ich's sofort zu versenden habe.

Also für jetzt nur –

Ja – oder nein. –

389.
Richard Wagner an *Otto Wesendonk*
München, 31. Juli 1865

Was Ihrer großmütigsten und aufopferungsvollsten Teilnahme nicht gelingen sollte, kann jetzt nur ein König zum Ziele führen. Ich habe Ihnen bekannt, daß mein Leben mit meinem Fortgang aus Ihrer Nähe in eine Strömung geriet, welche alles verschlang, was auf das Gedeihen meines Schaffens berechnet war. Auch die reichlichen Vorschüsse, die Sie mir auf die Herausgabe der Nibelungenwerke machten, verschlangen sich in einer Verwendung, welche mit diesen Werken in keiner fördernden Beziehung mehr stand. Schon vor einem Jahre mußte ich Sie bitten, jene Vorschüsse als verloren zu betrachten, da sie durch die Herausgabe der Werke selbst in keiner Weise wieder einzubringen wären. Fast muß ich jetzt froh sein, überhaupt nur sie herausgegeben zu sehen: für die »Walküre«, von der ich Ihnen nun heute ein Exemplar zusende, kann ich von meinem Verleger nichts gewinnen als eine sehr geringe Abrechnung von den Vorschüssen, welche er mir auf die

»Meistersinger« machte, dem Werke, dessen Vollendung mir jetzt sehr fern liegt. Muß ich Sie jetzt daher bitten, Ihre Ansprüche auf meine Nibelungenarbeiten gänzlich aufzugeben, so will ich doch damit die Hoffnung nicht aufgeben, Ihre Vorschüsse Ihnen selbst dereinst wiedererstatten zu können. Es kann dies natürlich nur durch die Großmut meines königlichen Freundes möglich werden.

Gewiß, lieber Freund, verstehen Sie mich auch gütig und mißdeuten die verständnisvolle Bitte mir nicht, wenn ich Sie herzlich ersuche, dem Vollender und Aufführer des »Nibelungen«-Werkes auch den einzigen Besitz dessen, was davon mein Werk ist, zu gönnen. Verstehen Sie mich, und sind Sie mir gütig, wenn ich Sie darum bitte, für den König von Bayern mir die Originalpartitur des »Rheingoldes«, welche Sie verwahren, freundlich und mild abzutreten? Der König soll und wird Ihre Rechte auf diese Werke erfahren: ich bin gewiß, daß er Sie nicht ohne Entschädigung läßt.

Otto Wesendonk an *Richard Wagner* 390.
Zürich, 5. August 1865

War es mir nicht vergönnt, Ihnen die Wege bis zur Vollendung ebnen zu können, so blicke ich mit Freude auf Ihren königlichen Gönner, dessen Zauberwort neuen Mut und neue Kraft anfacht und die Vorbedingungen zur Krönung des Ganzen schafft. Hab' ich schon längst ausdrücklich und schriftlich allen Ansprüchen entsagt, die für mich aus den Veröffentlichungen und Aufführungen der »Nibelungen« sich ergeben könnten und kann auch jetzt keine Rede davon sein, daß ich Entschädigungen dafür durch den König oder Sie im mindesten annehmen kann, so wird es mich doch freuen, wenn der junge König es erfährt, daß schon lange ein still zurückgezogener Sterblicher für Ihr Werk die wärmste Teilnahme hegte. – Ich legte auf den Besitz der Original-Partitur den hohen Wert, der den eigensten Werken der Hand großer Meister alter und neuer Zeit für den idealen Besitzer innewohnt.

Es war mir schmerzlich, ich leugne es nicht, die »Walküre« missen zu müssen; nun wünschen Sie von mir auch die Partitur zum »Rheingold« für Ihren königlichen Beschützer. – Ich habe sie oft sinnend betrachtet – sie ist mir wert und lieb. Meine Antwort aber war Ihnen nicht zweifelhaft, als Sie mir schrieben. Ich bringe sie denn für Ihren kunstbegeisterten König dar und erachte mich mehr als reichlich belohnt, wenn dem Feuer, der Ausdauer, dem Mut, dem Wissen und der Begeisterung die wundervolle Darstellung dieses nationalen Werkes gelingt. Dann, hoffe ich, werden Sie uns einladen, dann werden wir sicher nicht ausbleiben. Und somit Gott befohlen.

391.   Ludwig II. an *Otto Wesendonk*
Hohenschwangau, 28. August 1865

Mein lieber Herr von Wesendonk,

Es drängt mich, Ihnen meinen wärmsten Dank auszusprechen für die gütige Ueberlassung von Wagner's Original-Partitur des Rheingoldes. – Seien Sie überzeugt, daß ich meinerseits nie solchen Anspruch erhoben hätte; der Gedanke, mir die kostbare Partitur des herrlichen Werkes zu verschaffen, ging von Wagner selbst aus. – Ich weiß, Sie haben dem mit Noth u. unsäglichen Schmerzen ringenden Künstler seiner Zeit ein freundliches Asyl geschaffen, dafür spreche ich Ihnen, verehrter Herr, meinen innigsten Dank aus; denn Ihrer lebhaften Theilnahme verdanken wir mit die in der Schweiz geschaffenen, unsterblichen Werke Wagners. – Es war mir ein wahrhaftes Bedürfniß, Ihnen dieses auszusprechen.

Der anfänglich allergnädigst mir zugewiesene Jahresgehalt von 4000 fl. war ausreichend für die Annahme, dass ich eine gewöhnliche Stadtwohnung beziehen könnte. Ein besonderes Wohnhaus mit Garten erforderte grössere Ausgaben: den Genuss eines solchen, hier sehr schwer anzutreffenden Grundstückes, nur wenigstens für die Zeit der Beendigung meines Nibelungenwerkes zu sichern, erbat ich mir für diesen besonderen Zweck, für drei Jahre eine besondere Unterstützung, welche mir, an der Hand eines förmlichen Bestellungs- und Lieferungs-Vertrages, allergnädigst gewährt wurde.

Die seitdem eingetretenen Veränderungen meiner Lage sind nun folgende.

Die mir gewährten Vergünstigungen sind mit Uebertreibung und in aufregender Weise dem Publikum denunzirt worden: erreichte man die eigentliche Absicht dieser böswilligen Indiscretion nicht, so ist dagegen die Aufmerksamkeit aller Welt, in für mich höchst belästigender Weise, auf den anscheinenden Glanz meiner Lage gezogen worden, welche in Wahrheit nur auf die Sicherung von Ruhe und Stille zur Arbeitsmusse berechnet war. Hierdurch sind, aus jeder Vergangenheit meines äusserst beschwerlichen Lebens, Ansprüche an mich erweckt worden, welche ich, namentlich durch die Bewohnung eines sehr angenehmen Grundstückes, als im Genuss einer wirklich glänzenden Lage erscheinend, nicht mehr durch Hinweisung auf meine in Wahrheit gänzliche Vermögenslosigkeit abfertigen kann, und diess um so weniger, als es sich endlich auch um Entschädigung wahrer Freunde handelt, welche einst in der Noth mich aufopferungsvoll unterstützten, und gegenwärtig selbst in Verarmung und Bedrängniss gerathen sind [...]

Hieraus ergab sich bereits am Ende des vergangenen Winters für mich die Nöthigung, an eine gründliche Abhülfe der drohenden Beschwerden zu denken. [...] Seitdem ist die Freiheit meiner Entscheidung durch einen Zwischenfall wesentlich beeinträchtigt worden. Als ich am eifrigsten mit dem Studium des Tristan beschäftigt war, bedrohte mich, auf Grund einer boshaften Auslegung eines Punktes meines Miethcontractes, sofortige Kündigung und Nöthigung zum Ausziehen. Um nur die Wahl frei zu behalten, und vor Allem um (gerade während jener aufregenden Beschäftigung) augenblicklich Ruhe zu haben, übergab ich dem freundlich bekümmerten Staatsrath Pfistermeister die Sorge, diese widerliche Störung von mir fern zu halten: mit höchlichst anzuerkennendem, zu wärmsten Dank mich verpflichtendem Freundeseifer, scheint der Herr Staatsrath den üblen Fall meinem königlichen Beschützer in der fürsorglichen Weise vorgetragen zu haben, dass der gnädige Befehl zum heimlichen Ankauf des Grundstückes für Rechnung Seiner Majestät erwirkt, und mit grossem Geschick ausgeführt werden konnte. [...]

Eine Aenderung der bisherigen Stipulationen musste mir jetzt unter allen Umständen an der Zeit erscheinen. Die im Herbst vorigen Jahres mir ausnahmsweise gewährten Vergünstigungen erstreckten sich nur auf drei Jahre: sie waren auf meine Niederlassung und Einrichtung in dem besprochenen, auf eine kürzere Reihe von Jahren gemietheten Hauss, sowie für die Bezahlung des bedeutenden Miethzinses mit jährlich 3000 fl. berechnet. Namentlich diese für den Miethzins berechnete, jetzt noch für zwei Jahre lautende, Stipulation, kann gegenwärtig schon keinen Sinn mehr haben.

Somit müsste auf Grundlage der Beibehaltung des von mir eingerichteten und gegenwärtig bewohnten Grundstückes, etwa folgende Uebereinkunft getroffen werden können.

1. Seine Majestät der König überlässt mir für die Dauer meines Lebens, das ihm gehörige Grundstück No. 21 Briennerstrasse, zur miethfreien Benutzung.

2. Die Benutzung eines Vermögens von Zweimal hunderttausend Gulden wird mir, gleichfalls für die Dauer meines Lebens, in der Weise zugewiesen, dass 40000 fl. hiervon sofort meiner eigenen gutdünkenden Verwaltung baar übergeben, 160000 fl. jedoch durch die königliche Cabinetskasse verwaltet, und mir nur die Zinsen mit fünf Procent in vierteljährlichen Raten von fl. 2000 zugestellt werden, wogegen alle bisher von Seiner Majestät mir gewährten Gnadengehalte und Subventionen, sowie die sie betreffenden Stipulationen, als zurückgezogen und aufgelöst betrachtet sein würden.

Ich habe nun noch eine Angelegenheit zu berühren, bezüglich deren ich aber bitte, mich hier ausdrücklich constatiren zu lassen, daß ich mich dem nur auf den bestimmten Befehl Sr M. des Königs unterziehe. Sie betrifft die künftige finanzielle Stellung Wagners. S.M. der König will ihm fürder gewähren:

1. die freie u. unentgeltliche Benützung des Hauses u. Grundstückes N° 21. an der Briennerstraße, wobei Wagner die Wendung kleinerer Baufälle selbst zu übernehmen hätte,

2. ein Capital von 40000 fl. zu eigener Verwaltung, dessen Zinsengenuß ihm völlig freistünde, wogegen das Capital selbst nach seinem dereinstigen, so Gott will, fernem Ableben wieder Seiner Majestät heimfiele,

3. einen jährlichen Bezug von 8000 fl. aus der k. Kabinetskasse
   dagegen sollten

4. die Verpflichtungen, welche Wagner in dem Vertrage vom Herbste vorigen Jahres namentlich bezüglich der Vollendung seiner Kunstschöpfungen übernommen, auch fortan aufrecht erhalten bleiben.

Staatsrat v. Pfistermeister an
Cosima von Bülow
Hohenschwangau, 10. Oktober 1865

Was nun zunächst die rein persönliche Angelegenheit unseres Freundes Wagner betrifft, so ist es damit gegenwärtig folgender Maßen bestellt. /: Ich bitte auch hier hervorheben zu dürfen, daß ich lediglich als Sprachrohr fungire. Nicht wahr, gnädige Frau, Sie übersehen dieß nicht?:/

Es war kurz vor der Abreise nach München, Donnerstags den 28ten Septbr, als ich S. M. den König aufmerksam zu machen mir erlaubte, daß der Beginn des neuen Etatjahres auf den 1ten October falle, und daß es somit die höchste Zeit sey, die Anweisungen an die k. Kabinetskasse bezüglich der besprochenen 40/M fl. u. des auf 8/M fl. erhöhten Bezugs für W. zu erlassen. Seine Maj. erwiederten mir hierauf, daß vorläufig die Anweisungen noch zu unterbleiben hätten, A[llerhöchstdieselben] würden in München persönlich mit W. sprechen.

[...]

Nachdem ich das Telegramm vom 6ten erhalten hatte, erlaubte ich mir Sonnabends noch einmal, seine Maj. an die Sache zu erinnern, worauf mir folgende Ah. Äußerung ward:

»Es sey nahe liegend, daß W. die Summe von 40/M fl. zur Deckung von Passiven benöthige u. verwenden werde. Nun habe Seine Maj. ihm schon bedeutende Summen zum gleichen Zwecke zu Handen stellen lassen u. wolle durchaus keine weiteren Schulden mehr bezahlen. Eines sey Zweck: Seine Maj. wollen den hervorragenden und liebwerthen Ton- und Wortdichter in der Lage erhalten, auf Broderwerb nicht weiter bedacht seyn zu müssen. W. habe im vorigen Herbste erklärt, für immer nichts weiter zu bedürfen, als was ihm gleich nachher durch den (mir nicht näher bekannten) Vertrag sey bewilligt worden. Wenn W. nun Weiteres wünsche, so wollten Seine Maj. ihm zwar den Geldbezug auf jährlich 8/M fl. erhöhen und, wie ihm geschrieben, das Grundstück in der Briennerstraße belassen, seyen aber der Meinung, daß er mit diesem unter Zurechnung der Ankaufskapitals-Zinsen auf über 10/M sich berechnenden Bezuge wohl zufrieden sey u. allerwärts sogar, um so besser in München ausreichen könne. Die Gläubiger möge W. damit abweisen, daß er außer jenem (einer Beschlagnahme nicht unterliegenden) Einkommen nichts besitze. Schulden wollten Seine Maj. eben nicht mehr bezahlen, da man nicht wissen könne, ob nach den 40/M nicht noch weitere Beträge sich ergäben. –

Ich vergaß nicht, zu bemerken, daß W. auf diese Weise die Quälerei von Anforderungen nicht los werde u. ergriff gestern Abends neun Uhr, als S. Maj. eben einen Brief W.s vor meinem Eintritte gelesen u., wie A[llerhöchstdieselben] sagten, noch vor sich liegen hatten, diese Gelegenheit, um nochmals auf den Gegenstand zurückzukommen. Ich erhielt fast wörtlich dieselbe Erwiderung, wie ich sie eben mitgetheilt.

Nun schrieb ich sie u. bitte nicht zu vergessen, daß ich blos Sprachrohr bin. –

Richard Wagner an *Ludwig II.* 395.
München, 11. Oktober 1865

Heute wurde mir von der Freundin ein Brief des Staatsrath[s] Pfistermeister zugestellt, der mir nachzudenken gegeben hat. Gewiss versteht mich der edle Geliebte, und begreift, dass ich nichts andres thun kann, als – *Ihm* diesen Brief zur Einsicht zu geben? Sollte ich etwas anderes der Freundin, die ihn mir fragend mittheilte, erwidern können?

Ich glaube, so ganz im Geiste des schönen Verhältnisses zu handeln, das Ihre edle Liebe mir bereitete.

Oberappellationsgerichtsrat Lutz an
Cosima von Bülow
Hohenschwangau, 14. Oktober 1865

Beim Vortrage ertheilten mir gestern Seine Majestät der König, mein allergnädigster Herr, den Auftrag, Ihnen wegen der schwebenden finanziellen Angelegenheiten des Herrn Richard Wagner einige Bemerkungen mitzutheilen, welche Allerhöchstdieselben zur Aufklärung für nothwendig erachten. Seine Majestät erklärten nämlich, Allerhöchstdieselben hätten bisher gezögert, wegen Auszahlung der in Frage stehenden 40000 Gulden eine Anweisung zu Gunsten des Herrn Wagner an die k. Kabinetskasse ergehen zu lassen, und die Bedenken, von welchen Seine Majestät hiebei geleitet werden, seien auch jetzt noch nicht gehoben. Seine Majestät hätten gewiß nicht nöthig, darauf hinzuweisen, daß Allerhöchstdieselben, um die Lösung der großen künstlerischen Aufgabe des Herrn Wagner möglich zu machen und demselben zu diesem Behufe Freiheit von äußeren Sorgen zu schaffen, bisher mit großem Vergnügen alles Nöthige geboten hätten, und gewiß ebenso überflüssig werde es sein, zu versichern, daß in den Gesinnungen, welche Seine Majestät hiezu bestimmten, auch noch nicht im Entferntesten ein Wandel eingetreten sei. Wenn Seine Majestät aber gleichwohl Anstand nähmen, die gewünschten 40000 Gulden verabfolgen zu lassen, so gingen Allerhöchstdieselben von der Anschauung aus, daß dies ebensowohl im eigenen Interesse des Herrn Wagner als aus Rücksichten für den Stand der k. Kabinetskasse geschehen müsse. Im eigenen Interesse des Herrn Wagner selbst aus folgenden Gründen. Seine Majestät hätten aus allem dem, was inzwischen verhandelt worden, die Ueberzeugung gewonnen, daß die 40000 Gulden bestimmt seien, wenigstens der Hauptsache nach zur Deckung früherer Passiva des Herrn Wagner zu dienen. Wenn zu diesem Zweck aber immer wieder Mittel geboten würden, so werde gerade die Absicht, Herrn Wagner Ruhe zu schaffen, nicht erreicht. Seine Majestät glaubten, zu diesem Ziele weit eher dadurch zu gelangen, daß ihm nur eine gewisse, den Gläubigern nach der rechtlichen Lage der Sache unzugängliche, jährliche Dotation zu Gebote sei. Außerdem könnten sich Seine Majestät, wie gesagt, auch einer Berücksichtigung des Standes der Kabinetskasse nicht ganz entschlagen. Schon einige Male hätten Seine Majestät zur Abwickelung älterer Verbindlichkeiten des Herrn Wagner die Hand geboten in der wohl motivirten Ueberzeugung, daß damit alle Beziehungen zur Vergangenheit geordnet seien. Es sei doch fatal für Seine Majestät, wenn des ungeachtet wieder neue Verpflichtungen zu Tage kämen, welche neue und größere Deckungsmittel erforderten, zumal für Allerhöchstdieselben auch nach deren Abgleichung noch keine Sicherheit dafür begründet sei, daß nicht später abermals Anforderungen auftauchten, die Herrn Wagner augenblicklich selbst nicht vorschweben. Seine Majestät müßten ernstlich befürchten, daß durch Bewilligung der Wünsche des Herrn Wagner jene Mittel, welche für Durchführung der gemeinschaftlichen großen Kunstideale nöthig und bestimmt seien und die wie alle Dinge in genau abgegrenzten Maßverhältnissen sich bewegten, in bedauerlicher Weise verkürzt würden. Deshalb wünschten Seine Majestät dringend, daß Sie, gnädige Frau, mit Herrn Wagner nochmals reiflich in Erwägung zögen und weitere gütige Mittheilung darüber an mich gelangen ließen, ob nicht doch auch ohne die Auszahlung der in Frage stehenden 40000 Gulden die ökonomischen Verhältnisse des Herrn Wagner geordnet werden können.

Richard Wagner an *Ludwig II.*
München, 16. Oktober 1865

Die Veränderung, die sich in meiner Lebenslage seit einem Jahre zugetragen, und welche ich zu jener Zeit nicht zu berechnen vermochte, konnte ich meinen Freunden in allen Einzelheiten mittheilen: es wäre kleinlich von mir, wenn ich auch Sie mit der Aufzählung derselben belästigen wollte. Von meinem Könige habe ich nur den Glauben anzusprechen, ohne welchen ich Ihm nichts sein kann. Daher nur noch die Versicherung, dass gerade die sofortige Zustellung des erbetenen Capitales der Punkt ist, der mir die Freiheit giebt, ohne welche ich nicht die Würde finden kann, als der Freund meines Königs zu bestehen. Was Sie mir sonst noch gewähren wollen, bezieht sich nur auf mein Gedeihen als Künstler; dieses aber auf meine Würde als Mensch und Freund. Ich habe zu diesem Zwecke die Summe sogar sehr knapp, so gering als irgend möglich angeschlagen. Wenn Sie dereinst mein Leben überblicken, werden Sie mich vollkommen begreifen. Gewiss ist diess Ihrem grossen Herzen schon jetzt durch den Glauben möglich! –

Wollen Sie also nicht mehr zögern: ich habe nur eine Wahl, und es ist äusserste Zeit, diese zu treffen: Bereits leide ich seit Monaten unerträglich. Die letzte unerwartete Verzögerung kostet mich einen unersetzlichen Theil der mir noch gebliebenen Lebenslust. Lassen Sie mir widerwärtige und unpassende Contractweitläufigkeiten ersparen: Schenken Sie königlich, und überlassen Sie es meinem Gewissen, wie ich dereinst diess königliche Vertrauen erwidere! –

Ludwig II. an sein *Hofsekretariat* 398.
München, 18. Oktober 1865

Ich habe dem Tondichter *Richard Wagner* dahier ein Geschenk von f 40000.–. *(Vierzig Tausend Gulden)* baar bewilligt, welches demselben aus Meiner Cabinets-Cassa unter geeigneter Verrechnung auszubezahlen kömmt.

Hofsekretär v. Hofmann an *Richard Wagner* 399.
München, 19. Oktober 1865

Gemäß heute eingetroffenen allerhöchsten Handschreibens vom Gestrigen haben Seine Majestät der König Ihnen ein Geschenk von 40000 f /:Vierzigtausend Gulden:/ baar zu bestimmen geruht und liegt dieser Betrag bei der K. Kabinetskasse zur gefälligen Empfangnahme bereit. –

400. Richard Wagner an die
Kgl. Bayerische Kabinettskasse
München, 20. Oktober 1865

Die Königliche Kabinetskasse
ersuche ich, die von Seiner Majestät dem Könige mir angewiesenen 40000 fl. gegen Empfang der beiliegenden Quittung an die Ueberbringerin dieser Zeilen, Frau Baronin Cosima von Bülow, welche, da ich wegen Unwohlsein nicht selbst mich einfinden kann, die Empfangnahme der Baarsumme übernommen hat, gefälligst auszahlen zu wollen.

401. Zsolt von Harsányi
Magyar rapszódia (Ungarische Rhapsodie) (1936)
(romanhafte Darstellung des Lebens von Franz Liszt, in den Einzelheiten unzuverlässig)

Als der König abermals einen größeren Betrag für Wagner angewiesen hatte, holte Cosima das Geld. Die Beamten des Hofes nahmen offen gegen sie Stellung. Man fragte sie, ob sie Herr Wagner sei. Cosima erwiderte, sie sei nicht Wagner, sondern Frau Bülow und die Sekretärin Wagners. Der Kassierer verweigerte die Auszahlung. Er verlangte eine schriftliche Vollmacht, obwohl er schon zehnmal Cosima derartige Beträge ausgezahlt hatte. Frau von Bülow erschien also am anderen Tage mit der schriftlichen Vollmacht. »Bitte«, sagte der Kassierer und zeigte auf einen Tisch. Dort lag das Geld bereit, aber in lauter Kupferstücken, eine ganze Wagenladung Geld. Cosima schluckte, ging fort, holte einen Mietwagen und zwei Arbeiter mit Säcken. Das Kupfergeld füllte vier Säcke, und sie fuhr es im Wagen nach Hause.

... was das Einholen des Geschenkes Euerer Majestät an den Freund betrifft, [so] ist der Sachverhalt folgender: Mein Mann war abwesend, der Freund war unwohl, als ihm gemeldet wurde, daß ihm das Königliche Geschenk nicht zugeschickt werden könnte; er hatte Niemanden hier, dem er sich vertrauen konnte. In dem Gedanken, daß die Sache eine leichte werden würde, und daß ich nur mit ein paar Banknoten mich zu beladen hätte, bat ich den Freund mir zu erlauben, diese Sache abzumachen, wie ich ja wohl auch öfters zu meinem Banquier gegangen sei. In meiner großen Naivität ging ich mit meiner ältesten Tochter ruhig zur K. Casse. Unaussprechlich war mein Erstaunen, als mir dort angekündigt wurde, ich würde kein Papier-Geld bekommen, und nur baares hartes Geld! Ich wußte nicht was thun – doch lag mir daran, den Freund nicht in das unfreundliche Lokal eintreten zu lassen; auch sollte er den anderen Tag nach Wien reisen; ich überwand die Noth: überlegend, daß kein Fremder hereingetreten war, verließ ich mich auf die Discretion und ein gewisses Ehrgefühl, welches niemals erlaubt, eine Frau in die Oeffentlichkeit zu ziehen, und fuhr die Summe in zwei Wagen zu dem Freunde hin. Ihm graute förmlich vor der Sache, er dankte und tadelte mich fast; dann bewunderte er meinen Muth und sagte, es läge wie eine Last auf ihm, daß meine Freundschaft für ihn mich in eine solche Lage gebracht hätte. Ich lächelte und sagte, ‹es sei ja nun vorbei›. Als mein Mann zurückkam, erzählte ich ihm mein erstes Abenteuer; er lächelte und sagte mir, ein andermal besonnener zu sein.

Richard Wagner an *Ludwig II.*
München, 22. Oktober 1865

Mein König! Mein edler Freund!
Wie schwer, wie schwer wird es mir Ihnen diessmal zu schreiben! –

Als Ihr Gnadengeschenk mir gemeldet wurde, ward ich schwerer und immer schwerer. Ich versank in tiefes Schweigen. Ein ganzes langes Leben sammelte sich, wie aus dem Tode zurückkehrend, geisterhaft in mir an: der alte Fluch stand gespenstisch wahrhaft vor mir; ich konnte ihm in das wuthmüde Furienauge blicken. Vor die Eumenide trat der Apollon, und zu ihm trat Athene. Den edelsten Göttern gelang es, die Furien gütig zu beschwichtigen. Nun zogen sie ab, die »Wohlgesinnten« –: Orestes blickte auf zu dem holden Schutzgott: die dankglühende Zähre küsste Pallas ihm vom Auge. –

Der alte Fluch, lassen Sie Sich ihn noch einmal nennen und auf ewig sei er nun gesühnt: – Armuth und – unglückliche Ehe! – Nun kein Wort mehr über ihn! –

Nach schwerem, schwerem Schweigen rang sich der erste Seufzer los. Wie schwer, wie schwer wird *Ihm* diess geworden sein: ich ahne deutlich die Kämpfe, die *Er* für mich bestand! Und ich konnte sie Ihm nicht erlassen! Ich konnte, wollte ich diess, nur einen Zustand wählen, der *Ihm* unerträglicher gewesen sein würde, als mir. Das eben, das fühlte ich! Es war kein beruhigender Ausweg. –

Wie ich ergriffen war, fühle ich mich nun ungemein angegriffen. Mir ist schwer, schwer – wie nach einer langen nagenden Krankheit, aus der ich nun – zur Wiedergenesung übergehen soll. So prüfe ich denn sorgsam meine Kräfte, und frage mich, ob die wiederzugewinnende Gesundheit die schwere Heilung lohnen werde? Der freundlich bangen Frage lächelt dann aus dem tiefsten Grunde meiner Seele ein heiliger Dämmerschein entgegen: es ist der neue Tag, der mir ein neues, schönstes Leben verkündigt. Es ist das Ihrige, mein Freund, das ich nun mitlebe! Ich werde vollenden! –

Doch nur durch Sie, nur für Sie! –

So rufe ich Ihnen denn zu: vollenden auch Sie! Krönen Sie Ihr Werk meiner Wiedergeburt: gewähren Sie vollends Alles, nehmen Sie mich in Ihren vollen königlichen Schutz –, so sind die Furien auf ewig gebannt. Apollon und Athene herrschen allein! Ich bin erlös't. –

Franz Grillparzer, *Die Agnes Bernauer* (1865)   404.

Die Agnes Bernauer, eine Baderstochter,
Warfen die Bayern in die Donau,
Weil sie ihren Fürsten bezaubert.
Ein neuer Salbader
Bezaubert Euren König:
Werft ihn, ein zürnender Landsturm,
Nicht in die Isar, doch in den Schuldturm.

405. Clemens Mathieu, *Erinnerungen eines Tapezierers an Richard Wagner*
(München, November 1865)

Als Mathieu tags darauf in den im ersten Stock befindlichen Saal geführt wurde, begrüßte ihn Wagner in phantastischer Kleidung von seinem Klavierstuhle aus. Auf dem Haupte hatte er ein Samtbarett. Der lange, sehr weit gearbeitete Rock war aus rosa Atlas gefertigt, mit weißem Atlas gefüttert, ringsum mit einer Rüsche aus gleichem Stoff besetzt, in deren Mitte fortlaufend Röschen eingenäht waren. Die nach vorne halbweiten Ärmel zeigten die nämliche Garnierung und waren mit reichen, auf die Hand fallenden Spitzen versehen. Vom Hals bis zur Taille reichte ein weißes Spitzenjabot, von der Taille an zog sich zwischen den beiden Flügeln des offenen Rockes ein aus Volants bestehender, nach unten breiter werdender weißer Einsatz. Darunter trug er einen mit Fischbeinstäben verstärkten Reifrock. »Pedant in allem, widerstrebt es meinem Schönheitssinn, daß mein Rock irgend eine Falte zeigt, wenn ich auf dem Klavierstuhle sitze.« [...]
Das rechts an den Saal stoßende Zimmer stattete Mathieu nun aus: die Wände bekleidete gelber, den Plafond weißer Atlas. Von der Mitte desselben hing eine aus weißem Atlas gefertigte, mit Seidenspitzen und Rosen ausgeputzte Rosette herab. Der Vorhang des Fensters war aus rosa Atlas hergestellt. Außerdem schmückte die Wände nur ein Spiegel und ein Madonnenbild von Murillo.

Ludwig II. an sein *Hofsekretariat* 406.
Hohenschwangau, 26. November 1865

Ich bewillige dem Componisten Richard Wagner eine Erhöhung
der ihm aus meiner Kabinetskasse fließenden Bezüge um jährlich
1800 f /:eintausend achthundert Gulden:/ und soll derselbe, so
lange als hiernach dessen Gesammtbezüge den Betrag von 8000 f
erreichen, in einer einzigen Quittung den Empfang der treffenden
monatlichen Rate bescheinigen dürfen. Die oben erwähnte Erhöhung beginnt vom 1ten Oktober des laufenden Jahres. –

Richard Wagner an *Ludwig II.* 407.
München, 6. Dezember 1865

Die mir von Ihnen erwiesenen vollen königlichen Wohlthaten, da
ich sie als Ausfluss Ihrer reinsten und edelsten Liebe zu geniessen
habe, setzen mich in den Stand, weltvergessen an der Vollendung
der Werke zu arbeiten, an deren Schöpfung Ihnen vor Allem selbst
mehr als an deren dereinstigen Aufführungen gelegen sein muss.

Diese segenreichen Wohlthaten sind aber auf das Neue durch
den Verrath Ihrer Beamten und Diener der Oeffentlichkeit in
einem Lichte gezeigt worden, welches sie mir zur Last, Ihnen zum
Vorwurf zu machen droht. In Schmutzblättern, mit welchen in
unmittelbarem Verkehr zu stehen gewiss jeder nur im Geringsten
für seine Ehre Besorgte angelegentlich zu verbergen oder abzuleug-
nen suchen muss, wird fortgesetzt behauptet, ich hätte ausser dem
letzten königlichen Gnadengeschenke von 40000 fl. (welches ich
übrigens durchaus als lebenslängliches Darlehen betrachte) im

Laufe des letzten Jahres noch die Summe von 190000 fl zu »erbeuten« gewusst. Diess ist nun genau dieselbe Summe, welche Ihr erster Cabinetsecretär im vorigen September Frau von Bülow als die diesjährigen Ausgaben für das Fach der »Musik« bezeichnete: dass er, um Erklärung dieser seltsamen Berechnung angegangen, näheren Angaben auswich, möge nichts zu sagen haben; dass gerade diese Summe jetzt aber in öffentlichen Blättern, und zwar als persönlich von mir bezogen, figurirt, diess, mein König, hat etwas zu sagen! [. . .]

Mein theurer König! Ich glaube es Ihnen und mir schuldig zu sein, über die durch jene Angaben gegen mich erhobenen Anklagen eine Erklärung in das Publikum gelangen zu lassen, die Bestrafung der begangenen Indiscretionen kann mir nicht obliegen, wohl aber fällt mir die Nöthigung zur öffentlichen Bezeichnung derselben zu. Ich wähle hierfür die Form, um deren Genehmigung ich meinen erhabenen Beschützer angehen muss: zunächst ersuche ich Sie gehorsamst, mit aller königlicher Strenge Ihrem Hofsecretariat die Veröffentlichung folgender Erklärung anzubefehlen, nämlich:

»dass die in öffentlichen Blättern gemachten Angaben über durch mich von der königlichen Cabinetscasse erhobene Summen *vollständig unrichtig und maasslos übertrieben* seien.«

408.   Augsburger Allgemeine Zeitung
8. Dezember 1865

S. Maj. der König hat während des gestrigen Tages nicht allein von seinen hohen Verwandten, von Gliedern des hohen Adels, von Staats- und Kirchenbeamten, sondern auch von ganz unabhängigen einfachen Persönlichkeiten Bericht über die Stimmung hinsichtlich der R. Wagner'schen Angelegenheiten sich erstatten lassen, und da von allen Seiten in ebenso übereinstimmender als freimüthiger Weise aufgedeckt wurde, daß, mit geringer Ausnahme, die Strömung gegen Wagner sey, so war des Königs Entschluß rasch gefaßt. »Ich bin entschlossen«, so äußerte er sich gegen einen der Staatsminister, »daß R. Wagner Bayern verlassen muß. Es fällt mir dieser Entschluß zwar schwer, aber das Vertrauen meines Landes geht mir über alles; auch ich will in Frieden leben mit meinem Volk.« Noch gestern Abend ergieng demgemäß an R. Wagner die Weisung Bayern zu verlassen. Die hierauf bezügliche Mittheilung der »Bayer. Ztg.« lautet zwar »auf einige Monate«. Sie dürfen mir aber aufs Wort glauben daß dieß gleichbedeutend ist mit »für immer«. Uebrigens hat Se. Maj. in wahrhaft königlicher Gnade und Großmuth dem Exilirten einen jährlichen Sustentationsbezug von achttausend Gulden anweisen lassen. Wie ich höre, wird R. Wagner längstens bis übermorgen Bayern verlassen haben.

Peter Cornelius, *Tagebuch* 409.
München, 9. Dezember 1865

Es ist gut, daß ich mir wieder einmal ein paar Stunden Zeit nehme, um die augenblickliche Lage zu schildern, welche einen Hauptpunkt in dem Schauspiel: Wagner in München bildet. Für die äußere Anschauung faßt sie sich kurz in die Zeitungsnachricht zusammen: »der König hat nach dem Anhören des Rates völlig unabhängiger Männer beschlossen, Herrn Wagner den Wunsch auszusprechen, daß er Bayern auf drei Monate verlassen möge.« Dies war Donnerstag, den 7. Dezember in der offiziellen bayrischen Zeitung enthalten. Die »Allgemeine« brachte es Freitags mit dem Zusatz, daß der König dem Verbannten den Gehalt von 8000

Gulden jährlich belasse, daß die Summen, welche Wagner in diesen Jahren gekostet habe, so groß seien, daß sie (die Zeitung) nicht
wage, sie nachzudrucken.

Es ist schwer, den *innerlichen* Hergang dieser Begebenheit ganz
deutlich zu machen, denn wir bekommen die geheimen Fäden des
Kausalitätsgewebes nur teilweise und nur von *einer* Seite gezeigt.
Doch will ich versuchen, es klar zu machen. Es gehört dazu vor
allem, die Hauptsache in den Vordergrund zu stellen und die
Nebendinge um sie zu gruppieren. Die Hauptsache aber ist das
Liebesverhältnis zwischen Wagner und Cosima von Bülow.

Kein »armer Reisender«!

Karikatur im Münchener Punsch, 1865

410. 　　　Oberappellationsgerichtsrat Lutz an
　　　　　　　Richard Wagner
　　　　　München, 15. Dezember 1865

Was Seine Majestät beizutragen vermögen, daß Ihr Fortgang von München ohne Aufsehen und Demüthigung für Sie von Statten gehen kann, wird sicherlich geschehen. Die Ihnen bewilligten Vergünstigungen werden, soviel ich von seiner Majestät dem König vernahm, Ihnen *in derselben Weise* und *in demselben Umfange*, in welchem sie Ihnen bisher bewilliget sind, auch nach der Uebersiedelung von hier verbleiben. Ich sehe mich jedoch genöthiget, zur Fernhaltung von Mißdeutungen beizufügen, daß ich nicht ermächtiget bin, *jetzt schon* eine Zusage in dem Sinne zu machen, als sollten diese Vergünstigungen *für immer* oder *für eine gewisse Zukunft* über die bereits gemachten definitiven Bewilligungen hinaus fortdauern. [...]

Was endlich Ihr erneuertes Verlangen angeht, daß Seine Majestät in die öffentlichen Blätter eine Erklärung aufnehmen lassen sollen, in welcher die in der Presse verbreiteten Angaben über die von Allerhöchstderselben aufgewendeten Summen als übertrieben zu bezeichnen wären, so lade ich Sie freundlichst ein, in aller Ruhe mit mir die Bedenken in Betracht zu ziehen, welche sich bei näherer Ueberlegung der Sache gegen eine solche Erklärung erhoben haben. [...]

Wenn überhaupt durch die Hofbehörden eine Berichtigung in die Presse gelangen sollte, so würde sie nicht wirksam und in der That der Stellung eines königlichen Amtes auch nicht angemessen sein, wenn sie blos in ausweichenden Redensarten sich erginge und nicht in wahrheitsgetreuer Darstellung zugleich auch einen positiven Inhalt bieten, d.h. deutlich sagen würde, was denn Seine Majestät eigentlich aufgewendet haben. Dabei könnten aber unmöglich die Aufwendungen für Ihre Person die einzigen sein, die zu erwähnen wären. In den Streit sind noch ganz andere Dinge hereingezogen worden, wie z.B. der Theaterbau, und gewiß ist, daß das erregte Publikum sich auch um die Ausgaben für Verwirklichung

Ihrer Kunstideale recht einläßlich bekümmert hat. Soll deshalb eine amtliche Aufklärung wirklich aufklären, so würden in der Aufzählung außer den 78000 fl, welche Sie als Kapital bezogen, und den 56000 fl für das Wohnhaus noch die Ausgaben für die einschlägigen Theater-Vorstellungen, Musikaufführungen, Geschenke, Gesangschule, Subventionen Ihrer Freunde u. dgl. figuriren müssen, so daß sehr dahin steht, ob mit der betreffenden Erklärung jener Erfolg erzielt würde, den Sie beabsichtigen, und ob deren Unterdrückung nicht viel mehr Schonung zarter Verhältnisse in sich begreift als deren Veröffentlichung.

Heinrich Esser an *Franz Schott*　　411.
Wien, 18. Dezember 1865

Unser Freund Richard Wagner ist denn nun endlich doch mit seinen unaufhörlichen Ansprüchen und seiner unglaublichen Verschwendung in einen Konflikt mit der nicht unerschöpflichen Kasse des bayerischen Königs geraten, und hat sich, wie ich höre, nach Genf zurückgezogen – wahrscheinlich, um von dort aus wieder seine Fühlhörner nach dem Grossherzog von Baden auszustrecken, der am Genfer-See seine angegriffenen Nerven zu beruhigen bestrebt ist.

Peter Cornelius an seine *Braut Bertha Jung*
München, 29. Dezember 1865

Denke Dir, Wagner hat von den 40000 Gulden nur 20000 Gulden auf Zinsen gelegt – und die andre Hälfte, *20000 Gulden, bereits ausgegeben!* Ach wie wird das mit ihm werden, und welch ein Elend kann ihn noch erwarten, wenn er alt wird!

413.   Minna Wagner, *Der Wahrheit die Ehre*
Öffentliche Erklärung, Dresden, 9. Januar 1866

Veranlaßt durch ein in gewissen Münchener und Wiener Blättern kursierendes Gerücht erkläre ich hiermit der Wahrheit getreu, daß ich bis jetzt von meinem abwesenden Manne Richard Wagner eine Sustentation erhielt, die mir eine sorgenfreie Existenz gewährt. Es gereicht mir zur besonderen Befriedigung, durch diese meine Erklärung wenigstens eine der vielfachen Verleumdungen, die gegen meinen Mann gemacht werden, zum Schweigen bringen zu können.

Anton Pusinelli
Offener Brief an die deutsche Presse
Dresden, 16. Februar 1866

Frau Wagner lebte seit länger als sieben Jahren getrennt von ihrem Gatten, vorzugsweise in Dresden, ihrer Heimath. Nur einen Winter brachte sie inzwischen mit diesem gemeinschaftlich in Paris zu. Anfänglich bewohnte sie Miethquartiere, nachdem aber Wagner ihr sein sämmtliches Mobiliar und die ganze Hauseinrichtung überlassen hatte, miethete sie eine größere, eine Treppe hoch gelegene Wohnung in dem vornehmsten Theile der Stadt. Zwei Zimmer, die sie zur eignen Benutzung nicht brauchte, gab sie in Untermiethe ab, oder hielt sie für den Besuch ihres Gatten offen, der denn auch daselbst bei seiner Anwesenheit in Dresden vor 3 Jahren wohnte. Ihre hiesigen Freundinnen sah sie oft bei sich, oder besuchte befreundete Kreise und das Hoftheater, in welches ihr Se. Majestät unser allergnädigster König freien Eintritt gestattet hatte. Im Sommer begab sie sich zur Stärkung ihrer Gesundheit auf meine Anordnung in ein Bad (Reichenhall, Soden, Schandau). Die letzten beiden Sommer aber verlebte sie im lieblichen Tharand, welches ihr so wohl gefallen und so wohl gethan hatte, daß sie eben im Begriffe stand, sich wieder für den nächsten Sommer eine Wohnung dort zu miethen, als sie der tödtliche Schlag traf. Ueberdies hatte sie zur Pflege ihre jüngere Schwester und zur Bedienung ein Dienstmädchen bei sich.

Dies der wahre Sachverhalt. Kann da von bitterem Elende die Rede sein? Gewiß nicht! Im Gegentheil erfreute sich Frau W., durch die ihr seitens ihres Gatten gewährten Alimente einer sehr anständigen und sorgenfreien Existenz. – Die feierliche Bestattung der sterblichen Hülle fand unter zahlreicher Betheiligung in würdigster Weise am 28. Januar statt. Die nicht unbedeutenden Kosten hat W. getragen und in edelsinniger Weise sein ganzes Mobiliar seiner verstorbenen Gattin schon bei Lebzeiten verschrieben, die es wiederum ihrer Schwester vermacht hat. Dieser letztern selbst hat W. eine jährliche ansehnliche Unterstützung bereits zugesichert.

So handelte der Mann, den der Münchner Volksbote zu verfolgen nicht müde wird.

415.   Richard Wagner an *Ludwig II.*
Genf, 3. Februar 1866

Mein wunderbarer, schmerzlich geliebter Freund!

[...] Soll ich je wieder nach München kommen, so muss meinen – ich sage: Unseren – Feinden jede Hoffnung abgeschnitten werden, je wieder mich daraus vertreiben zu können. Meine Stellung war bisher – formell – der Art, dass der Fall, sie plötzlich aufgehoben zu sehen, den Uebelwollenden vorbehalten war. Hierauf gründeten sie die lange schon in Umlauf gesetzten Gerüchte von meiner »Entfernung« – meinem »Sturze«, denn sie wussten, dass meine Stellung mir kein »Recht« gab. Dieses Recht, das so schön und ganz entsprechend, nie zwischen den innig verwandten Freunden stipulirt wurde, muss jetzt zu meinem Schutze, zu meiner Ruhe gegen diejenigen festgestellt werden, welchen die *Möglichkeit* eines Aufhörens meiner Stellung stets auch das *Trachten* erweckte, die Möglichkeit herbei zu führen. Ihre, wie meine Ruhe, wollen Sie mir bei Sich ein letztes Asyl bereiten, erfordert daher die Erfüllung folgender drei Bitten.

Geben Sie Befehl, dass sofort mein *Indigenat* als Bayer ausgefertigt werde.

Uebertragen Sie mir das von mir bewohnte Grundstück als wirkliches, erbliches Eigenthum.

Lassen Sie mir durch Decret meinen Gehalt bis an mein Lebensende versichern. –

Diess sind die drei Punkte, mein König, welche mir nichts anderes gewähren, als was Ihrem Sinn nach Sie mir bereits gewährt haben: dieser Sinn erhält nun aber einen formellen, gesetzlichen Ausdruck, und an dem Widerstand, welchen Sie hiergegen finden werden, dürfen Sie ermessen, welche, für Unsere Ruhe wichtige Bedeutung dieser Formalität inne wohnt. Der Angriff der Feinde wird sich nun wo anders hinzuwenden haben, als auf erneute Entfernung meiner Person: und auf andrem Felde wollen Wir ihnen, so ausgerüstet, dann schon den rechten Widerstand leisten.

Können Sie, mein König, mir diese Bitten erfüllen, so schicke ich als bald auch meinen Franz wieder zurück, lasse Haus und Garten wieder als mein Eigenthum pflegen, sehe mich nach einer Niederlassung nicht mehr um, und kehre *selbst* dann zurück, wenn Wir gemeinschaftlich finden werden, dass inneres Gefühl und äussere Umstände meine persönliche Rückkehr ermöglichen. Bis dahin suche ich mir zu helfen, so gut es geht, wenn es auch *gut* — eigentlich gewiss nicht gehen kann.

Ludwig II. an *Cosima von Bülow*   416.
München, 10. Februar 1866

Heute telegraphirte ich dem Freunde, ich wäre bereit, Seine Wünsche in Betreff des Hauses u. des Gehaltes zu erfüllen...

417.
Ludwig II. an *Cosima von Bülow*
München, 16. Februar 1866

Ich ersuche Sie dringend, bestimmen Sie den Geliebten dazu, ja *nicht* Sein hiesiges Haus, das Sein Eigen ist, zu verkaufen; ich zähle darauf, daß Er in demselben noch viele glückliche, sorgenfreie Tage verlebe.

418.
Richard Wagner an *Ludwig II.*
Genf, 22. Februar 1866

Mit welchen Feinden ich zu thun habe, ist mir durch einige neue Erfahrungen wieder kund geworden. – [...]

Aus Gründen, die ich meinem geliebten Wohlthäter treu und wahrhaftig mittheilte, und welche einzig bezweckten, mir, wenn ich auf Ihren Wunsch wieder in mein Münchener Haus zurückkehre, die Beruhigung zu geben, dass künftige Angriffe meiner Feinde sich nicht wieder meine Vertreibung zum Ziele setzen möchten, bat ich Sie, mir dieses Grundstück, da es nun doch einmal angekauft sei, als wirkliches Eigenthum zu übergeben. Was ist mir hierbei nun untergeschoben worden? Mein herrlicher Freund lässt an mich die Bitte richten, doch nicht etwa dieses Haus, das ja nun mein Eigen sei, zu verkaufen, sondern es auch wirklich zu bewohnen. Also glaubt man, ich habe mir dieses Haus erbeten, nur um ein Objekt zu bekommen, aus dem ich mir wieder Geld schlagen könnte! – Ich gestehe, nach solchen stets sich wiederholenden Erfahrungen bin ich zu Ende: ich erstarre. Und, die Ihnen meine Intentionen in dieser Weise erklären, sind – Ihre einzigen

Räthe, die Einzigen, welche berufen wären, Ihnen, dem grossmü-
thigsten Freunde, beizustehen, wenn Sie ihnen meinen Schutz,
meine Verwahrung auftragen! –

Richard Wagner an 419.
Oberappellationsgerichtsrat Lutz
Genf, 2. April 1866

Nach längerem Suchen und Bemühen hatte ich mich, da ich zur
Entscheidung gedrängt war, heute zu entschliessen, das bisher hier
von mir provisorisch bezogene Landhaus definitiv für ein ganzes
Jahr zu miethen, da ich, wenn auch äusserst kostspielig, auf diese
Weise allein mir ein ungestörtes und ruhiges Unterkommen, wie
ich es andrerseits bedarf, sichern kann. Nach hiesigem Usus bei
Vermiethung allein gelegener Landhäuser ist die volle Miethe für
den Rest des Jahres mit circa 5000 fr. im Voraus zu entrichten. Soll
ich die durch S.M[ajestät] d[es] Königs besondere Grossmuth im
vorigen Herbst mir bereitete, auf ungestörten Lebenswohlstand
zielende Bestallung meiner finanziellen Lage nicht noch gründlicher stören, als dies bereits in Folge der von meinem erhabenen
Beschützer mir aufgegebenen Entfernung aus dem in München
mir bestimmten Wohnhause geschehen musste, so kann ich den
Forderungen der Vorausbezahlung jener nöthig gewordenen
Miethe nur durch Vorausentnahme meines Gehaltes für die gleiche
Zeit entsprechen.

Richard Wagner an *Hans von Bülow*

Luzern, 8. April 1866

Ich hab' auf ein Jahr ein schön gelegenes, wohlgeräumiges Landhaus am Luzerner See gemiethet. Ich rechnete dabei einzig darauf,
daß Ihr so lange als nur möglich mit mir es bewohnt. Denn nur,
wenn Ihr mir diesen Wunsch erfüllt, kann ich es ertragen, noch
länger aus meinen guten Verhältnissen gerissen zu sein. Erfülltet
Ihr meinen Wunsch nicht, so hätte Alles keinen Sinn; ich verfiele
in die Unruhe, die jetzt der Erfüllung meines Vorhabens für alle
Zeit tödtlich sein würde. Also, Lieber, hör!! – Mein Haus hat 3
Stockwerke. Der Unterste mit Salon u.s.w. gehört Euer – der mitt-
lere mir – der obere den Kindern und Leuten. So können wir
zusammenleben, ohne uns im Mindesten zu stören. Meine Einkünfte reichen – namentlich nach dem Tode meiner Frau – vollständig aus, eine größere Familie, leicht und mit gutem Anstand
mit Allem Nöthigen zu versorgen. Du bist mit Weib, Kind und
Dienervolk daher ernstlichst und innigst freundschaftlich von mir
eingeladen, das Landhaus mit mir zu bewohnen und meine
schlichte Bewirtung Euch gütigst gefallen zu lassen.

Richard Wagner
München, 10. April 1866

Sogleich nach Empfang Ihrer verehrlichen Zuschrift vom 2ᵗᵉⁿ ds.
Mts. habe ich dieselbe Seiner Majestät dem Könige vorgelegt. [...]
Ich [...] erhielt nunmehr den Bescheid, daß Seine Majestät Ihnen
den Betrag von 5000 Franken *außer dem Jahrgehalt* bewilligen, um
damit die Miethe für die für jetzt ausgewählte Wohnung zu entrichten. Den Gehalt werden Sie demnach, außer dieser Summe,
für welche Ihnen mit diesem Briefe ein Wechsel zugehen wird, in
monatlichen Raten erheben können.

Frou-Frou Wagner
Karikatur auf die Publikation der Briefe Wagners an seine Wiener Putzmacherin
Floh, Wien 1877

Luzern, 1. Februar 1867

Liebe Fräulein Bertha!

Geben Sie mir doch genau an, wieviel Geld ich Ihnen zu schicken haben würde, wenn Sie mir dagegen einen Hausrock nach der beiliegenden Angabe lieferten. Die Farbe würde *Rosa* sein, nach einem der beiliegenden Muster, welche ich mit 1 und 2 bezeichnet habe, damit Sie mir die Preise von beiden berechnen, von denen ich vermute, daß sie verschieden sein dürften. Der von Nr. 2 ist etwas steif und im Rücken gering – vermutlich österreichisches Fabrikat –, doch ist mir die Farbe angenehm. Also – genaue Berechnung.

Von dem Blau wähle ich nach dem beiliegend zurückgesandten Muster, welches hoffentlich nicht zu teuer ist. Ich brauche 18 Ellen. Wenn Sie nicht mit dem zu den neuen Auslagen bestimmten Gelde ausreichen, so schicke ich hier noch 25 Taler, welche Sie mir gefälligst verrechnen. Schicken Sie mir mit dem blauen Atlas jedenfalls noch für 10 fl. von den vergessenen ganz schmalen Blonden zu Hemdengarnituren, Sie wissen, etwa ein Zoll breit.

Frau v. Bülow erwartet ihre Rechnung für die Mappe, welche sie sogleich berichtigen wird.

Also – wieviel würde mich der beiliegend bezeichnete Hausrock kosten?

Besten Gruß. Ihr ergebener

Rich. *Wagner*

Luzern, 1. Februar 1867.

Rosa Atlas. Mit Eiderdaunen gefüttert und in *Karrés abgenäht*, wie die graue und rote Decke, welche ich von Ihnen habe; gerade diese Stärke, leicht, nicht schwer; versteht sich Ober- und Unterstoff zusammen abgenäht. Mit leichtem weißen Atlas gefüttert. Die untere Rockweite auf *sechs* Bahnen Breite, also sehr weit. Dazu extra angesetzt, *nicht* auf das Gesteppte aufgenäht! – eine geschoppte Rüsche vom gleichen Stoff, ringsum; von der Taille an soll die Rüsche nach unten zu in einen immer breiter werdenden geschoppten Einsatz (oder Besatz) ausgehen, welcher das Vorderteil abschließt.

Sehen Sie genau hiefür die Zeichnung an: unten soll dieser Aufsatz oder Schopp, welcher besonders reich und schön gearbeitet sein muß, auf beiden Seiten sich bis zu einer halben Elle Breite ausdehnen und dann eben aufsteigend bis zur Taille sich in die gewöhnliche Breite der rings einfassenden geschoppten Rüsche verlieren. Zur Seite des Schoppes drei bis vier schöne Maschen vom Stoff. Die Ärmel, wie Sie mir dieselben zuletzt in Genf gemacht haben, mit geschoppter Einfassung – reich; vorne eine Masche und eine breitere, reiche inwendig unten am herabhängenden Teil. Dazu eine breite Schärpe von fünf Ellen Länge, an den Enden die volle Breite des Stoffes, nur in der Mitte etwas schmäler. Die Achseln schmäler, damit die Ärmel nicht herabziehen: Sie wissen. Also unten sechs Bahnen Weite (gesteppt) und zu jeder Seite noch eine halbe Elle weiter Schopp *vorne*. Somit unten sechs Bahnen und eine Elle breit.

423. Richard Wagner an *Ludwig II.*
München, 16. März 1867

Innig geliebter Herrlicher!

Zwei Zeilen! – Ich Armer bin mehr angegriffen, als ich dachte: klarer als zuvor ist mir geworden, dass ich meinem Schaffen, meinen Werken für ewig Lebewohl sagen müsste, wenn ich genöthigt wäre, in einem Elemente, wie dem hiesigen, jetzt andauernd fortzuleben: ich weiss, ich würde sogar nicht mehr lange leben. – Mein Schlaf ist verloren: ich habe Sie in einer Woche nur einmal sehen können! – Demüthig bitte ich Sie, lassen Sie mich Montag in mein stilles Asyl zurückkehren. Aber wie traurig, wenn es Ihnen nicht möglich sein sollte, zuvor noch etwas aus den Meistersingern vom treuen Sachs zu hören. Ich wünschte sehr, dass diess heute möglich sein könnte. Wäre dann morgen noch eine längere traute Besprechung zwischen Uns allein zu ermöglichen, so wären für diessmal die besten Wünsche erfüllt.

Nur ein vorübergehender Besuch

Karikatur im Münchener Punsch, 17. März 1867

Münchener
PUNSCH.

Ein humoristisches Originalblatt von M. E. Schleich.

Zwanzigster Band.

Nro. 11. Halbjähriger Abonnementspreis: in Bayern 1 fl. Im Ausland erfolgen die üblichen Postaufschläge. 17. März 1867.

Nur ein vorübergehender Besuch.

Richard Wagner an *Bertha Goldwag* 424.
München, 10. Januar 1868

Ich habe in diesem Augenblick gar, gar kein bischen Geld, und bin ganz ausgeplündert. Gott weiß, es ist mir so viel zusammengekommen, daß ich mir gar nicht zu helfen weiß. Daß Sie dadurch in Verlegenheit kommen, thut mir schrecklich leid: wirklich, ich glaubte nicht, daß es so viel machen würde. Jetzt helfen Sie sich nur noch ein klein wenig: ich muß schon sehen, wie ich Ihnen bald mit etwas zu Hilfe komme. Gewiß soll Ihnen alle Beschwerde vollständig vergolten werden. Borgen Sie, auf Zinsen, wie es geht: nur ein wenig Zeit, – das ist Alles: – ich bin halt eben etwas zu dick hinein gegangen. –

Denken Sie nun, ich möchte auch gern noch 10 Ellen von dem schönen schweren Rosa-Atlas – von dem Sie mir auch den letzten gesteppten Schlafrock besorgten – haben: wenn Vreneli in Luzern (immer auf Triebschen) den Stoff bald haben könnte, wär's sehr gut. – Aber, wie soll ich Ihnen das jetzt zumuthen können. – Es geht doch wohl nicht. – Jedoch, nur etwas Geduld! Bald werd' ich mich wieder etwas arrangiert haben, und Sie bekommen dann nachträglich auch noch ein recht schönes Weihnachtsgeschenk.

Richard Wagner an *Hofrat v. Düfflipp*
Luzern, 23. November 1868

Ich komme heute mit einem persönlichen Anliegen. Die Wohlthaten, welche ich meinem grossmüthigen königlichen Beschützer
verdanke, könnten, ohne dass die Summe derselben vergrössert
würde, durch eine letzte Vergünstigung zu einem über meinen Tod
hinaus wirkenden, mich besonders freundlich tröstenden
Abschlusse gebracht werden.

Ich habe den Wunsch, durch den Einkauf in eine vorzügliche
französische Rentenanstalt für den einstigen Fall meines Todes zu
freier Bestimmung ein Capital zu hinterlassen, über welches ich
meinem Herzen wohlthätige Verfügungen zu treffen beabsichtige.
Ich gedenke hierzu diejenigen zufälligen Einnahmen zu bestimmen, welche zu Zeiten in unabschätzbarer Weise mir zukommen,
und welche an sich nicht bedeutend genug sind, um sie meinem
erhabenen Wohlthäter als Ersatz früherer Geschenke und Hülfslei-
stungen anzubieten. Nur durch eine sofortige grössere Capitalein-
zahlung erreiche ich aber, bei meinem Alter, die Bestimmtheit der
Aussicht, in einer gewissen, nicht zu fernen Zeit meine Absicht in
ergiebigem Maasse verwirklicht zu sehen. Da im Uebrigen durch
die unsägliche Gnade unsres Allergnädigsten Herrn mein Auskommen so reichlich und wohl gesichert ist, so könnte mein
Zweck leicht durch einen regelmässig von meinem Gnadengehalte
abzuziehenden Vorschuss erfüllt werden, da ich die Abzüge unterdessen durch jene zufällig mir zukommenden kleineren Einnahmen gut zu ersetzen hoffen darf.

Sollten, mein hochgeehrtester Freund, Sie, an den ich mich deshalb hier wende, meinen Wunsch für erfüllbar halten können, so
würde ich Sie nun bitten, Seiner Majestät, unsrem Allergnädigsten
Könige, mein unterthänigstes Gesuch mittheilen und gütigst dahin
befürworten zu wollen, dass mir zu dem, mit der am 1 Dezember
d. J. zu erledigenden Abzahlungsrate desselben, noch zur Last stehenden älteren Vorschusse von 2000 fl., ein neuer Vorschuss von
zehntausend Gulden bewilligt würde, welcher, mit jenem ersten

zusammen, jährlich mit zweitausend Gulden von meinem laufenden Gehalte in den entsprechenden monatlichen Raten vom 1. Januar des nächsten Jahres an regelmässig abgezogen werden soll, demnach ich von nun an durch sechs Jahre (nach deren Verlauf Seine Majestät vielleicht von Neuem über die ferner mir zu erweisenden Gnaden zu bestimmen geruhen dürften) statt 8000 fl. nur noch 6000 fl. beziehen würde.

Richard Wagner an *Hofrat v. Düfflipp*   426.
Luzern, 5. Dezember 1868

Sehr erfreut mich Ihre freundliche Zusage in Betreff der zuletzt Ihnen von mir an das Herz gelegten, meine persönlichen Vermögensverhältnisse betreffenden Angelegenheit. Sie enthält – wohlerwogen – den Schlussstein und die Krönung der mir erwiesenen, so unvergleichlich grossmüthigen Wohlthaten meines erhabenen Beschützers. Ich wiederhole in diesem Betreff Nichts, als dass die Operation, wenn sie Allergnädigst verordnet werden sollte, bald vor sich gehen möchte, da vor Schluss dieses Jahres der günstige Zeitpunkt für die Effectuirung der beabsichtigten Einzahlung wäre. Ein Wechsel auf Paris, gegen meine Ordre, wäre für die Zustellung des Capitales an mich die geeignetste Form. –

Richard Wagner an *Ludwig II.*
Luzern, 24. Februar 1869

Und nun noch ein letztes vertrautes Wort über meine persönlichen Angelegenheiten. Ich frug vor längerer Zeit Herrn Düfflipp als Freund, ob er glaube, dass nach dem Stande der ihm besonders vertrauten Angelegenheiten, ein grösserer Vorschuss auf den mir allergnädigst verordneten Gehalt, schwierig oder leicht zu effectuiren sein würde: für den letzteren Fall ersuchte ich ihn sodann, meinem erhabenen Wohlthäter meinen Wunsch in diesem Betreff vorzutragen. Ich blieb hierbei meiner Ansicht, oder besser meinem Gefühle, getreu, dass ich, nachdem Sie alle Ihre Wohlthaten als Ausfluss Ihrer Gnade und liebebesorgten Huld mir erwiesen, ich selbst nie eigentlich ein Gesuch an Sie richten dürfte, sondern, da Sie andrer Seits oft mich liebevoll nach meinen Bedürfnissen oder Wünschen frugen, ich diese Ihnen nur wie durch Freundesvermittlung anzudeuten haben dürfte. Die Gewährung war dann jedesmal ein Glorienakt Ihrer vollen Gnade und Liebe. – Sollte ich mich in Ihrem Gefühl hiervon geirrt haben, so bitte ich demüthig um Verzeihung. Im Betreff meines zuletzt Ihnen mitgetheilten Wunsches bestätige ich Ihnen, dass, wie erfreulich und tröstlich das Gewährte mir sein würde, die huldvolle Gewährung selbst aber mir jetzt unerlässlich geworden ist, da sie nun zu einer Frage Ihrer Gnade und Freundschaft selbst herangewachsen ist.

Mögen Sie diess gütig, und mit gewohnter liebevoller Zartheit verstehen! –

Denn in Ihre Hände bin ich durch mein Schicksal, meinen letzten Beschluss gegeben! Ich will und werde nie einem Herren mehr dienen! So haben Sie denn über Ihr Eigen zu schalten. –

Richard Wagner an *Ernst Benedikt Kietz*   428.
Tribschen, 29. März 1869

Du bist, soviel ich weiß, stets in einer dem eigentlichen Ruin ähnlichen bürgerlichen Lage: sooft ich seit jener Zeit mit Dir zusammenkam, warst Du, nach Deinem Ausdrucke, immer eben »zu retten«. Wer Dich so gut kennt und schätzt wie ich, bedauert das viel – viel mehr, als Du sehr wahrscheinlich glaubst. Ich habe erfahren, daß ich selbst vor Bitterkeiten Deinerseits in solchen Lagen nur dann gesichert war, wenn ich Dir ganz ersichtlich nachweisen konnte, daß mir es nicht minder ganz und gar verzweifelt übel ging. Wie gern lüde ich Dich jetzt ein, zu mir zu kommen, mein Hausfreund zu sein, zu arbeiten, was Du Lust hast, Dir zu verdienen, was Du kannst, und im übrigen vorlieb zu nehmen mit dem, was ich als Hausfreund Dir bieten kann! Aber ich weiß, Du hast immer ein ganz bestimmtes Verhältnis, welches Du glaubst poussieren zu müssen; auch daß Du immer diese oder jene Summe gebrauchst, um Dich eben wieder einmal zu retten usw. Da – *kann* ich Dir nun eben nicht helfen, ich *kann* Dir keine Rettungszahlungen usw. zur Verfügung stellen; eben – weil ich es nicht *kann*. Wenn jetzt der *Rienzi* in Paris einschlägt, so gehören die Einnahmen zuerst *lange* Zeit Herrn v. Erlanger, dessen Vorschüsse mich damals in Paris unterhielten. Wenn ich es zu etwas gebracht habe, so ist dies einzig und allereinzig die Pension, welche mir die Großmut des Königs von Bayern hat angedeihen lassen. Alle meine Kraft nach außen besteht nur darin, daß ich *nicht* auf Sukzeß und dgl. spekuliere, und daß ich das nicht nötig habe, verdanke ich eben einzig jener Pension; aber auch nichts anderes hat diese zu sagen, und namentlich nicht, daß ich mir nun etwa ein falsches Ansehen als vermögender Mensch geben dürfte.

Das kommt Dir vielleicht alles sehr hart vor, und Du könntest erwidern, daß Du ja in Deinen verschiedenen Briefen an mich, die ich alle empfangen zu haben bekenne, mir keine unmittelbare Veranlassung zu solchen Erklärungen gegeben habest. Da mußt Du mich nun aber entschuldigen: ich scherze gern, aber mache keinen

Spaß; am wenigsten mit einem alten, treu bewährten Freunde: sehe ich den im Übel, so glaube ich helfen zu sollen; dies bloße Herumtappen mit Späßen achte ich einem solchen gegenüber für unwürdig. Wie aber soll ich Dir helfen? Wer mir einmal so nahestand wie Du, von dem verdrießt es mich, ihn in diesem Schmutze zu wissen, in welchen Du allem Anscheine nach in diesem albernen Epernay versunken bist.

429.   Berliner Fremdenblatt, 1869

Wagner gebärdet sich nicht nur wie ein Musik-, sondern wie ein Kunstpapst, der unfehlbar ist, allein lösen und binden kann und, wie der wirkliche Papst die Peterspfennige, selbst die Wagnerspfennige einsäckelt. Kurz: er war und ist das, was man auf jüdisch einen *Schnorrer* nennt.

430.   Richard Wagner an *Anton Pusinelli*
Tribschen, 12. Januar 1870

Die realen Gründe zeigen zwei Haupthemmnisse meines Lebens: meine absolute Vermögenslosigkeit und meine zu frühe, so sehr ungeeignete Heirath. Die Besitzlosigkeit war jedenfalls das Allerübelste. Das ererbte Vermögen mag groß oder klein sein, so giebt es dem Menschen, der etwas Ernstes und Aechtes will, einzig die nöthige Selbständigkeit: mit meinem Wollen, und namentlich in der Sphäre meiner Wirksamkeit, ist die Nöthigung, sich das Geld zum Leben zu verdienen, ein vollständiger Fluch. Und das haben Viele und Große schon empfunden, und sind daran untergegangen. Ich bin überzeugt, daß ein auch nur mäßiger Vermögensbesitz mich für das Aeußere meines Lebens durchaus stabil gemacht und jede Unruhe von mir fern gehalten hätte. Das vollkommene Gegentheil machte auch mich jedoch gegen den Werth des Geldes gleichgiltig, gleichsam als hätte ich gewußt, daß ich doch eigentlich nie Geld mir »verdienen« könnte. An den Folgen hiervon habe ich, bei meiner anderweitigen idealen Lebenstendenz, unsäglich zu leiden gehabt.

Richard Wagner an *Ludwig II.*   431.
Luzern, 1. März 1871

So hätte ich mir denn bereits auch den Punkt ausgewählt, welcher der Schauplatz Unsrer grossen Kunstthaten werden soll; und, aufrichtig gesagt, das glückliche Auffinden desselben ist es, was meinem ganzen Plane erst den realen Stützpunkt gegeben hat. Der Ort, den ich im Sinne habe, entspricht in jeder Hinsicht den Anforderungen, welche ich in jenem Vorwort hierfür aufgestellt: er liegt in Bayern und hat somit meinen erhabenen Freund zum Herren. [...] Zögere ich trotz dieser Andeutungen noch, diesen Ort selbst jetzt zu nennen, so messen Sie diess huldvollst der sehr natürlichen Beklemmung zu, welche mancher von mir gemachten schmerzlichen Erfahrung über die Schnelligkeit und Leichtigkeit in der Abweisung bestimmter und namhaft gemachter Vorschläge entsprungen [ist]. Ich muss dagegen wünschen, das mein Projekt selbst mit Wohlwollen erwogen, und seine Ausführbarkeit an sich, meinem Sachverständnisse gemäss, anerkannt werde, und jede vorschnelle Opposition, welche sich im Grunde gegen die Unternehmmung selbst richten würde, von dem zunächst sich darbietenden Objekte, welches hier die Wahl des Ortes wäre, somit abgelenkt werden möchte.

Demnach lege ich Ihnen, mein erhabener Freund, die ergebenste Bitte vor, Herrn Hofrath Düfflipp zu einer ausführlicheren Kenntnissnahme und Berathung dieser Angelegenheit gütigst an mich abordnen zu wollen, da eine gründliche Besprechung und Feststellung der berathenen Punkte unerlässlich ist. Es ist mir um so mehr ein Bedürfniss, mit diesem mir freundlich gewogenen Manne in eine ausführlichere Berathung einzutreten, als ich mit der Ausführung meines grösseren Projektes auch eine letzte beruhigende Lösung aller mich persönlich betreffenden Fragen in Verbindung setzen muss. Es ist mir nöthig endlich zu wissen, wohin ich gehöre, wo ich meinen festen Wohnsitz nehme[n] und für meine Familie im bürgerlichen Sinne sorgen kann. Ich habe viele Jahre meines Lebens dem wüsten Walten des Zufall's anheim geben müssen, nenne keinen Besitz mein und lebe wie ein Flüchtling in der Welt. Für den so wichtig gewordenen Rest meines Lebens kann ich hier, wohin der Zufall mich warf, nicht verbleiben; ich muss dort leben, wo ich mir zugleich einen angemessenen Wirkungskreis bereitet wissen kann: diess muss im Herzen Deutschland's sein, und glücklich bin ich, diesen jetzt auserwählten Punkt in Ihrem Königreiche inbegriffen gefunden zu haben. Dort wünsche ich meinen dauernden Heerd zu gründen, um ihn als lebenvolles Eigenthum dereinst meinen Erben hinterlassen zu können. Diess, mein huldreicher Herr und Freund, sind die Wünsche, ohne deren Erfüllung ich nicht mehr gedeihen kann; und ich lege sie meinem erhabenen Wohlthäter an das Herz, in dem unerschütterten Vertrauen, dass Sie sie gnädig erwägen und nach Möglichkeit ihre Erfüllung gewähren wollen. –

Richard Wagner an *Hofrat v. Düfflipp* 432.
Berlin, 1. Mai 1871

Auch hätte ich allerdings für das Erste selbst auch im Betreff meiner großen Unternehmung noch eine vorläufige Unterstützung meines erhabenen Gönners zu erbitten. Ich muß es nämlich für unerläßlich halten, schon jetzt wegen der Auswahl und der Erwerbung des für das Theater bestimmten Terrain's Bestimmungen zu treffen; auch könnte ich an Ort und Stelle einer Conferenz des Herrn *Brandt* aus Darmstadt mit dem Bayreuther Hofbaumeister *Wölfel* zur allerersten Begründung des Planes und der Kostenanschläge nicht entbehren. Da ich vor Ostern nächsten Jahres eine erste Einzahlung von Seiten meiner Festspielunterstützer nicht füglich verlangen könnte, bin ich natürlich für diesen Augenblick gänzlich ohne Mittel, um die für den oben bezeichneten Zweck nöthigen Auslagen zu bestreiten, welche ich Sie daher ersuchen müßte, dießmal mir vorschußweise, und gegen die Verpflichtung, aus der ersten Einzahlung sie zurückzuerstatten, gütigst mir auszuwirken.

Richard Wagner an *Ludwig II.* 433.
Luzern, 4. Dezember 1871

Mein ewig gesegneter, innigst von mir gepriesener hoher Freund! Ich stehe jetzt im Begriffe eine Reise nach Bayreuth anzutreten, um dort den Anfang meiner grossen Unternehmung einzuleiten. Bereits hat die bisher auf dem Privatwege sich herausstellende Theilnahme der Freunde meiner Kunst mir die Mittel zum Aufbau des provisorischen Theaters zugesichert; die Stadtverordneten von Bayreuth haben sich, in Würdigung der Bedeutung, welche ihrer Stadt zugewendet werden soll, zur unentgeltlichen Ueberlassung des Bauplatzes erboten, sowie überhaupt zu jedem Vorschub für die Unternehmung willig erklärt, dem zufolge ich nun den Platz in Empfang nehmen und den Architekten an Ort und Stelle den Bau übergeben will. – Gänzlich von mir unaufgefordert haben sich neurer Zeit sogenannte »Richard-Wagner-Vereine« gebildet, welche jetzt im Begriffe sind sich zu einem allgemeinen deutschen Vereine des gleichen Namens zu constituiren, welcher für jetzt zur Ermöglichung meiner Festaufführungen, sowie in Zukunft für ihre Forterhaltung zu wirken sich zum Ziele setzt. Ich muss demnach immer mehr erkennen, dass meine Idee nur von einer weiteren Gesammtheit rein erfasst und ausgeführt werden konnte, während der Einzelne, sei er auch noch so mächtig, an dem Widerstand einer anders gesinnten Gesammtheit scheitern musste. Es wird für mich ein hoher, mein ganzes Leben umfassender Tag sein, wo ich *Ihnen*, mein erhabener Beschützer, den Lohn Ihrer unsterblichen mir erwiesenen Liebesthaten in dem vollständigen Gelingen meines Werkes vorführen kann. Denn erst dann, wenn dieses Gelingen vollständig ist, wird die Welt ganz einsehen können, was sie Ihnen verdankt. [...]

Mein König! Sie haben zu dieser Vorführung Nichts weiter beizutragen, sondern einzig mich in dem hohen Gnadenstande zu erhalten, dass ich von Niemand etwas für mich verlange.

Möchten Sie mich mit altgewohnter Huld und Güte zu verstehen würdigen: mein Sinn ist rein wie Gold, indem ich Ihnen diese Erwägung an das Herz lege.

Es handelt sich um die endliche Gründung einer Heimath für mich und meine Theuren: ich such' sie dort, in jener bescheidenen Stadt Ihres Landes, wo ich den Sitz meines letzten Wirkens aufzuschlagen gedenke. Ein Federzug von Ihnen, und mein letztes Bedürfniss ist erfüllt.

Quittung Richard Wagners für die *Kgl. Bayerische Kabinettskasse* 434.
Bayreuth, 2. Februar 1872

f 12500 k – sage mit Worten *»Zwölf Tausend fünfhundert Gulden«* von der *Cabinets-Cassa S^r* Majestät des *Königs von Baiern* für ein in *Bayreuth* angekauftes Baugrundstück erhalten zu haben, bescheinigt hiemit . . .

Richard Wagner an *Friedrich Feustel* 435.
Luzern, 12. April 1872

Mit Ihren Maximen in betreff der Verteilung der von uns geforderten finanziellen Kräfte bin ich durchaus einverstanden. Genauer präzisiert heißen sie aber so:

1. Das Theatergebäude durchaus nur als *provisorisches* halten; mir wäre es recht, wenn es ganz nur aus Holz wäre, wie Turner- und Sängerfesthallen; keine andere Solidität als die, welche es vor Einsturz sichert. Deshalb hier sparen – sparen, keine Verzierung. Wir geben mit diesem Bau nur den Schattenriß der Idee und übergeben diesen *der Nation zur Ausführung* als monumentales Gebäude.

2. Maschinerie und Dekoration, alles auf das ideale innere Kunstwerk Bezügliche – ganz *vollkommen*. Hier *nichts* sparen: Alles wie für lange Dauer berechnet, nichts Provisorisches. –

3. Sänger und Musiker erhalten von mir nur Entschädigungen, keine *»Bezahlungen«*. Wer nicht aus Ehre und Enthusiasmus zu mir kommt, den lasse ich, wo er ist. Ein Sänger, eine Sängerin, welche nur gegen eine jener verrückten *Gagen* zu mir kommen

würde, könnte mir schön taugen! Nie würde ein solches Wesen meinen künstlerischen Ansprüchen genügen können. Dies, Liebster, sind *meine* Wunder, die ich hier der Welt zeigen werde, wie man sich zur Lösung einer solchen Aufgabe sein Personal schafft: und hieran müssen meine Freunde glauben.

436. Richard Wagner an *Ernst Wilhelm Fritzsch*
Bayreuth, 29. Juli 1872

Lieber Herr Fritzsch!

Der II. Redaktionsbericht des »Akademischen Wagner-Vereins« (Vorort Berlin), welcher der letzten Nummer Ihres »Musikalischen Wochenblattes« beigegeben war, enthält (unter VI) einen längeren Artikel über meine »Entwickelung« usw., darin sich einige biographische Unrichtigkeiten befinden, welche ich Sie freundschaftlich zu berichtigen bitte. [...]

Bezüglich der von dem Verfasser unternommenen Berichtigung im Betreff einer, in frühen Zeiten für meinen Aufenthalt in Paris mir zugeteilten materiellen Unterstützung *Meyerbeers*, befindet sich derselbe, wenn er diese in Wirklichkeit auf »kaum einige tausend Franks« sich belaufend abschätzen zu dürfen glaubt, ungefähr in einem ähnlichen Irrtum wie H. *Heine*, welcher die gerüchtweise Behauptung, der Pariser Postsekretär *Gouin* habe Meyerbeer alle seine Opern komponiert, darauf reduzieren zu müssen glaubte, daß Gouin etwa höchstens den vierten Akt der »Hugenotten« geschrieben habe, – wobei er sich auf die Annahme der Unparteiischen stützen mochte, daß wenn auch nicht alles, doch immer etwas an Gerüchten wahr sein müsse.

Quittung Richard Wagners für die *Kgl. Bayerische Kabinettskasse* 437.

Bayreuth, 26. August 1872

Der Unterfertigte bestätigt hiemit den Empfang von *Einundzwanzigtausendzweihundert Gulden südd. W. aus der Cabinetskassa Seiner Majestät des Königs Ludwig II von Bayern.*

Hofrat v. Düfflipp an *Richard Wagner* 438.

München, 2. September 1873

Seine Majestät der König haben mich zu beauftragen geruht, Ihnen für die letzten Zuschriften und Sendungen recht herzlich zu danken und die Bemerkung beizufügen, daß Seine Königliche Majestät noch eigenhändig darauf antworten werden. –

Die erbetene Garantie für ein aufzunehmendes Kapital betreffend, so sind Seine Königliche Majestät nicht darauf eingegangen, wahrscheinlich in Erinnerung an Ihre frühere Erklärung, nach welcher Sie damals, als die für das Theaterunternehmen zu Bayreuth gezeichneten 25000 rt Ihnen persönlich zugewendet wurden, jede weitere materielle Antheilnahme des Königs ganz entschieden ablehnen zu müssen glaubten. –

Ich habe nun den von Ihnen mir angekündigten Besuch des Herrn Feustel abgewartet und mit Beihilfe einer schriftlichen Auseinandersetzung dieses Herrn nochmals bei Seiner Königlichen Majestät angeklopft, muß aber zu meinem Bedauern vernachrichten, daß es vergeblich war, obgleich der König mit größtem Interesse meinem Vortrage zuhörte.

Heinrich Brockhaus, *Tagebuch*
Bayreuth, 29. Oktober 1873

Frau Cosima Wagner und ich sind nach dem Wagner-Theater gefahren. So etwas ist wirklich noch nicht dagewesen. Ein Componist baut von fremdem Gelde für seine Opern, oder eigentlich nur für die Trilogie der »Nibelungen«, ein Theater, das 300000 Thaler kosten wird! Der Entwurf schien ganz chimärisch, niemand glaubte, daß dem kühnen Plan die Wirklichkeit folgen werde. Aber wirklich findet sich von enthusiastischen Verehrern des Musikers das nöthige Geld zum Anfangen, man hat bisjetzt schon über 100000 Thaler verbaut, und das äußere Theater steht was man sagt in den Umfassungen fertig da.

Richard Wagner an *Franz Schott*
Bayreuth, 23. Januar 1874

Ich brauche zehntausend Gulden, um mit meinem Hause und Garten fertig zu werden. Wollen Sie mir diese Summe sofort auf zu liefernde Kompositionen vorschießen, so würde ich mich dagegen verpflichten, sechs große Orchesterwerke, jedes von dem Umfange und von der Bedeutung einer großen Ouvertüre, von halb zu halb Jahr zu liefern und die erste Lieferung bis spätestens am Schlusse dieses Jahres 1874 Ihnen einzusenden.

Bis Mitte dieses Sommers sind wir mit der Herausgabe der »Götterdämmerung« fertig. Ich habe dann freie Zeit, Entwürfe, mit denen ich mich seit länger beschäftigt, auszuführen, was mir eine bessere Laune machen wird, als dramatische Partituren zu schreiben, von denen ich doch weiß, daß sie unsere Theater meistens verhunzen, während ich mit solchen Orchesterkompositionen immer Glück gehabt habe. Nun beurteile ich den Wert eines solchen Stückes billigerweise nach dem Antrage, welchen mir die Firma *Peters* gestellt hat, als sie sich nach dem Erfolge des »Kaisermarsches« einer neuen Orchesterkomposition von mir versichern wollte; sie bot mir eintausend Taler, und ich darf glauben, es dürfte mir nicht schwer fallen, von derselben die Vorausbezahlung von sechs solchen Werken zu erzielen. Doch hiervon ganz abgesehen, so mache ich mir jetzt diese bei mir stehende Möglichkeit eines Verdienstes durch Arbeit zunütze, um mir das Geld zu verschaffen, dessen ich jetzt zur Vollendung meines Hauses – zu welchem, wie wohl immer, vieles Unvorhergesehene dazugekommen ist – bedarf.

Ist mein Vorschlag, mein Wunsch, meine Bitte etwas nicht ganz Gewöhnliches, so ist es aber *Franz Schott*, an den ich sie richte, und am Ende ist es *Richard Wagner*, der dies tut ...

Ludwig II. an *Richard Wagner*   441.
Hohenschwangau, 25. Januar 1874

Nein, nein und wieder *nein!* so soll es nicht enden! Es muß da geholfen werden! Es darf Unser Plan nicht scheitern. Parcival kennt seine Sendung und wird aufbieten, was irgend in seinen Kräften liegt. »Nicht eines Träumers Hirngespinst sei es gewesen«, wie Philipp über Carlos' und Posa's Ideale sich ausspricht. – Verzagen Sie nicht und beglücken Sie mich durch einen baldigen Brief!

Daß meine Casse auf keineswegs brillantem Fuße steht, muß ich Ihnen leider anvertrauen; zum *Zögern* war ich *verdammt,* obwohl dieß sonst nicht meine Sache ist.

442.   Richard Wagner an *Ludwig II.*
Bayreuth, 3. Februar 1874

So darf ich ja die herrlichen Versicherungen verstehen, welche Ihr huldvolles Schreiben mir ausdrückt? Seien Sie aus tiefster Seele ewig und immer dafür gesegnet! Dass Sie hiermit mir wieder neuen Lebensmuth geben, dass ich die Ausführung meines Unternehmens nun wieder als möglich, ja gesichert betrachten zu dürfen glaube, diess will mich, als der Erfolg Ihrer gnadenvollen Erweisungen, noch nicht so wichtig dünken, als der weite Blick in eine hierdurch abermals mir eröffnete Zukunft der Entfaltung des deutschen Geistes. Oh, könnte ich Ihnen diesen Blick ganz so zu eigen machen, wie er es mir ist, wie er von Neuem durch Sie mir sich erschlossen hat!

443.   Richard Wagner an *Franz Schott*
Bayreuth, 9. Februar 1874

Mein hochverehrter Freund und Gönner! Es gereicht mir zu einer wahren Freude, durch die Unterzeichnung des von Ihnen mir vorgelegten Vertrages mit Ihnen in ein so vorzügliches und für beide Teile ehrenvolles Einvernehmen getreten zu sein...

Richard Wagner an *Emil Heckel*   444.
Bayreuth, 5. März 1874

Soeben traf die Unterschrift des Königs hier ein. Er gewährt uns einen Kredit von 100000 Thalern aus seiner eigenen Kabinettskasse, um damit die Kosten der Bühneneinrichtung, Decorationen und Gasherstellung für jetzt bestreiten zu können: während der Dauer des Kredites sollen alle eingehenden Patronatgelder der K. Kabinettskasse zugeschrieben werden, bis zur Tilgung der gemachten Vorschüsse, bis zu welcher die bezeichneten Anschaffungen Eigenthum des K. Hofsecretariates bleiben.

Dies der Vertrag.

Sie sehen hieraus, daß wir eben nur in den Stand gesetzt sind, vorwärts zu gehen, keinesweges aber einen Zuschuß erhalten, daß wir somit nach wie vor darauf angewiesen bleiben, das ganze Unternehmen durch die Theilnahme des Publikum's in Wahrheit erst zu ermöglichen.

Ich ersuche Sie nun, in Ihren Mittheilungen und Veröffentlichungen mit derjenigen Behutsamkeit und Vorsicht zu verfahren, deren es zu den beiden Zwecken bedarf:

1. Die eingetretene Erleichterung als Gewährleistung für das Zustandekommen der Unternehmung gelten zu lassen.

2. Die Leute nicht glauben zu machen, daß nun nichts mehr dafür zu thun sei.

445.   A. L. Mazière (Schott) an *Friedrich Feustel*
Mainz, 22. Februar 1875

... Unter der Annahme, daß Ihnen Herr Wagner Kenntniß unserer seitherigen Correspondenz mit ihm gegeben ... fragen wir Sie als Geschäftsmann ob wir von Herrn Wagner zuviel verlangen, wenn wir für den durch unsere weitere Zahlung von 5000 Gulden sich ergänzenden Vorschuß von 16000 Gulden, eine uns paßende Garantie zu erhalten wünschen! Wir zweifeln keinen Augenblick an den von Ihnen geschilderten guten und geordneten Verhältnissen des Herrn Wagner, allein da wir keine Garantie dafür haben in nicht allzuferner Zeit wieder mit neuen Ansprüchen heimgesucht zu werden, die zugleich mit Drohungen begleitet sind, im Falle der Verweigerung *genöthigt* zu sein, die mit uns eingegangenen Verträge zu umgehen, so müssen wir, weil unser Vertrauen erschüttert ist, darauf gerüstet sein eine Möglichkeit zu haben, wenn wir es für gut finden, Herrn Wagner von seinen Verträgen mit uns gänzlich zu entbinden und unser Guthaben von demselben zurück fordern zu können.

Wir wollen für heute noch gern annehmen, daß es Herr Wagner mit seiner Drohung nicht ernstlich gemeint hat und halten an unserem Versprechen fest die begehrte Summe gegen die von uns gewünschte Garantie ihm zur Verfügung zu stellen und da wir wissen, daß Sie ein von dem Meister hochgeachteter Freund sind so unterbreiten wir Ihnen den Vorschlag, *selbst die Garantie*, welche wir unbedingt nöthig haben, *zu übernehmen*. Sie sind dem Meister nahestehend und können denselben in jeder Hinsicht berathen und unterstützen. In seiner Macht liegt es durch Lieferung von Werken von sich der Garantie die Last zu nehmen und daß wir hierfür die Dauer von drei Jahren annehmen mag Ihnen Beweis sein, daß wir dem Schaffungsgeiste nicht nahe treten wollen.

Ludwig Strecker (B. Schott's Söhne) 446.
Persönliche Erinnerungen an Richard Wagner
Bayreuth, 17. und 18. Januar 1876

Die Zeit für meine Vorstellung bei dem Meister war nunmehr gekommen. Von den alten Geschäftsführern, die sich der ersten persönlichen Zusammenkünfte [Wagners] mit Franz Schott erinnerten, mit der Pflicht geimpft, etwaigen Pumpversuchen gegenüber standhaft zu bleiben, und bewaffnet mit einem Zettel voll hundertlei Besprechungsgegenständen, machte ich mich auf den Weg. [...]

Wir nahmen Platz und begannen die Unterhaltung mit geschäftlichen Dingen, d.h. nachdem ein paar allgemeine Sachen erledigt waren, fragte ich wegen einigem um Wagners Meinung und nun fing er an zu sprechen und zu erzählen, kam von einem Punkt zu tausend anderen, sodaß ich von nun an nur still zuzuhören brauchte. Mit einem Lob der Generosität und des coulanten Wesens des Hauses Schott begann er und kam bald auf ein Thema, das ihn eben sehr beschäftigt: den Prozeß den er mit Fürstner über das Aufführungsrecht der neu componierten Szenen zu Tannhäuser hat. Dann kam er auf die Erzählung der Geschichte seiner ersten drei Opern, die er selbst in Dresden – bei Meser – herausgab, mit dem Gelde, das er sich von Freunden zusammengebettelt hatte. Auf diese Opern, die nach dem Tode des Nachfolgers von Meser, Fürstner im Jahre 1872 für 26000 Mark kaufte, schuldete er (Wagner) noch 5000 Thlr. an mehrere Freunde, von den Zinsen garnicht zu reden. »Ja, ich muß sehr alt werden, wenn ich nur einen Teil meiner Schulden zahlen will.« Bei dem Wort Schulden lächelte ich und sah erst nach ihm und dann nach den in dem Zimmer aufgestellten Kostbarkeiten; er verstand mich, lachte laut und sagte: »Sie finden mein Haus schön? Gott, wenn Sie wüßten! Die 20000 fl. vom Haus Schott sind nicht meine einzigen Schulden; außer den 25000 Mark, die mir der junge Herr, dessen neuestes Bild er mir heute schickte (König Ludwig II.) für mein Haus geschenkt hat, ist noch nichts darauf bezahlt.« Ziemlich bitter setze er dann noch hinzu: »Ja, er hat sein Wort nicht gehalten, er hat mich sitzen lassen und anstatt mein Unternehmen zu fördern, wie er sollte, hängt er seinen Marotten nach. Nun es geht auch so; kürzlich forderte man mich von Amerika aus auf, einen Marsch zur Feier des Centenariums zu componieren; ich schrieb zurück, die Herren Amerikaner sollten erst einmal etwas für mich tun und ordentlich Geld schicken für mein Theater, vielleicht bekäme ich dann Gedanken!«

Das Geld ist überhaupt ein beliebtes Thema von ihm. Ein andermal äußerte er: »Es ist eine Schande, daß in ganz Deutschland kein reicher Mann aufzutreiben ist, der sagte, da hast du Credit, tue wie du es für gut hältst, ich stehe Dir ganz zu Gebot – was hätte das einem Rothschild oder Bleichröder gemacht? – So müssen meine Freunde und ich, hauptsächlich aber meine Freundinnen das Geld zusammenbetteln und wenn ich nicht ein paar wirklich treue Menschen hätte, meine ganze Lebensaufgabe wäre nie erfüllt worden.«

Über eine Stunde sprach er so, dann verabschiedete er mich.

447.   Richard Wagner an *Hofrat v. Düfflipp*
Bayreuth, 26. Mai 1876

Das einzige Mittel, meine Unternehmungen am Vorabende der Erfüllung noch zur Vollendung zu führen, liegt in der Gnade Sr. Majestät des Königs, welche es mir gestatten möge, die Zurückzahlung des Allerhöchsten Darlehens von jetzt an zu gestunden; müssen wir die Patronatseingänge ununterbrochen in die Kabinettskasse zurückzahlen, so haben wir keinen Pfennig zur Hand um die mit dem 1. Juni eintreffenden Musiker und Sänger zu bezahlen, und mir bleibt nichts übrig, als sofort öffentlich abzukündigen. [...]

Ich hätte mich gern sofort nach München aufgemacht; allein ich kann für keine Stunde abkommen. Meine Tage, Nächte und – Minuten sind jetzt so von Sorge, Schrecken und Störungen zerfetzt und zerrissen, daß mir nicht ein Augenblick ruhiger Besinnungen bleibt, um nur meinem erhabenen Herrn und Beschützer für die unglaublich schöne Huld zu danken, die von *Ihm* mir wieder an meinem letzten Geburtstage erwiesen wurde!

Sehen Sie selbst, hochzuverehrender Herr Hofrat, es diesen Zeilen, welche solche grenzenlos wichtige Dinge behandeln, an, in welcher Hast ich alles betreiben muß, da doch eigentlich *niemand* mir zur Seite steht, welcher einen wirklichen Einblick in das Ungeheure habe, was ich zu leisten mich vermaß! –

Er – mein hoher Herr und Beschützer ist der Einzige! Darum hoffe ich auf ihn und ersuche Sie allerdringendst und herzlichst meiner so unehrerbietig anscheinenden Hast, wie sie sich in diesen Zeilen ausdrückt, durch gewogene Vermittlung meiner Bitte am Allerhöchsten Orte Entschuldigung und Verzeihung auszuwirken...

Richard Wagner an *Ludwig II.*   448.
Bayreuth, 27. Mai 1876

So blieb der Wonnemond mir selbst nicht treu,
bringt kein Erquicken mehr der holde Mai?
Auf meines Kunstwerks nahes Morgenroth
Erstarrt mein Blick in Nibelungennoth.

Hat sich der Lenz so ganz mir abgewandt,
der jüngst mir noch so holden Gruss gesandt?
der nie gekargt mit seligstem Verzeihen,
Mög' er der Noth nun auch sein Mitleid weihen!

449. Hofrat v. Düfflipp an *Richard Wagner*
München, 29. Juni 1876

Ich kann einstweilen mitteilen, daß der König die Stundung der Rückzahlung zu genehmigen geruht, bis 800 Patronatscheine verkauft sein werden, wogegen aber die k. Kabinettskasse von weiteren Vorschußleistungen befreit bleiben soll.

450. Richard Wagner an *Emil Heckel*
Sorrent, 3. November 1876

Herr Feustel hat sich bisher noch durch nichts Anderes vernehmen lassen als durch Schreckberichte über das anwachsende Deficit, gegen welches man nun einzig von mir Rettung anspricht. Gut! Ich habe mein Circular aufgesetzt und zugeschickt; ich habe in Berlin, und beim König v. B. angefragt, – ohne noch Antwort zu erhalten. – Ihr Gedanke einer 4. Aufführung für das Deficit ist, unter solch elenden Umständen, gewiß der anständigste; nur wird man mit der Bezahlung gewisser Rechnungen nicht so lange warten können. Da ich nun überhaupt nichts wie Elendes mit der Beendigung meiner Festspiele erfahren, und es bei mir so steht, daß mir eigentlich sehr große Lust zur Wiederholung und Fortsetzung gemacht werden müßte, wenn ich meinen grenzenlosen Widerwillen gegen jedes Befassen damit überwinden sollte, – so warte ich nur eigentlich noch auf eine recht niederträchtige Erfahrung, die mich entscheidet, Alles abzubrechen, und im buchstäblichsten Sinne. Ich werde dann vollständig verstummen, und lautlos Alles was da ist den Gläubigern der Unternehmung übergeben, ganz wie bei einem legalen Bankerott. –

Ludwig II. an *Richard Wagner*
München, 30. März 1877

Gebe Gott, daß auch Sie es thun und mein langes Schweigen mir nicht entgelten lassen! Lebhaft bedaure ich, daß in diesem Jahre keine Wiederholung des herrlichen und unvergeßlichen Nibelungen-Festspieles statthaben kann; hoffentlich aber um so sicherer im nächsten Jahre.

Ueber die Geldfrage schreibe ich nichts, da ich vor längerer Zeit schon Düfflipp auftrug, Ihnen hierüber Mittheilungen zu machen; ich kann nur hier meinem lebhaften Bedauern Ausdruck verleihen, außer Standes zu sein, nochmals pecuniäre Opfer zu bringen. *Es ist unmöglich!!*

Hofrat v. Düfflipp an *Ludwig II.*
München, 21. August 1877

Richard Wagner traf am 20ten vorigen Monats abends von Lindau kommend in München ein und nahm im Hotel Marienbad Absteigquartier, wo ich ihn andern Tags früh 8 Uhr besuchte. Nach den üblichen Begrüßungsformeln ging Wagner sogleich auf das Geschäftliche über, mich fragend, ob auf sein an Ew. Majestät unmittelbar gestelltes Gesuch eine Allerhöchste Entschließung an das k. Hofsekretariat oder an die k. Hoftheaterintendanz erflossen wäre und ob hiernach mit ihm feste Abmachungen getroffen werden könnten. Als ich ihm antworten mußte, daß mir von einer solchen Allerhöchsten Entschließung nichts bekannt sei, machte W. ein sehr erstauntes und erschrockenes Gesicht, lehnte sich im

Sessel zurück, fuhr mit der Hand an die Stirne und sagte im Ton tiefster Ergriffenheit: »Ach! Nun weiß ich, woran ich bin. – Ich habe also nichts mehr zu hoffen! – Und doch waren die letzten Briefe des Königs so herzlich und wohlwollend, daß ich glaubte, frühere Zeiten wiederkehren zu sehen«. Nach einer kurzen Pause gab ich zu verstehen, wie mir bekannt geworden, daß W. darauf Bezug genommen hätte, mit den aus der k. Kabinettskasse fließenden 8000 fl. unter gegenwärtigen Verhältnissen nicht mehr ausreichen zu können und bemerkte dazu, daß – wenn es sich vielleicht noch um eine weitere Geldfrage gehandelt haben sollte, wohl deshalb eine allerhöchste Entschließung unterblieben sei, weil die k. Kabinettskasse für weitere Zahlungen nicht mehr in Anspruch genommen werden könnte, wie dies ja schon bei jeder Gelegenheit betont worden sei. – Darauf gab mir W. bekannt, daß er Ew. Majestät um Übernahme seines Theaters in Bayreuth und um Anordnung zur Wiederholung des Bühnenfestspieles »Der Ring des Nibelungen« durch die k. Hoftheaterintendanz mit den Kräften der Münchener Bühne gebeten und eine günstige Entschließung zuversichtlich erwartet habe, weil er anderen Falles sein Eigentum in Bayreuth zur Deckung des bestehenden Defizits zu verkaufen und nach Amerika auszuwandern gezwungen wäre. – Aus der weiteren Besprechung läßt sich die Situation wie folgt darstellen:

Das Bayreuther Unternehmen hatte nicht den gehofften pekuniären Erfolg, indem eine erhebliche Anzahl von Patronatsscheinen nicht verwertet werden konnte, während dem gegenüber die Ausgaben für das Gebäude, für dessen Ausstattung und für die Aufführungen weit mehr betragen, als hierfür veranschlagt worden war. – Nach Abschluß der Rechnung bleiben Forderungen von Lieferanten und Handwerksleuten im Betrag von 149000 Mark ungedeckt und außerdem hat die k. Kabinettskasse an geleisteten Vorschüssen zirka 216000 Mark anzusprechen. Der Gewinn des Londoner Konzertunternehmens betrug nur 15000 Mark; hierzu eine Erbschaft der Frau Wagner mit 132000 Mark gerechnet, so verbleiben an obigem Defizit noch 102000 Mark im Reste und haben einige Gläubiger bereits mit gerichtlicher Klage gedroht, wenn ihnen nicht Zahlung in Aussicht gestellt werden kann.

W. stellte dar, daß es ihm persönlich unmöglich sei, eine Wiederholung der Aufführungen in Bayreuth zustande zu bringen, hält aber diese Aufführungen für dringend notwendig, soll die Sache nicht als eine verlorene angesehen, die Stadt Bayreuth, welche dem Unternehmen große Opfer brachte, nicht empfindlich geschädigt werden.

Richard Wagner an *Judith Gautier* 453.
Bayreuth, 11. oder 12. Dezember 1877
(im Original französisch)

Ihre Zeichnungen der Flacons waren entzückend. O teure, geliebte Seele! Jetzt, was den fraglichen Flacon angeht, so will ich etwas ganz Außerordentliches. Ich möchte genauso arg über die Schnur hauen wie Cosima: sie hat mir eine unglaublich schöne Tabatiere geschenkt, aus dem Anfang des 16. Jahrhunderts, die sich im Besitz einer Altmünchner Familie vorgefunden hat. Also wählen Sie etwas sehr Schönes, aber Sie selber müssen das aussuchen: ich verlasse mich nur auf Ihren Geschmack! Ich will Ihnen weitere 500 Franken schicken, vorläufig, bis zu den nächsten Bestellungen.

Unternehmen Sie nichts wegen des Satins. Ich verzichte darauf. Ich bin vernarrt in eine gewisse Farbe, die man nicht mehr findet: was man einem anbietet, ist Chamois oder Fleischfarbe. (Ach, wär es die Farbe Ihres Fleisches, dann hätt' ich gleich das Rosa, das ich will!) Aber wenn Ihnen das Spaß macht, so trachten Sie noch einen (oder selbst zwei) solcher Stoffe (gut) à la Pompadour aufzutreiben, gestreift, wie ich sie Ihnen geschildert habe, immer je 6 Meter.

Was die Parfümerien betrifft, *hauen Sie über die Stränge,* ich bitte Sie, Badeessenzen usw. in reichem Schwalle, dutzendweis. Denn wir leben in einer von allen Grazien verlassenen Wüstenei.

454. Richard Wagner an *Judith Gautier*
Bayreuth, 18. Dezember 1877 (im Original französisch)

Ach! Und das japanische Kleid: Jede Stunde betrachte ich Ihr großartiges Gemälde: mit den schwarzen Haaren (sind Sie das?). Ich
kriege Angst vor Ihren »Extrakten«. Ich könnte da wieder Torhei-
ten begehen: Im allgemeinen ziehe ich Pudersorten vor, weil sie
sanfter an den Stoffen haften usw. Aber nochmals, seien Sie verschwenderisch, vor allem in der Quantität der Badeessenzen, etwa
bei den Ambrasorten usw. Ich habe die Badewanne unterhalb meines Ateliers und habe es gern, wenn Düfte aufsteigen.

Denken Sie im übrigen nicht schlecht von mir! Ich bin alt
genug, um mich wieder mit Kindereien befassen zu dürfen! Ich
habe die drei Jahre des *Parsifal* vor mir, und nichts darf mich dem
süßen Frieden schöpferischer Einsiedelei entreißen.

455. Friedrich Nietzsche
Fragment aus dem Nachlaß (1875)

Ein leidenschaftliches Verlangen nach Luxus und Glanz in Wagner: gerade von da aus war er befähigt, diesen Trieb im Innersten
zu verstehn, zu verurteilen. Sein äußeres Leben verhielt sich zu
diesem Hange wie ein neckendes Possenspiel mit seinem Wechsel
von Dürftigkeit und Luxus. Mit der Kunst des Luxus kritisierte er
sich selbst und durchschaute sich.

Friedrich Feustel an *Cosima Wagner*   456.
Bayreuth, 15. Januar 1878

Die Verhältniße zwingen mich leider, die unerledigte Deficit-Angelegenheit zur Sprache zu bringen, und erlaube ich mir Ihre Aufmerksamkeit hierauf zu lenken, da ich Ihren Herrn Gemahl inmitten seines künstlerischen Schaffens gerne mit solchen Angelegenheiten verschonen möchte.

Wie Sie wissen, war das Deficit   M 147.851,82

hievon wurde bez.   [M] 49.823,25

mithin sind noch   M 98.028,57

zu zahlen, welche Summe sich um einige Verzugszinsen vergrößert.

Alle Schritte, die seither geschehen sind, um eine solche Summe zu beschaffen, waren vergebens. Ich verschone Sie mit deren Aufzählung. Es wurde nichts unversucht gelassen.

Ich werde aber nun um Geld gedrängt und wenn ich gerichtliche Schritte auch noch einige Zeit hintanhalten kann, so hat das doch seine Grenze. –

Ich sehe nur noch eine Möglichkeit, um eine Catastrophe zu vermeiden. – Dieselbe besteht darin, daß Ihrem Herrn Gemahl vom kgl Hoftheater in München auf etwa 10 Jahre eine Tantième für seine Werke gewährt werde, im Betrage von jährlich 10000 Mark. – Es würde sich damit ein Kapital schaffen lassen, mit dem man, unter Zuziehung des Erlöses aus dem Verkaufe der größeren Restauration, Alles bereinigen könnte. – Ich bin bereit alle darauf Bezug habenden Papiere vorzulegen; es wird sich dann ergeben, daß ich sehr knapp gerechnet habe. –

Zu dieser Darlegung und diesem Vorschlage habe ich mich nur nach reiflichster Erwägung aller Verhältnisse entschlossen. –

Cosima Wagner an *Ludwig II.*
Bayreuth, 16. Januar 1878

Euere Majestät werden es gnädig vergeben wollen, wenn ich in der Noth des Herzens auf nichts zu bauen weiß als auf die Huld des gnadenreichen Schirmherrn, der seit Jahren das geliebteste Haupt beschützt.

Mir fehlt der Muth, meinem Mann jetzt, inmitten von »Amfortas«-Klage, jene Klage zu Gehör zu bringen, welche gar mißstimmend und niederdrückend die Erste verstummen lassen müßte! Wird es der allergnädigste Herr, übel mir anrechnen wollen, daß ich, muthlos für das eine, dennoch den Muth behielt diese Zeilen, die ich soeben erhielt, Ihm, dem Huldvollen zu Füßen zu legen? Auch dieser Muth hätte mir gefehlt, wenn ich nicht von der Hoffnung beseelt wäre, er würde gnädig beurtheilt werden, ja mit dem tiefdringenden Strahl des königlichen Mit-Leidens, welcher das Leben des Dichters des »Parsifal« durchglüht, gebilligt werden!

Ich bitte Euere königliche Majestät unterthänigst, von den Zeilen, die ich mir erlaube dem allergnädigsten Herrn ehrfurchtsvoll zu unterbreiten, Kenntnis nehmen zu wollen und, wenn diese die allergnädigste Zustimmung von Euerer Majestät zu gewinnen so glücklich sind, den Befehl ertheilen zu wollen, welcher die Deckung des Defizits ermöglicht.

Ludwig II. an *Cosima Wagner* 458.
Linderhof, 27. Januar 1878

Es ist meinem Herzen Bedürfniß, Ihnen es hier auszusprechen, wie sehr es mich mit Freude erfüllt hat, daß Sie in jener in Ihrem mir so werthen Briefe erwähnten Angelegenheit Sich an mich persönlich gewandt haben. Sogleich nach Empfang Ihres Schreibens habe ich die von Ihnen gewünschte Weisung an meinen Hofsekretär ergehen lassen, welcher mit Feustel und Perfall sich sofort in's Benehmen setzen wird, damit die Deckung des Deficits in der erwähnten Weise unfehlbar erfolge.

Es war mir sehr lieb, aus Ihrem theuren Briefe zu ersehen, daß Sie dem so innig verehrten Meister und Freunde keine Mittheilung über jene pekuniäre Angelegenheit gemacht haben, Ihm, dessen Genius Seine höchste Offenbarung zu verkünden im Begriffe ist; diese fatale Alltagssorge hätte Ihn nothwendiger Weise aus der begeisterungsvollen, schaffensfreudigen Stimmung reißen müssen. Ich bitte Sie, hochverehrte Frau und Freundin, versichert zu sein, daß ich stets wahrhaft glücklich bin, wenn sich mir Gelegenheit bietet, Ihnen und Ihm einen Freundes-Dienst zu erweisen. O grüßen Sie Ihn auf das innigste von mir aus den Tiefen der Seele! Der reichste Segen von Oben sei immerdar mit Ihnen und Ihrem Hause!

459. Richard Wagner an *Friedrich Feustel*
Bayreuth, 3. Februar 1878

Für heute.. drücke ich Ihnen meinen Dank für die ungemeine Geduld, Klugheit und Energie, welche Sie für meine schlimme Lage im Angesicht des Festspieldefizits in Ausübung brachten, durch die Bezeugung meiner großen Freude darüber aus, daß – doch immerhin durch die erhabene Freundschaft des Königs für mich – Ihre Bemühungen zu einem so wohlgenügenden Erfolge geführt haben. Es hat die für mich so befriedigende Wendung genommen, daß – im Grunde – durch die erwarteten Erfolge meines eigenen Werkes uns die Mittel zur Bekämpfung jener üblen materiellen Folgen des Jahres 1876 zugewiesen werden sollen. Das ist ehrenvoll. Doch nur auch Ihrem Vertrauen hierauf wird es zu verdanken sein, daß aus dem freundlichen Bescheide des Königs eine wirkliche und prompte Erlösung aus der peinlichen Lage bereitet sein kann...

460. Berthold Kellermann, *Erinnerungen* (1832)
(Bericht über das Jahr 1878)

In Geldsachen war Wagner ein großes Kind. Zu Weihnachten 1878 ließ er auf seine Kosten das ganze Meininger Hoforchester nach Bayreuth kommen, um seiner Frau eine Geburtstagsfreude zu machen, indem er ihr das »Parsifal«-Vorspiel und die achte Sinfonie von Beethoven vorführte.

Siegfried-Wagner hebt
den »Schatz« der Nibelungen
Karikatur von C. v. Grimm im Schalk, Leipzig 1879

Da lieg auch du   –   dunkler Wurm!
Den gleißenden Hort heb' ich hurtig.

Richard Wagner an *Ludwig II.*
Neapel, 25. Januar 1880

Mein hochgeliebter, einzigster Alleinherrschender!

So musste denn erst der heutige Tag herannahen, um mich wieder in den Stand gesetzt zu fühlen, dem Herren meines Lebens ein Wort widmen zu können: es sind die ersten Zeilen, die ich, ausser jenem so huldvoll erwiderten Telegramme, in diesem Jahre niederschreibe. Mögen nun diese meinen erhabenen Freund in gutem Wohlsein und gütiger Stimmung für mich armen Geplagten antreffen!

Leider ist es nun wohl gewiss, dass ich in dem, vor Jahren von mir selbst gewählten, rauhen Klima Ihrer oberfränkischen Provinz nicht mehr recht werde gedeihen können. Um mir für dieses Mal einen temporären Aufenthalt im milden Süden versichern zu können, hielt ich mich drei Jahre lang in Bayreuth festgebannt, und unterlag dadurch den klimatischen Einflüssen, denen eine so erregte Natur wie die meinige durch ihre Körper-Konstitution auf die Länge nicht widerstehen kann. In den vier letzten Monaten des vergangenen Jahres haben wir kaum zehnmal die Sonne gesehen ausser in den kälteren Dezembertagen, in welchen ich die Luft gänzlich meiden musste. Die unausgesetzt sich folgenden katarrhalischen Uebel hielten mich seit lange ausschliesslich in den immer stärker zu heizenden Wohnräumen festgebannt, was mich endlich gegen jede Berührung mit der Luft so empfindlich machte, dass z.B. nur die Ueberfahrt vom Münchener Bahnhof zum Gasthofe mir neue Rückfälle zuzog. Mit weit über meine Kräfte gehenden Kosten verschaffte ich uns einen sogenannten Salon-Wagen, aus welchem wir von München bis Neapel nicht auszusteigen hatten. Nur die Ueberfahrt zu unserer etwas entfernt liegenden Wohnung dahier hatte ich aber sogleich wieder mit einem Rückfall in die Gesichtsrose zu büssen, so dass ich erst seit wenigen Tagen im hellsten Sonnenschein mich der Luft wieder auszusetzen wage. Hiergegen steht nun allerdings so viel fest, dass, wenn irgendwo, nur hier ich werde genesen können. Zwar weht – wir sind eben doch im schärfsten Wintermonate – zu Zeiten ein scharfer Nordwind: allein die Sonne ist immer da und heizt die ihr zugewendeten Wohnräume allein vollständig. Wir dürfen die Wunder des, im März eintretenden süd-italienischen Frühjahres, mit dem vollen Vertrauen auf eine gründliche Genesung erwarten.

Um mich eines ganz geeigneten Aufenthaltes zu versichern, hatte ich nöthig die Villa d'Angri am Posilipo auf ein halbes Jahr, gegen eine, im Verhältniss zu dem wunderbar herrlichen Grundstücke sehr billige, dennoch die Kräfte eines deutschen Opernkomponisten auf lange Zeit in Anspruch nehmende Miethe zu gewinnen. Vorauszusehen ist hierzu aber, dass ich meinen alten Leiden mit Sicherheit wieder verfalle, sobald ich von neuem die Winterhalbjahre wieder in unsrem Norden zubringen muss; wesshalb denn jetzt wieder die Sorge mich einnimmt, wie ich es anfangen soll, des so nöthigen Wechsels meines Aufenthaltes für die Zukunft mich zu versichern. Wobei ich endlich empfinden muss, dass ein langes Leben mir recht zur Plage werden dürfte!

Wunderlicher Weise fiel mir gerade jetzt auch eine Beschreibung des Lebens Goethe's – von Düntzer – in die Hände! Ich möchte mir fast erlauben, meinem erhabenen Freunde die Durchsicht dieses, durch seine grosse Einfachheit und Kürze, bei grosser Genauigkeit, befriedigenden Buches anzuempfehlen. Ich war erstaunt zu ersehen, wie unsäglich dieser erstaunlich kräftige Mensch durch das rauhe Klima seines Aufenthaltes in Thüringen gelitten hat; fast kommt es mir vor, als ob die Tage seines vollen Wohlbefindens zu zählen wären. Ach, wir glauben nicht, welchen Hindernissen eines edlen Kultur-Gedeihens wir Deutschen allein schon durch unser Klima preisgegeben sind: Schönheit, freundlicher Gleichmuth in der Sitte und im Charakter, sind uns völlig unmöglich gemacht; daher denn auch von oben bis unten, und durch alle Lebenssphären durch, vom Reichskanzler bis zum Handwerksburschen, Bier und Branntwein unser eigentliches Element ausmachen, an welchem selbst der Champagner an hohen Festtagen dann nicht viel ändert. –

Hier – das Klagelied, das ich keinem mir Günstigen anzuhören erlassen kann, dem Ausflusse aller mir erwiesenen Huld aber am wenigsten, denn für grenzenlose Güte muss der Spender wissen, wem Er sie erwiesen. Nur so hat auch Hoffnung und Aufathmen einen Sinn! – Die Annehmlichkeit, deren Genusse ich, um zu genesen, nun eigentlich nachzugehen habe, wäre ein sanftes Vergessen. Mich dünkt, mein hiesiger Aufenthalt könnte mir dazu verhelfen, da Alles zu lediglich objektiver Beachtung hier nur auf mich wirken kann. Die schönste, unvergleichlichste Landschaft Europa's, die einzige Stadt Italien's, welche ganz nur so ist wie ihre Bevölkerung ist (während zu den Monumenten der übrigen berühmten Städte die Bevölkerung sich durchaus fremd verhält), dazu ein Grundstück welches, als den herrlichsten Punkt von Neapel, sich einmal ein Fürst Doria mit kolossalen Terrassen-Bauten hat herrichten lassen, und auf welchem wir vom Meere aus bis zur Höhe des Posilipo in einem selbst jetzt immer grünenden und blühenden Garten aufsteigen; hierzu meine gänzliche Zurückhaltung von jeder gesellschaftlichen und gar künstlerischen Beziehung, – dieses Alles erfüllt mich schon jetzt, wo ich es vorläufig bis Ende Mai geniessen darf, mit freundlicher Hoffnung [...]

Oh! So seien Sie immer von Neuem gesegnet und hochgelobt, mein herrlicher, gottgesandter Freund! Nur Ihre Huld auch macht es mir möglich, hier jetzt auf eine edle Genesung hoffen zu dürfen: alles was die wiedergewonnene Heiterkeit meines Geistes dann dem Weltchaos als schöne Gestaltung entwindet, sei Ihnen, als dem Genius meines Daseins, auf dem Altare der erhabensten Freundschaft geopfert!

Hofsekretär v. Bürkel an *Cosima Wagner* 462.
München, 31. März 1880

In Erwiderung Ihres sehr geehrten Schreibens vom 16. laufenden Monats beeile ich mich Euer Hochwohlgeboren mitzutheilen, daß Seine Majestät der König sehr gerne die Miethe der Villa auf ein halbes Jahr oder bis zu einem von Ihnen zu fixirenden Zeitpunkte auf die k. Kabinetskasse übernehmen werden.

Ludwig II. an *Richard Wagner* 463.
Berg, 19. Mai 1880

Innigst geliebter, treu verehrter Freund!

Vor Allem zwingt mich mein in treuster, begeisterungsvoller Freundschaft für Sie schlagendes Herz Ihnen zur Wiederkehr des heißgeliebten Tages, der Sie der Welt und vor Allem allen Jenen schenkte, die Sie wahrhaft lieben und verehren wie ich, aus tiefinnerster Seele meine glühendsten Wünsche für Ihr Heil und ungetrübtes Wohlergehen in Treuen auszusprechen. Da ich vernahm, daß Sie gerne noch länger, als Sie Anfangs beabsichtigt haben, im herrlichen Italien verweilen wollen und Sie glauben, daß dieß Ihrer theuren Gesundheit zuträglich sein wird, so trage ich gern zur Ermöglichung dieses Ihres Wunsches das meinige bei und bitte Sie, dieß als Geburtstagsgeschenk von mir anzunehmen.

464. Richard Wagner an *Ludwig II.*
Neapel, 31. Mai 1880

Ich erwarte nun, unter so günstigen klimatischen Verhältnissen bei
einem fast ununterbrochen heiter ausgespannten Himmel,
zunächst eine gänzliche Ueberwindung der Beklemmungen meiner Luftröhre, welche seit den Bayreuther Festspielen, namentlich
aber seit dem unseligen Aufenthalte in London vor drei Jahren,
durch stäte Reizung meiner Schleimhäute wirklich bedenklich,
oder doch höchst belästigend affizirt war. Die eigentliche Stärkung
meiner Haut und Nerven soll nun aber der tägliche Gebrauch der
Seebäder – in warmem Klima so höchst förderlich! – vollenden.
Sie sehen, mein unendlich heilender Wohlthäter, welcher Antheil
Ihnen diessmal wieder an meinem Gedeihen zufällt. Haben Sie
Dank, mein grossmüthiger Freund, dass Sie meinem Leben auch
durch Ihre neueste Besorgniss noch – hoffentlich – edle und wir-
kungsreiche Jahre hinzufügen!

465. Ludwig II. an sein *Hofsekretariat*
16. Juni 1880

Um dem Meister Richard Wagner den seiner Gesundheit nützlichen Aufenthalt in Italien zu verlängern, bewillige Ich demselben
für die fünf Monate Juni mit Oktober lfd. Jrs. einen Mietbetrag
von zusammen 5200 Lire, welche aus Meiner Kabinettskasse in
monatlichen Raten von je 1000 Lire, bezw. 1200 Lire im Oktober,
an Bankier Feustel in Bayreuth zu bezahlen sind.

Richard Wagner an *Ludwig Strecker*
(B. Schott's Söhne)
Bayreuth, 30. August 1881

Die Schwierigkeiten, die meinerseits einer Herausgabe der Musik meines neuesten Werkes »Parsifal« entgegenstanden, sowie die Beweggründe, die mich hierfür zu besonderen Maßnahmen bestimmen wollten, sind Ihnen bekannt geworden. Es handelt sich nun darum, den einfachsten Weg zu einer Vereinigung zwischen uns anzuzeigen ...

Es handelt sich mir vor allem darum, eine theatralische Aufführung des »Parsifal« außer in Bayreuth zu verhindern ...

Vom Klavierauszuge steht Ihnen sofort der erste Akt zum Stiche fertig zu Gebote; bis Ende dieses Jahres ist er ganz vollendet. Die Partitur bedürfen wir einstweilen noch zur Ausschreibung der Stimmen; bis zur Zeit der Aufführung (spätestens) steht jedoch auch diese vollständig zu Ihrer Verfügung.

Den Kaufpreis hierfür setze ich mit hunderttausend Mark und Streichung meiner noch an Sie bestehenden Schulden ...

Wollen Sie, um meine Forderungen nicht übertrieben zu finden, das Beispiel des englischen Verlegers sich vorhalten, welcher Herrn *Gounod* für ein Oratorium (!) 100000 Francs zahlen zu können glaubt. Ich denke, mein letztes und – ich glaube – bestes Werk darf ich in einen vorteilhaften Vergleich zu dem des ziemlich verblaßten Pariser Maestros halten! – ...

467.
Ludwig Strecker,
Persönliche Erinnerungen an Richard Wagner
Dresden, 8. September 1881

Dies war eine damals in Deutschland noch nie gezahlte Summe, die ich aber nach reiflicher Überlegung zu zahlen beschloß, durch den Tod der alten Schott'schen Geschäftsführer befreit von den alten Hemmnissen. Statt des schriftlichen Weges, wählte ich den eines persönlichen Besuches, obwohl es mir sehr sauer wurde, wenige Tage nach meiner Verlobung auf die Reise zu gehen.

468.
Ludwig Strecker an seine
Verlobte Elisabeth Merck
Dresden, 8. September 1881

Ich fand ihn und seine Frau in dem ziemlich großen, mit einer Lampe erhellten Salon. Ich wurde zum Sitzen eingeladen, Wagner aber setzte sich nicht, sondern ging im Zimmer auf und ab, bald langsamer, bald schneller und begann sofort auf mich einzureden. Er wiederholte so ziemlich alles, was er über die angeblich schlechte Behandlung durch Schott in seinem Brief an Feustel niedergelegt hatte und redete sich in eine immer sich steigernde Heftigkeit hinein, so daß ich ganz verblüfft und fragend auf Cosima hinsah, die mir durch ein unmerkliches Zeichen andeutete, ich möchte schweigen. Ich befolgte den Wink und nur, als Wagner auch mich anfing zu beschuldigen, versuchte ich zu unterbrechen. Wagner hörte aber garnicht auf mich und Cosima gab mir ein neues Zeichen. Sie kannte des Meisters Art und meinte es gut. Tatsächlich ließ Wagners Wutausbruch nach, und als er am Ende war, sagte ich ruhig und bescheiden, daß mich seine Vorwürfe nicht träfen, denn ich wäre ihm nicht nachgereist, um Schwierigkeiten zu machen, sondern um seine Forderung zu bewilligen. »Ja, warum haben Sie denn das nicht gleich gesagt?« »Ja« – mit einem verständnisvollen Blick auf Cosima – »Sie ließen mich ja nicht zu Wort kommen!« Da mußte er lachen, kam auf mich zu, gab mir die Hand und sagte, ich möchte ihm verzeihen, er hätte es nicht so bös gemeint und da ich seine Forderung annähme, wäre alles gut.

Cosima Wagner, *Die Tagebücher* 469.
Venedig, 5. Februar 1883

In der Gondel [...] bei der Heimfahrt, wie ich die geschlossenen, unbewohnten Paläste betrachte, sagt R.: »Das ist Eigentum! Der Grund alles Verderbens, Proudhon hat die Sache noch viel zu materiell aufgefaßt, denn das Eigentum bedingt die Ehen in Rücksicht darauf und dadurch die Degeneration der Race. Das hat mir gefallen von Heinse in seinen ›Seligen Inseln‹, daß er sagt: Sie hatten kein Eigentum, um den vielen Übelständen vorzubeugen, die damit verbunden sind.«

470. Cosima Wagner, *Die Tagebücher*
Venedig, 12. Februar 1883

Beim Abendbrot besprechen wir mit den Kindern das Meer und seine Geschöpfe; vorher die Gefängnisse, die Strafen (the tread-mill), alles zum Schutz des Eigentumes [...] Er liest aus »Undine« vor, deren ersten Teil er vorzieht [...] Wie ich schon zu Bett liege, höre ich ihn viel und laut sprechen, ich stehe auf und gehe in seine Stube: »Ich sprach mit dir«, sagt er mir und umarmt mich lange und zärtlich: »Alle 5000 Jahre glückt es!« »Ich sprach von den Undinen-Wesen, die sich nach einer Seele sehnen.« Er geht an das Klavier, spielt das Klage-Thema »Rheingold, Rheingold«, fügt hinzu: »Falsch und feig ist, was oben sich freut.« »Daß ich das damals so bestimmt gewußt habe!« – Wie er im Bette liegt, sagt er noch: »Ich bin ihnen gut, diesen untergeordneten Wesen der Tiefe, diese(n) sehnsüchtigen.«

471. Richard Wagner, *Das Rheingold* (1852-54)

Die drei Rheintöchter.
Rheingold!
Reines Gold,
wie lauter und hell
leuchtetest einst du uns!

Um dich, du klares,
nun wir klagen!
Gebt uns das Gold,
o gebt uns das reine zurück!

Wotan

(im Begriff, den Fuß auf die Brücke zu setzen,
hält an und wendet sich um).
Welch Klagen klingt zu mir her?

Loge.

Des Rheines Kinder
beklagen des Goldes Raub.

Wotan.

Verwünschte Nicker! –
Wehre ihrem Geneck'!

Loge.

(in das Tal hinabrufend).
Ihr da im Wasser!
was weint ihr herauf?
Hört, was Wotan euch wünscht.
Glänzt nicht mehr
euch Mädchen das Gold,
in der Götter neuem Glanze
sonnt euch selig fortan!

(Die Götter lachen laut und beschreiten nun die Brücke.)

Die Rheintöchter

(aus der Tiefe).

Rheingold!
Reines Gold!
O leuchtete noch
in der Tiefe dein lautrer Tand!
Traulich und treu
ist's nur in der Tiefe:
falsch und feig
ist, was dort oben sich freut!

ANHANG

QUELLEN

Altmann
Wilhelm Altmann, *Richard Wagners Briefe*, 2 Bde., Leipzig 1925

Apel
Richard Wagner, *An Theodor Apel*, Leipzig 1910

Avenarius
Avenarianische Chronik. Blätter aus drei Jahrhunderten einer deutschen Bürgerfamilie, hrsg. von Ludwig Avenarius, Leipzig 1912

BB
Richard Wagner, *Bayreuther Briefe (1871–1882)*, Berlin–Leipzig 1907

Brockhaus
Heinrich Brockhaus, *Aus den Tagebüchern*, 5 Teile, Leipzig 1884–87

Bülow
Richard Wagner, *Briefe an Hans von Bülow*, Jena 1916

Bülow-Briefe
Hans von Bülow, *Briefe und Schriften*, hrsg. von Marie v. Bülow, 8 Bde., Leipzig 1896–1908

Burrell
Richard Wagner, *Briefe. Die Sammlung Burrell*, hrsg. u. kommentiert von John N. Burk, Frankfurt a.M. 1953

Cornelius I
Carl Maria Cornelius, *Peter Cornelius. Der Wort- und Tondichter*, Regensburg 1925

Cornelius II
Peter Cornelius, *Ausgewählte Briefe nebst Tagebuchblättern und Gelegenheitsgedichten*, Bd. 1, Leipzig 1904

CW
Cosima Wagner, *Die Tagebücher*, ediert und kommentiert von Martin Gregor-Dellin und Dietrich Mack, 2 Bde., München-Zürich 1976–77

Devrient I
Eduard und Therese Devrient, *Briefwechsel*, hrsg. von Hans Devrient, Stuttgart (1909)

Devrient II
Eduard Devrient, *Aus seinen Tagebüchern*, hrsg. von R. Kabel, 2 Bde., Weimar 1964

Dorn
Heinrich Dorn, *Ergebnisse aus Erlebnissen*, 5. Folge der Erinnerungen, Berlin 1877

Eger
Manfred Eger, *Richard Wagner über seine Wiener Schulden*, Bayreuther Festspiele. Programmheft ›Die Meistersinger von Nürnberg‹, Bayreuth 1975

Familienbriefe
Richard Wagner, *Familienbriefe 1832–1874*, Leipzig 1912

Fehr
Max Fehr, *Richard Wagners Schweizer Zeit*, 2 Bde., Aarau 1934 und 1953

Glasenapp
Carl Friedrich Glasenapp, *Das Leben Richard Wagners*, 6 Bde., Leipzig 1905–12

Grillparzer
Franz Grillparzer, *Sämtliche Werke in 16 Bänden*, hrsg. von Moritz Necker, Leipzig o. J.

Hanslick I
Eduard Hanslick, *Aus meinem Leben*, mit einem Nachwort hrsg. von Peter Wapnewski, Kassel-Basel 1987

Hanslick II
Eduard Hanslick, *Aus neuer und neuester Zeit. (Der modernen Oper IX. Teil.) Musikalische Kritiken und Schilderungen*, Berlin 1900

Herzfeld
Friedrich Herzfeld, *Minna Planer und ihre Ehe mit Richard Wagner*, Leipzig 1938

Heussner
Horst Heussner, *Ludwig Spohr schreibt an Richard Wagner (unveröffentlichte Briefe)*, Neue Zeitschrift für Musik, Mainz 1958, S.586 f.

Hornstein
Robert von Hornstein, *Memoiren*, München 1908

Istel
Edgar Istel, *Richard Wagner im Lichte eines zeitgenössischen Briefwechsels (1858–1872)*, Die Musik, Berlin-Leipzig 1902, 1. Jg., 3. und 4. Quartal, S.1347-1373, 1623-1634, 1718-1868

Kapp
Julius Kapp, *Richard Wagner und seine erste »Elisabeth« Johanna Jachmann-Wagner*, Berlin 1927

Kellermann
Berthold Kellermann, *Erinnerungen. Ein Künstlerleben*, Zürich-Leipzig 1932

Kesting
Richard Wagner, *Briefe*, ausgewählt, eingeleitet u. kommentiert von Hanjo Kesting, München 1983

Kretschmar
Eberhard Kretschmar, *Richard Wagner. Sein Leben in Selbstzeugnissen, Briefen und Berichten*, Berlin 1939.

Kusche
Ludwig Kusche, *Richard Wagner und die Putzmacherin oder Die Macht der Verleumdung*, Wilhelmshaven 1967

Laube
Heinrich Laube, *Erinnerungen 1841–1881. Nachträge*, Ausgewählte Werke in 10 Bänden, Leipzig o. J.

Lippert
Woldemar Lippert, *Richard Wagners Verbannung und Rückkehr 1849–1862*, Dresden 1927

Liszt I
Franz Liszt / Richard Wagner. Briefwechsel, hrsg. u. eingeleitet von Hanjo Kesting, Frankfurt a.M. 1988

Liszt II
Franz Liszt in seinen Briefen, hrsg. von Hans Rudolf Jung, Berlin 1987

Ludwig
König Ludwig II. und Richard Wagner. Briefwechsel, bearbeitet von Otto Strobel, 5 Bde. Karlsruhe 1936–39

Maier
Richard Wagner, *An Mathilde Maier (1862–78)*, hrsg. von Hans Scholz, Leipzig 1930

Meyerbeer
Giacomo Meyerbeer, *Briefwechsel und Tagebücher*, hrsg. u. kommentiert von Heinz Becker und Gudrun Becker, Bd. 3 (1837–1845), Bd. 4 (1846–1849), Berlin 1975 und 1985

Meysenbug I
Malwida von Meysenbug, *Memoiren einer Idealistin*, 2 Bde., Berlin 1918

Meysenbug II
Malwida von Meysenbug, *Gestalten*, Stuttgart-Berlin-Leipzig 1922

Nietzsche
Friedrich Nietzsche, *Der Fall Wagner. Schriften – Aufzeichnungen – Briefe*, hrsg. von Dieter Borchmeyer, Frankfurt a.M. 1983

Otto
Richard Wagner, *Briefe 1830–1883*, hrsg. von Werner Otto, Berlin 1986

Rhaden
Wilhelm Altmann, *Briefe Wagners an Editha von Rhaden*, Die Musik, Nr. 10/1924, S. 712–32

Ritter
Richard Wagner, *Briefe an Frau Julie Ritter*, München 1920

Röckl I
Sebastian Röckl, *Ludwig II. und Richard Wagner*, 2 Bde., München 1913 und 1920

Röckl II
Sebastian Röckl, *Erinnerungen eines Tapezierers an Richard Wagner*, Süddeutsche Monatshefte, August 1931, S.828 ff.

RWBB
Richard Wagner, *Das Braune Buch. Tagebuchaufzeichnungen 1865 bis 1882,* hrsg. von Joachim Bergfeld, Zürich 1975

RWGS
Richard Wagner, *Gesammelte Schriften und Dichtungen in zehn Bänden*, hrsg. von Wolfgang Golther, Berlin-Leipzig-Wien-Stuttgart o. J.

RWM
Richard-Wagner-Museum. Haus Wahnfried

RWML
Richard Wagner, *Mein Leben*, hrsg. von Martin Gregor-Dellin, München o. J.

RWMW
Richard Wagner an Minna Wagner, 2 Bde., Berlin-Leipzig 1908

RWSB
Richard Wagner, *Sämtliche Briefe*, 7 Bde. (1830–1856), Leipzig 1967–1988

Strecker
Ludwig Strecker, *Richard Wagner als Verlagsgefährte*, Mainz 1951

Strobel
Otto Strobel, *Richard Wagner und die Königlich Bayerische Kabinettskasse*, Neue Wagner-Forschungen, 1. Folge, Karlsruhe 1943, S.101–166

Tappert
Wilhelm Tappert, *Richard Wagner im Spiegel der Kritik. Wörterbuch der Unhöflichkeit*, Leipzig 1903

Weißheimer
Wendelin Weißheimer, *Erlebnisse mit Richard Wagner, Franz Liszt und vielen anderen Zeitgenossen nebst deren Briefen*, Stuttgart-Leipzig 1898

Wesendonk
Richard Wagner, *An Mathilde und Otto Wesendonk. Tagebuchblätter und Briefe*, hrsg. von Julius Kapp, Leipzig o. J.

Wille I
Eliza Wille, *Erinnerungen an Richard Wagner. Mit 15 Briefen Richard Wagners*, Zürich 1982

Wille II
Richard Wagner, *An Eliza Wille*, Leipzig 1912

NACHWEISE

1. RWML 38
2. RWSB I, 171-75
3. RWSB I, 177 f.
4. RWSB I, 178
5. RWSB I, 202 f.
6. RWSB I, 213-217
7. RWSB I, 228
8. RWSB I, 235
9. RWSB I, 249
10. RWSB I, 257
11. RWSB I, 262
12. RWSB I, 262
13. RWSB I, 281 f.
14. RWSB I, 103
15. RWSB I, 327 f.
16. Dorn 162
17. RWSB I, 334
18. RWSB I, 338
19. RWSB I, 363 f.
20. Dorn 163 f.
21. RWML 167 f.
22. Avenarius 100
23. RWSB I, 370
24. RWML 187 f.
25. RWSB 375
26. Familienbriefe 29
27. RWML 191 f.
28. RWSB I, 380-83
29. RWSB I, 387-89
30. RWSB I, 392
31. RWSB I, 392 f.
32. Meyerbeer 3, 281
33. RWSB III, 544-46
34. Meyerbeer, 4, 557
35. RWML 196 f.
36. RWSB I, 60 f.
37. RWSB I, 61 f.
38. RWSB I, 62
39. RWSB I, 398 f.
40. RWML 199 f.
41. RWGS 1, 90 f.
42. RWSB I, 402-05
43. RWSB I, 405-12
44. Apel 94
45. RWSB I, 414-18
46. RWSB I, 418-21
47. Apel 94 f.
48. RWSB I, 424 f.
49. Laube 9, 294
50. RWML 200
51. RWSB I, 429 f.
52. RWGS 4, 262
53. RWGS 1, 135
54. RWSB I, 437 f.
55. RWSB I, 444-46
56. Familienbriefe 35
57. Liszt I, 21
58. RWSB I, 478-80
59. RWML 205-212
60. Kretschmar 38
61. RWSB I, 522 f.
62. RWML 226
63. Burrell 165
64. RWSB II, 147 f.
65. RWSB II, 171-74
66. RWSB II, 197 f.
67. RWSB II, 204-06
68. RWSB II, 208 f.
69. RWSB II, 225
70. RWSB II, 250 f.
71. Brockhaus II, 11
72. RWSB II, 307 f.
73. RWSB II, 310
74. Burrell 176
75. RWML 274
76. RWSB II, 317 f.
77. RWSB II, 404 f.
78. RWML 313
79. RWSB II, 465-68
80. RWML 346 f.
81. RWSB II, 496 f.
82. RWML 347
83. RWBB 111
84. RWSB II, 524
85. Meyerbeer 4, 147
86. Glasenapp 1, 262 f.
87. Liszt I, 56 f.
88. Liszt I, 58
89. Devrient II, 1, 442
90. RWM (Erstveröffentlichung)

91. RWM (Erstveröffentlichung)
92. RWM (Erstveröffentlichung)
93. RWML 385
94. Devrient II 1, 457
95. RWSB II, 653-55
96. Liszt I, 67 f.
97. Liszt I, 71 f.
98. Liszt I, 73-75
99. Liszt I, 75 f.
100. Burrell 337 f.
101. Liszt I, 80-82
102. Burrell 343
103. Liszt I, 82
104. Heussner 587
105. Burrell 343
106. RWSB III, 116-18
107. Burrell 348 f.
108. RWML 440 f.
109. Liszt I, 86-90
110. Liszt I, 682 f.
111. RWGS, 3, 19-30
112. RWSB III, 145-152
113. RWSB III, 175-85
114. Liszt I, 94-98
115. RWSB III, 194 f.
116. Liszt I, 685
117. Liszt I, 102 f.
118. RWSB III, 229
119. RWSB III, 254 f.
120. Burrell 376 f.
121. Liszt I, 106
122. Burrell 393
123. Liszt I, 110
124. Liszt I, 698
125. Liszt I, 114 f.
126. Liszt I, 691
127. Liszt I, 148
128. RWSB III, 458-61
129. Herzfeld 231
130. Liszt I, 167 f.
131. Liszt I, 169 f.
132. Liszt I, 171 f.
133. RWSB III, 549
134. RWSB IV, 213 f.
135. RWSB IV, 279 f.
136. RWML 485 f.
137. RWSB IV, 333-36
138. Liszt I, 227
139. Liszt I, 228
140. Liszt I, 229
141. Kretschmar 89
142. Ritter 86 f.
143. RWML 501 f.
144. RWGS 6, 255
145. Liszt I, 263
146. Ritter 89
147. Liszt I, 276
148. Burrell, 265-67
149. RWML 507 f.
150. Hornstein 136 f.
151. Fehr I, 237
152. Wesendonk 45-47
153. Wesendonk 47
154. RWML 509
155. Fehr I, 395
156. Herzfeld 226
157. Fehr I, 396 f.
158. Liszt I, 354-59
159. RWGS 6, 210 f.
160. Liszt I, 363 f.
161. Liszt I, 367
162. Lippert 45
163. Kapp 69
164. Fehr I, 296-98
165. Liszt I, 384
166. Liszt I, 384
167. RWSB VI, 173 f.
168. Liszt I, 385
169. RWSB VI, 205
170. RWSB VI, 207 f.
171. RWSB VI, 213 f.
172. RWSB VI, 218-221
173. Fehr I, 403 f.
174. RWSB VI, 240 f.
175. RWSB VI, 251
176. Fehr I, 407 f.
177. RWSB VI, 292
178. RWSB VI, 337
179. RWSB VI, 335
180. RWSB VII, 50-52
181. Liszt I, 446
182. Liszt I, 449
183. RWSB VII, 302
184. Liszt I, 459
185. Liszt I, 460 f.
186. Liszt I, 463
187. Liszt I, 464
188. Liszt I, 466
189. Fehr II, 38
190. Altmann I, 373 f.
191. Liszt I, 483-85
192. Liszt I, 486

193. Wesendonk 78 f.
194. Wesendonk 80-82
195. Fehr I, 364-66
196. Ritter 114 f.
197. Wesendonk 87-89
198. RWML 558 f.
199. Ritter 119-21
200. Liszt I, 524 f.
201. Devrient I, 280-82
202. Devrient I, 291
203. Devrient I, 293
204. Wesendonk 91 f.
205. Altmann I, 416 f.
206. Liszt I, 537 f.
207. Liszt I, 540
208. Liszt I, 541
209. Liszt I, 542
210. RWMW I, 254 f.
211. Burrell 656
212. Altmann II, 12
213. RWMW I, 305
214. Fehr I, 398 f.
215. Wesendonk 118 f.
216. RWMW I, 310
217. Wesendonk 126 f.
218. Bülow-Briefe III, 3
219. Liszt I, 581
220. Liszt I, 581 f.
221. Ritter 139
222. Liszt I, 584 f.
223. Liszt I, 591 f.
224. Hanslick I, 479
225. Meysenbug I, 181 f.
226. Liszt I, 599
227. Liszt I, 599-601
228. Bülow 110
229. Bülow 113
230. Wesendonk 174 f.
231. RWMW II, 61
232. RWMW II, 67
233. Wesendonk 231
234. Wesendonk 235-38
235. Wesendonk 238
236. RWML 604 f.
237. Burrell 685 f.
238. RWML 606
239. Kesting 403
240. Röckl II, 828 f.
241. Bülow 130
242. Burrell 220 f.
243. Jung 171-73
244. Bülow 131-33
245. Wesendonk 255-57
246. Wesendonk 266
247. RWML 613
248. RWMW II, 171 f.
249. Altmann II, 113
250. Strecker 80 f.
251. RWML 615
252. Strecker 76 f.
253. Strecker 77 f.
254. Istel 1360
255. RWML 617 f.
256. Meysenbug II, 12
257. Meysenbug II, 14
258. Bülow 142 f.
259. RWML 621 f.
260. Liszt I, 639 f.
261. Wesendonk 318 f.
262. Meysenbug II, 16 f.
263. RWML 632
264. Liszt I, 641
265. Wesendonk 347 f.
266. Wesendonk 348
267. Burrell 507 f.
268. Bülow-Briefe III, 449 f.
269. Burrell 516
270. Devrient II 2, 382
271. Otto 216 f.
272. RWMW II, 201 f.
273. Altmann II, 169
274. RWMW II, 209
275. Altmann II, 172 ff.
276. RWML 685
277. Istel 1364
278. RWMW II, 231
279. RWML 687
280. Strecker 95
281. Kesting 448 f.
282. Hornstein 145 f.
283. Hanslick I, 195
284. Kesting 449
285. RWML 691
286. Strecker 97 f.
287. Strecker 99
288. Familienbriefe 242
289. Strecker 99 f.
290. RWMW II, 257-59
291. Burrell 537
292. Strecker 116
293. Altmann II, 191
294. Bülow 177

295. Bülow 178 f.
296. Altmann II, 195 f.
297. Strecker 118 f.
298. Strecker 121
299. Strecker 122 f.
300. Altmann II, 198
301. Weißheimer 145-47
302. Wesendonk 403 f.
303. Wesendonk 404
304. RWML 710 f.
305. Strecker 127 f.
306. Strecker 128
307. Weißheimer 147-49
308. Weißheimer 150
309. Bülow 181
310. Weißheimer 151
311. Weißheimer 150 f.
312. Weißheimer 151
313. Altmann II, 207
314. Strecker 131
315. Istel 1367
316. Weißheimer 155
317. Weißheimer 157
318. Familienbriefe 148 f.
319. Bülow 186
320. Otto 235
321. Wesendonk 407
322. Weißheimer 178 f.
323. Altmann II, 209
324. Strecker 132 f.
325. Otto 237
326. Weißheimer 188 f.
327. Altmann II, 210
328. Weißheimer 194 f.
329. RWML 716
330. Bülow 187 f.
331. Istel 1368
332. Bülow 191 f.
333. Weißheimer 231 f.
334. Hanslick II, 372 f.
335. Bülow 196
336. Maier 90
337. Istel 1372
338. RWML 736 f.
339. Bülow 199 f.
340. Kusche 29 f.
341. Maier 97-102
342. Wesendonk 413 f.
343. Weißheimer 248 f.
344. Bülow 202 f.
345. Bülow 206

346. Rhaden 719
347. Strecker 142
348. RWML 748-50
349. Cornelius I, 402
350. Maier 139
351. Rhaden 726-28
352. RWML 750 f.
353. Eger
354. Maier 147-49
355. Fehr II, 201
356. Ludwig I, XXVII-XXVIII
357. Wille I, 64
358. Altmann II, 236 f.
359. Hanslick I, 220
360. RWML 754 f.
361. Weißheimer 286 f.
362. RWGS 6, 280 f.
363. Maier 155
364. Bülow 208 f.
365. Ludwig V, 225
366. Maier 157-59
367. Kusche 34-36
368. Ludwig IV, 37-40
369. Ludwig IV, 40
370. Burrell 555 f.
371. Istel 1632
372. Strobel I, 25
373. Bülow 225
374. Ludwig I, 27
375. Röckl I, 2, 209 f.
376. Ludwig I, 28 f.
377. Strobel 148
378. Strobel 149
379. Ludwig IV, 49 f.
380. Ludwig IV, 54 f.
381. Röckl I, 1, 81 f.
382. Röckl I, 1, 97-100
383. Altmann II, 270
384. Kusche 116 f.
385. Hornstein 268 f.
386. Ludwig IV, 60 / Strobel 111
387. Strobel 154
388. Bülow 230
389. Wesendonk 444-46
390. Wesendonk 448
391. Ludwig IV, 78
392. Ludwig I, 146-48
393. Ludwig IV, 76
394. Ludwig IV, 83 f.
395. Ludwig I, 197
396. Ludwig IV, 87 f.

397. Ludwig I, 199 f.
398. Strobel 156
399. Ludwig V, 12
400. Strobel 156
401. Strobel 115 f.
402. Ludwig I, LXXI
403. Ludwig I, 201 f.
404. Grillparzer 2, 228
405. Röckl II, 829 f.
406. Ludwig V, 12
407. Ludwig I, 233 f.
408. Ludwig IV, 111
409. Cornelius II, 315
410. Ludwig IV, 114 f.
411. Istel 1720
412. Cornelius II, 333
413. Kretschmar 250
414. Ludwig V, 17
415. Ludwig I, 294 f.
416. Ludwig I, 296
417. Strobel 116
418. Ludwig I, 303-05
419. Ludwig V, 24
420. Bülow 245 f.
421. Ludwig V, 27
422. Kesting 545 f.
423. Ludwig II, 154
424. Otto 308
425. Ludwig V, 84 f.
426. Ludwig V, 86
427. Ludwig II, 264 f.
428. Kesting 565
429. Tappert 74
430. Otto 326
431. Ludwig II, 320 f.
432. Ludwig III, XV
433. Ludwig II, 328 f.
434. Strobel 161

435. Altmann II, 317 f.
436. Otto 359 f.
437. Strobel 163
438. Ludwig IV, 210 f.
439. Brockhaus V, 422 f.
440. Altmann II, 328 f.
441. Ludwig III, 29
442. Ludwig III, 32
443. Altmann II, 329
444. BB 160 f.
445. Strecker 271 f.
446. Strecker 277-79
447. Röckl I, 2, 151 f.
448. Ludwig III, 77 f.
449. Röckl I, 2, 152
450. BB 245 f.
451. Ludwig III, 101 f.
452. Röckl I, 2, 174 f.
453. Kesting 599
454. Kesting 600 f.
455. Nietzsche 365
456. Ludwig IV, 217
457. Ludwig IV, 218
458. Ludwig IV, 218 f.
459. Altmann II, 367
460. Kellermann 100
461. Ludwig III, 166-70
462. Strobel 165
463. Ludwig III, 175
464. Ludwig III, 178
465. Ludwig III, 174
466. Altmann II, 378
467. Strecker 310
468. Strecker 311
469. CW II, 1107
470. CW II, 1112 f.
471. RWGS 6, 267 f.

ZEITTAFEL

1813 22. Mai: Richard Wagner in Leipzig geboren.

1829 Entschluß zum Musikerberuf und heimlicher Unterricht in Harmonielehre.

1833 Chordirektor in Würzburg. Komposition der Oper *Die Feen*.

1834 Reise durch Böhmen mit Theodor Apel. Bekanntschaft mit der Schauspielerin Minna Planer. Musikdirektor bei der Bethmannschen Schauspieltruppe in Bad Lauchstädt und, ab Oktober, in Magdeburg.

1835 Zweite Magedeburger Spielzeit. Arbeit an der Oper *Das Liebesverbot*. Im Mai Reise nach Leipzig, im August nach Frankfurt (Beginn autobiographischer Aufzeichnungen).

1836 29. März: Uraufführung der Oper *Das Liebesverbot* in Magdeburg. Wagner folgt Minna Planer nach Königsberg. Dort Eheschließung am 24. November.

1837 Musikdirektor in Riga, zunächst unter der Direktion von Holtei, später von J. Hoffmann.

1838 Beginn der Arbeit an *Rienzi*.

1839 Flucht aus Riga. Auf dem Seeweg nach London, von dort über Boulogne-sur-Mer nach Paris. Bekanntschaft mit Meyerbeer.

1840 Paris. Vollendung des *Rienzi*. Bekanntschaft mit Heinrich Heine. Das Renaissance-Theater nimmt das *Liebesverbot* zur Aufführung an, muß aber wegen Bankrotts schließen. 15. April: Umzug in eine Wohnung in der Rue de Helder. Musikalische Lohnarbeiten für den Musikverlag Schlesinger. Novellen und Aufsätze für Schlesingers *Gazette musicale*. Im Herbst briefliche Vortäuschung einer Schuldhaft.

1841 Bekanntschaft mit Franz Liszt anläßlich von dessen Pariser Konzerten. Vorübergehende Übersiedlung nach Meudon. Dichtung und Komposition des *Fliegenden Holländers*. Das Dresdner Hoftheater nimmt den *Rienzi* zur Uraufführung an.

1842 Im April Übersiedlung nach Dresden. 20. Oktober: Erfolgreiche Uraufführung des *Rienzi*.

1843 2. Januar: Uraufführung des *Fliegenden Holländers* in Dresden. Wagner wird Königl.-Sächsischer Hofkapellmeister. Dichtung des *Tannhäuser*. Umzug in die Ostra-Allee.

1844 Arbeit am *Tannhäuser*. Vertrag mit dem Dresdner Hofmusikalienhändler Meser über die Kommissionierung seiner Werke, die er auf eigene Kosten drucken läßt.

1845 Sommeraufenthalt in Marienbad. Konzeption der *Meistersinger* und des *Lohengrin*. 19. Oktober: Uraufführung des *Tannhäuser* in Dresden.

1846 Komposition des *Lohengrin*. Starke Verschuldung. Aufnahme eines verzinslichen Darlehens bei der Dresdner Hofintendanz.

1848 Freundschaftliche Beziehung zu Liszt. Vollendung des *Lohengrin*. Konzeption des Nibelungen-Stoffes. Dichtung von *Siegfrieds Tod*. Bekenntnis zu revolutionären Bestrebungen.

1849 Freundschaft mit Bakunin. Revolutionäre Aufsätze und Teilnahme am Dresdner Mai-Aufstand (3.-9. Mai). Flucht über Weimar nach Zürich. Wagner wird steckbrieflich gesucht. Abfassung der Schriften *Das Kunstwerk der Zukunft* und *Die Kunst und die Revolution*. Im Juni Aufenthalt in Paris und Reuil. Beginn eines zwölfjährigen Exils, von dem Wagner die ersten acht Jahre in Zürich verbringt.

1850	Kunstschriften. Aufsatz *Das Judentum in der Musik*. Affäre mit Jessie Laussot in Bordeaux. 28. August: Uraufführung des *Lohengrin* in Weimar unter Liszts Leitung.
1851	Vollendung des theoretischen Hauptwerks *Oper und Drama*. Dichtung des *(Jungen) Siegfried*. Julie Ritter zahlt Wagner (bis 1859) ein Jahrgeld von 800 Talern. Im Herbst Wasserkur in Albisbrunn.
1852	Dichtung des *Rheingold* und der *Walküre*. Im Sommer erste Italien-Reise. Überarbeitung und Vollendung der *Ring*-Dichtung.
1853	Privatdruck der *Ring*-Dichtung. Im April Umzug in eine größere Wohnung (Zeltweg 13). Besuch Liszts in Zürich. Zweite Italien-Reise. Im Oktober Aufenthalt in Paris. Beginn der *Rheingold*-Komposition
1854	Vollendung des *Rheingold*. Lektüre Schopenhauers. Erste Konzeption von *Tristan und Isolde*. Komposition der *Walküre* begonnen. Hohe Verschuldung, die von Wesendonk getilgt wird. Sulzer übernimmt die Verwaltung von Wagners Finanzen.
1855	Im Frühjahr acht Konzerte in London.
1856	Vollendung der *Walküre*. Im Sommer Kur in Mornex. Beginn der Komposition des *Siegfried*. Im Oktober Besuch Liszts in Zürich.
1857	Einzug in das von Wesendonk bereitete Asyl bei Zürich. Unterbrechung der Arbeit am *Ring* nach dem zweiten *Siegfried*-Akt. Dichtung von *Tristan und Isolde* und Beginn der Komposition.
1858	Nachbarliche Verwirrungen zwischen den Ehepaaren Wagner und Wesendonk. Im Januar reist Wagner nach Paris. Im Sommer Besuch des Ehepaares Hans und Cosima von Bülow in Zürich. Krisenhafte Zuspitzung im Verhältnis Wagners zu Mathilde Wesendonk. Im August verläßt Wagner Zürich und geht nach Venedig.
1859	Wagner verläßt Venedig im März. Vollendung von *Tristan* in Luzern. Verkauf der Publikationsrechte des *Rings* an Otto Wesendonk. Im September Übersiedlung nach Paris. Der Verlag Schott kauft das *Rheingold*.
1860	Drei Konzerte in Paris mit großem Defizit. Teilamnestierung Wagners (mit Ausnahme von Sachsen).
1861	Pariser *Tannhäuser*-Skandal. Wagner begibt sich im August nach Wien, um die Aufführung des *Tristan* vorzubereiten. Entwurf der *Meistersinger von Nürnberg*.
1862	Abschluß der *Meistersinger*-Dichtung und Beginn der Komposition. Niederlassung in Biebrich. Endgültige Trennung von seiner Frau Minna. Freundschaft mit Mathilde Maier. Finanzquerelen mit Schott. Konzert in Leipzig vor fast leerem Saal. Im November nach Wien, wo Konzerte neuerliche Defizite ergeben.
1863	Rußland-Reise mit Konzerten in Petersburg und Moskau. Im Mai kostspielige Niederlassung in Penzing bei Wien. Beginn der Liebesbeziehung zu Cosima von Bülow.
1864	Flucht Wagners aus Wien vor drohender Schuldhaft. Aufenthalt bei Frau Wille in Mariafeld bei Zürich. Anfang Mai Berufung durch den bayerischen König Ludwig II. und Übersiedlung nach München. Seit September Wohnung in der Briennerstraße. Der König beauftragt Wagner mit der Vollendung des *Rings*.
1865	Öffentliche Kritik an Wagners verschwenderischem Lebensstil. Cosima von Bülows und Wagners erstes Kind Isolde wird am 10. April geboren. 10. Juni: Uraufführung von *Tristan und Isolde*. Beginn der Arbeit an der Autobiographie *Mein Leben*. Wagner muß Bayern am 10. Dezember in einer sich zuspitzenden politischen Krise verlassen.
1866	Tod Minna Wagners. Wagner läßt sich mit Cosima von Bülow und ihren Kindern in Tribschen bei Luzern nieder.

1867	Vollendung der *Meistersinger von Nürnberg*.
1868	21. Juni: Uraufführung der *Meistersinger* in München. Bekanntschaft mit Nietzsche.
1869	Wagner nimmt die Arbeit am *Ring des Nibelungen* wieder auf. Uraufführung des *Rheingold* in München. Vollendung des *Siegfried*.
1870	Uraufführung der *Walküre* in München. Geburt des Sohnes Siegfried. 25. August: Heirat mit Cosima.
1871	Plan von Wagner-Festspielen in Bayreuth.
1872	Übersiedlung nach Bayreuth. 22. Mai: Grundsteinlegung des Festspielhauses. Einzug in das Haus Wahnfried. Vollendung der *Götterdämmerung* und damit des *Ring des Nibelungen*. Finanzkrise des Bayreuther Unternehmens. Ludwig II. gewährt einen Kredit von 100000 Talern.
1876	Im August erste Bayreuther Festspiele. Erste Gesamtaufführung des *Ring des Nibelungen*. Ab September dreimonatige Italien-Reise. Die Festspiele hinterlassen ein großes Defizit. Affäre mit Judith Gautier.
1877	Dichtung des *Parsifal* und Beginn der Komposition. Acht Konzerte in London zur Deckung des Bayreuther Defizits.
1880	Januar-Oktober: Aufenthalt in Italien.
1882	Vollendung des *Parsifal* und dessen Uraufführung bei den zweiten Bayreuther Festspielen (26. Juli). Im September nach Venedig.
1883	13. Februar: Tod Richard Wagners in Venedig.

PERSONENVERZEICHNIS

Ander, Alois
Tenor an der Wiener Hofoper. Vorgesehen als Tristan in der nicht zustandegekomme-
nen Uraufführung in Wien

Anders, Gottfried Engelbert (1795-1866)
Angestellter der Pariser Nationalbibliothek. Freund Wagners aus dessen Pariser Zeit
1839-1842

Apel, Theodor (1811-1867)
Schriftsteller (Verfasser u. a. eines »Columbus«). Jugendfreund Wagners seit dem
gemeinsamen Besuch der Leipziger Nikolaischule; im Mai 1836 nach einem Unfall
erblindet

Avenarius, Cäcilie (1815-1893)
Halbschwester Wagners; seit 1840 mit dem Buchhändler und Verleger Eduard Avenarius verheiratet

Avenarius, Eduard (1809-1885)
Schwager Wagners, verheiratet mit dessen Halbschwester Cäcilie Geyer; Chef der
Librairie allemande de Brockhaus & Avenarius in Paris; seit 1844 Verlagsbuchhändler
in Leipzig und Berlin

Axenfeld
Jüdischer Freund Heinrich Laubes, der »Starost« seiner Reisenovellen

Baumgartner, Wilhelm (1820-1867)
Schweizer Musikpädagoge und Liederkomponist; gehörte zu Wagners Züricher Freundeskreis

Belloni, Gaetano
Sekretär Franz Liszts 1841-48

Bissing, Henriette Ilsabe (1798-1879)
Schriftstellerin; Tochter des Hamburger Reeders Sloman und Schwester Eliza Willes,
mit Wagner seit den Zürcher Jahren bekannt

Brandt, Carl (1828-1881)
Technischer Leiter am Hoftheater Darmstadt und seit 1876 der Bayreuther Festspiele

Breitkopf & Härtel
Musikverlag in Leipzig, seit 1835 gemeinsam von den Brüdern Raymund und Hermann Härtel geleitet

Brendel, Franz (1811-1868)
Musikschriftsteller; seit 1844 Redakteur der von Robert Schumann gegründeten *Neuen
Zeitschrift für Musik*, in der zahlreiche Aufsätze Wagners erschienen

Brenner
Musiker in Magdeburg

Brix
Untermieter Wagners in Paris 1840/41

Brockhaus, Friedrich (1800-1865)
Verlagsbuchhändler; seit 1828 mit Wagners Schwester Luise verheiratet; leitete 1823-49 mit seinem Bruder Heinrich den Verlag Brockhaus in Leipzig

Brockhaus, Heinrich (1804-1874)
Verlagsbuchhändler; Bruder von Friedrich und Hermann Brockhaus; leitete 1823-49 zusammen mit Friedrich, seit 1849 allein den Verlag Brockhaus in Leipzig

Brockhaus, Hermann (1806-1877)
Sprach- und Literaturwissenschaftler, Orientalist; heiratete 1836 Wagners Schwester Ottilie; seit 1844 Professor für altindische Sprachen und Literatur in Leipzig

Brockhaus, Luise (1805–1871)
Schauspielerin; Schwester Wagners; seit 1828 mit Friedrich Brockhaus verheiratet

Brockhaus, Ottilie (1811-1883)
Schwester Wagners; seit 1836 mit Hermann Brockhaus verheiratet

Bülow, Cosima von   siehe: **Wagner**, Cosima

Bülow, Hans von (1830-1894)
Dirigent und Pianist; Freund Wagners und Franz Liszts; heiratete 1857 dessen Tochter Cosima; 1865 und 1868 Uraufführungsdirigent von *Tristan und Isolde* und der *Meistersinger von Nürnberg*

Bürkel, Ludwig von
Hofsekretär am bayerischen Königshof in München; besorgte nach 1875 die Korrespondenz zwischen der Münchner Bürokratie und Wagners Bayreuth

Cornelius, Peter (1824-1874)
Komponist und Schriftsteller, Autor u.a. des *Barbier von Bagdad*; seit 1853 mit Wagner bekannt und sein engster Vertrauter in der Wiener Zeit 1861-1864

Cornelius, Susanne (1828-1917)
Schwester von Peter Cornelius

Devrient, Eduard (1801-1877)
Theaterleiter, Regisseur und Schriftsteller; 1844-52 Regisseur in Dresden, 1852-69 Direktor des Hoftheaters Karlsruhe; Verfasser einer grundlegenden *Geschichte der deutschen Schauspielkunst* (5 Bde., 1848-74)

Devrient, Therese
Frau von Eduard Devrient

Devrient, Wilhelmine   siehe: **Schröder-Devrient**, Wilhelmine

Dingelstedt, Franz von (1814-1881)
Schriftsteller, Journalist und Theaterleiter; 1857-67 Direktor des Weimarer Hoftheaters

Donizetti, Gaetano (1797-1848)
Italienischer Opernkomponist u.a. von *Lucia di Lammermoor*, *L' Elisir d'amore*, *La fille du régiment*, *Don Pasquale* und *La Favorite*

Dorn, Heinrich (1800-1892)
Dirigent und Komponist; 1839 Nachfolger Wagners als Musikdirektor in Riga; 1849-69 musikalischer Leiter der Berliner Hofoper

Dorus-Gras, Julie Aimée Josephe (1805-1896)
Berühmte Sängerin an der Pariser Großen Oper

Draese
Pariser Bekannter Wagners

Düfflipp, Lorenz v.
Hofsekretär in München; besorgte in den frühen 70er Jahren die Korrespondenz zwischen der Münchner Bürokratie und Wagner

Dumersan, Marion (1780-1849)
Französischer Theaterschriftsteller, beauftragt mit der Übersetzung von Wagners *Liebesverbot*

Erlanger, Emil
Bankier in Paris

Esser, Heinrich (1818-1872)
Dirigent und Komponist; 1847-69 Kapellmeister an der Wiener Oper; Berater des Musikverlegers Franz Schott; arrangierte einen Klavierauszug der *Meistersinger*

Fechner, Eduard (1799-1861)
Maler und Graphiker; Onkel von Ernst Benedikt Kietz

Feuillet, Octave (1821-1890)
Schriftsteller; Modeautor des französischen Bürgertums in der 2. Hälfte des 19. Jahrhunderts

Feustel, Friedrich (1824-1891)
Bankier und nach 1871 Reichstagsabgeordneter; Finanzberater Wagners; Mitglied im Verwaltungsrat der Bayreuther Festspiele

Fischer, Wilhelm (1789-1859)
Sänger und Chorleiter (seit 1832 in Dresden); Freund Wagners und sein Korrespondent während des Zürcher Exils

Freytag
Münchner Notar; tätigte Finanzgeschäfte für die Münchner Kabinettskasse u.a. beim Kauf von Wagners Wohnhaus in der Brienner Straße

Fritzsch, Ernst Wilhelm (1840-1902)
Musikverleger in Leipzig

Frommann, Alwine (1800-1875)
Malerin; Vorleserin der Prinzessin Augusta von Preußen

Gautier, Judith (1845-1917)
Französische Schriftstellerin, Tochter Théophile Gautiers; Vorkämpferin Wagners in Frankreich; Liebesaffäre mit Wagner während der Bayreuther Festspiele 1876

Geyer, Johanne Rosine (1778-1848)
Wagners Mutter, in erster Ehe mit dem Polizeiaktuar Friedrich Wagner, in zweiter Ehe mit dem Schauspieler und Maler Ludwig Geyer verheiratet

Glöggl, Franz (1796-1872)
Musikalienhändler in Wien, Herausgeber der *Neuen Wiener Musikzeitung*

Goldwag, Bertha
Putzmacherin in Wien, die während seiner Wiener, Münchner und Tribschener Zeit für Wagner arbeitete; Adressatin der 1877 von Daniel Spitzer herausgegebenen *Briefe Richard Wagners an eine Putzmacherin*

Gouin, Louis
Sekretär Giacomo Meyerbeers in Paris

Härtel, Hermann und Raymund   siehe **Breitkopf & Härtel**

Hafferberg, Robert
Gläubiger Wagners aus Riga

Halévy, Fromental (1799-1862)
Französischer Komponist u.a. der Oper *La Juive*; von Wagner zeitlebens hoch geschätzt

Hanslick, Eduard (1825-1904)
Musikkritiker aus Wien, Vertreter einer klassizistischen Ästhetik und Wagners kritischer Antipode; von Wagner in der Gestalt des Beckmesser in den *Meistersingern* verspottet

Hatzfeld, Paul
Preußischer Botschaftsattaché in Paris im Jahr des *Tannhäuser*-Skandals

Heckel, Emil (1831-1908)
Klavierfabrikant und Musikalienhändler in Mannheim; gründete dort den ersten Wagner-Verein; Verwaltungsrat der Bayreuther Festspiele

Heim, Ignaz (1818-1880)
Musikdirektor in Zürich seit 1852

Heine, Ferdinand (1798-1872)
Regisseur und Bühnenbildner in Dresden; Wagner freundschaftlich verbunden und sein Dresdner Korrespondent während der Zürcher Exiljahre

Henniger
Schneidermeister in Dresden; einer von Wagners Gläubigern aus den 40er Jahren

Hérold, Madame
Witwe des frühverstorbenen französischen Komponisten Ferdinand Hérold

Herwegh, Georg (1817-1875)
Dichter und Revolutionär des Vormärz; Wagner seit 1851 freundschaftlich verbunden; durch ihn wurde Wagner auf Schopenhauer hingewiesen

Heubner, Otto Leonhard (1812-1893)
Sächsischer Politiker; 1848/49 Mitglied der Frankfurter Nationalversammlung; beim Dresdner Aufstand 1849 Mitglied der Provisorischen Regierung Sachsens; nach Niederwerfung des Aufstands zum Tode verurteilt, zu lebenslänglichem Zuchthaus begnadigt und 1859 amnestiert

Hiller, Ferdinand (1811-1885)
Dirigent und Komponist; 1844-47 in Dresden, später in Düsseldorf und Köln

Hoffmann, Johann (1805-1865)
Sänger und Theaterdirektor; 1839 als Nachfolger Holteis Leiter des Theaters in Riga; ab 1855 Direktor des Josephstädter Theaters in Wien

Hofmann, Julius von
Hofsekretär in München

Holtei, Karl von (1798-1880)
Schauspieler und Theaterdirektor; leitete 1837-39 das Theater in Riga

Hülsen, Botho von (1815-1886)
Seit 1850 Generalintendant des Hoftheaters in Berlin, seit 1866 auch der Hoftheater Hannover, Kassel und Wiesbaden

Istel, Edgar
Musikpublizist; Herausgeber des Briefwechsels zwischen Franz Schott und Kapellmeister Heinrich Esser; korrespondierte mit Mathilde Maier über Wagners Biebricher Zeit

Jachmann, Johanna   siehe **Wagner**, Johanna

Jung, Bertha
Verlobte von Peter Cornelius 1865-67, später seine Frau

Kalergis, Marie (1822-1874)
Tochter des russischen Grafen Nesselrode, verheiratet mit dem Griechen Kalergis; heiratete in zweiter Ehe 1863 den Grafen Muchanow, den späteren Intendanten des kaiserlichen Theaters in Warschau

Kalliwoda, Johannes Wenzel (1801-1866)
Komponist und Dirigent; Kapellmeister in Donaueschingen und Karlsruhe

Karl Alexander von Sachsen-Weimar-Eisenach (1818-1901)
Großherzog seit 1853

Karl Friedrich von Sachsen-Weimar-Eisenach (1783-1853)
Großherzog bis 1853; zog Liszt nach Weimar

Kaskel
Bankier in Dresden, verheiratet mit Franziska von Bülow, der Mutter Hans von Bülows, in deren erster Ehe

Kellermann, Berthold (1853-1926)
Pianist und Dirigent; Schüler Franz Liszts; 1878-81 Musiklehrer im Haus Wahnfried in
Bayreuth

Kietz, Ernst Benedikt (1815-1892)
Porträtzeichner und Lithograph; lebte 1838-70 in Paris und gehörte dort 1840-42 zu
Wagners Freundeskreis

Klepperbein, Frau
Gehörte zu Wagners Gläubigern aus dessen Dresdner Zeit

Klindworth, Karl (1830-1916)
Pianist, Dirigent und Komponist; Schüler Franz Liszts; mit Wagner seit dessen Lon-
don-Aufenthalt 1855 bekannt

Kummer, Otto
Flötist in der Dresdner Hofkapelle; Schwiegersohn von Wagners Mäzenatin Julie Ritter

Land
Pariser Bekannter Wagners aus dem Kreis des Musikverlegers Schlesinger

Laube, Heinrich (1806-1884)
Schriftsteller und Theaterleiter; Repräsentant des Jungen Deutschland; mit Wagner seit
1833 bekannt

Laussot, Jessie (1829-1905)
Frau des Weinhändlers Eugène Laussot aus Bordeaux; mit Wagner 1850 in einer Liebesaffäre verbunden; heiratete in zweiter Ehe den Historiker Karl Hillebrand in Florenz

Lehrs, Samuel (1806-1843)
Philologe; gehörte 1839-42 zu Wagners Pariser Freundeskreis; Vorbild des Philologen in
Wagners Novelle *Ein Ende in Paris*

Lewald, August (1792-1871)
Schriftsteller; Herausgeber der Wochenschrift *Europa*, für die Wagner nach 1841 mehrere Beiträge schrieb

Liszt, Eduard von
Jurist in Wien; Onkel Franz Liszts; Wagners Berater in seiner Penzinger Zeit 1863-64

Liszt, Franz (1811-1886)
Komponist und Klaviervirtuose; mit Wagner seit 1841 bekannt und seit 1848 in enger
Freundschaft verbunden; durch die Ehe seiner Tochter Cosima mit Wagner seit 1869
dessen Schwiegervater

Löwe, Maximilian Leopold
Professor in Dresden; Schreibmeister der Dresdner Liedertafel

Loizeau
Wagners Schneider in Paris 1840-42

Ludwig II. (1845-1886)
König von Bayern; berief Wagner 1864 nach München und blieb bis zu dessen Tod sein
Mäzen und Protektor

Lüttichau, August von (1785-1863)
Seit 1824 Intendant des Dresdner Hoftheaters und Wagners Vorgesetzter in dessen Zeit als Hofkapellmeister

Lutz, Johann von
Oberappellationsgerichtsrat in München 1864-65

Maier, Mathilde (1833-1910)
Wagners vertraute Freundin aus seiner Biebricher Zeit; führte mit Wagner eine umfangreiche Korrespondenz

Maretschek-Goldwag, Bertha   siehe **Goldwag,** Bertha

Mathieu, Clemens
Wagners Tapezierer in seiner Pariser und Münchner Zeit

Mazière, A.L.
Geschäftsführer des Verlags B. Schotts Söhne nach dem Tod Franz Schotts

Meser, Carl Friedrich (?-1856)
Musikalienhändler und Verleger in Dresden; Kommissionär Wagners beim Verlag der Opern *Rienzi, Der fliegende Holländer* und *Tannhäuser*

Metternich, Pauline Fürstin (1836-1921)
Frau des österreichischen Gesandten Fürst Metternich in Paris; veranlaßte die Weisung des Kaisers Napoleon III. zur Aufführung des *Tannhäuser* in Paris

Meyerbeer, Giacomo (1791-1864)
Komponist; mit seinen Hauptwerken *Robert le diable, Les Huguenots, Le Prophète* und *L' Africaine* einer der Großmeister der Oper im 19. Jahrhundert; Förderer Wagners in dessen frühen Pariser Jahren, später von ihm geschmäht und vielfältig angegriffen

Meysenbug, Malwida von (1816-1903)
Schriftstellerin; lebte 1852-59 in London als Erzieherin im Haus von Alexander Herzen; mit Wagner seit 1855 bekannt und seiner Kunst ergeben; schrieb später die *Memoiren einer Idealistin*

Möller, Abraham
Kaufmann in Königsberg; half Wagner 1839 bei seiner Flucht aus Riga

Monnais, Edouard (1798-1868)
Französischer Theaterleiter und Zeitschriftenherausgeber; 1839 provisorischer Direktor der Pariser Großen Oper

Morath
Kontrabassist des Magdeburger Orchesters 1834-36; Wagners Gläubiger

Mrazeck, Franz und Anna
Wagners Bedienstete in Penzing und München 1863-65

Muchanow, Marie   siehe **Kalergis,** Marie

Müller, Alexander (1808-1863)
Musiklehrer und Dirigent; seit 1834 in Zürich, wo er nach 1849 zu Wagners Freundeskreis gehörte

Müller, Franz (1806-1876)
Regierungsrat in Weimar; Musikdilettant und Wagner-Anhänger

Nau
Sängerin in Paris

Nietzsche, Friedrich (1844-1900)
Schriftsteller und Philosoph; mit Wagner seit 1868 bekannt; gehörte in Tribschen zu Wagners engstem Freundeskreis; seine Schriften *Die Geburt der Tragödie aus dem Geiste der Musik* und *Richard Wagner in Bayreuth* entstanden als Wagner-Huldigungen; in seinen späten Streitschriften *Der Fall Wagner* und *Nietzsche contra Wagner* wandelte Nietzsche sich zum geistigen Antipoden Wagners

Ollivier, Emile
Liszts Schwiegersohn, Ehemann seiner ältesten Tochter Blandine; unter Napoleon III. Informationsminister

Paez, Johann Cornelius
Unterstützte Wagner während des Züricher Exils durch Geldzuwendungen

Pecht, Friedrich (1814-1903)
Maler und Kunstschriftsteller; studierte mit E. B. Kietz in Paris; seit 1855 in München; malte dort ein für König Ludwig II. zum Geschenk bestimmtes Porträt Wagners

Pfistermeister, Franz Seraph von (1820-1912)
Kabinettssekretär Ludwigs II.; überbrachte Wagner im Mai 1864 die Berufung nach München; wurde später zu Wagners politischem Gegner

Planer, Minna   siehe **Wagner,** Minna

Planer, Natalie (1826-1892)
Uneheliche Tochter von Wagners erster Frau Minna, von dieser zeitlebens als ihre Schwester ausgegeben; heiratete 1868 einen Kaufmann Bilz

Pourtalès, Gräfin
Frau des Grafen Albert von Pourtalès, seit 1859 preußischer Gesandter in Paris

Praeger, Ferdinand (1815-1891)
Instrumentalmusiker und Musikschriftsteller; mit Wagner seit den Londoner Konzerten von 1855 bekannt; schrieb später ein (unzuverlässiges) Erinnerungsbuch über Wagner

Pusinelli, Anton (1815-1878)
Arzt in Dresden; Freund Wagners seit 1843; unterstützte ihn mehrfach finanziell

Rackowitz, Baron
Vermietete Wagner 1863 ein Haus in Penzing bei Wien

Raff, Joachim (1822-1882)
Komponist und Musikschriftsteller; 1849-53 Liszts Assistent in Weimar

Rastrelli, Joseph (1799-1842)
Komponist und Dirigent; Vorgänger von Wagner als Musikdirektor in Dresden

Redwitz, Oskar von (1823-1891)
Schriftsteller und Politiker; Mitglied des bayerischen Abgeordnetenhauses

Reithard, Jakob
Bürger von Zürich

Rhaden, Editha von
Hofdame der russischen Großfürstin Helene Pawlowna

Ritter, Franziska (1829-1895)
Schauspielerin; Wagners Nichte, Tochter seines Bruders Albert; heiratete 1854 den Komponisten Alexander Ritter, den Sohn von Wagners Mäzenatin Julie Ritter

Ritter, Julie (1794-1869)
Wagners großzügige Gönnerin während seines Schweizer Exils; Mutter von Karl Ritter

Ritter, Karl (1830-1891)
Musiker und Schriftsteller; Sohn Julie Ritters; lebte 1851-59 in Zürich, Venedig und Luzern in engem Umgang mit Wagner

Rochow, Baron   siehe **Rackowitz**, Baron

Röckel, August (1814-1876)
Dirigent, Komponist und politischer Schriftsteller; 1843-48 Musikdirektor in Dresden; wegen seiner Teilnahme am Dresdner Maiaufstand zum Tode verurteilt, zu lebenslänglicher Haft begnadigt und nach 13 Jahren Zuchthaus 1862 entlassen; Wagner unterhielt mit ihm eine bedeutende Korrespondenz

Sayn-Wittgenstein, Carolyne von (1819-1887)
Schriftstellerin; Lebensgefährtin Franz Liszts seit 1848

Schauß, Friedrich von
Münchner Advokat

Schiffner, Mathilde
Dresdner Freundin und Briefpartnerin Minna Wagners

Schindelmeißer, Louis (1811-1864)
Dirigent und Komponist; Stiefbruder Heinrich Dorns; mit Wagner seit frühen Jahren befreundet

Schlesinger, Maurice (1797-1871)
Musikverleger in Paris; Herausgeber der *Gazette musicale de Paris*, in der Wagner seit 1840 publizierte

Schletter, Heinrich (1793-1853)
Kaufmann in Leipzig

Schmidt, Gustav (1816-1882)
Dirigent und Komponist; mit Wagner befreundet und sein langjähriger Korrespondenzpartner

Schmitt, Friedrich
Sänger in Magdeburg 1834-35

Schmole, Marie
Tochter von Ferdinand Heine; schrieb ihre *Erinnerungen* (an Wagner) im Auftrag von
Mrs. Burrell, der Begründerin der Burrell-Collection

Schnyder von Wartensee, Xaver
Bürger von Zürich

Schnorr von Carolsfeld, Ludwig (1836-1865)
Sänger; Sohn des Malers Julius Schnorr von Carolsfeld; sang mit seiner Frau Malwine
die Titelpartien in der Münchner Uraufführung von *Tristan und Isolde*

Schott, Betty (1821-1875)
Pianistin; Frau des Musikverlegers Franz Schott

Schott, Franz (1811-1874)
Musikverleger in Mainz; verlegte seit 1861 Wagners *Ring des Nibelungen*, die *Meistersinger von Nürnberg* und *Parsifal*

Schröder-Devrient, Wilhelmine (1804-1860)
Sängerin, seit ihrem Debüt als Leonore in Beethovens *Fidelio* berühmt als dramatischer
Sopran; gehörte in Wagners Jugend zu seinen größten künstlerischen Eindrücken; sang
in den Uraufführungen von *Rienzi, Fliegendem Holländer* und *Tannhäuser* die weibli-
chen Hauptrollen; wegen Teilnahme am Dresdner Maiaufstand von 1849 aus Sachsen
ausgewiesen

Schwabe, Julie Salis
Reiche Engländerin, die Wagner 1860 in Paris finanziell unterstützte und 1864 in München ihre Wechsel präsentierte

Scribe, Eugène (1791-1861)
Französischer Theaterschriftsteller, mit dem Wagner 1840/41 in Paris gelegentlich
Umgang hatte; Librettist von Auber und Boieldieu, Meyerbeer und Verdi

Semper, Gottfried (1803-1879)
Architekt; Baumeister der 1841 eröffneten Semper-Oper in Dresden; Freund Wagners
seit seinen Dresdner Jahren; flüchtete nach dem Maiaufstand 1849 ins Exil

Sloman   siehe **Bissing**, Henriette von

Spohr, Louis (1784-1859)
Komponist und Kapellmeister; mit Wagner seit 1846 bekannt; führte bereits 1843 den
Fliegenden Holländer in Kassel auf

Spontini, Gaspare (1774-1851)
Komponist und Dirigent; seit 1820 Generalintendant der königlichen Kapelle in Berlin;
Wagner bewunderte Spontinis Opern *La Vestale, Fernand Cortez* und *Olympia*

Standhartner, Joseph (1817-1892)
Chefarzt im Allgemeinen Wiener Krankenhaus; mit Wagner befreundet seit dessen
Wiener Aufenthalt 1861

Stockar-Escher, Anna (1816-1886)
Porträtmalerin; Wagners Hauswirtin in Zürich

Strecker, Ludwig (1853-1943)
Geschäftsführer des Verlags B. Schott's Söhne seit 1876

Tausig, Carl (1841-1871)
Pianist; Schüler Franz Liszts; mit Wagner seit dessen Wiener Aufenthalt 1861 befreundet; arrangierte einen Klavierauszug der *Meistersinger von Nürnberg*

Taylor, Ann
Mutter von Jessie Laussot

Tichatschek, Joseph (1807-1886)
Sänger (Tenor); 1839-72 an der Dresdner Oper engagiert; sang in den Uraufführungen von *Rienzi, Tannhäuser* und *Lohengrin* die Titelpartien; blieb Wagner bis zu dessen Tod freundschaftlich verbunden

Uhlig, Theodor (1822-1853)
Geiger, Komponist und Musikschriftsteller; Freund Wagners aus der Dresdner Zeit; einer seiner wichtigsten Korrespondenzpartner in den frühen Jahren des Exils

Vaez, Gustave (1812-1862)
Französischer Schriftsteller, von Liszt als Librettist einer französischen Oper Wagners vermittelt

Wagner, Albert (1799-1874)
Sänger, Schauspieler und Regisseur; ältester Bruder Wagners; Vater der Sängerin Johanna Wagner; tätig als Regisseur am Berliner Hoftheater

Wagner, Cosima (1837-1930)
Tochter Franz Liszts und der Gräfin d'Agoult; in erster Ehe mit Hans von Bülow verheiratet; seit 1863 Verbindung mit Wagner, den sie 1869 in zweiter Ehe heiratet; Leiterin der Bayreuther Festspiele nach Wagners Tod

Wagner, Johanna (1826-1894)
Sängerin; Adoptivtochter von Wagners Bruder Albert; 1844-51 am Dresdner Hoftheater; sang die Elisabeth in der Uraufführung des *Tannhäuser*

Wagner, Luise   siehe **Brockhaus**, Luise

Wagner, Minna (1809-1866)
Schauspielerin; Wagner lernte sie als Minna Planer 1834 in Bad Lauchstädt kennen und heiratete sie 1836; trotz wachsender Entfremdung dauerten die Versuche des Zusammenlebens bis 1862

Weißheimer, Wendelin (1838-1910)
Dirigent, Komponist und Musikschriftsteller; mit Wagner seit dessen Biebricher Zeit befreundet

Wesendonk, Mathilde (1828-1902)
Frau des Kaufmanns Otto Wesendonk; lebte seit 1851 in Zürich; Wagner in einer Liebesbeziehung verbunden

Wesendonk, Otto (1815-1896)
Kaufmann, lebte seit 1851 in Zürich; Förderer Wagners; gab ihm »Asyl« auf dem Grünen Hügel in Zürich; kaufte die Partituren des *Rings*, ohne sie jemals zu verwerten

Wille, Eliza (1809-1893)
Schriftstellerin; verheiratet mit François Wille; lebte seit 1851 auf dem Gut Mariafeld bei Zürich und gehörte zu Wagners Freundeskreis

Wille, François (1811-1896)
Journalist; verheiratet mit Eliza Wille; 1848 Abgeordneter im Frankfurter Vorparlament; seit 1851 im Schweizer Exil; befreundet mit Herwegh, Wesendonk und Wagner

Wittgenstein, Carolyne   siehe **Sayn-Wittgenstein**, Carolyne

Zigesar, Ferdinand von (1812-1855)
Direktor des Hoftheaters Weimar 1847-55

Währungsumrechnungen nach den Sätzen um 1860

Durch Preisvergleiche, bezogen auf Grundnahrungsmittel, ist die Kaufkraft der Währungseinheiten gegenüber heute fünfzehnmal so hoch anzunehmen.

	Franc	Fried-richsd'or	süddt. Gulden	österr. Gulden	Louisd'or	Taler	Mark	heutige Kaufkraft
Franc	—	0,05	0,47	0,40	0,04	0,27	0,80	12,00 DM
Fried-richsd'or	21,00	—	9,9	8,4	0,86	5,6	16,8	252,00 DM
süddt. Gulden	2,12	0,10	—	0,85	0,09	0,57	1,7	25,50 DM
österr. Gulden	2,50	0,12	1,17	—	0,10	0,67	2,00	30,00 DM
Louisd'or	24,50	1,17	11,50	9,80	—	6,53	19,6	294,00 DM
Taler	3,75	0,18	1,76	1,50	0,15	—	3,00	45,00 DM
Mark	1,25	0,06	0,58	0,50	0,05	0,33	—	15,00 DM
Heutige Kaufkraft								

VERZEICHNIS DER DOKUMENTE

1 Richard Wagner, *Mein Leben* (1829)
2 Richard Wagner an Theodor Apel, 7.12.1834
3 Richard Wagner an Theodor Apel, 13.12.1834
4 Richard Wagner an Theodor Apel, 24.12.1834
5 Richard Wagner an Theodor Apel, 19.5.1835
6 Richard Wagner an Theodor Apel, 21.8.1835
7 Richard Wagner an Theodor Apel, 26.10.1835
8 Richard Wagner an Theodor Apel, 5.11.1835
9 Richard Wagner an Theodor Apel, 25.11.1835
10 Richard Wagner an Theodor Apel, 21.1.1836
11 Richard Wagner an Theodor Apel, 20.4.1836
12 Richard Wagner an Theodor Apel, 6.5.1836
13 Richard Wagner an Johanne Rosine Geyer, 31.5.1836
14 Richard Wagner, *Autobiographische Skizze* (1836)
15 Richard Wagner an das Stadtgericht Königsberg, März 1837
16 Heinrich Dorn, *Ergebnisse aus Erlebnissen* (1837-39)
17 Richard Wagner an Louis Schindelmeißer, 17.9.1837
18 Richard Wagner an Minna Wagner, um den 20.9.1837
19 Richard Wagner an Johann Hoffmann, Februar 1839
20 Heinrich Dorn, *Ergebnisse aus Erlebnissen* (1839)
21 Richard Wagner, *Mein Leben* (1839)
22 Heinrich Laube (Zitat nach Avenarius) (1839)
23 Richard Wagner an Eduard Avenarius, 13.9.1839
24 Richard Wagner, *Mein Leben* (1839)
25 Richard Wagner an Eduard Avenarius, 4.1.1840
26 Eduard Avenarius an Richard Wagner, 4.1.1840
27 Richard Wagner, *Mein Leben* (1840)
28 Richard Wagner an Eduard Avenarius, 29.4.1840
29 Richard Wagner an Giacomo Meyerbeer, 3.5.1840
30 Richard Wagner an Ernst Benedikt Kietz, 3.6.1840
31 Richard Wagner an Giacomo Meyerbeer, 4.6.1840
32 Giacomo Meyerbeer an Louis Gouin, 15.7.1840
33 Richard Wagner an Franz Liszt, 18.4.1851
34 Eduard Hanslick, *Giacomo Meyerbeer. Zur 100. Wiederkehr seines Geburtstages*, 5.9.1891
35 Richard Wagner, *Mein Leben* (1840)
36 Richard Wagner, *Tagebuch*, 23.6.1840
37 Richard Wagner, *Tagebuch*, 29.6.1840
38 Richard Wagner, *Tagebuch*, 30.6.1840 (abends)
39 Richard Wagner an August Lewald, Juli 1840
40 Richard Wagner, *Mein Leben* (1840)
41 Richard Wagner, *Eine Pilgerfahrt zu Beethoven* (Herbst 1840)
42 Richard Wagner an Heinrich Schletter, 15.9.1840
43 Richard Wagner an Theodor Apel, 20.9.1840
44 Theodor Apel an Heinrich Laube, 22.10.1840

45 Minna Wagner an Theodor Apel, 25.10.1840
46 Minna Wagner an Theodor Apel, 17.11.1840
47 Heinrich Laube an Theodor Apel, 21.11.1840
48 Richard Wagner an Heinrich Laube, 3.12.1840
49 Heinrich Laube, *Erinnerungen* (1840)
50 Richard Wagner, *Mein Leben* (1840)
51 Richard Wagner an Maurice Schlesinger, Dezember 1840
52 Richard Wagner, *Eine Mitteilung an meine Freunde* (1840/41)
53 Richard Wagner, *Ein Ende in Paris* (1841)
54 Richard Wagner an Maurice Schlesinger, 14.1.1841
55 Richard Wagner an Eduard Avenarius, 22.2.1841
56 Eduard Avenarius an Richard Wagner, 22.2.1841
57 Richard Wagner, Bericht für die Dresdner Abendzeitung, 6.4.1841
58 Richard Wagner an Maurice Schlesinger, 27.4.1841
59 Richard Wagner, *Mein Leben* (1841)
60 Richard Wagner, Orchesterskizze des *Fliegenden Holländer*, 13.8.1841
61 Richard Wagner an Ernst Benedikt Kietz, 13.10.1841
62 Richard Wagner, *Mein Leben* (1841/42)
63 Marie Schmole, *Erinnerungen* (1842)
64 Richard Wagner an Ernst Benedikt Kietz, 6.9.1842
65 Richard Wagner an die Pariser Freunde, 6.11.1842
66 Richard Wagner an Morath, 4.1.1843
67 Richard Wagner an Cäcilie Avenarius, 5.1.1843
68 Richard Wagner an Eduard Avenarius, 5.1.1843
69 Richard Wagner an Ernst Benedikt Kietz, 26.2.1843
70 Richard Wagner an Heinrich Schletter, 17.5.1843
71 Heinrich Brockhaus, Tagebuch, 20.5.1843
72 Richard Wagner an Breitkopf & Härtel, 27.7.1843
73 Richard Wagner an Anton Pusinelli, 1.8.1843
74 Marie Schmole, *Erinnerungen* (1843-1849)
75 Richard Wagner, *Mein Leben* (1843-1849)
76 Richard Wagner an Gottfried Engelbert Anders, 30.8.1843
77 Richard Wagner an Ernst Benedikt Kietz, 18.12.1844
78 Richard Wagner, *Mein Leben* (1844-45)
79 Richard Wagner an Gottfried Engelbert Anders, 15.12.1845
80 Richard Wagner, *Mein Leben* (1845-46)
81 Richard Wagner an Anton Pusinelli, 16.3.1846
82 Richard Wagner, *Mein Leben* (1846)
83 Richard Wagner, *Annalen* (1846)
84 Richard Wagner an Alwine Frommann, 9.10.1846
85 Giacomo Meyerbeer, *Tagebuch*, 26.11. 1846
86 August von Lüttichau, Stellungnahme zu Wagners Gesuch um eine Gehaltserhöhung, 8.2.1848
87 Richard Wagner an Franz Liszt, 23.6.1848
88 Franz Liszt an Richard Wagner, 4.7.1848
89 Eduard Devrient, *Tagebuch*, 23.7.1848
90 Richard Wagner an Anton Pusinelli, 29.7.1848
91 Anton Pusinelli an Richard Wagners Anwalt Fleck, 1.8.1848
92 Richard Wagner an Anton Pusinelli, 2.8.1848
93 Richard Wagner, *Mein Leben* (1848)
94 Eduard Devrient, *Tagebuch*, 2.12.1848

95 Richard Wagner an Minna Wagner, 14.5.1849
 96 Richard Wagner an Franz Liszt, 5.6.1849
 97 Richard Wagner an Franz Liszt, 18.6.1849
 98 Richard Wagner an Franz Liszt, 19.6.1849
 99 Franz Liszt an Richard Wagner, Ende Juni 1849
100 Minna Wagner an Richard Wagner, 18.7.1849
101 Richard Wagner an Franz Liszt, 19.7.1849
102 Franz Liszt an Minna Wagner, 27.7.1849
103 Franz Liszt an Richard Wagner, 29.7.1849
104 Louis Spohr an Richard Wagner, 29.7.1849
105 Minna Wagner an Richard Wagner, 3.8.1849
106 Richard Wagner an Minna Wagner, 11.8.1849
107 Minna Wagner an Richard Wagner, 11.8.1849
108 Richard Wagner, *Mein Leben* (1849)
109 Richard Wagner an Franz Liszt, 14.10.1849
110 Franz Liszt an Richard Wagner, 28.10.1849
111 Richard Wagner, *Die Kunst und die Revolution* (1849)
112 Richard Wagner an Ferdinand Heine, 19.11.1849
113 Richard Wagner an Ferdinand Heine, 4.12.1849
114 Richard Wagner an Franz Liszt, 5.12.1849
115 Richard Wagner an Theodor Uhlig, 27.12.1849
116 Franz Liszt an Richard Wagner, 14.1.1850
117 Richard Wagner an Franz Liszt, 6.2.1850
118 Richard Wagner an Minna Wagner, 13.2.1850
119 Richard Wagner an Wilhelm Baumgartner, 13.3.1850
120 Jessie Laussot an Minna Wagner, 7.4.1850
121 Richard Wagner an Franz Liszt, 21.4.1850
122 Ann Taylor an Minna Wagner, 8.5.1850
123 Richard Wagner an Franz Liszt, 10.7.1850
124 Franz Liszt an Richard Wagner, Mitte Juli 1850
125 Richard Wagner an Franz Liszt, um den 20.7.1850
126 Franz Liszt an Richard Wagner, um den 12.8.1850
127 Richard Wagner an Franz Liszt, 8.10.1850
128 Richard Wagner an Theodor Uhlig, 22.10.1850
129 Minna Wagner an Mathilde Schiffner, 16.11.1850
130 Richard Wagner an Franz Liszt, 9.3.1851
131 Franz Liszt an Richard Wagner, 9.4.1851
132 Richard Wagner an Franz Liszt, 18.4.1851
133 Richard Wagner an Theodor Uhlig, 19.4.1851
134 Richard Wagner an Julie Ritter, 9.12.1851
135 Richard Wagner an Theodor Uhlig, um den 6.2.1852
136 Richard Wagner, *Mein Leben* (1851)
137 Richard Wagner an Julie Ritter, 4.4.1852
138 Richard Wagner an Franz Liszt, 16.6.1852
139 Franz Liszt an Richard Wagner, 26.6.1852
140 Richard Wagner an Franz Liszt, 9.7.1852
141 Richard Wagner an Theodor Uhlig, 19.9.1852
142 Richard Wagner an Julie Ritter, 29.12.1852
143 Richard Wagner, *Mein Leben* (1852/53)
144 Richard Wagner, *Götterdämmerung* (Brünnhildes Schlußgesang)
145 Richard Wagner an Franz Liszt, 11.2.1853

146 Richard Wagner an Julie Ritter, 11.2.1853
147 Richard Wagner an Franz Liszt, 3.3.1853
148 Richard Wagner an Ernst Benedikt Kietz, 2.4.1853
149 Richard Wagner, *Mein Leben* (1853)
150 Robert von Hornstein, *Memoiren* (1853-55)
151 Richard Wagner an Jakob Sulzer, 24.5.1853
152 Richard Wagner an Otto Wesendonk, 11.6.1853
153 Richard Wagner an Otto Wesendonk, 20.6.1853
154 Richard Wagner, *Mein Leben* (1853)
155 Richard Wagner an Jakob Sulzer, 16.10.1853
156 Minna Wagner, an Mathilde Schiffner, 14.11.1853
157 Jakob Reithard an Xaver Schnyder von Wartensee, 16.11.1853
158 Richard Wagner an Franz Liszt, 15.1.1854
159 Richard Wagner, *Das Rheingold* (aus der 1. Szene)
160 Franz Liszt an Richard Wagner, 21.2.1854
161 Richard Wagner an Franz Liszt, 4.3.1854
162 Vertraulicher Bericht der Wiener Polizei, 23.3.1854
163 Albert Wagner an Richard Wagner, Frühjahr 1854
164 Otto Wesendonk an Jakob Sulzer, 26.6.1854
165 Richard Wagner an Franz Liszt, Ende Juni 1854
166 Richard Wagner an Franz Liszt, 3.7.1854
167 Richard Wagner an Eduard Avenarius, 3.7.1854
168 Richard Wagner an Franz Liszt, 22.7.1854
169 Richard Wagner an Hans von Bülow, August 1854
170 Richard Wagner an Eduard Avenarius, 2.9.1854
171 Richard Wagner an Hans von Bülow, 13.9.1854
172 Richard Wagner an Jakob Sulzer, 14.9.1854
173 Otto Wesendonk an Jakob Sulzer, 29.9.1854
174 Richard Wagner an Jakob Sulzer, 1.10.1854
175 Richard Wagner an Jakob Sulzer, 10.10.1854
176 Otto Wesendonk an Jakob Sulzer, 14.10.1854
177 Richard Wagner an Ernst Benedikt Kietz, 7.12.1854
178 Richard Wagner an Jakob Sulzer, Mitte Januar 1855
179 Richard Wagner an Jakob Sulzer, 25.1.1855
180 Richard Wagner an Minna Wagner, 15.3.1855
181 Franz Liszt an Richard Wagner, 23.9.1855
182 Richard Wagner an Franz Liszt, 3.10.1855
183 Richard Wagner an Jakob Sulzer, 2.11.1855
184 Richard Wagner an Franz Liszt, 15.1.1856
185 Richard Wagner an Franz Liszt, 18.1.1856
186 Richard Wagner an Franz Liszt, 21.3.1856
187 Franz Liszt an Richard Wagner, 25.3.1856
188 Richard Wagner an Franz Liszt, Ende März 1856
189 Otto Wesendonk an Richard Wagner, 28.4.1856
190 Richard Wagner an Anton Pusinelli, 28.4.1856
191 Richard Wagner an Franz Liszt, 20.7.1856
192 Richard Wagner an Franz Liszt, um den 22.7.1856
193 Richard Wagner an Otto Wesendonk, 1.9.1856
194 Richard Wagner an Otto Wesendonk, 10.9.1856
195 Richard Wagner an Jakob Sulzer, 28.10.1856
196 Richard Wagner an Julie Ritter, 24.12.1856

197 Richard Wagner an Otto Wesendonk, Januar 1857
198 Richard Wagner, *Mein Leben* (1857)
199 Richard Wagner an Julie Ritter, 6.5. 1857
200 Richard Wagner an Franz Liszt, 28.6.1857
201 Eduard Devrient an Therese Devrient, 1.7.1857
202 Therese Devrient an Eduard Devrient, Juli 1857
203 Eduard Devrient an Therese Devrient, 8.7.1857
204 Richard Wagner an Otto Wesendonk, 1.10.1857
205 Richard Wagner an Hermann Härtel, 4.1.1858
206 Richard Wagner an Franz Liszt, um den 11.1.1858
207 Richard Wagner am Franz Liszt, 13.1.1858
208 Franz Liszt an Richard Wagner, 15.1.1858
209 Richard Wagner an Franz Liszt, um den 19.1.1858
210 Richard Wagner an Minna Wagner, 23.1.1858
211 Richard Wagner an einen unbekannten Helfer, 16.3.1858
212 Richard Wagner an Louis Schindelmeißer, 21.8.1858
213 Richard Wagner an Minna Wagner, 14.9.1858
214 Richard Wagner an Ignaz Heim, 16.9.1858
215 Richard Wagner, *Tagebuch seit meiner Flucht aus dem Asyl*, 26.9.1858
216 Richard Wagner an Minna Wagner, 28.9.1858
217 Richard Wagner, *Tagebuch seit meiner Flucht aus dem Asyl*, 3.10.1858
218 Hans von Bülow an Karl Klindworth, 10.10.1858
219 Richard Wagner an Franz Liszt, 26.10.1858
220 Franz Liszt an Richard Wagner, 5.11.1858
221 Richard Wagner an Julie Ritter, 19.11.1858
222 Richard Wagner an Franz Liszt, 21.11.1858
223 Richard Wagner an Franz Liszt, 31.12.1858
224 Eduard Hanslick, *Aus meinem Leben*
225 Malwida von Meysenbug, *Memoiren einer Idealistin*
226 Franz Liszt an Richard Wagner, 4.1.1859
227 Richard Wagner an Franz Liszt, 7.1.1859
228 Richard Wagner an Hans von Bülow, 23.1.1859
229 Richard Wagner an Hans von Bülow, 3.2.1859
230 Richard Wagner an Mathilde Wesendonk, 22.2.1859
231 Richard Wagner an Minna Wagner, 23.3.1859
232 Richard Wagner an Minna Wagner, 9.4.1859
233 Richard Wagner an Otto Wesendonk, 24.8.1859
234 Richard Wagner an Otto Wesendonk, 28.8.1859
235 Richard Wagner an Otto Wesendonk, 8.9.1859
236 Richard Wagner, *Mein Leben* (1859)
237 Richard Wagner an Minna Wagner, 13.9.1859
238 Richard Wagner, *Mein Leben* (1859)
239 Richard Wagner an Hans von Bülow, 7.10.1859
240 Clemens Mathieu, *Erinnerungen eines Tapezierers an Richard Wagner* (Herbst 1859)
241 Richard Wagner an Hans von Bülow, 16.10.1859
242 Richard Wagner an Joseph A. Tichatschek, 19.10.1859
243 Franz Liszt an Hans von Bülow, 21.10.1859
244 Richard Wagner an Hans von Bülow, 21.10.1859
245 Richard Wagner an Otto Wesendonk, 27.10.1859
246 Richard Wagner an Otto Wesendonk, 7.11.1859

247 Richard Wagner, *Mein Leben* (1859)
248 Richard Wagner an Minna Wagner, 10.11.1859
249 Richard Wagner an B. Schott's Söhne, 11.12.1859
250 Richard Wagner an Otto Wesendonk, 12.12.1859
251 Richard Wagner, *Mein Leben* (1859/60)
252 Richard Wagner an Gustav Schmidt, 6.1.1860
253 Richard Wagner an B. Schott's Söhne, 7.1.1860
254 Heinrich Esser an Franz Schott, 18.1.1860
255 Richard Wagner, *Mein Leben* (1860)
256 Malwida von Meysenbug, *Gestalten* (1860)
257 Richard Wagner an Malwida von Meysenbug, 20.5.1860
258 Richard Wagner an Hans von Bülow, 21.5.1860
259 Richard Wagner, *Mein Leben* (1860)
260 Richard Wagner an Franz Liszt, 16.6.1860
261 Richard Wagner an Otto Wesendonk, 17.6.1860
262 Richard Wagner an Malwida von Meysenbug, 22.6.1860
263 Richard Wagner, *Mein Leben* (1860)
264 Franz Liszt an Richard Wagner, 7.7.1860
265 Richard Wagner an Otto Wesendonk, 6.12.1860
266 Richard Wagner an Otto Wesendonk, 16.12.1860
267 Minna Wagner an Ernst Benedikt Kietz, 1.2.1861
268 Hans von Bülow an Richard Wagner, 30.3.1861
269 Minna Wagner an Natalie Planer, 5.4.1861
270 Eduard Devrient, *Tagebuch*, 8.5.1861
271 Richard Wagner an Karl Tausig, 8.6.1861
272 Richard Wagner an Minna Wagner, 4.9.1861
273 Richard Wagner an Hans von Bülow, 24.9.1861
274 Richard Wagner an Minna Wagner, 26.9.1861
275 Richard Wagner an B. Schott's Söhne, 30.10.1861
276 Richard Wagner, *Mein Leben* (1861)
277 Heinrich Esser an Franz Schott, 4.11.1861
278 Richard Wagner an Minna Wagner, 26.11.1861
279 Richard Wagner, *Mein Leben* (1861)
280 Richard Wagner an Franz Schott, 3.12.1861
281 Richard Wagner an Robert von Hornstein, 12.12.1861
282 Robert von Hornstein, *Memoiren* (1853/54)
283 Eduard Hanslick, *Aus meinem Leben* (1861)
284 Richard Wagner an Robert von Hornstein, 27.12.1861
285 Richard Wagner, *Mein Leben* (1862)
286 Richard Wagner an Franz Schott, 1.1.1862
287 Franz Schott an Richard Wagner, 5.1.1862
288 Richard Wagner an Cäcilie Avenarius, 7.1.1862
289 Richard Wagner an Franz Schott, 7.1.1862
290 Richard Wagner an Minna Wagner, 9.2.1862
291 Richard Wagner an Minna Wagner, 14.2.1862
292 Richard Wagner an Franz Schott, 26.2.1862
293 Richard Wagner an Peter Cornelius, 4.3.1862
294 Richard Wagner an Hans von Bülow, 21.3.1862
295 Richard Wagner an Hans von Bülow, 29.3.1862
296 Richard Wagner an die Gräfin Pourtalès, 31.3.1862
297 Richard Wagner an Franz Schott, 31.3.1862

511